21 世纪高等院校物流专业创新型应用人才培养规划教材

物流运作管理（第 2 版）

董千里等　编著

内 容 简 介

物流运作管理（Logistics Operations Management，LOM）是企业、第三方物流运营主体或集成物流服务提供商以物流实务为对象，在运作层面进行计划、组织、协调与控制的综合性管理活动。本书内容包括物流运作管理概论、物流运作模式及方案设计、汽车物流运作组织、IT物流运作管理、家电物流运作组织、冷链物流运作组织、卷烟物流运作组织、电商物流集成运作组织、物流金融运作与监控、物流运作时间控制、物流运作质量管理、物流运作成本控制。

本书以典型的产业物流运作特征为出发点，强化了先进理念指导的物流新业态及物流集成运作管理要领，新增了电商物流集成运作组织等内容。

本书适用于物流管理、物流工程、交通运输、工商管理、国际贸易等专业的本科生教学及物流工程与管理、交通运输规划与管理等学科的研究生教学，也可用作物流管理专业和企业管理人员的培训教材或参考书。

图书在版编目(CIP)数据

物流运作管理/董千里等编著．—2版．—北京：北京大学出版社，2015.8
（21世纪高等院校物流专业创新型应用人才培养规划教材）
ISBN 978-7-301-26271-9

Ⅰ.①物… Ⅱ.①董… Ⅲ.①物流—物资管理—高等学校—教材 Ⅳ.①F252

中国版本图书馆CIP数据核字（2015）第199710号

书　　名	物流运作管理（第2版）
著作责任者	董千里等　编著
责任编辑	刘　丽
标准书号	ISBN 978-7-301-26271-9
出版发行	北京大学出版社
地　　址	北京市海淀区成府路205号　100871
网　　址	http://www.pup.cn　新浪微博：@北京大学出版社
电子信箱	pup_6@163.com
电　　话	邮购部 010-62752015　发行部 010-62750672　编辑部 010-62750667
印刷者	三河市北燕印装有限公司
经销者	新华书店
	787毫米×1092毫米　16开本　18印张　420千字
	2010年2月第1版
	2015年8月第2版　2021年6月第7次印刷
定　　价	42.00元

未经许可，不得以任何方式复制或抄袭本书之部分或全部内容。
版权所有，侵权必究
举报电话：010-62752024　电子信箱：fd@pup.pku.edu.cn
图书如有印装质量问题，请与出版部联系，电话：010-62756370

第2版前言

物流运作管理是物流业者应掌握的必要和最基本的知识，也是相关领域管理和工作人员运用专业知识和技能的重要基础。为满足21世纪全国高等院校物流专业创新型应用人才培养的需要，基于物流运作一线实践经验及科学研究成果，以高级物流学(Advanced Logistics)的管理视角，运用学科研究的知识积累来撰写《物流运作管理》精品教材是十分必要的。

物流运作管理是以物流运作实务为对象的管理活动，是物流运作活动中履行管理职能的知识、技能和规律的概括总结，是企业物流运营主体或集成物流服务提供商在其运作层面进行计划、组织、协调与控制的综合性活动。因此，实现专业化物流服务和基于客户企业需求的物流联动运作，是使物流运作走向高端的集成物流服务与管理，也是本书研究和阐述的核心内容。物流业转型和高级化发展理论是指导物流运作管理的理论基础。

本书第1版面市以来，不仅获得了物流业从业人员的认可，而且也取得广大物流专业教师和学生的好评，获得2010年度教育部高等学校物流类专业教学指导委员会等颁发的第二届"物华图书奖"三等奖。在保持第1版理论前沿性、案例真实性、运作实操性和阐述简洁性等优点的前提下，本书在内容体系设计方面，进一步加强了先进物流理念下的物流新业态及其运作要领介绍，例如，云计算、大数据等对物流运作的影响，以及新增了电商物流集成运作组织(第8章)等内容；更新行业数据与法规等内容，对案例进行重编或更换。本书以当前物流行业的热点问题为背景，保证了教材的严谨性、时效性及前沿性。从运作层面来看，物流活动涉及运输、储存、装卸、搬运、包装、配送、流通加工和物流信息处理等诸多功能环节，客户所需要的物流服务是一种基于定制的物流运作方案，利用设施、设备与技术等相关资源，提供物品及相关信息流动的一体化服务过程和结果。从管理层面来看，物流涉及对物品及相关信息流动进行系统设计、运作和管理活动等过程。物流运作管理需要针对客户企业或供应链物流需求设计物流运作方案，并将其运作过程所需要的人员、设施、设备、技术和信息等资源，根据产业产品或产业过程自身特点，按照产品、产业链服务特征设计的运作方案有效地组织资源，使其协同运作，从分散的"点""线"物流活动到"网链"集成物流服务运作，以求客户满意并能实现企业与供应链系统的价值增值。

在专业教学过程中，要明确物流运作管理与其他课程的分工，避免不必要的重复和交叉。授课教师应当熟悉物流运作过程，有条件的可以带领学生模拟物流运作过程、现场实地考察。在教学过程中要体现3个结合：将教学内容、案例和理论与实践教学过程紧密结合起来；将物流运作所涉及的设施、设备和技术与物流作业活动紧密结合起来；将物流作业活动与相应的管理活动结合起来。以此使教学活动充分体现运作过程与设施、设备、技术等理论结合实际运用的特点。

综上所述，本书在充分满足企业和供应链物流服务需求的基础上，吸收了电商新业态的物流运作内容，介绍了基于物流业贯穿于产业联动的物流运作系统及其管理的一般规律与方法，进一步突出创新型应用人才培养的要求，并突出以下几个特点。

(1) 贯穿从初级的点、线到高端的"网链"物流集成管理思想。编撰内容思路清晰、逻辑性强，突出运作实践，大处体现不同主体之间的协同要点，小处体现物流运作成功要点。

(2) 物流运作管理理论密切联系产业物流运作实际。将物流运作流程与物流链(物流服务链)、物流价值链和产业价值链协同通盘考虑，在此基础上建立物流运作协同绩效和管理要求，以强化执行力。

(3) 紧密结合物流业与产业联动物流运作内容的需要和要求。将物流与供应链理论牢牢地渗透于运作实践过程。参加撰写的编著者都考察或直接参加过汽车、IT企业、烟草、医药、家电、煤炭、电商物流等课题研究，具有将企业物流运作与第三方物流服务运作紧密结合起来的科研教学实践经验。

(4) 物流运作案例经典、贴切、实用。精选案例引出本章的主要内容，在正文插入案例对内容进行相应的补充和说明，使读者能针对企业物流运作和第三方物流运作问题，综合应用相关知识，提出解决方法；使理论和实际紧密结合，便于掌握理论的应用途径和方法，形式与内容相结合，突出编撰内容的易读性。书中的案例除了注明来源的之外，其他案例的整理和改编都来自长安大学物流与供应链研究所。

(5) 体例编排的活泼性。在正文中插入"案例阅读""知识链接"等内容，使版面生动活泼、内容丰富，增加了本书的新颖性、可读性。每章附有综合练习，便于学生自测学习内容的掌握程度。

(6) 切实做好各门专业课程内容的分工。明确了本课程与其他相关课程的内容分工，避免不同课程之间的内容重复和不必要的交叉。

本书的出版得到了长安大学"十二五规划教材"项目资助。本书由长安大学物流工程与管理学科博士生导师、物流与供应链研究所所长董千里教授负责全书修订的构思设计、组织撰写和统稿，董千里与孙荣庭博士共同对全书章节进行编著、修订和完善。其中刘德智副教授提供了第4章部分初稿，新增的第8章由孙荣庭和董千里编著，张绪美提供了第3章部分初稿、王建华提供了第5、6、9章部分初稿，党智军提供了第10章初稿，福建江夏学院陈树公教授编著了第11章，孙承芳提供了第12章初稿。苏立亭、吕桂新、王雅、常向华、刘海静、张建嬅、李苗、张嫚参与了本书的图文编校等工作。

编著者在本书的撰写过程中，总结提炼了长安大学物流与供应链研究所进行物流与供应链课题研究中的案例。本书不仅大量吸收了物流运作与管理的前沿理论成果，而且体现了理论结合实际、科研成果进教材的基本要求。同时，编著者在本书撰写过程中也参考和吸收了国内外学者的研究思想和成果，并将这些资料以参考文献的形式列在书后和相关章节中，在此谨向有关专家学者表示诚挚的谢意。如有遗漏，敬请告知，在重印时将进行补充、更正。

由于编著者对物流运作管理所涉及的知识和内容的把握及表述可能存在疏漏和不足，欢迎各位专家、读者批评指正并及时反馈，以便逐步完善。

董千里
2015年5月

目　录

第1章　物流运作管理概论 ... 1
1.1　物流服务概述 ... 2
1.1.1　物流服务的认识 ... 2
1.1.2　物流服务的分类 ... 4
1.1.3　功能型物流、综合型物流与集成物流服务 ... 4
1.1.4　物流服务的主体 ... 6
1.2　物流运作流程 ... 7
1.2.1　物流运作流程概述 ... 7
1.2.2　物流运作流程设计 ... 9
1.2.3　物流运作流程规范化 ... 12
1.3　物流运作管理概述 ... 13
1.3.1　物流运作与运作管理 ... 13
1.3.2　物流运作系统 ... 14
1.3.3　物流运作管理的要求 ... 15
1.3.4　物流运作管理的地位和作用 ... 16
1.4　物流运作管理的内容和目标 ... 17
1.4.1　物流运作管理的内容 ... 17
1.4.2　物流运作的分类 ... 17
1.4.3　物流运作管理的目标 ... 18
1.5　物流运作管理的观点和方法 ... 20
1.5.1　物流运作管理基本观点 ... 20
1.5.2　物流运作管理机制 ... 21
1.5.3　物流运作管理学习方法 ... 22
本章小结 ... 22
综合练习 ... 23

第2章　物流运作模式及方案设计 ... 26
2.1　物流运作模式概述 ... 27
2.1.1　物流运作发展趋势 ... 27
2.1.2　物流运作模式的分类 ... 28
2.2　基于自营物流的运作模式 ... 30
2.2.1　自营物流的含义及特征 ... 30
2.2.2　自营物流运作模式的优点和缺点 ... 30
2.3　基于第三方物流的运作模式 ... 31
2.3.1　第三方物流的含义及其特征 ... 31
2.3.2　第三方物流运作模式的优点和缺点 ... 32
2.4　基于1+3物流的运作模式 ... 33
2.4.1　1+3物流的含义及其特征 ... 33
2.4.2　基于1+3物流运作模式的优点和缺点 ... 33
2.5　基于管理平台的物流运作模式 ... 35
2.5.1　核心企业主导型供应链运作模式 ... 35
2.5.2　第三方物流主导型供应链运作模式 ... 35
2.5.3　集成物流商主导型供应链运作模式 ... 36
2.6　物流运作模式的选择及方案设计 ... 37
2.6.1　选择物流运作模式时考虑的因素 ... 37
2.6.2　基于有效物流成本的自营物流运作方案设计 ... 38
2.6.3　基于客户价值的第三方物流运作方案设计 ... 39
2.6.4　基于供应链的综合物流运作管理方案设计 ... 40
本章小结 ... 42
综合练习 ... 43

第3章　汽车物流运作组织 ... 45
3.1　汽车物流概述 ... 46
3.1.1　汽车物流的内涵 ... 46
3.1.2　我国汽车产业发展概况 ... 47
3.1.3　汽车物流市场特点 ... 48
3.2　汽车零部件物流运作组织 ... 48
3.2.1　汽车零部件物流的内涵 ... 48
3.2.2　汽车零部件物流运作管理 ... 49

3.3 汽车整车物流运作组织 58
    3.3.1 汽车整车物流 58
    3.3.2 汽车整车物流运作管理 60
本章小结 65
综合练习 65

第4章 IT物流运作管理 68
4.1 IT物流概述 69
    4.1.1 IT物流的含义及特点 69
    4.1.2 IT产品对物流的要求 70
    4.1.3 IT物流企业的功能 70
    4.1.4 我国IT物流现状 72
4.2 IT物流运作模式 73
    4.2.1 IT物流运作模式分类 73
    4.2.2 典型IT物流运作模式分析 74
4.3 IT产品原材料采购物流运作组织 76
    4.3.1 IT产品原材料采购管理的
          重要性 76
    4.3.2 IT产品原材料供应渠道
          分析 76
    4.3.3 IT原材料采购运作组织 77
    4.3.4 IT产品原料物流运作组织 79
4.4 IT产品供应链物流运作组织 80
    4.4.1 IT产品供应链物流运作
          方案 80
    4.4.2 IT产品供应商管理库存
          运作方式 82
4.5 IT产品销售物流运作组织 84
    4.5.1 IT制造企业销售物流特点 85
    4.5.2 IT产品销售物流的
          一般配送方式 85
    4.5.3 IT产品销售物流的现状及
          存在的问题 87
本章小结 87
综合练习 88

第5章 家电物流运作组织 91
5.1 家电物流概述 92
    5.1.1 家电物流的含义及其特点 92
    5.1.2 家电业对物流的要求 95

    5.1.3 家电物流市场分析 95
5.2 家电物流运作管理 96
    5.2.1 家电物流现有模式分析 96
    5.2.2 家电物流商的选择与控制 ... 100
    5.2.3 家电物流组织 101
    5.2.4 家电物流流程控制 101
本章小结 105
综合练习 105

第6章 冷链物流运作组织 109
6.1 冷链物流概述 111
    6.1.1 冷链物流的内涵 111
    6.1.2 冷链物流的作业对象与
          分类 112
    6.1.3 冷链物流市场分析 113
6.2 冷链物流运作组织概述 114
    6.2.1 冷链物流的现状分析 114
    6.2.2 冷链物流一般运作组织
          模式 115
    6.2.3 不同类别冷链物流运作
          组织 116
6.3 冷链物流流程控制 119
    6.3.1 冷链物流作业流程分析 119
    6.3.2 典型冷链物流关键流程
          控制 120
    6.3.3 冷链物流温度控制 126
6.4 冷链突发事件的类型与防范 127
    6.4.1 冷链突发事件发生的类型 ... 127
    6.4.2 防范与应对作用 128
本章小结 129
综合练习 130

第7章 卷烟物流运作组织 133
7.1 卷烟物流概述 134
    7.1.1 卷烟物流的含义及其特点 ... 134
    7.1.2 烟草行业对卷烟物流的
          要求 136
7.2 卷烟物流商选择与控制 138
    7.2.1 卷烟物流商选择 138

7.2.2 物流商及其物流运作服务监控 141
7.3 卷烟物流运作及其流程监控 141
    7.3.1 卷烟物流运作及监控要点 141
    7.3.2 卷烟营销运作流程及其监控 142
    7.3.3 卷烟仓储运作流程及其监控 144
    7.3.4 烟草分拣运作流程及其监控 145
    7.3.5 卷烟配送流程及其监控 147
本章小结 149
综合练习 149

第8章 电商物流集成运作组织 152

8.1 电子商务物流概述 153
    8.1.1 电子商务的概念和发展 153
    8.1.2 电子商务物流 155
8.2 典型的电商物流运作模式 157
    8.2.1 电商物流运作模式分类 157
    8.2.2 典型的基于第三方物流的电商物流运作 157
    8.2.3 基于电商自建的物流运作 161
    8.2.4 跨境电商物流运作 165
    8.2.5 电商物流集成运作方式 167
本章小结 169
综合练习 170

第9章 物流金融运作与监控 172

9.1 物流金融概述 173
    9.1.1 物流金融的产生 173
    9.1.2 物流金融的概念 174
    9.1.3 金融对物流业发展的作用 175
    9.1.4 物流金融在现代物流中的作用 176
    9.1.5 发展物流金融的作用 177
9.2 物流金融业务模式及运作 178
    9.2.1 代客结算模式 178
    9.2.2 融通仓模式 181
    9.2.3 物流保理模式 189

9.3 物流金融的风险类型与控制 192
    9.3.1 商业银行所面临的风险类型与控制 192
    9.3.2 物流企业所面临的风险类型与控制 194
9.4 物流金融服务的控制 196
    9.4.1 代客结算业务的风险控制 196
    9.4.2 融通仓业务的控制 197
    9.4.3 物流保理业务的控制 197
本章小结 198
综合练习 198

第10章 物流运作时间控制 202

10.1 时间控制与物流运作 203
    10.1.1 时间控制 203
    10.1.2 物流运作时间控制与服务对象 205
10.2 提前期管理 207
    10.2.1 提前期的概念和构成 207
    10.2.2 提前期管理的原则和思路 ... 209
    10.2.3 提前期的压缩 211
10.3 时间窗管理 213
    10.3.1 时间窗的概念 213
    10.3.2 时间窗的设置 213
    10.3.3 时间窗的应用 214
本章小结 220
综合练习 221

第11章 物流运作质量管理 225

11.1 物流服务质量管理概述 226
    11.1.1 物流服务质量 226
    11.1.2 物流服务质量管理 228
    11.1.3 质量管理新7种工具简介 ... 230
11.2 物流服务质量管理体系 234
    11.2.1 物流服务质量管理体系概述 234
    11.2.2 物流服务质量管理体系的建立 236
    11.2.3 物流服务过程的质量控制重点 238

11.3 物流质量成本 240
    11.3.1 物流质量成本核算 240
    11.3.2 物流质量成本管理体系的
           建立 245
    11.3.3 物流质量成本管理体系的
           实施 247
11.4 物流运作质量 6σ 管理 248
    11.4.1 6σ 管理综述 248
    11.4.2 6σ 管理的导入 250
    11.4.3 6σ 管理的实施 252
本章小结 254
综合练习 255

第 12 章 物流运作成本控制 258

12.1 物流成本概述 259
    12.1.1 物流成本的内涵 259
    12.1.2 影响物流成本的因素 261

12.1.3 物流成本管理的必要性和
           重要性 262
12.2 物流成本控制 263
    12.2.1 物流成本控制的含义 264
    12.2.2 物流成本控制的内容 265
    12.2.3 物流成本控制的程序 266
    12.2.4 物流成本控制的方法 267
    12.2.5 物流成本管理和控制中
           应注意的问题 271
12.3 物流服务收益管理 272
    12.3.1 收益管理概述 272
    12.3.2 物流服务供应商的
           收益管理 273
本章小结 275
综合练习 276

参考文献 279

第1章 物流运作管理概论

【本章教学要点】

知识要点	掌握程度	相关知识	应用方向
物流服务的内涵	深度理解	物流服务的内涵、类型和实质	物流运作方案设计,物流服务质量控制
物流运作流程	掌握	物流服务过程、物流链、利润链	合理设计和组织物流流程;自营物流、供方物流、第三方物流和综合平台物流
物流链	理解	物流服务链、物流价值链、流程、集成物流服务	构思和设计物流运作方案,构建、形成一体化物流过程
物流价值链	理解	物流运作流程、物流链、利润链	构思、设计和实施物流服务运作方案
物流运作管理	重点掌握	运作管理的对象、基本要求	物流运作计划、组织、协调与控制

7-11 公司的物流运作挑战

7-11 公司是世界最大的连锁便利店集团,至 2015 年 4 月,7-11 在全球 16 个国家和地区拥有分店总数为 55 477 家,其中国大陆地区有 2 076 家。

7-11 店中为客户提供的日常生活用品达 3 000 多种,这些商品来自多个不同的供应商。不同种类商品的运送和保存要求也各有不同,每一种商品又不能短缺或过剩,而且还要根据客户的不同需要随时调整货物的品种和数量。

不同于沃尔玛那样的大型超市,典型的 7-11 便利店规模非常小,场地面积平均仅 100 平方米左右。对于商店来说,消费者光顾商店时不能买到本应有的商品,商店就会失去一次销售机会,并使便利店的形象受损,这在所有的零售企业看来都是必须首先避免的事情。为了提高商品销量,7-11 门店的售卖场地原则上应尽量大,通常没有储存场所。

基于以上的考虑,类似 7-11 便利店的零售企业只能采取小批量的频繁进货来保证进出货物的实时更新,但这似乎又与能使企业物流成本降低的"规模效应"相违背。

由引导案例可见,7-11 公司必须采用先进的管理模式才能在保持极高物流效率的同时使其物流成本保持在合理水平。这就涉及物流运作管理的技术,而物流运作管理涉及方案设计、流程的标准化和规范化、运用信息技术及整合资源等诸多方面。物流运作管理与物流运作活动是紧密结合在一起的,建立正确的物流服务理念是开展物流运作与管理活动的基本前提。

1.1 物流服务概述

一般意义的服务是指具有非实体的系列特征并可给人们带来某种价值、用途或满足感的一种或一系列活动的结果。物流服务正是为满足客户需求所实施的一系列物流活动过程,其产生的结果如何,很大程度上取决于物流运作过程,所以物流运作管理水平在很大程度上决定了物流活动的结果。因此需要对物流服务有一个清晰的认识。

1.1.1 物流服务的认识

1. 物流服务的含义

物流服务是为满足客户需求所提供和实施的一系列物流活动产生的结果。物流服务是直接面对客户需求产生的物流活动的结果,以客户认可为其成果。提供客户满意的物流服务是物流运作管理的最终目的和根本任务。可从以下几方面加深对物流服务的认识。

(1) 物流是一种非实体产品的服务。物流服务与实体产品的区分在于无形性(非实体性)、同时性、无存货性、差异性和人为性。其要点如下:①无形性是指物流服务是非实体性的,无法触摸感知,但可以看到物流服务的过程和结果;②同时性是指物流服务的生产与消费同时进行,服务结束了,其服务的消费过程一般也就结束了;③无存货性是指物流服务不可大量生产并加以储存,而只是在客户需要的时候为其提供服务或服务的结果;

④差异性是指物流服务相对于不同客户对象会有很大差异，即不同客户有不同的需求，物流商可以为客户量身定制所需的物流服务；⑤人为性是指物流从业人员直接参与服务过程，从业人员的职业素质、服务态度和操作技能对服务质量和效果影响很大。

(2) 物流服务是处于纯产品和纯服务之间的一种中间过渡状态的服务形式。这是需要用一定设施、设备和技术支持的服务，即需要用辩证的思维方式来认识和运作的服务形式。物流运作过程所涉及的设施有运输通道、港航(车)站、货场仓库等；涉及的设备有装卸设备、载运工具、仓储设备、分拣设备等；涉及的技术有信息技术、定位技术、分拣技术、配载技术、滚装技术等。这些设施、设备和技术的选用都会直接或间接影响到物流服务过程和结果，其中信息技术融合管理理论成为物流高级化发展的核心技术。

(3) 物流服务是伴随着物流专业化、信息化、网络化和集成化的一体化物流服务。在物流渐进向高级化发展过程中，一个突出表现是物流服务由分散走向集成，能提供集成物流服务的物流企业成为集成物流商(Integrated Logistics Service)。集成物流商能够通过其计划、运营、整合和监控能力，整合物流功能、物流资源完成物流运作流程系统设计和全过程监控，实现客户所需要的集成物流服务目标和价值要求。

2. 物流服务的实质

物流服务的实质就是提供和创造客户所需要的价值。这种价值是物品及信息流动所需要的系统价值和价值增值，其价值的具体形式可以表现为位移价值、场所价值、时间价值、效用价值、经济价值、金融价值、形象价值和综合价值等。支撑价值实现的是物流运作过程，因此从价值的角度可以将物流运作过程看做价值链。

物流服务可以通过物流运作系统方案的设计、运行和管理等综合性活动来实现。而在这一过程中，物流服务价值增值的幅度依设计、管理和实务运作变化而变化。尽管如此，物流服务过程的每一个因素都可能影响到这一价值增值过程和客户的满意程度。

物流运作系统的方案设计、功能运作和监控管理等过程可以创造物流服务价值和使价值增值。物流商提供的物流服务需要将客户需求的物流活动按照最终物流服务要求组织资源去实现。

3. 集成物流服务与物流链

集成物流服务是在集成物流商整合物流功能、物流资源的基础上，提供集成(一体化)物流服务的业务模式。与提供物流资源、物流功能的物流商而言，集成物流商是处于物流链高端的物流商。物流服务链是物流商所提供的直接面对最终客户的物流活动衔接过程构成的物流链，其本质体现了由客户物流服务需求引导及实现其物流服务功能的设施、设备、技术、人员等要素构成的物流作业价值传递过程。

"链"体现了利用系统思想组织物流活动过程的形式和结果。物流链是指由相互衔接的物流活动构成集成化物流运作过程。物流链是物流协同活动一般性的通用表述，根据其研讨的侧重点不同，可以反映为物流作业链所形成的服务链和价值链。在物流链形成过程中，物流作业是基础，客户服务是目的，价值追求是本质。物流链是根据客户服务需求所提供的一系列的物流作业构成的，其结构合理性成为物流服务利润来源的基础。物流链实现集成物流服务过程，就需要在物流链中将人员(People)、实物依据(Physical Evidence)和过程(Process)3个要素充分整合起来，所以反映物流服务运作过程的基本逻辑公式可以表示为

物流运作过程=物流服务项目设计+物流资源整合能力+物流作业人员　　　　　(1-1)

式(1-1)中的项目设计包括整合过程，物流资源包括物流设施、设备、技术等硬件和软件资源等内容，作业人员包括物流管理人员和现场作业人员。

1.1.2 物流服务的分类

为进一步深刻认识物流服务的实质内容，做好物流管理工作，物流服务根据不同依据具有以下分类。

1. 基于物流设施的物流服务

物流设施(Logistics Establishment)是提供物流相关功能和组织物流服务的场所，主要包括物流园区、物流中心、配送中心、各类运输枢纽、场站港、仓库等。

以物流活动所依托的运输枢纽节点为依据，可以将物流活动划分为港口物流、机场物流、车站(货场)物流等，其共同特点是依托交通运输枢纽进行装卸、中转性仓储等物流活动。由于枢纽的性质不同，如码头、货场、重箱堆场和轻箱堆场等，所以物流作业设备、任务和服务项目也有很大不同。依托货物集散中心、物流信息中心和物流控制中心等功能，物流园区、物流中心、配送中心是物流商整合物流资源、展开物流服务链运作的集中场所。

2. 基于特定主体对象的物流服务

从物流所服务的区域客体群对象，可以划分为园区物流和驻点物流等。园区物流是指由物流商为特定的工业园区、经济开发区的企业开展的物流服务；驻点物流就是物流商在有合约的企业驻点，为驻点企业群提供第三方物流服务。这类物流服务的共同特点是服务区域或主体对象稳定，采用第三方物流服务模式，可以实现专业化、信息化、网络化、规模化和集成化的物流服务。

3. 基于特定行业或产品的物流服务

根据物流服务所作用的行业或产品的特点，可以划分为行业物流和产品物流，包括粮食物流、钢铁物流、煤炭物流、烟草物流、药品物流和冷链物流等。这种物流分类体现了物流运作具有行业或产品物流的专业化特点。这种特点着重指不同的行业或产品物流服务在设施、设备、技术等方面具有各自的专业化特点，而不仅仅是采用通用的设施、设备、技术和流程。

4. 基于特定物流活动范围的物流服务

经济活动主体的物流活动范围主要包括企业物流、区域物流和国际物流。其中企业物流是围绕企业或企业集团的物流活动。区域物流是以某一经济区或特定地域为主要活动范围的社会物流活动，如城市物流、省区物流和经济区物流等。在物流运作环节，国际物流要比国内物流复杂得多，涉及国际贸易、多式联运、通关、跟单作业等物流作业问题。

1.1.3 功能型物流、综合型物流与集成物流服务

1. 功能型物流服务

由于划分的依据不同，物流活动有很多种类型，从功能性角度可以划分为运输型物流

服务、仓储型物流服务、配送型物流服务、信息型物流服务和加工型物流服务等(见表1-1),其特点是围绕其主要功能展开物流活动及其延伸服务。例如,运输型物流是以运输为核心内容的物流服务。

表1-1 特定功能为主兼顾延伸的物流服务

服务类型	主要功能及关联作业	主要类型
运输型物流服务	运输,包括装车、卸货等直接关联作业	普通货物运输
		特种货物运输,如危货运输、大件运输等
仓储型物流服务	仓储,包括库存控制、入库、出库作业	中转仓储
		长期仓储
		短期仓储
配送型物流服务	分拣、配载、送货	专项配送(如牛奶)
		混合配送,如电子商务商品配送
信息型物流服务	货代、车源、货源、客户、货主、车主信息	自用型物流信息服务
		共用型物流信息服务
		公用型物流信息服务
加工型物流服务	流通加工,短暂保管、配送	钢材、玻璃等流通加工
		鸡鸭等流通加工等

功能型物流服务的特点是物流功能集成度较低或相对较低,比较适合业务单一的物流企业,其竞争力表现为在充分有效利用自有资源的基础上提高功能物流服务的经营效率,同时能提供少量的增值型物流服务。

2. 综合型物流服务

综合型物流商整合客户所需的多种功能物流服务为一体的运作过程,即物流商对其客户提供包括运输、仓储、配送、信息、流通加工等在内的以一种功能型物流为主兼顾延伸的多种物流服务衔接的过程,就是综合型物流。在一些典型物流活动中可以看到综合型物流服务内容,见表1-2。这样既可以有效地支撑基础物流业务,也可以增加物流附加收入。

表1-2 典型的综合型物流活动分类

划分依据	划分类型	主要内容及特点
企业供应链物流活动过程	输入物流	进入工厂(或特定场地)的物流活动,如原材料采购供应等
	输出物流	离开工厂(或特定场地)的物流活动,如产成品销售配送等
物流活动的性质	供应物流	为下游客户提供原材料、零部件或其他物品时所发生的采购、运输等相关物流活动
	生产物流	主要是原材料、在制品、半成品、产成品等在工厂范围内形成最终产品的物流活动
	销售物流	生产企业、流通企业在出售商品过程中发生的销售、分拣、配送等物流活动
	回收物流	将退货、返修和周转使用的包装容器等从需方返回供方所引发的物流活动
	废弃物物流	将废弃物进行收集、装卸、运输、处理等,形成自身完整体系的物流活动

3. 集成物流服务

集成物流服务是集成物流商针对客户最终需要量身定制的多功能、全过程的一体化物流服务。其特点是由集成物流商提供满足客户需要的高度集中的物流服务，类似于"交钥匙"工程服务。为达到整合资源、实施集成运作和指导管理活动之目的，集成物流服务需将多个功能型物流商的能力和资源集结到客户所需的集成物流服务中去，则需要整合相应的物流设备、技术资源及提供专门的物流运作设计方案。

1.1.4 物流服务的主体

物流服务的主体是物流企业，物流企业有时需要通过整合社会资源来实现物流服务，有时也称为物流商(物流供应商)。

1. 物流企业

物流企业是依法专门从事物流经营业务活动，实行独立核算、自负盈亏、独立承担民事责任的经济组织。作为物流企业，应以从事物流业务为主并具备一定规模；可以提供一项或多项功能型物流服务；自有或租用一定数量的物流设施、设备；具备网络化信息服务系统，并能通过该系统对物流过程进行全程监控和对客户提供所需物流实时查询等服务。物流企业有多种类型，其中综合服务型物流企业最为典型，一般应符合以下要求：

(1) 经营多种功能型物流服务业务，可以为客户提供运输、货运代理、仓储、配送等多种物流服务，具备一定规模。

(2) 根据客户的需求，为客户制定整合物流资源的运作方案，为客户提供契约性的综合物流服务。

(3) 按照业务要求，企业自有或租用必要的运输设备、仓储设施及设备。

(4) 企业具有一定运营范围的货物集散、分拨网络。

(5) 企业配置专门的机构和人员，建立完备的客户服务体系，能及时、有效地提供客户服务。

(6) 具备网络化信息服务功能，应用信息系统可对物流服务全过程进行状态查询和监控。

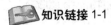 知识链接 1-1

物流企业的认识

目前，我国已形成了由多种所有制、不同经营规模和服务模式所构成的物流企业群体。

(1) 原有的国有物流企业加快重组改制和业务转型，如中远物流、中海物流、中外运物流、中邮物流、中国储运、中铁快运和招商局物流等。

(2) 快速发展的民营物流企业，如宝供物流、顺丰速运、传化物流、长久物流、德邦物流、佳吉快运等。

(3) 世界知名的跨国物流企业，如丹麦马士基、美国总统轮船、英国英运、荷兰天地、日本日通、美国联邦快递、联合包裹、德国邮政等。

(4) 一批国内生产或商贸企业的物流部门，以原有业务为基础向社会扩展，形成具有专业特色的物流商，如海尔物流、安得物流、安吉物流，以及大庆油田、开滦煤矿的物流公司等。

其中(1)、(2)和(3)物流运作的基本模式是第三方物流，而(4)多是基于自营加第三方物流的运作模式。

2. 物流行业

行业一般指职业的类别，是用来形容"人"的产业属性的。从产业经济学的角度认识，物流业是专门从事物流经营活动的企业的集合。物流企业是专门为市场提供物流管理服务的企业，这类企业的集合就是物流产业或物流行业。在物流服务市场逐步成熟的时候，物流管理服务将在市场体系中取得相对独立的产业地位，并逐步细分为不同的物流行业体系。该体系将包括：食品物流服务业(其中又分为冷藏食品物流服务业、生鲜食品物流服务业、包装食品物流服务业等)；汽车物流服务业(其中又分为零部件供应物流服务业、整车配送物流服务业等)；化工物流服务业(其中又分为液体化工产品物流服务业和气体化工产品物流服务业等)；石油产品物流服务业(其中又分为原油物流服务业和成品油物流服务业等)；钢铁物流服务业；矿产物流服务业；危险品物流服务业；设备物流服务业；药品物流服务业；IT物流服务业；服装物流服务业；粮食物流服务业；花卉物流服务业；废弃资源物流服务业；物流信息服务业；物流装备服务业；物流咨询服务业等。

现有的运输服务业、仓储服务业，以及各相关的物流中介服务业都将归入物流产业的框架下，逐步融入以产品物流为中心的物流管理服务体系中去，并作为特定产业链或价值链的后勤服务资源而存在于物流链。

1.2 物流运作流程

1.2.1 物流运作流程概述

1. 物流运作流程的含义

物流运作流程是根据客户需求设计物流服务运作方案，并形成先后作业活动的衔接过程。从系统的要求看，组织这一先后衔接物流运作的流程就是物流链，也正是通过这个相互衔接的过程提供和传递最终满足客户需求的服务，而将面对客户的这一流程又称为物流服务链。

2. 物流运作流程的种类

从表1-3可以看到，根据纵向的企业层级与横向的物流业务阶段之间的关系，可以将物流运作流程分为纵向结构流程与横向结构流程。

表1-3 物流运作管理在企业中的业务层次

企业层级	战略规划	市场开发	系统设计	实务运作	运营监控	售后服务
(高层)战略层	△△△	△△△	△△△	△	△	△
(中层)职能层	△△	△△	△△	△△	△△△	△△
(基层)运作层	△	△	△	△△△	△△△	△△△

注：△△△——重点参与；△△——主要参与；△——一般参与。

1) 纵向结构流程

纵向结构流程反映了企业的战略层、职能层和运作层共同参与从战略决策、方案设计到战术执行的全部活动过程。从大的方面来看，涉及市场开发→战略规划→系统设计→实务运作→运营监控→售后服务等几个阶段。

2) 横向结构流程

横向结构流程是资源投入到服务产出的活动过程，是战略方案决定后体现执行力的实施活动过程，其业务流程内容往往带有常规性活动的特点。具体可以分为以下几个流程。

(1) 物流作业流程。包括采购作业流程、仓储作业流程、配送作业流程、报关作业流程等。

(2) 物流服务流程。直接体现为客户获得服务结果的流程，往往体现为根据客户需求所设计物流运作方案的一系列相关作业流程的整合。

(3) 物流信息流程。涉及物流信息采集、传输、存储、处理等相应技术和一系列具体活动的基本流程。

(4) 物流管理流程。对物流运作过程实施计划、组织、协调和控制的职能，以整合资源配置、提高运作效率的活动过程。

物流运作流程既有内部作业环节衔接，也有外部作业环节衔接，在与外部环节衔接时会直接与外部环境因素相作用，由于外部环境因素常处于变化中，所以在对物流运作流程设计中，应在有效运用物流网络的基础上，充分把握 3C 因素，即客户(Customer)、竞争(Competence)和变化(Change)对流程的影响。物流网络(Logistics Network)是物流过程中相互联系的组织与设施的集合，它包括信息网络、经营网络和设施网络。

3. 物流运作流程与商流、资金流、信息流的关系

物流运作流程涉及与商流、资金流和信息流的相互作用、相互影响，其中，资金流是在所有权更迭的交易过程中发生的，可以认为从属于商流；信息流则分别从属于商流和物流，属于物流的部分称为物流信息。所以，流通实际上是由商流和物流组成的，它们分别解决两方面问题：其一是产成品从生产者所有转变为用户所有，解决所有权的更迭问题；其二是要解决对象物从生产地转移到使用地以实现其使用价值，也就是实现物的流转过程。可以说，商流是动机和目的，资金流是条件，信息流是手段，物流是终结和归宿。因此，在物流运作流程中，必须充分认识物流、商流、信息流和资金流四者间的关系，既要认清它们各自的运行规律，又要把它们看做一个统一的整体，从流通过程的全局把握，这样才能保证将物流流程运作得更有成效。

联邦快递的物流运作流程构造

联邦快递是全球最具规模的快递公司，为全球超过 220 个国家及地区提供快捷、可靠的快递服务。2014 年 3 月在《财富》杂志公布的一项调查中，联邦快递位居"全球最受尊敬公司"第 8 位，运输行业首位。联邦快递设有环球航空及陆运网络，通常只需一至两个工作日就能迅速送达时限紧迫的货件，而且确保准时送达。联邦快递集团通过相互竞争和协调管理的运营模式，提出了一套适合自己的快递

运作流程。其快递运作流程的基本构造分为横向结构和纵向结构两部分。

(1) 横向结构是指与企业快递运作从投入到产出总过程相关的一系列基本流程。主要包括：①快递作业流程，即接单、采购、运输、库存、检验配送等组成的基本流程；②快递服务流程，主要是指为客户提供快递需求分析、系统设计、管理咨询等快递服务组成的基本流程；③快递信息流程，是指从各部门各方面收集信息、处理信息、汇总信息、传递信息、共享信息、创造信息价值等活动组成的基本流程；④快递管理流程，即对快递运作过程实施计划、组织、控制、协调以优化资源配置，提高管理效率的活动组成的基本流程。

(2) 纵向结构是指从企业快递运作决策到快递运作执行的过程。主要包括：①快递运作决策流程，即企业从高层到基层员工形成快递运作决策的基本流程，目标是实现企业快递的有效运作；②快递运作执行流程，即企业快递运作的实施流程，包括执行方法、执行监督等体现执行力的关键环节。

4. 物流运作流程的特性

物流运作流程是由相互衔接的物流作业构成，具有逻辑性、适应性和价值性等特性。

(1) 逻辑性。物流作业链是在按照客户所需服务要求、遵循物流服务目的及其功能的前提下，由一系列衔接专业活动的逻辑过程构成的，这一链条体现了组织物流运作流程的客观性要求。

(2) 适应性。环境发生变化时，构建基于满足客户需要的物流运作流程，可对资源、技术等方面进行适当调整。这一特性体现了管理物流运作流程的动态性要求。

(3) 价值性。实现整个服务流程不仅应当具有客户所需的物理效应，同时应当具有服务于客户的价值效应，而这种价值效应可以从空间、时间、经济的价值增值，以及人们精力和体力的节约中体现，一般体现为物流运作流程价值的综合性。这一点是组织与管理物流运作流程的目的性要求，也是物流价值链体现的利润来源。

1.2.2 物流运作流程设计

1. 物流运作流程设计考虑的因素

物流运作流程设计考虑的主要因素有企业服务宗旨、客户物流需求、物流运作技术和资源条件、环境因素和运作模式选择，应该根据这些因素科学合理地满足客户要求。

(1) 企业服务宗旨：体现物流企业使命和发展愿景，是一个根本性的指导。

(2) 客户物流需求：体现客户对物流需求方面的物理和价值方面的要求，包括在物流企业服务形象等方面的要求。

(3) 物流运作技术：依托信息技术和其他物流设施设备，其中信息技术的应用及其水平至关重要。

(4) 资源条件：可采用的物流资源，如可以考虑充分利用社会车辆、仓库和其他资源完成预期任务。

(5) 环境因素：充分考虑运输通道、基地、设备和技术等方面的宏观和微观环境的影响。

(6) 运作模式：自营物流、联营物流、第三方物流、综合平台物流等模式的设计和选用对企业战略执行力的影响。

物流流程设计理论、程序、步骤和方法等可以参考董千里主编的《物流工程学(第二版)》1～4 章等相关内容，这里不再赘述。

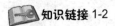

 知识链接 1-2

进行物流运作方案设计需要掌握的知识结构

对物流管理者而言，需要充分掌握战略、战术和流程设计理论，并能用这些知识进行物流运作方案设计；需要将物流战略构建理念转化为物流运作流程设计思路，体现流程贯彻战略思想的执行力；需要学习高级物流学、供应链管理课程等相关理论；需要熟悉物流市场经营策略的影响因素和制定方法；需要掌握将企业战略设计转化为物流运作设计的思路、技术和方法；需要了解物流市场营销学方面的知识；需要掌握物流工程学的理论和方法，从工程的角度在物流运作领域实现主体的战略意图，从而在物流运作管理实践中将所学习的课程有机融合起来，有效运用。

2. 物流运作流程设计的要求

(1) 关注供应链主体与流程之间的关系。物流运作流程是供应链的基础流程，涉及前后企业、业务环节的主体和流程，以及主体之间、流程之间的关系。在主体层次涉及的是管理及行为组元，在流程层次涉及的是主体和技术组元。物流运作流程设计要考虑供应链主体与流程相互衔接的过程与关系。

(2) 处理好流程设计中的物流链与价值链和利润链的关系。对于物流商来讲，设计客户所需的物流运作流程的结果实质上就是一段物流链。基于服务领先战略，物流链需要按客户需求设计全过程的服务，并体现于传递客户需求的最终物流服务结果的物流运作流程之中。物流商的物流链设计要体现创建和传递价值给客户的增值要求，需要将对增值无益、可有可无的、非必要的活动删去，即除了流程的物理需求以外还需要满足流程的价值需求，使物流运作流程体现为传递价值结果的价值链。上述价值增值过程主要是对客户而言的，也是创造物流商价值的基础。总之，物流商需依托于物流运作流程组建基于成本领先战略的利润链，并通过整合设施、设备、技术、人力等资源实现这一价值增值过程。

对于企业物流而言，体现为客户所需的物流服务是企业价值链的要求所在，因此主要处理好物流流程设计中的物流链、服务链和价值链之间的关系。必要时可将企业非核心的物流业务部分或全部外包给集成物流商，其目的是通过物流商的物流链与企业的价值链的对接以实现价值增值。

(3) 物流运作流程设计的 SMART 原则。就物流运作流程设计而言，主要涉及流程的实体及技术组元构成。其设计应符合 SMART 原则，即流程目标必须是具体的(Specific)；流程目标必须是可以测量的(Measurable)；流程目标必须是可以达到的(Attainable)；流程目标必须与战略目标具有相关性(Relevant)；流程任务实现必须具有明确的截止期限(Time-based)，满足 SMART 原则的物流流程设计是提高实现物流战略的执行力的施工图。

物流高级化是从点、线向网、链发展的基本过程。物流运作的"点"是指节点，例如，基于货运站、物流中心、物流园区、海港、陆港等的物流业务运作；"线"是指运输通道、连接方式等，例如，基于专线的运输服务等；"网"是指节点和线路等的集成，即不同运输方式的节点和线路构成的网络，例如，业务网络、信息网络和基础设施网络的集成运作；"链"是指不同经营主体之间基于物流形成的传递和价值关系，网-链体现了集成体在节点之间的更密切的价值分享关系。

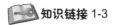 **知识链接 1-3**

<h3 style="text-align:center">从物流集成场的视角分析物流运作系统</h3>

物流集成场的视角主要体现为集成体(如具有整合能力的的企业)、基核(具有多重集成引力的物流运作及管理基地)、联接键(构成业务资源、信息、技术、功能、过程等更密切、稳定的关系),通过这三方面的物流集成运作过程,形成的节点之间的联系称为场线。采用这样一个视角,便于将复杂的人工大系统通过集成体、集合和联接键等关键因素及关系的剖析,得到更好的优化和完善。

3. 物流运作流程的设计方法

物流运作流程设计不仅要体现物流实物需要,而且要统筹考虑价值、过程和技术等因素。作为典型的物流流程设计方法之一,VPT集成设计法是运用价值(Value)、过程(Process)和技术(Technology)因素对物流系统进行规划设计,通过选用先进的技术(含设施、设备、信息、作业等)、合理衔接和优化相关过程(含作业过程、组织过程、监控过程和管理过程等),从而实现其系统所欲实现的价值体系。

运用VPT集成设计法设计物流流程时,需将物流运作系统的价值、过程和技术结合起来进行一体化设计,加以相关知识的集成,并通过团队执行力(如监控模式的选择和设计),使得运作方案在概念设计、组织设计、过程设计和设备设计等方面形成一个和谐、完整、高效率的整体。

 案例阅读 1-2

<h3 style="text-align:center">传导型监控与互动式监控的物流运作模式设计比较</h3>

近年来发生了多起食品安全突发事件,分析其物流运作过程,基本上都是传导型线链式监控模式。肯德基"苏丹红"事件的发生原因可追溯到在传导型线链式运作流程中,四级供应商在原料加工环节加入了苏丹红1号。

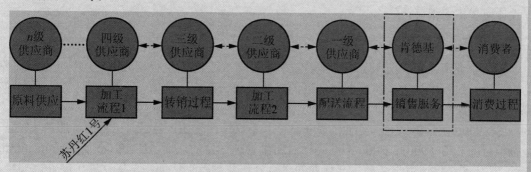

图 1.1 肯德基传导型线链式物流运作流程

注:──▶表示物流;◀------▶表示信息流。

由图1.1可见,整个运作流程对应相应的主体,其运作规范与否十分重要,其输入、输出都是十分敏感和重要的检测部位。在供应链不同运作主体之间的流程及其衔接中,供应链主导企业对运作全程风险识别、监控功能是比较薄弱的。传导型模式大部分体现于相邻成员之间的沟通,除了业务合作之外，还存在利益博弈关系，这样可能会影响到主体与流程、运作过程与质量的互动关系。

在互动型全链式监控管理模式中，物流商或物流监管者与各个运作主体形成良好的互动关系，并完成物流运作全过程的监控，如图 1.2 所示。互动型全链式监控室基于主导者进行集中监控的模式，其信息沟通方式呈一个环形结构，主导者与各个相关物流功能成员主体间进行互动，同时伴随着物流运作流程之间的联动。在此模式下，构建的主体层之间也同样存在利益博弈关系，因此须对主体间利益进行博弈分析以建立更优化合理的管理模式。

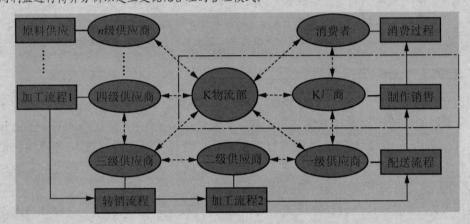

图 1.2　互动型全链式监控管理模式

注：——→表示物流；◀------▶表示信息流。

如图 1.2 所示，互动型全链式衔接与监控是以集成物流商或主导企业物流部为核心进行运作及监控。与前者模式进行比较，互动型全链式模式深度反映了物流服务供需行为关系，及其在主体竞合关系下主体企业对物流运作过程的风险识别、监控能力(包括资金投入和监控力度等)是相对较强的，从而有利于促进物流运作过程的相互衔接。

1.2.3　物流运作流程规范化

物流运作流程规范化是实现物流流程科学设计的考虑因素之一，因此，作业规范和流程设计两者需要很好地结合起来。

1. 运作实施标准的认识

根据企业所从事、所服务的行业特征和要求，企业应当进行相应的资质认定或认证活动，在运作过程中按照资质能力和认证的规范要求去实施。例如，从事大件物流、危货物流应具备相应的从业资质，从事医药物流应具备相应的认证要求等。

ISO 9000 质量体系是国际性的质量体系，不仅适用于生产行业，也适用于服务、经营、金融等行业。ISO 9001：2000 标准是针对质量管理体系的认证。GMP(Good Manufacturing Practice)认证是仅适用于药品生产行业的"良好作业规范"认证，是集软件、硬件、安全、卫生、环保于一身的强制性认证，并具有区域性之特性，多数 GMP 认证由各国结合本国国情来制定。GSP(Good Supply Practice)是关于药品经营管理的一整套管理程序和管理标准，其目的在于控制药品在流通环节所有可能发生的质量事故。企业根据 GSP 认证的标准规范，制定企业医药物流运作流程和作业标准。

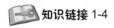 知识链接 1-4

GSP、GMP认证、规范与物流运作管理

> 我国的医药行业正面临着全国性的GMP和GSP认证。GMP和GSP分别在企业的生产领域和流通领域提出了严格的要求,如物流运作层次的采购、生产、质检、库存、销售、运输环节与其他各个环节的流程和具体功能。从供应链管理的角度来说,GMP与GSP规范几乎涵盖了一个企业的生产和流通领域的各个方面,从事医药食品生产活动,应进行GMP认证,从事医药食品企业物流服务活动,应进行GSP认证。GMP、GSP要求供应链物流运作流程上的所有节点的企业都必须遵守并执行这些规范,按照规范进行物流运作管理。

2. 制定物流运作流程操作规范

企业制定物流运作规范时,应处理好自身规范与统一标准和规范的关系。遵照基本认定标准的前提下,企业应根据自身服务性质和能力制定本企业的运作流程规范。例如,在医药领域中,GMP和GSP是一个框架性标准,各企业应在符合GMP与GMP所有规范要求的基础上,制定自己在生产或流通领域的详细物流运作作业规范。

3. 严格落实物流运作作业、流程规范的实施

要使物流运作流程有制度可依,需长期坚持实施物流运作流程操作规范,并使其落实到物流运作过程之中。

1.3 物流运作管理概述

1.3.1 物流运作与运作管理

1. 物流运作

物流运作是指为满足客户需要,由物流商设计物流作业方案,调集资源并组织实施的具体活动过程。其中客户为物流运作的服务对象,包括各类企业和个体消费者。他们所需要的往往是量身定制的一体化物流服务,即集成物流服务。简而言之,物流运作要能够提供客户所需的集成物流服务的实务操作业务。

集成物流服务是根据客户需要,为满足物流运作要求,由集成物流商协同许多部门的物流活动完成的,而不是简单地由一些部门(如运输型企业、仓储型企业等)提供基础性物流活动完成的,其中物流活动包括物流过程中的运输、储存、装卸、搬运、包装、流通加工与信息处理等作业活动。物流运作过程中采用集成物流服务的优势在于满足客户需要的同时,也降低了客户的经济成本、时间成本、体力成本和精力成本等。

2. 物流运作管理

物流管理是为达到既定的目标,对物流的全过程进行计划、组织、协调与控制。物流管理所强调的是对整个物流过程的管理与控制,既包括宏观层面的,又包括微观层面的;

物流运作管理是物流运作活动计划、组织、协调、监督和控制的工作过程。物流运作管理所强调的是在物流运作这一微观层面对物流活动及其相关活动所进行的业务运作管理与控制。它所追求的目标是在客户满意前提下的质量、效率和成本的最佳组合，所包含的对象更倾向于具体的物流运作实务。

物流运作管理的对象是物流活动作业过程和物流运作系统，前者涉及物流活动资源的获取与组织，后者涉及多种物流活动的组织、协同、整合和监控，前者活动融于后者运作过程之中。所以，物流运作过程是一个资源投入、转换和服务产出的过程，既是一个物流作业、劳动过程，也是一个物流服务价值增值的过程，其运作效率和效益在很大程度上取决于物流运作管理的绩效。物流运作系统是物流活动和资源变换为客户所需物流服务这一过程得以实现的手段，它的构成与变换过程中的物质资源转换过程和管理过程相对应，是基于一个物流运作活动的管理系统。物流运作管理者必须考虑如何面对客户需求，对特定的物流运作活动进行计划、组织、协同和控制。

3. 物流运作与管理的关系

物流运作管理是基于物流运作实务的管理活动，是对物流运作活动履行管理职能的知识、技能与规律的认识和总结，是物流商与其支持和保障的企业在运作层面进行计划、组织、协调和控制的综合性活动。实现基于客户需求的专业化物流服务和企业物流的联动运作与集成管理是本书研究和阐述的核心内容，两者都涉及物流服务与其支持与保障对象的协同运作和集成管理。

从运作层面上看，物流活动涉及诸多功能环节，包括运输、储存、装卸、搬运、包装、配送、流通加工和物流信息处理等，而客户所需要的物流服务是一种基于特定物流运作方案，利用设施、设备和技术等相关资源，提供物品及相关信息流动的一体化服务过程和结果。物流企业提供的物流服务既不是纯产品，也不是纯服务，而是基于一定设施、设备和技术的集成服务活动过程。因此，正确认识物流运作过程是做好物流服务和运作管理的基本前提。

从管理层面上看，物流涉及对物品及相关信息流动进行系统设计、运作和管理等过程。物流运作管理需要针对客户企业或供应链物流需求设计物流运作方案，并将其运作过程所需要的人员、设施、设备、技术和信息等资源，根据产业产品或产业过程自身特点，按照产品、产业链服务特征设计的运作方案有效地组织资源，使其协同运作，以求实现企业与供应链系统价值增值。

1.3.2 物流运作系统

1. 物流运作系统的构成

物流运作系统是由物流运作要素构成的，处于业务运作层面的结构，其主要涉及以下几种要素。

(1) 物流设施。它是保证物流系统运行的基础物质条件，包括物流站、场，物流中心、仓库，物流线路、建筑、公路、铁路、港口等。

(2) 物流装备。它是保证物流运作系统开动的条件，包括仓库货架、进出库设备、加工设备、运输设备、装卸机械等物流设备。

(3) 信息技术(含信息网络)。它是掌握和传递物流信息的手段,包括通信设备及线路、传真设备、计算机及网络设备等。

(4) 资金。物流与物流服务的实现是与资金运动互为前提和保障的。再者,物流系统建设也是资本投入的一大领域。离开资金这一要素,物流运作过程不可能实现。

(5) 组织网络。它是物流运作的"软件",起着连接、调运、运筹、协调、指挥其他各要素以保障物流系统目的实现的作用。

(6) 专业人员。它是所有系统的核心要素、第一要素。提高物流人员的素质,是建立一个合理化的物流运作系统并使它有效运转的根本。

2. 物流运作系统的特点

物流运作系统由专业人员、任务、设施、设备、信息系统等要素组成,其运作过程涉及物品品种、数量、线路、服务部门和时间等因素,是能够满足客户物流服务要求的具有硬件和软件技术资源构成的有机整体,具有一般系统所具有的特点。

(1) 整体性。物流运作系统是由硬要素和软要素组成的一个有机整体。

(2) 目的性。物流运作流程要能够提供客户满意的物流服务,可以通过一定 KPI(关键绩效指标)表现出来。

(3) 关联性。需将系统所包含的信息、软件与硬件(仓库、叉车、集装箱等)要素形成良好的匹配关系,在此基础上衡量资源可利用及运作情况,方能最大合理化物流运作流程。

(4) 结构性。物流运作系统本身具有可分性,可分为若干层次结构来进行组织管理。在对运作流程及其主体组织结构构建过程中,应当力求精简、高效。

(5) 环境性。物流运作过程需要根据环境进行组织管理,适应环境才能生存与发展。

1.3.3 物流运作管理的要求

物流运作管理的基本要求体现在计划性、衔接性、平行性、协调性、实时性、集成性、价值性和均衡性等方面。

(1) 计划性。物流活动运作之前必须有详细的物流实施方案和作业计划,重要的流程与作业需要有操作标准和规范。

(2) 衔接性。物流运作的各作业之间要形成连续的衔接关系。例如,装载、运输、卸载、入库、存储、分拣、出库等作业活动,要形成先后连续的衔接过程,避免无计划的停顿造成时间、资源等的浪费。

(3) 平行性。物流运作所涉及的主体要为同一任务进行同时作业。例如,实物作业活动要与相应的信息作业活动同时进行,不同地点的同一任务要能同时进行,从而保证物流过程的衔接性。

(4) 协调性。不同主体、不同活动、不同设备和运作过程等的作业内容、时间、组织要协调,通过物流作业计划、组织、协同和控制的具体操作,使得人员、车辆、设备、设施、信息、财务等资源具体组织协调到位。

(5) 实时性。信息的获取、传输、存储、处理等环节与物流作业过程实时进行,应变能力是实时性最重要的能力,根据实时变化是协调运作的基本保证。

(6) 集成性。不同主体、过程要在信息沟通及设备互通互联的集成前提下,掌握整个物流运作过程,并进行整个物流的实时运作。

(7) 价值性。近年来，物流在企业成本、效益、价值增值等方面所发挥出的作用越来越明显。

(8) 均衡性。在条件许可的情况下，尽量采用均衡作业，避免不必要的突击性作业。

前 5 项是物流运作的基本要求，后 3 项是物流管理者把握全局的总体要求，也是训练有素的物流管理者追求的目标。

企业对物流运作管理的重视程度也越来越高，物流运作管理在企业中包括了对采购、运输、储存、装卸搬运、流通加工、包装、信息处理等过程的组织、计划与控制。随着现代信息技术的快速发展，企业管理理念的进一步提升，以及现代企业生产规模的不断扩大，市场需求的多样化和差异化，产品生产和服务的日趋复杂化等，这些因素促使物流运作管理研究进一步发展，使其内容更加丰富，范围更加扩大，体系更加完整。物流运作管理的范围不再仅局限于对运输、仓储、配送等过程的计划、组织与控制，而是扩大到包括物流运作战略的制定、物流运作系统设计，以及物流运作系统运行等多个层次的内容，把物流运作战略、采购供应、生产制造、产品配送直至售后服务看做一个完整的"价值链"，对其进行集成管理。

1.3.4 物流运作管理的地位和作用

企业物流管理可划分为战略层、职能层和运作层三个层次，并通过这三个层次的协调配合实现在企业中的总体物流功能。企业管理层次不同，在物流运作中所重点关注的主要任务、要求与内容等不同。

(1) 战略层。在物流运作中，其主要任务是对企业整个物流系统进行统一的计划、管理和控制，主要内容有物流系统战略规划、系统控制和成绩评定，以形成有效的反馈约束和激励机制。

(2) 职能层。在物流运作中，其主要任务是控制物品流动过程，主要包括订货处理与客户服务、库存计划与控制、生产计划与控制、用料管理、采购等。

(3) 运作层。在物流运作中，其主要任务是完成物品的时间转移和空间转移，主要包括发货与进货运输、装卸搬运、包装、保管、流通加工等。

物流就是通过战略层、职能层和运作层 3 个层次的协调配合实现在企业中的总体物流功能。企业物流管理在这 3 个层次上对战略规划、市场开发、系统设计、运营监控和实物运作等方面表现出不同的要求。物流运作管理是对企业物流运作实务进行的计划、组织、协调、监督和控制工作。因此，它更多地倾向于企业运作层的物流管理活动，其特点是直接传递物流服务。

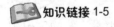
知识链接 1-5

物流运作管理贵在执行力

所谓执行力(Execution)，指的是贯彻战略意图，完成预定目标的操作能力。它是物流业务竞争力的核心，是把物流战略、规划转化成为效益、成果的关键。执行力是一个系统、组织和团队物流运作管理成败的关键。在员工中打造一流的物流运作管理执行力，需要有好的物流运作管理模式、管理制度和好的带头人。

1.4 物流运作管理的内容和目标

1.4.1 物流运作管理的内容

物流运作管理的内容包括 4 个方面：①对物流系统要素的管理；②对物流功能活动的管理；③对物流运作过程的管理；④对关键环节、关键指标的管理。其具体包括以下要点。

(1) 对物流系统要素的管理。物流系统的构建涉及人、机、物、资金、信息和环境等基本要素，在首要满足物流运作要求下选择与合理配置这些要素，并对物流系统所包含的要素进行管理。其管理成效对实现物流和某方面的功能、物流运作系统的运行有决定性意义。

(2) 对物流功能活动的管理。物流运作活动由运输、仓储、包装、装卸、搬运、配送、流通加工、信息等物流功能子系统构成，这些物流子系统的管理活动是物流运作管理的一部分。例如，运输是对人和物的载运与输送，即在不同地域范围，以改变"物"的空间位置为目的的一项管理活动。运输管理的目的是通过合理地选择运输方式，从而降低货物的运输成本，提高运输效率。仓储是"对物品进行保存及其数量、质量进行管理控制的活动"。仓储在物流活动中起到储存保管货物，调节供需平衡，调节货物运输、配送和流通加工等功能，通过仓储，可使商品在最有效的时间段发挥作用，创造商品的"时间价值"和"空间价值"。做好仓储环节的物流管理工作，对物流系统顺畅、合理地运行至关重要。

(3) 对物流运作过程的管理。它主要包括物流经营管理、物流质量管理和物流工程经济管理等。物流经营管理是指以物的流动过程(含储存)为主体，面向市场，运用各种综合管理职能和手段，对物的流动过程进行系统的统一管理，以降低物流成本，提高物流的经济效益，也就是用经济方法来研究、管理物的流动中的规律问题。物流的质量既包含物流对象的质量，又包含物流手段、物流方法的质量。物流工程经济管理的对象不是物流的纯技术问题，也不是物流的纯经济问题，而是物流工程的经济效益问题，也可以说是物流技术的可行性和经济合理性问题，实质上就是对物流工程客观经济规律的研究。物流工程经济研究的任务就是正确地认识和处理物流技术与经济节约之间的辩证关系，即寻找物流技术与经济之间的合理关系。

(4) 对关键环节、关键指标的管理。重点是抓好物流运作质量控制、时间(效率)控制和成本的 KPI 指标方面的控制，这些是物流运作管理的关键内容。

1.4.2 物流运作的分类

对物流运作进行分类，有利于更清晰地研究物流问题，掌握物流运作的内在规律和联系，从而更清楚地认识物流运作管理活动。由于物流的直接运作对象是物流本身，因此本书根据物流的属性将物流运作分为不同的类别。

1. 根据物流的固有属性分类

物流最基本的固有属性只有一个，那就是物流本身的性质。而物流本身的性质又是由物的性质决定的，有什么样的物，就有什么样的流，因此，根据物的属性不同，把物流运作分为普通货物物流运作和特种货物物流运作(本书中统称为产品物流运作)。

知识链接 1-6

货物性质与相关要求

> 物品是物流运作的主要对象，在运输中称为货物。货物分为普通货物和特种货物。普通货物(General Cargo)是指在运输、配送、保管及装卸作业过程中，不必采用特殊方式或手段进行特别防护的货物；特种货物(Special Cargo)是指在运输、保管及装卸等作业过程中必须采取特别措施、特殊工艺的货物。特种货物主要包括危险货物、超限货物、鲜活货物和贵重货物。经营危险货物、超限货物物流业务需要有专门的运营资质。贵重货物需要安保及防盗措施，鲜活货物需要有冷链或相应的保障体系。物流对象的性质决定了从业者的资质、物流运作规范和管理要求。

2. 根据物流的一般属性分类

(1) 根据物流环节或活动的不同，可以将物流运作分为生产物流运作、供应物流运作、销售物流运作、回收物流运作(含退货物流运作)、废弃物物流运作等。

(2) 根据物流所处行业(产业)的不同，可以将物流运作分为汽车行业物流运作、IT行业物流运作、家电行业物流运作、冷链行业物流运作、烟草行业物流运作等。

(3) 根据物流的实体(企业、单位)属性不同，可以将物流运作分为中小企业物流运作、大企业物流运作、跨国公司物流运作、民营企业物流运作、国有企业物流运作、合资企业物流运作、家用电器企业物流运作、计算机企业物流运作、日用品企业物流运作、食品企业物流运作、煤炭企业物流运作、钢铁企业物流运作等。

(4) 根据物流的管理属性不同，可以将物流运作分为自营物流运作、供方物流运作和第三方物流运作等。

以上对物流运作的分类主要从产品物流运作和产业物流运作的角度，以及从物流运作时间、质量、成本控制的角度对物流运作管理有关内容展开论述。

1.4.3 物流运作管理的目标

物流运作管理系统是社会经济系统的一部分，其目标是获得宏观和微观经济效益。物流运作管理系统要实现以下5个目标，即5S目标。

(1) 服务(Service)。物流运作系统是起"桥梁、纽带"作用的流通系统的一部分，连接着生产与再生产、生产与消费，因此要有很强的服务性。物流系统采取送货、配送等形式，就是其服务性的体现。物流运作系统要以用户为中心，树立用户第一的观念。其利润的本质是"让渡"性的，不一定是"以利润为中心"的系统。近年来出现的"线上线下电子商务"(Online to Offline，O2O)就是其服务性的表现。

(2) 快速及时(Speed)。及时性是服务性的延伸，既是用户的要求，也是社会发展进步的要求。随着社会大生产的发展，对物流快速、及时性的要求更加强烈。在物流领域采用直达运输、国际多式联运、快速反应(Quick Response，QR)系统管理和技术，就是这一目标的体现。

(3) 低成本(Saving)。在物流领域中除流通时间的节约外，由于流通过程费用等成本消耗大而基本上不增加或不提高商品的使用价值，所以依靠节约流通费用等成本来降低投入，是提高相对产出的重要手段。在物流领域里推行集约化经营方式，以提高物流的能力，采取各种节约、省力、降耗措施，实现降低物流成本的目标。

(4) 规模优化(Scale Optimization)。由于物流运作系统比生产系统的稳定性差，难以形成标准的规模化模式，因而其规模效益不明显。通常是以物流规模作为物流运作系统的目标，以此来追求"规模效益"。在物流领域以分散或集中的方式建立物流运作系统，研究物流集约化的程度，就体现了规模优化这一目标。

(5) 库存控制(Stock Control)。库存控制是及时性的延伸，也是物流运作系统本身的要求，涉及物流运作系统的效益。物流运作系统通过本身的库存，对千百家生产企业和消费者需求做保证，从而创造了一个良好的社会外部环境。同时，物流运作系统又是国家进行资源配置的一环，系统的建立必须考虑国家乃至国际范围进行资源配置的需要。在物流领域中正确确定库存方式、库存数量、库存结构、库存分布就是这一目标的体现。

要提高物流运作系统化的效果，就要把从生产到消费过程的货物量作为一体化流动的物流量看待，依靠缩短物流路线及物流时间，使物流作业合理化、现代化，从而实现物流运作系统的目标。

 知识链接 1-7

线上线下电子商务简介

　　线上线下电子商务是指线下的商务机构与互联网结合，让互联网成为线下交易的前台，该概念最早来源于美国。O2O的概念非常广泛，只要产业链中既可涉及线上，又可涉及线下，就可通称为O2O。国内典型的O2O实例有苏宁模式与"阿里巴巴服务站"模式。

　　2013年6月8日，苏宁线上(苏宁易购网站)线下(苏宁商场)同价，揭开了O2O模式的序幕，消费者可以线上比价选购，线下提货。

　　阿里巴巴服务站以校园小邮局形式切入，服务站面积50～200m^2不等，采取智能化运作，以提供快件收发、自提等服务方便高校学生取件和寄件。服务站一般安排在学生宿舍楼附近或去学校食堂的必经之路上，快递到货后，系统将会即时以手机短信的形式通知收件人领件，领件人到小邮局报上短信密码即可取件，且取件免费；同时领取人也可以在领取处通过电脑查询自己的快件。此外，阿里巴巴服务站小邮局还能提供揽件服务。

 案例阅读 1-3

X 烟草配送中心的物流运作方式

　　X烟草配送中心实行"两扫一打"的管理模式。到货香烟入库扫描，以一箱为单位进行。扫描后在托盘上进行堆放，放置3层，每层10箱，然后运用叉车作业放置到存货区，这样提高了入库作业的速率，节省了时间。在为客户进行配货时，采用摘果式拣选，其在拣选时有两种拣选方式。一种方式是，在一条传送带上，分上下两层货格，电子显示屏显示当前需要取该品种香烟的条数，其工作原理是当前所有货格上的数字显示为一个客户的订货数量，工作人员按照数据显示拣选出正确的数目放到传送带上，当该客户所订购的所有香烟拣选完毕后，工作人员按下"确定"按钮，随即货格上的电子屏显示下一个客户的订货需求。这样可以减少出错率，提高拣选效率；另一种方式是，在一个货格上，在拣货员取出指定数目的香烟前，需要先按下"确定"按钮再取货。当配货线上的香烟为空时，工作人员进行补货。在拣选时，运用可折叠周转箱进行，在为客户进行配送时，如果客户的订货超过一个周转箱(可以放 20 条烟)的承载，就改用纸箱(可以放 25 条烟)装，如果远小于一个周转箱的承载就改用塑料袋装。这样可以在配送途中充分利用集装单元的配套性，充分利用配送车辆可利用空间。根据配送路线的远近，把最近客户的货物最后装，这样可以方便卸货，提高了卸货效率，采用单个客户的订购商品包装在一起也减少了出错率。

1.5　物流运作管理的观点和方法

学习物流运作管理应当掌握专业化、信息化、网络化、集成化、标准化、规范化的"六化"观点和创新机制、协同机制的"两机制"效用。

1.5.1　物流运作管理基本观点

1. 专业化

发挥各个物流运作主体的功能型物流专业化优势和集成物流商整合、优化资源配置，提供集成物流服务的优势。专业化需要制定运作的标准，实施规范化运作。

2. 信息化

充分运用信息技术、信息网络，以信息作业取代和简化一些消耗资源的物理过程，并能实现全过程监控与管理活动。

3. 网络化

构建和利用通道网络、节点网络、信息网络和组织网络，通过网络将资源、技术、服务等优势充分发挥出来。

4. 集成化

物流集成化是建立在现代技术基础(主要是微电子和电子信息技术)之上的理论和方法体系，要把物流运作过程要看做一个环环相扣的物流功能链来对待，需要将不同物流功能环节，如取货、装箱、运输、拆箱、报关等物流作业，以及单证处理等信息流作业，实现集成化设计与处理，避免冗余作业、不衔接作业、重复作业、无效作业。

5. 标准化、规范化

符合物流设计标准，按照标准进行运作规范化管理。

集成理论应用于物流系统研究，不仅涉及该系统本身的功能，而且涉及外在环境系统。物流跨企业、跨地区、跨部门、跨国界的一体化运作，所涉及的问题不仅与物流实务运作有关，而且与物流运作管理，包括物流运作宏观管理有关。

1.5.2 物流运作管理机制

1. 服务创新机制

物流的创新理念应当贯穿于一体化物流管理始终。无论是转型或新建的物流企业都应当有高起点、全视角、大手笔的胆略，在起步时就应注意抓住客户源头、利用信息技术、构建经营网络、整合物流资源、实现创新服务。基于集成概念，在服务地域、业务规模、设备投资、技术水平、服务价格等方面应形成与外资物流商相抗衡的专业化、系统化、网络化物流竞争能力，将其落实到为客户服务的创新之中去。大型物流企业不仅要能以企业资源、能力竞标获得一揽子物流服务项目总承包，而且要能集成第三方物流自身组织要素、技术要素和运行机制，使客户充分享受到全面、系统、和谐、统一的集成服务。

物流高级化过程体现的相互依赖、相互作用、相互促进关系体现了物流信息集成、物流技术集成、物流系统要素，以及物流过程(包括人、物、技术及管理)高度密集之间的关系和实现方式。

2. 供应链协同机制

在这个高度复杂和极具挑战性的职位上，物流经理往往具有技术专家和管理者的双重身份。作为技术专家，物流管理者必须懂得运费、仓库的布局、库存分析、线路优化、采购与销售过程、生产与物流和有关法规。作为物流管理者，必须协调好所有物流职能、组织间的关系。因此，企业需要在岗位责任制的基础上进一步建立供应链协同机制。

从集成物流服务的要求中可以看到传统的岗位责任制的缺陷。岗位责任制强调了责权利相结合的关系，责任是核心，权力是条件，利益是动力。当人们进行自己的工作时，要尽快地移到下一工作环节，实现责任的转移。在这种机制下，又可能会产生每一个环节或者每一个人做的都是正确的，但是所产生的最终结果是错误的情况，此类实例在医院、工厂、政府部门等单位出现较多。当提高整个系统价值所需要的工作正处于边界状态，或者在边界状态不甚明确的情况下，可能由于双方或多方的推诿造成不当后果，因此需要引入供应链管理机制。供应链管理机制在不同的组织当中应当是具体的、可操作的，如政府或企业管理部门的"首问责任制"，当客户咨询或打来电话时，被问到的第一人必须解决或者将客户问题引导到能够解决客户问题的人员那里去，以提高整个系统的价值，但也许这项工作并不在个人的岗位责任制范畴内。

案例阅读 1-4

F 汽车公司的物流运作体现了贯彻企业战略的执行力

F汽车公司将物流运作能力体现为企业战略执行力，经过多方努力，取得了很好的效果。

(1) 将JIT(准时)生产体制和销售网络相结合，将地区经销商和总公司的计算机进行联网，利用信息系统，销售人员可以将客户订货实时通知生产线，使得订货过程电子化，交货时间可以减少10天左右，经销商的库存也减少70%～80%，大幅度降低了存货成本。由于建立了"灵活销售体系"，将产品分成小批量，以更快的速度销售出去，进一步降低了产品在流通领域的费用。

(2) 在国际货物运输方面，对于出口海外的产品，汽车一直由生产线开到码头，远洋轮实时等待装船。这消除了必须凑齐一定数量的汽车才能装船的库存费用。到岸以后，由计算机分配，直接交至各经销商。

(3) 实行"以人为本"的实时物流战略，对所有经销商进行教育培训，根据市场反馈的信息，对经销商的促销政策和经营上的问题给以适当的指导，以提高销售效率。在不景气的时期，通过协商，共同承担利润减少带来的负面影响，形成一种风险共担、利益共享的关系。

实行物流运作管理使得F公司贯彻战略的执行力得以充分实现。

1.5.3 物流运作管理学习方法

在教与学的过程中，要明确物流运作管理与其他课程，如高级物流学、供应链管理、物流工程学和物流市场营销学等课程的分工，本书重点解决物流运作管理课程需要完成的学习任务，即通过物流运作与管理活动介绍贯彻物流战略、实现预期目标的执行力等运作层面的知识和管理技能。具体体现在以下几个方面。

1. 综合运用其他课程知识设计物流运作流程

高级物流学、供应链管理提供了构建物流运作方案的战略思想、资源整合和组织管理方案，物流工程学提供了实现物流运作方案的工程技术、程序、方法和途径。

2. 学习处理物流运作管理过程中人、机、物之间关系的技能

应当熟悉物流运作过程，有条件的同学可以去物流园区、企业对物流运作过程进行实地考察。熟悉教材所描述的物流运作过程中各要素间基本关系，其中包括机与物、人与机、人与物、人与人之间的关系。

3. 在教与学过程中要体现"3个结合"

(1) 将案例、教学过程的案例引申和教学内容紧密结合起来。
(2) 将物流运作所涉及的设施、设备、技术与物流作业活动紧密结合起来。
(3) 将物流作业活动与相应的管理活动结合起来，使教学活动充分体现运作过程实际与设施、设备、技术等理论相结合的特点。

4. 加强课外考察和实习等实践活动

通过加强课外考察、实习活动熟悉企业物流、物流企业等的运作过程，通过考察、实习等实践活动总结案例，加深理解和体会物流运作管理课程所要解决的问题，所需掌握的要点。

本 章 小 结

从构成供应链物流运作过程的角度分析，物流运作系统实际分为两个基本层次：主体层和运作层。主体之间基于合作伙伴关系结成运作联盟，存在着基本利益一致的竞合关系；运作层更强调设施设备、技术、作业过程的标准化、规范化和协调。这两个层次在物流运作管理中存在相互影响的关系。

物流服务是物流运作过程最终满足客户需要的结果,这是物流运作与管理最终实现的结果,也是构建物流运作系统的基础。所以,物流运作实现最终成果的过程也称为物流服务过程。

物流运作方案设计是物流运作,特别是物流集成运作的前提。做好物流运作流程设计需要把握物流链是物流运作流程的构成的理念,在物流链中直接面向客户的系列运作流程,为客户提供价值增值,在此基础上实现物流商的利润追逐。

物流运作管理涉及面对运作对象方案设计,运作流程的计划、组织、协调和控制,此外,还得抓住质量控制、时间(效率)控制和成本控制3个关键环节。

 关键术语

物流服务(Logistics Service)
物流链(Logistics Chain)
物流服务链(Logistics Service Chain)
物流价值链(Logistics Value Chain)
物流运作系统(Logistics Operations System)
物流运作方案(Logistics Operations Program)
物流运作管理(Logistics Operations Management)
集成物流(Integrated Logistics)

综合练习

一、多选题

1. 企业物流运作管理的职能层次可以划分为(　　　)。
    A．战略层　　　B．职能层　　　C．运作层
    D．管理层　　　E．库存控制
2. 根据物流的固有属性分类,物流运作分为(　　　)。
    A．普通货物物流运作　　　B．IT行业物流运作
    C．特种货物物流运作　　　D．家电行业物流运作
    E．烟草行业物流运作
3. 物流高级化的核心技术是(　　),核心内容是(　　),物流价值增值的重要手段是(　　)。
    A．创新　　　B．集成　　　C．信息技术
    D．计算机辅助技术　　　E．无线通信
4. 岗位责任制强调了责权利相结合的关系,(　　)是核心,(　　)是条件,(　　)是动力。
    A．权利　　　B．责任　　　C．利益
    D．道德　　　E．法制

5. 物流运作管理的目标为( )。
   A. Service   B. Speed
   C. Saving   D. Stock Control
   E. Scale Optimization   F. Space
6. 物流运作流程的特性包括( )。
   A. 合理性   B. 逻辑性   C. 规范性
   D. 适应性   E. 价值性

二、判断题

1. 物流运作管理只是对物流运作实务活动(运输、仓储、配送)的管理。( )
2. 经济活动中只涉及物流、商流这两"流"。( )
3. 物流管理就是通过战略层、职能层和运作层3个层次的协调配合实现在企业中的总体物流功能。( )
4. 企业建立物流运作管理系统的目标只是实现微观经济效益而不用考虑宏观经济效益。( )
5. 物流运作流程设计应符合SMART原则。( )

三、简答题

1. 物流运作管理的内涵是什么?
2. 物流运作管理的地位和作用是什么?
3. 物流运作管理的内容和目标是什么?
4. 简述研究物流运作管理须掌握的观点和方法。

四、案例分析题

汽车整车国际物流运作流程再造的启示

JAC汽车公司成立于1999年9月,前身是合肥江淮汽车制造厂,始建于1964年,目前总资产为90亿元,净资产42亿元,拥有汽车年生产能力50万辆,员工近13 000人。经过多年发展,JAC汽车公司已成为目前中国拥有自主品牌系列最全的综合性汽车企业之一。JAC轻卡产品已连续8年国内同类产品出口第一,在全球范围内享有广泛的品牌知名度和极高的客户满意度。

1. 国际贸易汽车运输方式

国际贸易主要有以下几种运输方式。

(1) 滚装船运输:货损小、装卸效率高,汽车运输是主要运输方式,但受制于舱位。
(2) 集装箱运输:范围广,频率快,但装拆箱增加成本。
(3) 杂货船运输:无法装集装箱,但在滚装船不到或没有舱位的时候使用。
(4) 其他运输方式:铁路运输、公路运输。

JAC汽车公司主要选择以水运方式为主的国际贸易运输方式。

2. 流程再造前的整车物流初步实践

JAC汽车公司在汽车出口物流实践中采用第三方物流模式,也就是汽车整车物流业务外包给第三方物流公司,由第三方物流商完成汽车整车国际物流业务。

开始的做法是：JAC汽车公司与第三方物流商签合同，由第三方物流商寻求合作伙伴，形成了第三方物流商主导的直线链式运作模式。在这种运作模式下，汽车公司对全程掌控能力偏弱。采用直线链式模式易出现以下问题：①盲目性，急功近利或不择手段先进入市场后，再寻找盈利模式的现象；②"牛鞭效应"明显，需求量被逐级扩大，造成资源浪费；③客户服务不到位。物流运作效果并不十分理想。

3. 流程再造后的整车物流运作模式

针对上述情况，JAC汽车公司在外包给第三方物流的基础上，改进了汽车物流运作过程控制方式，突出了以下3个方面。

(1) 采用第三方物流模式：整车物流全部采用第三方物流运作的模式，但公司设置专门部门——物流部进行协调和监控管理。

(2) 建立星形链式管理模式：构建以JAC汽车公司物流部为中心直接联系第三方物流商及其主要合作伙伴的监控模式，同时物流部与各个物流功能商都有很好的沟通渠道，可以有效避免"牛鞭效应"。

(3) 完善客户服务模式：构建以客户为中心整车销售及售后服务系统，针对传统模式，在客户服务的关键绩效指标方面发生了重要变化：①物流准时率95%；②单证准确率98%(没有出现货物到港，但客户无法提货的现象)；③海运预付比例≥90%，贸易方式以CFR和CIF为主；④交货期缩短了1/3。

4. 实践的效果

这样做的优势：①利用第三方物流整合外部资源，降低经营成本；②易于监控与管理，可以有效保障服务质量；③有利于通过质量抓住客户，巩固市场份额。

流程再造的效益：①2008年和第三方物流共同努力，降低物流费用14%；②2009年上半年降低成本10%。

5. 对汽车出口物流的展望

(1) 与第三方物流商建立战略合作关系，进一步整合优势资源，实施"走出去"的战略。

(2) 与第三方物流商、政府继续推进和优化中部出口物流通道。

(3) 以面向客户为基础，构建出口物流信息化平台。

(资料来源：根据迟如钊《打造中部企业出口物流供应链》演讲稿和企业现场考察等资料提炼)

仔细阅读本案例，详细分析并回答下列问题。

1. 利用第三方物流从事汽车整车国际物流业务有哪些优势？
2. 生产企业与第三方物流商及其合作伙伴为什么要建立良好的沟通关系？
3. 简述生产企业如何与第三方物流商建立战略合作伙伴关系，打造良好的整车出口物流平台。

第 2 章　物流运作模式及方案设计

【本章教学要点】

知识要点	掌握程度	相关知识	应用方向
物流运作模式概述	掌握	物流集成运作要求和特点；物流运作模式的分类	了解物流运作
典型物流运作模式	重点掌握	基于自营物流、第三方物流和 1+3 物流的运作模式的含义、特征及优缺点	物流运作模式选择
基于管理平台的物流运作模式	重点掌握	典型的供应链运作模式；供应链运作模式的含义及特征	物流运作模式选择
物流运作模式选择	理解	物流运作模式选择应考虑的因素	选择物流运作模式
物流运作方案设计	重点掌握	自营物流运作方案设计；第三方物流运作方案设计；基于供应链的综合物流运作方案设计	制定物流运作方案

引导案例

透过物流运作模式看成功背后的宜家

宜家集团(IKEA Group Corporate)在全球共有 303 家连锁商场，分布在 26 个国家和地区(2013 年)，是全球最大的家居用品零售商。宜家(IKEA)的成功不只在于那些摆着精致又便宜的家居商品的连锁店，更在于它背后有一整套难以仿制的高效精良的商业运作系统，该系统包括宜家的物流运作模式。从以下几点可以看到构建宜家自身主导的供应链物流运作系统的关键思路。

(1) 宜家一直坚持自己设计所有产品并拥有专利，这使自己成为可以控制产品的成本、取得最初定价权，并且控制产业链的上游企业。

(2) 在全球范围内精选供应商，以在保证质量的情况下获得生产成本最低的产品。宜家在全球 52 个国家拥有 1 046 个家具产品供应商。通常，宜家为更大量地销售某种产品而降低价格，这必然会进一步降低生产成本，许多供应商当然也会被迫提高生产效率，压低生产成本。

(3) 宜家严格地控制物流的每一个环节，采用"平板包装"模式以保证最低物流成本。1956 年开始推行至今的"平板包装"，把所有的产品都做成客户可以方便安装的零部件，大大降低了运输成本和难度，并且提高了运输的效率，而且节省了大笔产品组装的成本。

(4) 精选国际物流供产运销环节及通道，降低全程物流成本。宜家把全球 28 家配送中心和一些中央仓库大多集中在海陆空的交通要道，以便节省时间。所有商品被运送到全球各地的中央仓库和分销中心，宜家通过科学的计算，决定哪些产品在本地制造销售，哪些出口到海外的商店。同时每家"宜家商店"根据自己的需要向宜家的贸易公司购买这些产品，通过与这些贸易公司的交易，宜家可以顺利地把所有商店的利润吸收到国外低税收甚至是免税收的国家和地区。

(5) 完善整个供应链的运作信息系统。从每家商店提供的实时销售记录开始，反馈到产品设计研发机构，再到贸易机构、代工生产商、物流公司、仓储中心，直至转回到商店。

由引导案例可见，宜家基于"产品设计""平板包装"、国际物流网络及信息系统建设和管理平台的供应链物流运作模式，通过产业链关键环节对自身成本和价格的控制，以及对供应链参与主体的控制，成功地实施了高质量、低成本和高效率的供应链物流运作过程。近年来，在物流高级化发展的大背景下，形成了很多种类的物流运作模式，为物流服务的需求方提供了很大的选择空间，也为物流服务供给方设计恰当的物流运作方案提供了参考依据。

2.1 物流运作模式概述

2.1.1 物流运作发展趋势

在信息技术和管理理论的支持下，物流运作体现了物流高级化的发展要求，具体体现在以下几方面。

(1) 物流服务市场化。经济全球化、市场一体化，使得越来越多的工商企业倾向于选择第三方物流来提供物流服务，企业将非核心的物流服务交与第三方物流企业进行市场化运作，通过市场配置资源来实现企业所需的物流服务。

(2) 物流运作专业化。根据专业化协作的要求，物流集成是在物流功能专业化基础上实现的。一些企业投入了专门的人力、物力、财力来进行物流运作和管理活动，并根据自身和市场情况，组建了专门的物流部门或物流分公司，或与社会物流企业合作使其提供良好的物流服务，因此，物流功能运作更趋向于专业化。

(3) 物流活动信息化。服务于客户的各项物流活动，如仓储、运输、包装、装卸搬运、流通加工、信息处理等多个环节都利用信息技术，或将其纳入综合信息管理系统，使得物流活动通过信息化提升效率。

(4) 物流过程一体化。有效的物流运作不再只关注每一个物流环节的低成本、高效率运作，而是强调从原材料供应到产成品销售整个过程的衔接和有效运作，一体化物流运作过程不仅涉及物品及相关信息流程衔接，而且涉及上下游企业间的供应链主体之间的沟通与协同。

(5) 运作管理集成化。在物流活动信息化的基础上，物流运作管理通过集成化可以监控物流运作全过程。最能体现其信息技术支撑作用的就是用网络把各自独立运作的主体联结在一起，实现信息共享、实时传输，对物流运作过程实施有效管理。这就对企业内部各部门与企业之间的信息接口技术和数据库管理技术提出了较高要求，企业应不断提高自身的信息处理能力，使硬件装备达到现代化水平，以使信息技术在物流运作管理中更好地发挥作用。

2.1.2 物流运作模式的分类

现代企业物流运作模式根据不同的标准，可以分为不同的类别，了解这些分类有助于更好地理解物流运作模式的内涵及特征，也有助于企业根据自身情况选择适合自己的物流运作模式。根据近年来学者的研究，常见的物流运作模式可以按以下几种标准进行分类。

1. 根据物流运作主体不同分类

根据物流运作主体的不同可以把物流运作分为供方物流、需方物流、第三方物流和集成物流商等几种物流运作模式。

(1) 供方物流运作模式：由供方(卖方)提供物流服务的运作模式。在这一模式中，供应商使用其物流服务能力为需方(买方)提供商品或货物的物理位移和增值服务。

(2) 需方物流运作模式：由需方(买方)自行完成商品或货物的物流服务的运作模式。在这一模式中，提供和使用物流服务的是同一主体，购买者通过自我服务实现商品或货物的物理位移和增值。

(3) 第三方物流运作模式：由独立于买卖双方的第三方提供一体化物流服务的运作模式。在这一模式中，提供物流服务的主体是专业型的物流服务企业。第三方利用自己的专业物流服务能力和组织管理技术，为买方或卖方提供货物或商品的物理位移和增值。

(4) 集成物流商运作模式：是物流集成商通过提供物流系统设计、资源整合，以及电子商务与信息咨询等方式，将供方、需方和资源商的物流资源整合起来，集成运作，实现客户所需要的全方位的集成化物流服务的运作模式(图 2.1)。这种模式是实现物流服务质量、效率和成本更为有效的集成物流服务及管理活动，是第三方物流运作模式的高级化形态。

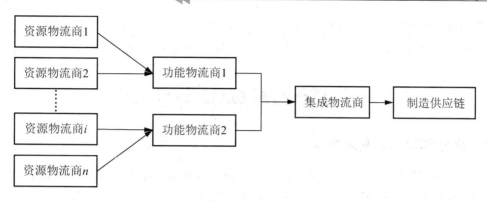

图 2.1 集成物流商运作模式

2. 根据物流服务需求不同分类

根据物流服务需求的不同可以将物流运作分为单功能物流运作模式、多功能物流运作模式和一体化物流运作模式 3 种。

(1) 单功能物流运作模式：是指物流企业为客户提供以单一功能(如运输、仓储、配送等)为主的物流服务的运作模式。由于运输和仓储是物流系统中最主要的服务功能，单功能物流服务模式又可以进一步发展为运输主导型物流服务运作模式和仓储主导型物流服务运作模式，即在主导物流服务的基础上开展其他相关增值服务业务。

(2) 多功能物流运作模式：是指物流企业为客户提供运输、仓储、配送等两种或两种以上的物流服务内容的物流运作模式。为了实现多功能物流运作模式，不同物流服务功能之间需要很好的物流运作衔接过程，涉及不同物流设施、设备和作业方式等之间的配合。

(3) 集成物流运作模式：是指物流集成商为客户提供所需全部物流服务所进行的多项物流服务为一体的物流运作模式。集成物流服务有时也称为一体化物流服务，是为客户量身定制的物流服务运作模式。针对企业物流而言，集成物流运作模式可以分为两种：纵向集成物流和横向集成物流。

① 纵向集成物流的战略思路是，要求企业物流运作管理人员从面向企业内部的管理上发展为面向企业供货商及用户的业务关系上。企业将超越现有的组织机构界限，将提供产品或运输服务等的供货商和用户纳入管理范围，作为物流运作管理的一项中心内容。纵向集成物流的关键是力图通过从原材料到供货商和用户的合作关系，形成一种联合力量，以赢得竞争。而雄厚的物流技术基础、先进的管理方法和通信技术又使这一设想成为现实，并在此基础上继续发展。

② 横向集成物流的战略思路是，通过同行业相关企业之间物流的合作来获得整体上的规模经济，从而提高物流效率和效益。不同的企业可以用同样的物流运作方式服务于不同企业的产品。在运输过程中，一个企业在装运本企业的商品时，也可以装运其他企业的商品。由于不同主体商品的物流过程不仅在空间上是矛盾的，而且在时间上也有差异，所以横向集成物流就需要掌握大量的有关物流需求和物流供应能力的信息。有大量的企业参与，并且有大量的商品存在，这是企业之间横向合作提高物流效益的源泉。

3. 根据运作方式不同分类

根据物流运作方式的典型类型不同可以划分为：基于自营物流的运作模式、基于第三方物流的运作模式、基于 1+3 物流的运作模式、基于管理平台的物流运作模式。这几种物流运作模式的含义、特征及优缺点分析将在 2.2 节～2.5 节重点介绍。

2.2 基于自营物流的运作模式

2.2.1 自营物流的含义及特征

自营物流运作模式是指企业通过自己整合企业内外部的物流资源，制定物流战略和运作计划，组织人员、设施、设备和技术等资源，完成其供、产、销等环节物流活动的运作模式。例如，制造企业、商业企业自己完成自身的物流运作过程。

自营物流服务模式具有的特征为，企业拥有自己的物流运行和管理机构，可以根据自身情况在高层战略、中层战术和低层物流运作层面制定出适合本企业发展的物流设计方案、运作计划和策略。企业凭借自己雄厚的物流实力可以建立一系列所需的设施设备，如仓库、配送车辆、物流设备等，具有使用方便、控制力较强等优势。

2.2.2 自营物流运作模式的优点和缺点

1. 自营物流运作模式的优点

(1) 对供应链各个环节有较强的控制能力，易与生产和其他业务环节密切配合，全力服务于本企业的经营管理。由于整个物流体系属于企业整体的一部分，企业可以对内部的各个环节掌握最详尽的资料，并能以较快的速度解决物流活动管理过程中出现的任何问题，获得供应商、销售商及最终客户的第一手信息，因此可以随时调整自己的经营战略。

(2) 企业拥有对物流系统运作过程的有效控制权。如果企业选择物流外包，由于信息的不对称性，企业无法完全掌握物流商完整、真实的资料。而企业通过内部行政权力控制原材料的采购和产成品的销售，可不必就相关的运输、仓储、配送和售后服务的佣金问题进行谈判，避免多次交易花费及交易结果的不确定性，降低交易风险，减少交易费用。

(3) 提高企业品牌价值，并保障企业在物流配送环节的优先地位。企业自建物流系统，可以自主控制营销活动，容易形成物流服务一体化，使客户以最近的距离了解企业、熟悉产品，提高企业在客户群体中的亲和力，提升企业形象，能够确保物流设施的排他性，保障企业在物流配送上的优先地位。

(4) 可以合理地规划管理流程，提高物流作业效率，减少流通费用。自营物流可以使物流与资金流、信息流、商流结合得更加紧密，从而大大提高物流作业乃至全方位的工作效率。

2. 自营物流运作模式的缺点

(1) 增加了企业投资负担，削弱了企业抵御市场风险的能力。自营物流发挥作用需要企业进行很大的投入，而且只有在建成并形成规模后，才能真正降低投资成本，否则就会因规模不当造成损失。

(2) 需要很强的物流信息化平台的开发建设能力。现代物流运作需要物流信息化平台做支撑，如果企业不具备物流信息化平台的开发能力，即使建立起平台，由于其能力有限，功能很难满足其设想的要求。

(3) 需要专业的物流管理人才。企业自营物流，不仅需要在物流硬件上大量投入，还需引进物流人才来管理企业的各项物流活动，这需要企业进行人力资源的投入。

(4) 物流也许会成为企业一个负担。对于生产企业来说，物流部门只是企业的一个支持部门，物流活动也并非为企业所擅长。在这种情况下，企业自营物流就等于迫使企业从事不擅长的业务活动，企业的管理人员往往需要花费很多的时间、精力和资源去从事辅助性的工作，容易导致辅助性的工作没有抓起来，关键性工作也无法发挥出核心作用的结果。

案例阅读 2-1

苏宁的自营物流运作

苏宁是中国商业企业的领先者，经营商品涵盖传统家电、消费电子、百货、日用品、图书、虚拟产品等综合品类，线下实体门店1 700多家，线上苏宁易购位居国内B2C前三。

苏宁历来注重物流系统的建设，坚持"自建体系、自主管理"的物流配送方针，将物流打造成为企业核心竞争力。

1. 自动化仓库，实现精细化管理

早在2010年年初，苏宁就开始规划建设自动化仓储中心，即自动化仓库，以解决网购商品品类繁多、订单规模巨大、配送作业分散现实问题，同时兼顾处理仓库周边地区B2B相关业务。

自动化仓库采用平面库与立体库相结合的建设方式，引入先进的存储、传输、分拣和信息管理系统，实现物流的信息化、自动化和智能化，是具有国际级水平的大型物流配送中心。自动化仓库改变了传统粗放作业模式，涵盖彩电、空调、冰洗、电脑、通信、数码、OA、百货、图书等诸多品类，实现拣选效率化、准确化。

2. 广域覆盖，集成物流网络

广域覆盖是苏宁物流的核心竞争力，苏宁已建成了大/小件配送独立互补、仓储密集覆盖的物流网络，目前已实现全国100个城市半日达、220个城市次日达，为消费者提供高品质的服务体验。

苏宁物流在中国大陆市场建立了区域配送中心、城市配送中心、转配点三级物流网络体系，依托SAP/ERP、WMS、DPS、TMS、GPS等先进信息系统，实现了长途运输、短途调拨与零售配送到户一体化运作，建立了收、发、存、运、送的供应链管理信息系统，所有物流信息通过系统在线上、线下之间精准传输，同步将客户购买的商品优质、快速、满意地送到配送区域内任一地点。

2.3 基于第三方物流的运作模式

2.3.1 第三方物流的含义及其特征

根据《中华人民共和国国家标准物流术语》(GB/T 18354—2006)的定义，第三方物流是独立于供需双方为客户提供专项或全面的物流系统设计或系统运营的物流服务模式。第三方物流运作模式的特征：企业以签订外包协议或合同的形式，将与物流有关的活动外包给第三方物流公司，由专业化的物流公司对所有物流活动全权负责并实施。企业与第三方物流之间通常会建立战略合作伙伴关系，以实现双方共赢为目标。第三方物流企业在提供

"低成本—高质量"物流服务的同时,还要能够对多变的市场作出各种敏捷反应。

2.3.2 第三方物流运作模式的优点和缺点

1. 第三方物流运作模式的优点

生产企业使用第三方物流有以下优点。

(1) 企业集中精力于核心业务。由于任何企业的资源都是有限的,很难在各种业务上面面俱到。为此,企业应把自己的主要资源集中于自己擅长的主业,而把物流等辅助功能外包给物流商。

(2) 减少企业固定资产投资,加速资本周转。企业采用第三方物流,可以不用投入大量资金购买物流设施设备,从而减少了资金占用,加速了资金周转。

(3) 充分利用第三方物流具有优势的信息网络和专业的物流设施服务,更加有利于企业的运输、配送等物流活动。

(4) 使企业的运作柔性和对市场反应的敏捷性得到进一步提高。

2. 第三方物流运作模式的缺点

(1) 可能会降低企业的物流服务水平。企业选择物流外包,就不能直接控制和掌握物流职能,不能保证供货的准时性,从而有可能降低企业的物流服务水平。

(2) 物流外包可能使企业对关键物流活动失去控制,同时会存在企业责任外移的可能性,导致因外包而产生的潜在收益无法实现。

(3) 还会产生企业技术和信息资源风险、外包的可靠性风险等其他风险问题。

案例阅读 2-2

当当网的第三方物流运作模式

当当网成立于 1999 年 11 月,以图书零售起家,已发展成为领先的在线零售商:中国最大图书零售商、高速增长的百货业务和第三方招商平台。

不同于竞争对手卓越亚马逊的物流模式,当当网在配送模式上选择了第三方物流的方式。

在选择第三方物流合作伙伴上,当当现在的做法是航空、铁路、城际快递、当地快递公司齐上,和二十多个运输企业、四十多个速递公司进行业务合作。尽管管理和协调的难度增加,但依靠专业快递公司进行配送,却解决了最短时间内送货上门的问题。

当当网采用第三方物流有以下几点好处:①将企业本就有限的资源集中于巩固和扩展自身核心业务之上;②供应商难以满足其小批量、多批次的货物提供,第三方物流可根据情况在货物配送中进行统筹安排,有效地降低成本;③减少企业资金投资和资金短缺风险;④第三方物流使企业能够拓展国际业务;⑤供应链管理思想使第三方与物流供需双方形成一种战略联系,在共赢的基础上,保证企业对变化的客户需求具有敏捷反应的姿态;⑥第三方物流有利于提升社会效益。

然而,采取第三方物流这种配送模式也存在一定弊端——对物流公司依赖过强。每年春节过后,当当网站上客户抱怨声四起,因为很多快递公司的快递员都回家过年了,客户的订货大面积被延迟。当当也准备进一步拓展物流渠道,希望改善这种状况。

2.4 基于1+3物流的运作模式

2.4.1 1+3物流的含义及其特征

所谓1+3物流中的"1"是指自营物流模式,"3"是指第三方物流模式。基于1+3物流的物流运作模式往往涉及两个主体:有实力的生产企业和该企业建立或控股的物流企业。基于1+3物流的运作方式是指有实力的生产企业为集中精力做好制造等主业,建立专门从事物流业务的物流企业或控股使得物流公司做本企业的物流业务及自营物流业务;为了提高物流公司的物流业务效率,该物流公司也可能同时为其他生产企业提供第三方物流服务。而该生产企业也可同时使用其他第三方物流商的物流服务,以激励控股物流公司与其他第三方物流商进行竞争,以选择和享用更好的第三方物流服务。

1+3物流服务模式的特征为,生产企业可以根据其自身情况制定全面的物流发展规划,将物流业务中的核心部分由企业内部完成(即自营物流),而把非核心部分或者企业自身不擅长的物流环节交由外界具有物流优势的第三方物流企业完成(即第三方物流)。这样的1+3物流服务模式使生产企业不必投入大量资金用于物流设施设备的构建,而是利用第三方物流企业的资源为其服务,同时又可以掌控自营物流的整体运作过程,不必担心此方面的物流竞争力被削弱。

2.4.2 基于1+3物流运作模式的优点和缺点

选择1+3物流运作模式的企业具有自营物流和基于第三方物流的双重特点,其优缺点阐述如下。

1. 基于1+3物流运作模式的优点

(1) 业务控制增强。企业物流系统半外包,一方面可以对企业内部一体化物流系统运作的全过程进行有效的控制;另一方面企业可以将非核心部分或者较底层的物流活动交由专业的第三方物流企业去做。这样可以使企业集中精力于核心业务上,既不会因此失去对物流活动的控制,又减轻了企业的负担,提高了物流管理效率,降低了物流成本。

(2) 资源整合充分。目前,大多数企业都拥有大量的物流设施设备,还拥有大批物流管理与作业人员,如果企业不将这些资源加以整合利用,势必对企业资产造成一种浪费,带来巨大的沉没成本。半外包物流服务模式可以很好地解决这一问题,同时,又不需要企业为其物流活动增加新的投入,完全可以委托第三方物流公司实施具体运作。

(3) 减少交易成本。物流作业全外包,由于信息的不对称性,企业为维持外包物流服务的稳定性与可靠性,相应的监察、协调、集成等管理成本也会相应增加,企业执行外包合约的交易费用也会上升。而物流系统半外包,物流作业可以处在企业整个业务监控体系之下,协调、监控成本相对大大减少,不确定性因素容易得到控制,同时,又可以充分利用第三方物流企业先进的物流理念为其提供专业化的物流服务。

(4) 防止公司机密外泄。任何一个企业的运营都有自身的核心商业机密,这也是企业有别于其他竞争企业的核心能力。而企业选择部分外包,就可以不把企业机密告知外界企业,对避免企业机密泄露、保护企业经营安全有十分重要的意义,这也是企业不愿物流全部外包的根本原因之一。

2. 基于 1+3 物流运作模式的缺点

基于 1+3 物流运作模式的缺点实际上就是需承担所包含的自营及外包物流业务蕴含的风险,具体有以下几点。

(1) 增加了信用成本。在自营物流中,企业自己管理其物流活动,不需要为物流提供商支付交易费用,并且也不需要承担信用风险,但是如果企业把部分物流业务外包,就会产生交易成本,并承担一定的信用风险。

(2) 企业选择外包,必须对业务流程和管理流程进行再造,涉及资源整合,后果是部分员工受到影响,产生抵触情绪和消极怠工,处理不妥会影响企业正常的生产经营活动。

(3) 企业与物流服务提供商之间签订物流外包合同时,缺乏对未来不确定性因素的认识,导致在认定责任、赔偿和免责等时,出现争执,影响供应链的正常工作。

案例阅读 2-3

亚马逊公司的 1+3 物流配送

亚马逊公司是一家《财富》世界 500 强公司,总部位于美国华盛顿州的西雅图。它创立于 1995 年,是个典型的面对消费者的零售网站(B2C)。对于 B2C 企业来说,如何实现对客户快捷有效的配送服务是重中之重。亚马逊公司采取的是自营+第三方模式的物流配送服务。

1. 自建配送中心

在亚马逊配送的商品"运送日期"一栏上,显示的是承诺送到的日期,而不是发货日期。因为何时送到才是客户最关心的问题。因此降低成本,实现订单快速交付,提高配送服务质量,成了亚马逊的目标。在公司创立后的第三年,亚马逊就开始投资自建物流配送中心。目前,亚马逊在美国的 11 个州建有 19 个配送中心,在英、法、德等欧洲国家,以及日本、中国等亚洲国家都建有配送中心。同时通过电子数据交换(Electronic Data Interchange,EDI)系统,客户可以随时查询订购状况、追踪自己的包裹。这种直接物流分配模式对于 B2C 网站来说,虽然可能意味着增加成本,但对于全程掌控消费者的体验来说却至关重要。

2. 与第三方物流公司合作

除自建物流配送中心外,亚马逊还与许多第三方物流公司开展合作。亚马逊通过"邮政注入"减少送货成本,即使用自己的货车或由独立的承运人将整卡车的订购商品从亚马逊的仓库送到当地邮局的库房,再由邮局向客户送货。这样就可以免除邮局对商品的处理程序和步骤,为邮局发送商品提供便利条件,也为自己节省了资金。首先,这种方式能将物流业务从网站的主体业务中剥离,最大限度地降低了物流给网站所带来的成本压力,并使网站集中优势资源进行市场开发和提高核心竞争力。其次它将配送外包给专业的第三方物流公司,增强网站在国内众多的干线配送上的物流能力。同时具有灵活的扩展性,开拓新的区域只要在该地区选择优质的物流提供商即可完成区域布局,实现远程物流配送服务。在美国,亚马逊的配送业务主要通过外包给 FedEx、UPS 和 DHL 来完成。

2.5 基于管理平台的物流运作模式

基于管理平台的物流运作模式是企业站在战略层的角度，不仅对企业内部各个环节具体的物流活动进行管理，更注重对企业内物流、商流、资金流和信息流等进行规划、设计、运营与控制，以及与上下游企业之间所形成的供应链的一体化集成管理。可以看出，基于管理平台的物流运作模式管理的对象不再是个别企业，而是整个供应链，所以可以将其理解为供应链运作模式。

常见的供应链运作模式按参与主体的不同可分为核心企业主导型供应链运作模式、第三方物流主导型供应链运作模式和集成物流商主导型供应链运作模式。

2.5.1 核心企业主导型供应链运作模式

1. 核心企业主导型供应链的含义

核心企业主导型供应链，是指供应链核心企业为降低物流成本、提高物流效率，与原料供应或产品销售相关的上下游合作企业或企业部门形成的地域分散但管理集中的供应链网络。在这一供应链网络中，物流企业只起支持作用，大多由供应链上各节点企业主体凭借自身拥有的物流运作系统或设施，共同完成对供应链的集成管理活动。

2. 核心企业主导型供应链运作模式的主要特征

(1) 信息的开放性。处于同一条供应链上的各参与主体由于地域分散，通常要通过信息化手段保持紧密联系，为实现"共赢"的目标，各参与主体间的信息共享是关键，他们的合作必须是建立在信息网络共享基础上的供应链合作。因此，在核心企业主导型供应链运作中需要建立基于 Internet 的物流信息平台，使成员企业都能及时地掌握到整个物流链的运行情况，每一环节的物流信息都能透明地与其他环节进行交流与共享。

(2) 合作的互利性。由不同企业构成的供应链是一个利益相关的集合体，因此其供应链运作模式要求各成员企业在共享利益、共担风险的前提下，通过合作与协调优化物流资源配置，提高各成员企业的物流资源利用效率，降低交易成本和风险。

(3) 供应链主体的独立性。虽然构成供应链的各相关主体是利益共享、风险共担的一个整体，但供应链各个主体成员仍然自主经营、自负盈亏，均具有追求自身企业利润最大化的基本需求。在供应链环境下，这种最大化要求必须通过供应链系统目标的一致性来实现。

2.5.2 第三方物流主导型供应链运作模式

1. 第三方物流主导型供应链的含义

在由中小型企业组成的、无明显核心企业的供应链中，为降低物流成本、提高物流效率，非核心业务通常外包给第三方物流商，由第三方物流商围绕连接供应商与制造商、制造商与销售商、工商企业与消费者的供需关系，凭借自己特色服务的核心优势去组织和管理整个供应链。

第三方物流主导型供应链是以支持客户(制造商、销售商或最终消费者)供应链管理为生存前提的,因而将其称为物流链更为恰当。集成物流过程和物流网络结构是相互依存、相互作用的。由于第三方物流服务不可能脱离其客户(即工商企业)及其竞争而存在,其生存与发展需要一定的信息流主导功能要求,才能够实现物流的规模经济或范围经济,体现专业化的竞争实力;如果无法提供面向客户全过程物流的供应链管理,就难以争取到大中型客户。

2. 第三方物流主导型供应链运作模式的主要特征

(1) 第三方物流商是供应链的主要参与者。在第三方物流主导型的供应链运作模式中,第三方物流商不再是供应链的辅助者,而是作为供应链的主要参与者,第三方物流要能够以供应链的视角为客户——工商企业提供一个整体战略思考和战术运作系统框架,使企业能够看清楚自身所处供应链的地位和作用,指导经营定位、运营方式的战略战术决策,明确问题出在何处,应采取哪种系统的解决方案。

(2) 良好的成本优势。第三方物流商注重在物流各环节进行成本考察,如在仓储过程中注重仓储利用率指标及成本的降低。在运输系统的整合方面,第三方物流商承担各独立环节委托,可以通过混装和减少或消除返程空车率等措施来享受范围经济、规模经济和距离经济等带来的成本优势,面向市场高度完成物流任务。因此,第三方物流商可以利用独有的成本优势有效降低供应链中的成本。

(3) 高效的供应链运作能力。第三方物流商为客户创造价值的基本途径是达到比客户更高的运作效率,能提供较高的服务-成本比。运作效率的提高意味着第三方物流在供应链物流的基本活动中,凭借足够高效的设施及熟练的操作技能在仓储、运输、配送等方面能够以较低的成本满足客户的需求,此外,第三方物流商还具有高效的协调和沟通技能,其完善、高效的物流信息系统能很大程度上提高供应链管理效率和工作效率,从而节省供应链成本并增加效益。

2.5.3 集成物流商主导型供应链运作模式

1. 集成物流商主导型供应链的含义

集成物流商主导型供应链,是指在由产品生产或销售相关的上下游合作企业或企业部门所形成的地域分散又管理集中的供应链网络中,由集成物流商通过其拥有的不同资源、能力、技术和管理能力,对客户企业所处的供应链进行优化和决策,提供一整套供应链解决方案,从而有效地提高供应链中物流效率,降低物流成本的一体化供应链物流运作方式。

2. 集成物流商主导型供应链运作模式的主要特征

(1) 响应的敏捷性。在集成物流商主导型供应链运作模式下,集成物流商需要在某一市场机遇下快速把握多变的客户企业需求,这就要求集成物流商在提供"低成本、高质量"物流服务的同时,能够对供应链中的各种物流需求做出敏捷的响应,使采购、生产和销售能够顺利进行,最终达到对用户需求的有效响应。

(2) 物流过程的同步化。在完成某一项目或任务时,把项目或任务分解为相对独立的工作模块并行作业,在并行运作过程中,需要同步化的物流作业来支持。物流作业过程同步化是集成物流商主导型供应链运作模式最终实现响应敏捷性的必然决策。

(3) 物流方案的整体性。集成物流商所进行的供应链中的物流不仅是单阶段相对独立的物流活动(如供应商到生产商的采购物流、生产商到经销商的销售物流、生产成员之间的物流等),而且是包括供应链上从原材料获取到最终产品分销整个过程的物流活动。这就要求集成物流商所进行的物流管理需运用系统论的整体最优思想,将采购物流、生产成员之间的物流和销售物流等整个物流活动综合考虑,实现整体最优化。因此,集成物流商主导型供应链运作模式需要从供应链的角度制定整体的物流解决方案。

(4) 集成物流商需要第三方物流的参与。集成物流商对客户企业的供应链管理不是脱离第三方物流独立运作的,而是需要第三方物流商的参与。集成物流商的战略决策思想必须依靠第三方物流的实际运作得到验证,其对供应链提出的解决方案和对社会资源的整合效果直接受第三方物流实际操作效果的影响。而第三方物流需要集成物流商在优化供应链流程与方案方面的指导。只有两者相互协作,才能为客户企业提供完善的供应链解决方案,有效整合社会资源,从而为整条供应链的客户带来利益和价值。

案例阅读 2-4

基于供应链的医药企业物流系统运作模式

医药企业物流与其他工业企业物流相比有不同的特点:①医药企业物流的流通市场分散、地方割据、流通规模小、整体竞争能力弱;②医药企业物流的服务有 24 小时全天候的特点;③医药企业物流的服务要及时,满足"个性化"需求;④医药企业物流功能将趋向社会化,将供应物流、生产物流、销售物流等有机地结合起来,以较低的营运成本满足客户的货物配送和信息需求,进行社会资源的全面整合。

根据医药企业物流的特点,针对医药企业物资在运作过程中存在的问题,以及医药企业内部、医药企业与供应商之间、医药企业与销售商之间形成的处理机制和协议体系,提出基于供应链的医药企业物流系统运作模式,即一个起统一指挥作用的物流中心,多个操作中心的复合运作模式,具体分为以下几种。

(1) 自主经营的物流模式:在医药企业内部的生产阶段,从提高企业的绩效和便于管理的角度出发,自建物流系统形成内部生产资源调度中心。

(2) 供应商配送模式:在医药企业产品采购阶段,由原料供应商直接将医药企业采购的商品,在指定的时间范围内送到医药企业各个生产网点甚至送到仓库的物流活动。这样,医药企业与供应商之间的关系已由竞争走向了协作,逐步朝着供应链整合的方向发展,以降低交易成本,提高利润。

(3) 第三方物流销售模式:在医药企业产品销售阶段,销售业务不是医药企业的核心业务,医药企业根据自身情况,合理运用外包战略,利用第三方物流商对医药企业产品、客户需求及潜在的需求、市场信息等方面有较全面的了解,达到提高物流能力,加强企业绩效的目的。

通过此供应链复合物流运作模式的实施,将医药企业的供应物流、生产物流、销售物流等有机地结合起来,运用快捷、高效和低成本的物流系统支持医药企业更好地发展。

2.6 物流运作模式的选择及方案设计

2.6.1 选择物流运作模式时考虑的因素

物流运作模式存在基于自营物流的运作模式、基于第三方物流的运作模式、基于 1+3

物流的运作模式，以及基于管理平台的物流运作模式等多种选择。各种运作模式都有其自身的特点和适用范围，企业在选择物流运作模式时，首先需要考虑以下因素。

1. 客户对于物流服务的需求

企业产品需要及时快捷地运送到客户手中，这就说明客户对企业物流的要求很高，而这些要求主要体现在物流服务质量、效率和成本等方面，有时还需要相关的增值服务。

2. 企业自身能力

企业自身能力包括企业的规模和企业可以为物流活动提供的资金、技术、人员，以及可以为其花费的时间和精力。如果企业自身物流能力薄弱，就要考虑将物流活动交由第三方物流完成。

3. 物流成本

如果企业选择自营物流，那么企业要为自建物流系统进行资金投入，包括车辆费用、仓库场地和建设费用，以及人力成本等，这些投入对于大企业来说资金占用不是很多，影响不是很大。但对于中小企业来说，这一部分固定资产的投入及维护费用将给企业带来沉重的压力。而如果企业选择物流外包，企业也要花费诸如交易成本在内的物流费用，因此，企业在选择物流运作模式时，需要在自营和外包的成本之间进行权衡。

4. 自营/外包风险

无论企业选择的是自营物流还是外包物流，都会产生相应的风险。例如，选择自营物流时，会有管理不善、成本过高等风险，而选择外包物流时，又会有服务质量下降、企业信息泄露等风险。因此，企业选择物流运作模式时，还需要权衡各种风险综合考虑。

5. 企业内部管理水平

企业在进行物流业务自营时可以将物流的管理纳入企业的整体管理规划中，体现整个企业的系统性，同时也可以增加企业对物流的控制力度。如果企业将物流业务外包，企业内部的相关部分人员可能会产生抵触的情绪，不利于企业内部的管理。

6. 把握和收集信息

企业自营物流业务会提高企业对信息的把握，通过现代化的信息管理体系，企业随时随地可以查询到企业的物流状况。同时，通过物流节点也可以收集到市场上的信息，以便企业作出相应的行动。

企业在选择物流运作模式时，必须综合考虑以上因素，然后决定采用哪种物流运作模式为自己服务。

2.6.2　基于有效物流成本的自营物流运作方案设计

通过自营物流，企业可以对物流系统运作的全过程进行有效的控制。对于企业内部的采购、制造和销售活动的环节，原材料和产成品的性能、规格，供应商及销售商的经营能力，企业自身掌握最详尽的资料，以便随时调整经营战略。对于规模较大、产品单一的企业而言，自营物流可以使物流与资金流、信息流、商流结合得更加紧密，从而大大提高物流作业乃至全方位的工作效率。在通常情况下，企业选择自营物流运作模式时，有两种可供选择的物流运作方案，第一种方案是在企业内部建立专门的物流部门，第二种方案是成立物流子公司。这两种方案的比较见表2-1。

表2-1 两种可选择的自营物流运作方案

类 别	方案一	方案二
内容	建立物流部门	成立物流子公司
适用范围	适用于规模偏小的企业	适用于规模较大的企业
建立步骤	(1) 整合企业内外部物流资源； (2) 建立专门的物流部门； (3) 构建企业内部较完善的仓储、运输、配送系统； (4) 搭建物流信息系统； (5) 进行物流绩效考核与评估	(1) 组织筹备机构； (2) 进行物流子公司的名称和地址选择； (3) 成立物流子公司； (4) 进行物流相关流程设计； (5) 对母公司的物流活动进行管理、监督，以及信息反馈工作； (6) 面向社会提供物流服务

(1) 方案一是在企业内部设立物流运作的综合管理部门来统一管理企业的物流运作，这在我国工业企业中比较常见，企业通过资源和功能的整合，自备仓库、自备车队等，拥有一个完备的自我物流服务体系。企业选择这种物流运作方案时，必须认真分析企业在生产经营中物流系统的现状，并根据企业长期发展战略规划，应用现代物流理论进行企业物流系统的改造或重建，采用循序渐进或跨越式发展的模式，实现企业物流的现代化，既要能强有力地支持企业的生产经营，又不能造成大量资源浪费。

(2) 方案二是企业建立物流子公司，物流子公司虽然属于企业自营物流的范畴，但是又有别于一般的企业自营物流。物流子公司除了对企业本身有足够的了解，对自有业务了解，熟悉各方面的环境和业务环节外，也克服了一般的企业自营物流存在的缺点，即对物流管理认识不一定足够，管理有限，不能达到专业化和精细化的问题。与第三方物流相比较，一方面，物流子公司同样是专业的物流企业，其精细化管理，同样压缩了企业物流成本；另一方面，因为出身于自己企业内部，属于子公司，对于本身企业物流的特点认识透彻，所以运作起来得心应手，掌握起来相对容易。

2.6.3 基于客户价值的第三方物流运作方案设计

在基于客户价值的第三方物流运作方案设计中，企业选择哪种物流运作方案及选择什么样的第三方物流商为其服务，主要取决于企业的物流需求和市场中第三方物流商所能提供的物流供给，只有当企业的物流需求和第三方物流商的物流供给相匹配时，企业才能选择合适的物流商完成相应的物流运作管理工作。表2-2给出了3种可供选择的第三方物流运作方案。

表 2-2 基于客户价值的第三方物流运作方案

方案类别	企业的物流需求	3PL 的物流供给	3PL 提供的物流服务
方案一	运输、仓储等具体的物流实物操作	提供运输、仓储等最基本的物流运作服务	单功能物流服务
方案二	运输、仓储等具体的物流实物操作,包括物流信息在内的物流管理工作;建立长期合作关系	提供运输、仓储等最基本的物流实物运作;帮助企业完成包括物流信息系统建立等物流管理工作	多功能物流服务
方案三	能有效整合企业物流资源;为企业提供最优的物流解决方案;建立战略联盟合作关系	能提供长期、高效、专业的物流集成管理服务;为客户进行物流系统规划设计、整合和改进;为客户量身定制一体化物流解决方案	集成物流服务

(1) 方案一表明企业只需要第三方物流商为其提供运输、仓储等简单的物流运作服务,即单功能物流服务。这种方案的实施,企业与第三方物流商之间只需建立简单的合同合作关系,并且企业对第三方物流商的选择余地较大,物流运作方案实施的重点应放在企业内部的物流决策方面。

(2) 方案二表明企业需要第三方物流商不仅具有能为其提供简单的物流实物操作能力,还能进行物流管理工作,因此企业与第三方物流商需建立长期合作关系,所提供的服务也属于多功能物流服务。

(3) 方案三表明企业需要能提供集成物流服务的综合物流集成商为其服务,因此,第三方物流商要能为客户进行物流系统规划设计、整合和改进,以及一体化物流解决方案。

可以看出,这 3 种第三方物流运作方案随着服务范围不断加宽,对第三方物流商的要求也越来越高,物流服务也越来越趋向于高级化发展。

2.6.4 基于供应链的综合物流运作管理方案设计

基于供应链的综合物流运作管理方案设计按其设计地位的重要性可从战略设计、战术设计和作业设计 3 个层面进行,按供应链设计内容又可划分为供应链组织设计和供应链技术设计。这里主要从战略、职能、运作 3 个层面介绍基于供应链的综合物流运作管理方案设计所要进行的工作,如图 2.2 所示。

基于供应链的物流运作管理方案的战略层设计包括以下几个步骤。

1. 提出基于供应链的物流运作管理方案设计的战略构想

由企业高级管理人员根据企业的总体发展规划和目标,提出基于供应链的物流运作管理方案设计的战略构想。

2. 分析企业所处的内外部环境

这主要包括分析企业所处的外部市场竞争环境和内部企业现状两部分。分析企业所处的市场竞争环境,就是要分析目前市场(要具有全球市场的战略眼光)急需什么产品、需求量有多大,决定开发功能性产品还是开发革新性产品;企业目前所占的市场份额是多少;其他竞争对手都采取了什么样的竞争策略等。分析企业内部环境就是要分析企业当前的管理状况。如果企业已在某供应链中,则重点分析所处的供应链状况,包括供应链的管理、效率和所带来的利润,以及供应链的发展前景和企业在供应链中的地位等。

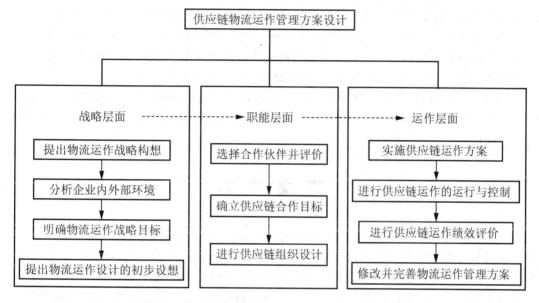

图 2.2 基于供应链的物流运作管理方案设计步骤

3. 明确物流运作管理的战略目标

要明确企业基于供应链的物流运作应朝什么方向发展,企业应采取什么样的具体运作方案,以及选择什么样的供应链合作伙伴进行合作。并且,企业的物流运作管理方案的战略目标一定要与企业发展的总体战略规划相一致,并服从于企业的总体战略规划。

4. 提出物流运作管理设计的初步设想

在对企业的内外部环境进行分析和明确了物流运作方案的战略目标后,企业要提出物流运作管理设计的初步设想,如方案的具体实施步骤,组织技术设计,企业与其他供应链成员之间的关系等。

(1) 选择供应链合作伙伴并对其进行综合评价。在确定基于供应链的物流运作管理方案的初步设想之后,为保证方案的顺利实施,企业要对供应链合作伙伴进行选择,并进行综合评价。这主要包括以下几个过程:①分析市场需求;②选择目标并确立合作伙伴;③制定合作伙伴评价标准;④成立评价小组;⑤合作伙伴参与;⑥评价合作伙伴。

(2) 共同确立供应链合作目标。基于供应链的物流运作管理实际上体现了从企业内部改造到企业之间的整合过程,其设计边界往往超越了企业管理自身,因此,企业必须与其他供应链成员共同确立供应链的合作目标,以达到供应链效率整体最优和供应链成员之间"双赢"的目的。

(3) 进行供应链组织设计。企业进行供应链组织设计时,一般应重点抓好以下 6 个关键环节的设计工作:①生产与市场;②供应与销售;③库存与增值;④选址与资源;⑤运输与配送；⑥信息与控制。

基于供应链的物流运作管理方案的运作层设计包括以下几个步骤。

(1) 实施供应链物流运作方案。在进行完物流运作方案的以上设计步骤后，企业就要根据物流运作方案的战略目标、组织设计等具体实施供应链物流运作方案。

(2) 进行供应链物流运作管理的运行与控制。企业在进行物流运作管理过程中，需要对运作方案的运行情况进行实时的监督与控制，以便早日发现问题，早日解决问题。

(3) 进行供应链物流运作管理的绩效评价。关于物流运作管理方案的绩效评价工作，对方案的顺利实施尤为重要，这不仅包括对企业内部物流工作的绩效评价，还包括企业对合作伙伴的绩效评价，以及对其他参与方(如第三方物流企业等)的绩效评价。

(4) 修改并完善基于供应链的物流运作管理方案。任何方案的实施都需要一个运行、修改、完善的过程，物流运作管理方案运行一段时间后，需要对此前的方案进行修改完善，这样才有利于企业物流的健康发展。

本 章 小 结

物流运作的典型模式包括自营物流模式、第三方物流运作模式、自营加第三方物流(1+3)运作模式和集成物流商运作模式。对于各种典型的物流运作模式，具体的物流运作方案是不同的。因此，在选定基本物流运作模式的前提下可以对物流运作方案进行设计。

企业物流运作方案设计首先要考虑运作模式的选择。当企业物流外包给集成物流商、第三方物流时，集成物流运作方案设计的主体就转移到物流商方面。

企业物流运作模式的选择取决于企业产品的性质和数量、自身物流能力、企业核心能力和企业发展战略等因素，各种模式的优缺点，以及企业人力、技术和管理资源现状能够接受的程度。

企业物流运作方案设计除了要考虑物流运作模式的选择，还要把握物流运作对象、流程和服务的基本特点和要求，需要考虑可运用的物流资源和信息技术、物流运作流程的监控模式。

集成物流商设计物流运作方案，要充分考虑在供应链前提下客户的物流服务需求，其余设计原则适用于集成物流商物流运作方案设计。

物流运作模式(Logistics Operations Pattern)
运作方案设计(The Operation of Program Design)
自营物流(First Party Logistics, Self-running Logistics)
第三方物流(Third-party Logistics)
第三方物流模式(Third Party Logistics Pattern)
1+3 物流服务(First & Third Party Logistics Service)
物流商(Logistics Provider)
集成物流商(Integrated Logistics Providers)

物流功能商(Logistics Function Providers)
物流资源商(Logistics Resource Providers)

综 合 练 习

一、多选题

1．物流运作模式若按物流运作主体分类，可以分为(　　)。
　　A．供方物流　　　　　　B．需方物流　　　　　　C．第三方物流
　　D．集成物流商物流　　　E．一体化物流

2．企业通过自己整合企业内部的物流资源，制订物流战略计划，组织物流人员和相关设施设备，自行完成与企业相关的物流活动的服务方式是(　　)。
　　A．第三方物流　　　　　B．自营物流　　　　　　C．1+3 物流
　　D．一体化物流　　　　　E．供应链管理

3．基于管理平台的物流运作模式有(　　)。
　　A．核心企业主导型供应链运作模式
　　B．3PL 主导型供应链运作模式
　　C．集成物流商主导型供应链运作模式
　　D．单功能物流运作模式
　　E．多功能物流运作模式

二、判断题

1．现代物流运作不再只关注每一个物流环节的低成本、高效率运作，而是强调从原材料供应到产成品销售整个过程的一体化物流管理。　　　　　　　　　　　　(　　)
2．基于第三方物流运作模式的优点在于企业可以对物流系统运作过程进行有效控制。
　　　　　　　　　　　　　　　　　　　　　　　　　　　　　　　　　　　(　　)

三、简答题

1．现代物流运作的特点是什么？
2．企业有哪些常见的物流运作模式？
3．根据本章的学习，选择一种比较熟悉的物流运作模式介绍其含义和特征，并说明其在企业实施过程中所具有的优点和缺点。
4．简述基于供应链的综合物流运作管理方案设计的过程。
5．针对自营物流模式、第三方物流运作模式、1+3 运作模式和集成物流商这 4 种物流运作模式，提出各自的物流运作方案设计。

四、案例分析题

美的公司发展中的物流运作模式

创建于 1968 年的美的公司，是一家以家电业为主，涉足房产、物流等领域的大型综合性现

代化企业集团,是中国最具规模的家电生产基地和出口基地之一。美的公司上市以后,在对管理层进行融资收购改革的同时,用5年的时间进行了一场"低成本差异一体化"的物流完善之路,不断完善的物流设计既保证了公司的总成本领先,又保证了适度差异化的实行。

1. 建立虚拟物流中心

为适应像空调、风扇这样的季节性很强的产品对物流的特殊需求,减少无效物流,降低仓储成本,在保证事业部销售的前提下,美的在1998—1999年开始建立"内部虚拟物流中心",通过物流中心内部整合资源,初步改善了原有物流环节中的不合理方面,并为长期物流发展做出准备。内部虚拟物流中心以满足事业部所有日常销售的仓储运输要求为最高目标,其组织定位是行政上隶属集团,业务上服务于事业部。其主要工作有:①进行本部和外部仓库的全面仓储整合,并合理设计全国的仓储网络;②在不改变刚签订的物流合同的情况下,统一开展与第三方物流公司的业务,实现统一标准管理;③制定流程、规章、职责等使物流业务流程及规范标准化。但是在这个阶段,各事业部物流人员仍按照原有流程执行发货运输,发货计划也暂时没有整合。

2. 成立安得物流公司

2000年美的通过建立自己的第三方物流公司——安得物流,不仅解决了别的企业为之头痛的物流成本居高不下的问题,还造就了一个新的利润增长点。安得物流公司的主要业务是建立自己的仓储平台和网络平台。美的把各个事业部原先分散的仓储资源整合起来交给安得,使安得在全国建立了比较健全的仓储网络。信息技术平台也逐渐运行。安得还掌管家庭事业部的全部运输业务和空调事业部1/3的运输业务。

安得的出现使得美的公司总部的物流工作量大量减少,工作趋向监督、管理。美的公司总部的工作就变为了整合、招标:①物流的全面整合集成化;②集中招标管理第三方物流公司;③集成的IT系统实施应用。安得的出现还使美的公司根据安得的价格,可以去压外面运输公司的价,使得运输费削减了10%以上,一年下来可以节省几百万元。同时,服务水平也提高了。由于储运资源的整合,在物流公司投入运作的半年内,美的各事业部运输成本平均下降了10%,全集团的仓储成本也下降了10%。

3. 运用集成物流商进行供应链管理

2002年11月1日,美的企业集团旗下的安得物流公司在广州正式成立"安得供应链技术有限公司",其实质是进行集成物流管理。从2002年中期开始,安得物流公司利用自主开发的信息系统,使美的集团在全国范围内实现了产销信息的共享。有了信息平台作保障,美的原有的100多个仓库精简为8个区域仓,在8小时可以运到的地方,全靠配送。这样一来美的集团流通环节的成本降低了15%~20%。同时从市场第一线到工厂生产的信息传递链条大大缩短,各事业部更有效地实现了订单生产,减少了生产环节不必要的浪费——靠制造环节降低成本,以物流增加收入,是分享第三利润源的共赢过程。

围绕效益这个考核的第一标准,美的展开了名为"供应链整合"的管理创新活动。各事业部内采用"成本倒逼法",从产品最后的售价,推导出各环节的造价。在原材料采购环节,通过网上公开招标投标,杜绝了暗箱操作带来的成本"黑洞",在制造环节,进行技术改造,增加合格率,降低消耗。降低成本往往在设计环节中就开始了。在这个阶段,美的公司总部的主要工作主要集中在规划和整合方面,将仓库管理、运输管理及具体运作全权下放到少数几个优秀的第三方物流公司管理。

通过美的公司短短5年的3次大张旗鼓的物流运作完善之路,美的公司既满足了消费者对产品越来越苛刻的差异化需求,又在接近饱和的中国家电业生存空间中占据了独特地位。

仔细阅读本案例,详细分析并回答下列问题。

1. 运用本章学习的内容,说明美的公司的物流都经过了哪些物流运作模式,各自都有什么特点。
2. 讨论美的公司物流运作各个发展阶段都给企业带来了哪些利益和好处。

第 3 章 汽车物流运作组织

【本章教学要点】

知识要点	掌握程度	相关知识	应用方向
汽车物流概述	掌握	汽车物流的含义及特点	汽车物流运作分析
汽车零部件物流内涵	重点掌握	汽车零部件物流的构成	汽车零部件物流运作
汽车零部件物流运作管理	重点掌握	模块化管理方法、汽车生产物流运作模式	构成汽车零部件物流不同阶段的物流运作
汽车整车物流	理解	汽车整车物流含义及特点	汽车整车物流运作
汽车整车物流运作管理	重点掌握	汽车整车物流运作的两种基本模式	汽车整车物流运作管理

上海通用汽车物流运作策略

上海通用汽车是上海汽车集团公司与美国通用汽车公司的合资企业，多年来，上海通用汽车不断创新超越，从1999年年销量2万辆，到2013年全年销售超过150万辆，成为中国领先的乘用车企业。

上海通用汽车的生产线上基本上做到了零库存。这很大程度上归功于它的物流外包战略，中远物流是上海通用汽车最重要的物流合作伙伴。

因为汽车制造行业比较特殊，它的零部件比较多，品种规格都比较复杂。如果自己去做采购物流，要费很多的时间。中远物流可以按照通用汽车要求做到生产零部件直送工位，准点供应(Just In Time，JIT)。

中远物流的门到门运输配送使零部件库存放于途中。这样的优势在于，第一，装卸的成本可以大幅度的下降，因为从供应商的仓库门到用户的仓库门，只需一次装卸就可以了，这比铁路运输要便捷得多；第二，除了包装成本以外，节省了大量的库存持有成本，只要计算好时间，货物就能准时送到。

另外，上海通用汽车在生产线的旁边设立"再配送中心"。一般情况下，货物到位两个小时以内就可以消耗掉，在这两个小时里"再配送中心"就起到了缓冲的作用，就是传统所说的安全库存，能起到集中管理的作用；每隔两小时"自动"补货到位，这样可以对库存流动的过程加以掌控，而动态的管理也能够达到降低成本，提高效益的效果。

由引导案例可见，汽车企业物流运作研究对于汽车企业的经营具有非常重要的作用，制定合理的运作流程和运作方式可以有效地降低汽车物流成本，加速汽车生产流通速度，因此进行汽车物流运作的研究是非常必要的。

3.1 汽车物流概述

汽车产业是制造业中具有典型特色的代表性产业，近年来汽车的产销量的不断增长，代表着汽车工业得到了飞速的发展。伴随着这一发展，汽车市场的竞争也进入到了白热化阶段。进而各汽车企业的激烈竞争使得降低成本的要求越来越迫切，而作为汽车成本中重要组成部分的物流成本越来越受到人们的关注，汽车物流的重要性越来越凸显出来。

3.1.1 汽车物流的内涵

汽车物流是以最有效的总费用，按用户的需求，将企业零部件、备件、整车从供应地向需求地转移的过程，主要包括运输、储存、包装、装卸、配送、流通加工和信息处理等活动。汽车物流的各个环节衔接紧密，技术含量较高，是国际物流业公认的最复杂，同时也是最具专业性的物流领域。

汽车物流根据其作用对象不同主要分为零部件物流和整车物流两部分。

汽车物流按业务流程可以分为四大部分：供应过程中的零部件配送运输物流，生产过程中的储存搬运物流，整车与备件销售、储存及运输物流以及工业废弃物的回收处理物流。其中供应物流是指上游供应商向整车厂提供汽车零部件、生产材料、辅料到整车厂的仓库入库流程；生产物流主要发生在企业的内部，即指从仓库入口到生产线消耗点，再到成品库的入库前的物流；整车与备件销售物流是指从成品库、备件库入口到经销商之间的物流；汽车回收处理物流主要指报废汽车与可继续使用零部件回收及汽车召回时的物流。

汽车零部件物流具有一般零部件物流的基本特点，为满足生产连续性要求，很多零部件具有 JIT 配送要求，同时汽车整车物流具有大型产品配送的特点，因此掌握汽车物流的特点和运作方式，往往可以起到举一反三的效果。

3.1.2 我国汽车产业发展概况

近年来，我国汽车产业发展迅速，2014 年中国汽车产销分别完成 2 372 万辆和 2 349 万辆，同比分别增长 7.3% 和 6.9%。中国汽车产量占全球汽车产量的比重也从 2001 年的 4.3% 增加到现在的 27%，连续六年成为世界汽车产销第一大国，是全球主要的汽车消费市场。可以看出，我国汽车工业正迎来高速增长的新阶段。我国汽车产量发展情况如图 3.1 所示。

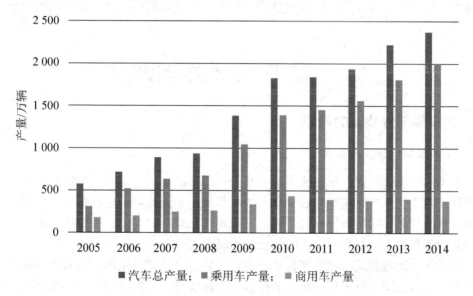

图 3.1 我国汽车产量十年发展情况(2005—2014)

(资料来源：根据中国汽车工业协会数据整理)

我国约有 130 多家整车制造厂及近万家零部件制造厂。汽车制造商市场份额相对集中，排名前 12 家的产量占全部产量的 92%。2014 年，我国汽车生产厂的前 10 家的份额占全部销量近九成。根据《汽车产业调整和振兴规划》，国家将鼓励一汽、东风、上汽、长安等大型汽车集团在全国范围内实施兼并重组。支持北汽、广汽、奇瑞、重汽等汽车集团实施区域性兼并重组。形成中国汽车工业新的 4 大 4 小的产业格局。

随着国内汽车行业的不断发展，汽车零部件行业发展迅速，零部件的产销量及市场销售额都出现了不同程度的增长。统计显示，汽车零部件行业 88 家上市公司 2014 年总营业收入达到 3 961.76 亿元，相比 2013 年的 3 476.07 亿元增长了 13.97%；总净利润约为 265.86 亿元，相比 2013 年的 204.71 亿元增长了 29.87%。

从国内零部件行业看，中国本土的零部件生产企业数量较多，生产规模普遍偏小，科研水平及创新能力较差，产品主要集中在中低端市场领域。国内内资汽车零部件厂家的销售收入仅占全行业的30%。拥有外资背景的汽车零部件商占整个行业的70%，控制了绝大部分的市场份额。汽车零部件供应商随着汽车制造商的工厂布置既呈全国性分布，主要以汽车整车厂为核心，在其周围和附近扩散，其中大型零部件生产企业主要集中在华东地区，企业数量约占全国总数的一半左右，其次为华中地区。不管是零部件入厂物流，还是售后备件物流在区域内部和区域之间都大规模发生。

3.1.3 汽车物流市场特点

我国企业物流市场中的企业主要由4种形式构成：从传统的国营运输企业介入仓储等物流领域转变而来形成汽车物流企业；从汽车制造企业中分离而来形成汽车物流企业；在拥有仓库或物流园区基础上逐步涉及汽车物流业务；中外合资企业的汽车物流企业。其中，民营企业的比重较大，但是受资金的制约，规模和服务水平还不是很高。而国有整车物流企业虽然在数量和规模上占有很大的份额，但是在第三方物流的介入程度和服务水平上还显得不足。

3.2 汽车零部件物流运作组织

3.2.1 汽车零部件物流的内涵

1. 汽车零部件物流的含义

汽车零部件物流作为汽车物流中最为复杂的一环，是为了适应汽车制造企业的需求，将零部件及相关信息从供应商输送到汽车生产基地，是为使零部件高效率、低成本流动和储存而进行的规划、实施和控制的过程，是集现代运输、储存、分拣排序、包装、产品流通及相关的信息流、资金流于一体的综合性管理。

汽车零部件物流管理包括生产计划制订、采购订单下放及跟踪、物料清单维护、供应商的管理、运输管理、进出口、货物的接收、仓储管理、发料及在制品的管理、生产线的物料管理等。零部件物流供应就是要实现各个流通环节的有机结合，促进原材料供应商、零部件供应商、汽车制造商的物流配送体系逐步完善社会化、专业化的物流体系。良好的汽车零部件物流体系，对汽车企业降低成本，优化资源配置，提升售后服务质量和品牌美誉度，提升企业竞争力有极其重要的作用。

2. 汽车零部件物流的分类

根据物流运作主体的不同，汽车零部件物流主要分为以下3类典型模式。

(1) 自营物流。它是指汽车企业运作自身物流业务，属于封闭性很强的企业内部物流。在这种模式下，企业拥有完整的物流设施和人员配备，常常隶属于企业的销售部门。

(2) 集成商物流。它是开放性很强的一种物流，这种物流模式便于处理供应链末端任务，在尽可能靠近消费者或者买主的地方完成产品的制造，降低运输成本，缩短供货时间，便于提供定制化产品，增加收益，增强客户满意度。

(3) 1+3物流。这种类型介于自营物流和集成商物流之间。对许多汽车公司来讲，选择完全封闭自身的自营物流，变动性太大，但是他们不愿意处理掉现有的物流资产，裁减人员，去冒着过渡阶段作业中断的风险。为此有些公司宁愿采取逐渐外协的方法，将自身物流职责部分转移，即形成1+3物流模式，也有的将其称为"外协物流"。

3．汽车零部件物流的主要构成

汽车零部件物流主要由以下4方面构成，如图3.2所示。

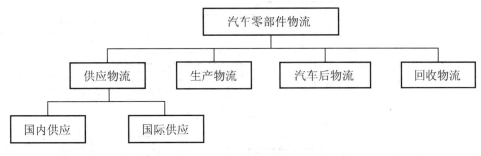

图3.2　汽车零部件物流组成

(1) 供应物流：主要指零部件供应商向整车厂进行汽车零部件供应的流程。由于汽车零部件组成较多，纷繁复杂，整车厂出于不同的技术要求和成本限制，很多零部件需要在生产厂外的其他地区或国家进行采购，因此根据采购方式不同，汽车零部件供应物流可分为国内供应物流和国际供应物流两种。

(2) 生产物流：也称为厂内物流，主要包括产品验收、卸货、搬运入库、在库管理、集配/排序作业、配送上线、线边管理、厂内转运、循环盘点等。通常一条汽车装配线上会涉及非常复杂的生产工序，需要的零部件成千上万，要把这么多零部件准确无误地送到目的地，对汽车物流管理是非常大的考验。与此同时，生产线旁的空间有限，如果物流规划不合理，配送不及时，极易发生零部件的堆积和断档等情况，影响生产的正常进行。为保证持续不断地向生产线准时供货，许多企业开始使用精益生产基础上的物流管理。同时为了增加零部件附加价值，满足客户更高需求进行一些简单组装、贴标签、刷标志、分装、检量等加工作业。

(3) 汽车后物流：是指汽车正常保养、维修、大修，以及交通事故的维修所需要的零部件的物流。选择正确的汽车后物流战略，是汽车制造企业能否生存和发展的重要因素。

(4) 回收物流：主要指汽车报废后可使用的零部件的回收等。

3.2.2　汽车零部件物流运作管理

1．汽车零部件物流模块化管理方法

由于汽车零部件多达上万种，现在国内普遍采用模块化的方法对汽车零部件进行大的分类，将具有相同或相似特性的汽车零部件划分为同一标准类型并给予标准编号，在进行零部件供应时根据零部件模块标准进行分类供应，以减少需要管理的零部件种类，便于实施物流管理。

这种模块化供应方法主要是以物流管理中心作为零部件物流系统的物流总供应商，进行物流的组织实施。各整车厂将每天的生产量、零部件需求量及时间等信息通过信息系统提前传递给物流管理中心，由物流管理中心生成各运输指令分别传递给零部件供应商、运输部门和运输方,并由运输部门和运输承担方在规定时间内完成运输指令,将各整车厂所需的零部件按模块化标准分类并按时送到指定装配区域或仓库。这种模块化分类供应如图3.3所示。

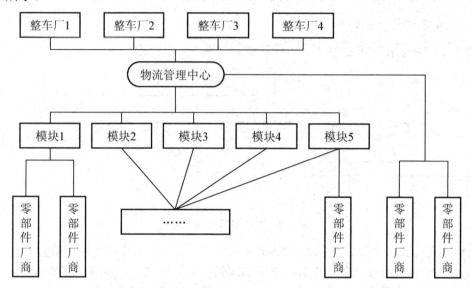

图 3.3　汽车零部件的模块化管理

2. 汽车零部件供应物流运作模式

1) 汽车零部件供应物流运作模式简介

伴随着汽车行业分工的精细化,零部件供应物流的部分功能被委托给第三方物流企业进行运作与管理,如由第三方物流企业代替实行零部件供应链采购。供应链采购是一种供应链机制下的采购模式,即汽车零部件的采购不再由汽车制造商操作,而是由零部件供应商操作。实施供应链采购,汽车制造商只需把自己的需求信息向供应商连续及时地传递,由供应商根据汽车制造企业的需求信息,预测未来的需求量制定自己的生产计划和送货计划,主动地以小批量多频次向汽车制造商补充零部件库存,即供应商管理库存(Vendor Management Inventory,VMI)模式。供应链采购模式改变了汽车零部件设计、生产、储存、配送、销售、服务的方式,有效地缩短了企业内生产线的长度,提高了生产效率。

2) 汽车零部件国际供应物流运作模式

由汽车零部件物流的组成可知,根据零部件采购方式不同,汽车零部件物流分为国内供应物流和国际供应物流两类,国际供应物流由于其运输距离长,进出口等流程具有一定的复杂性。目前汽车零部件国际采购主要有 CKD 和 SKD 两种。

CKD 是英文 Complete Knock Down 的缩写,含义是"全散装件"。即进口或引进汽车时,汽车以完全拆散的状态进入,之后再把汽车的全部零部件组装成整车。我国在引进国外汽车先进技术时,一开始往往采取 CKD 组装方式,将国外先进车型的所有零部件买进来,在国内汽车厂组装成整车。

SKD 是英文 Semi Knock Down 的缩写,含义是"半散装件"。即从国外进口汽车总成(如发动机、驾驶室、底盘等),然后在国内汽车厂装配而成的汽车。SKD 相当于汽车制造商将汽车做成"半成品",进口后简单组装就成整车。

相比整车进口，采用 CKD 和 SKD 方式不仅可以省去庞大的设计费用，同时还可以享受国家对于国产车的税收优惠，即采用 CKD 方式可以合理避税。目前在我国，小轿车、越野车、小客车整车进口税率为 25%，车身、底盘、中低排量汽油发动机等汽车零部件的进口税率仅为 10%。

进行汽车零部件国际供应时，CKD 和 SKD 这两种方式只是在进口对象的状态上有较大差异，物流过程相似，可将其物流运作模式归纳如图 3.4 所示。

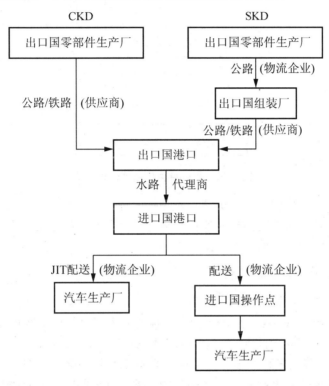

图 3.4　汽车零部件国际供应物流运作模式

3) 汽车零部件供应商的评价与绩效考核

通过供应商绩效考核可以了解供应商的表现，其目的是促进供应商的改进，并为供应商奖励、供应商优化，以及最终的战略供应伙伴的选取提供依据。其重点是提高企业之间合作的效率，使企业同优秀的供应商进行合作，而淘汰绩效差的供应商。

良好质量的零部件，是整车制造企业提升产品质量的前提和基础。但目前，我国许多整车制造企业为保证供应商提供高质量的零部件，不得不耗费大量人力物力对品种繁多的零部件进行质量检验。根据现代质量控制的思路，整车制造企业控制零部件质量的方法应是加强对供应商的评估和考核，而不是把主要精力放在对零部件的检验上。

在对零部件供应商进行评价时，基于前面对零部件的分类可以分别进行相应的评价，其具体评价程序模型如图 3.5 所示。

其中在评价指标体系的建立时可以采取 QSTP 加权标准，即供货质量(Quality)(如货损、货差数量等)、供货服务(Service)(如准时性、准确性等)、技术考核(Technology)、价格(Price)(如供应成本等)的加权，根据这几项指标来衡量，从而保证评价考核的相对稳定性，减少主观干扰因素。

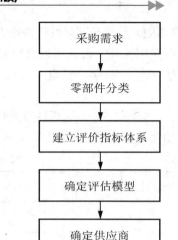

图 3.5 汽车零部件供应商评价程序模型

建立评估模型可以采用层次分析法、模糊综合评判法、人工神经网络算法和灰色关联度分析等方法,各种方法都有其相应的优缺点,也具有不同的使用成本和难度,所以企业要结合自身及供应商的具体情况来选择。

3. 汽车零部件生产物流运作模式

在对汽车零部件进行模块化标准分类和建立零部件模块标准系列以后,汽车行业可以根据零部件的种类与数量、运输距离长短和运输的效率来选择以下取货方式:循环取货(送货)(Milkrun)、直接法(Direct)和联运法(Consolidation)。

(1) 循环取货又称定常路线法,是指同一运输工具按照既定的路线和时间依次到不同的供应商处收取零部件同时卸下上一次卸空的容器,并最终将所有货物送到汽车整车生产商仓库或生产线的一种运输方式。对于某一个汽车整车生产商来讲,可能会有十几条甚至上百条的循环取货路线,投入运营的车辆按照每日整车生产计划持续地进行零部件的运输,企业可根据具体情况调整运作时间。该运输方式适用于小批量、多频次的中短距离运输。循环取货法如图 3.6 所示。

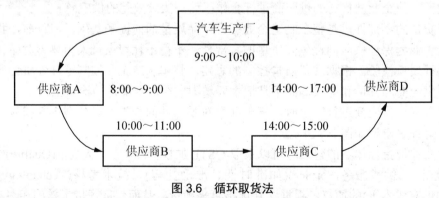

图 3.6 循环取货法

(2) 直接法,即各供应商根据汽车制造厂发出的配货需求信息,分别直接向汽车生产厂运送零配件。这种模式比较简洁，要求保持各供应商与汽车生产厂之间信息及时、准确、通畅，对供应物流管理水平要求较低。直接法如图 3.7 所示。

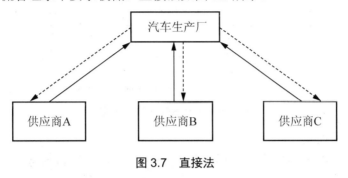

图 3.7　直接法

(3) 联运法，即通过在各供应商上设置联运中心，通过联运中心分别向各供应商收取零部件后，安排车辆将零部件集中配送。这种方法对供应物流的要求较高，通常由汽车零部件物流商选择与控制汽车零部件物流的组织与控制方式。联运法如图 3.8 所示。

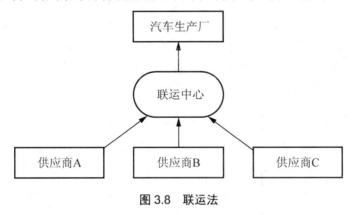

图 3.8　联运法

4. 汽车后零部件物流运作模式

由汽车零部件物流的主要构成可以知道，汽车后零部件物流是伴随着汽车维修所需要的零部件而产生物流。因此，根据汽车维修机构的不同类型，可将汽车后零部件物流运作模式分为以下几类。

1) 汽配城运作模式

汽配城主要经营汽车零部件的批发业务，相对来说配件品种齐全，能更好地满足客户需求。但由于其内部经营主体杂多、层次不一，零部件包括原厂件、配套件、副厂件、仿冒件、伪劣件等。其中所谓"原厂件"，并不是主机厂生产的，而是由主机厂指定的配套厂生产的装车件；"配套件"是指由生产原厂配件的厂商生产但不标记主机厂商标的配件，与原厂件相比质量难分高下，价格较原厂件低 30%左右；副厂件是由非配套厂生产，使用独立商标的配件，受综合因素的制约，与原厂件相比，很难评价它们的质量水平谁更高一些；仿冒件是完全模仿原厂配件的包装、商标仿制的配件，属于假冒不伪劣产品；伪劣件就是非常"纯正地道"的假件——既假冒又伪劣。在这种鱼龙混杂的零部件种类经营下，很难进行统一管理，同时它在位置便捷性上受到限制，因此其汽车零部件后物流模式为零部件生产商(包括由主机厂指定的配套厂或非配套厂)将零部件集中到汽配城后通过批发商转到零售商(包括一些维修站)再到客户手中。其具体运作过程如图 3.9 所示。

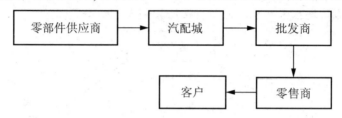

图 3.9　汽配城模式运作过程

2) 连锁大卖场模式

汽车零部件连锁大卖场模式类似于日常的大型超市的经营模式(如沃尔玛的经营模式)，它拥有覆盖全部车型系列的零配件，甚至还进行整车销售、装饰维修，以及二手车交易和汽车租赁等汽车相关市场经营。与汽配城相比，其质量更有保证，价格更加明确。同时在零部件的采购上对连锁店进行集中采购，实现了零部件采购规模化、标准化，有效地降低了物流采购成本，保证了零部件的"合理价格"。但同时由于其经营品种繁多，一般都在数千种以上，造成其投资大，而且占地面积大，同样受到地理位置的限制，同样不能够很好地实现物流的便捷性。目前这种模式从国外引入不久，还不够成熟，其主要的运作模式由经过采购评价的指定供应商供应零部件到零部件连锁大卖场，然后销售到相应的批发商或客户手中。其具体运作过程如图 3.10 所示。

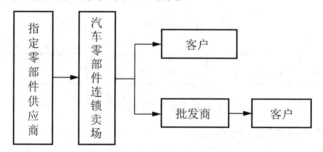

图 3.10　连锁大卖场模式运作过程

3) 连锁汽车快修模式

连锁汽车快修是新兴发展起来的汽车维修模式，一般经营规模不大，主要集中经营汽车饰品和保养、快修等业务。由于其连锁经营，管理统一，在配件质量、价格、环境等方面能很好地控制。因此其零部件物流的主要运作模式为指定供应商统一供货到连锁汽车快修然后直接到客户。其具体运作过程如图 3.11 所示。

4) 汽车维修站模式

维修站主要是在服务公务和商业用车为主的历史背景下发展起来的，所以在理念、形象、技能等方面都存在很多不足。其零部件后物流主要运作模式为通过零部件零售商或批发商供货给汽车维修站后直接到客户。其具体运作过程如图 3.12 所示。

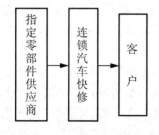

图 3.11　连锁汽车快修模式运作过程

5) 4S 服务站模式

4S 服务站就是俗称的 4S 店，它指的是一种汽车服务方式,包括整车销售(Sale)、零配件(Spare Part)、售后服务(Service)、调查反馈(Survey)等。4S 店是指将这 4 项功能集于一体的汽车服务企业。与其他模式中的维修类型不同,4S 店是在整车厂的控制下成长起来的,以整车品牌售后服务为目的。因此,4S 店的零配件后物流以原装配件即从整车厂采购并提供给终端用户的备件为主。整车厂为了加强对配件市场的直接控制,其将原配件以专卖的形式纳入到 4S 店中。同时整车厂对 4S 店的原装配件承担着相应的质量风险和索赔风险。用户对 4S 店的原装配件的信任程度是其他模式无法比拟的。因此其主要模式为由整车厂将零部件直接送到 4S 店然后再直接运送到客户手中。其具体运作过程如图 3.13 所示。

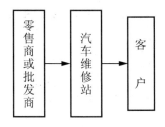
图 3.12 汽车维修站模式运作过程

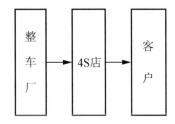
图 3.13 4S 服务站模式运作过程

另外 4S 店也存在零部件外采外销的情况,整车厂赋予了 4S 店一定的外采空间,由于缺乏相关的规定和约束,OEM 制造商开始越过整车厂商,将配件(包括整车厂商拥有自主产权的配件和 OEM 拥有自主产权的配件)直接供应给 4S 店。另外由于受到整车厂的控制,当整车厂商将不合理的配件销售指标分摊给 4S 店时,部分 4S 店为了缓解自身的压力,也会选择将整车厂商的原装配件外销给社会维修商。所以其运作模式存在由 OEM 制造商将零部件供应给 4S 店后直接到客户,或者由整车厂将原装配件供应给 4S 店然后经由社会维修商再到客户手中两种情况。其具体运作过程如图 3.14 和图 3.15 所示。

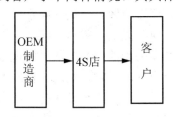
图 3.14 4S 服务站零部件外采模式运作过程

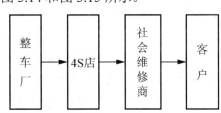
图 3.15 4S 服务站零部件外销模式运作过程

4S 店的收入渠道较多,如通过新车销售、二手车销售、银行贷款返回利润、保险返利、汽车内饰、汽车维修、批发和零售零部件、销售汽车额外质量保证的佣金等方式获利。当前我国 4S 店汽车零部件供应还存在不少问题,主要有以下几个方面。

(1) 流通领域费用过高。建立 4S 店是造成汽车流通领域费用过高的原因之一。目前,专卖店的高利润是通过对产品资源的控制实现的,但 4S 店豪华的装饰耗费了大量的资金投入,这和汽车专卖店服务体系减少流通环节、降低流通费用的初衷截然相反。高额的流通领域费用,必然也会分摊到零部件的成本中。

(2) 汽车零配件价格过高。汽车专卖体系对其产品的控制在一定程度上保证了产品的高利润。在零配件供应方面,专卖店比其他商家的价格高出几倍,这正是汽车专卖店的垄断行为在发生作用。垄断行为还导致零部件供应经常发生缺货，供应质量得不到保证，随着竞争的激烈，单一品牌车型利润空间的降低，专卖店的生存势必受到挑战。

(3) 汽车维修费用过高。低效的零部件供应和高额的零部件成本，使得当前专卖店维修费用过高、车辆交付延迟问题突出。

针对当前我国 4S 店经销商的上述问题，一方面，4S 店应适量削减其建设投资，尽量做到装饰简洁而功能全面完善，以降低其经营成本和经营风险；另一方面，4S 店应抓住发展机遇，看准零部件供应这一大利润来源，改变当前与汽车企业之间的简单从属关系，通过改进当前零部件供应模式，集约信息收集功能，优化售后跟踪服务，与汽车企业形成战略合作关系，共同完善汽车零部件供应体系。根据上述分析，汽车 4S 店零部件后物流供应改进模式如图 3.16 所示。

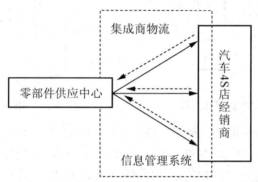

图 3.16　汽车 4S 店零部件供应改进模式

注：- - - ▶表示信息流；──▶表示物流。

如图 3.16 所示，利用集成商物流的专业性优势来完成零部件供应中心到汽车 4S 店的配送工作。针对中国汽车零部件工业的结构特征中生产厂家分散、落后的缺点，可以利用集成商物流供应中心来对零部件进行集中采购，避免出现既倾向于就地采购或从汽车制造集团公司内部采购，又对同一车型的同一种零件进行多家采购的做法，借以实现零部件采购的规模经济效应，降低零部件的采购成本和供应物流成本。同时，利用在供应中心建立的信息管理系统，及时了解汽车 4S 店经销商的零部件需求情况及零部件供应中心现有存货情况，帮助汽车 4S 店经销商实现按需供应，削减其零部件库存，同时避免因零部件缺货导致车辆延迟交付，提高客户对服务的满意程度。良好的汽车 4S 店服务，以及低成本的营运成本，才能使 4S 店改变与汽车制造商之间的从属关系，并逐步建立战略合作关系。

 案例阅读 3-1

安吉汽车物流公司的零部件供应

从西方汽车行业的发展来看，汽车行业的发展趋势是加强行业分工，汽车零部件生产功能和物流配送功能都将从制造企业中剥离出来，把物流管理的部分功能委托给集成商物流公司，集成商物流模式将成为未来的主导型物流模式。

安吉汽车物流公司即是集成商供应物流模式的一个代表。安吉汽车物流公司作为一个集成商汽车物流服务公司，主要给上海大众、上海通用、柳州通用、五菱等汽车厂商提供物流服务。它为上海大众零部件供应提出了整合3个物流服务系统的供应模式，如图3.17所示。

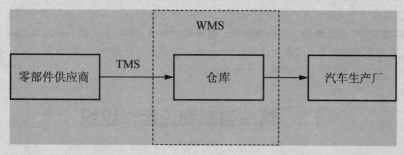

图 3.17　安吉汽车物流公司整合3个物流服务系统的零部件供应模式

在零部件的运输过程中采用运输管理系统(Transportation Management System，TMS)进行控制，集成商物流公司根据上海大众的发货指令进行运输路线的优化整合，然后通过GPS和TMS的协同工作，全面保证零部件在运输途中的可视化，便于零部件在运输途中的监控和制造车间精确编制作业计划表。

零部件入库采用仓库管理系统(Warehouse Management System，WMS)进行管理，通过引入条码识别技术，实时采集信息全面反映零部件在物流中心的各种状态，并且用系统保证了库位的最大利用，零部件的先进先出、KPI的自动数据采集等提高了物流效率和精度，克服了手工识别滞后性的缺点。

零部件投入生产采用看板拉动系统，该系统与上海大众的生产系统做实时接口，根据上海大众下阶段的实际生产车型配置，在最少的提前量上对零部件配送实现实时拉动，大大减少了生产线旁零部件库存及缓冲区面积，实现了精益化生产的模式。

 案例阅读 3-2

华晨宝马汽车零部件物流解决方案

随着汽车市场的竞争，汽车制造企业面临越来越大的成本压力。优化汽车供应链，提高供应链运作效率，挖掘第三利润源泉，成为包括宝马这样的知名跨国整车制造企业在内的共同选择。为了保证物流服务质量与产能相匹配，华晨宝马汽车公司将其零部件供应物流外包给中外运发展公司。

中外运发展公司在硬件设施配套、流程方式设计和管理措施完善等多个方面进行设计与实施，满足了华晨宝马公司零部件入厂物流服务需求。

1. 完善物流设施，保障硬件设备符合要求

建设了17 000m²的高标准全新高架彩钢立体库房，可以满足客户不同类型的存储需求；设置封闭式作业通道，满足24 h全天候无污染物流作业；仓储为绿色清洁环保的"地源热泵"调温方式，随时保持可控温度工作范围；工作平面为高强度耐磨无尘地面；库区配备烟感式喷淋消防系统和全程无死角视频监控系统，使物流服务各方面得到全方位保障。

运输设施包括了平衡重式高位叉车，极大地提高了库内的运作效率，使库内的操作时间可以得到有效的控制；配送服务使用了7.5m、9.5m及12.5m的翼展式厢式货车，可以涵盖各类汽车零部件的配送要求，从物理条件上满足了产前物流的种种需要。

2. 集成多种物流服务模式，最大化物流资源的使用效率

中国外运在汽车入厂物流运作方面，集成了集装箱存储与散件存储的一体化的服务，并配套了集装箱的折散中心(DC)与筐式中心(BC)的业务模式。将到厂的集装箱在仓库拆箱后存储，并分流至BC

及总装线旁，BC 按照辆份进行拣货后，配送至总装线的生产线区域，使物流资源总体的使用效率达到最大，有效降低了物流运营成本。

结合严谨的物流方案设计及严格的实施过程，中国外运的华晨宝马项目为华晨宝马每年提供近5万辆整车的零配件入厂物流服务，无论是从营业额或是利税都达到了项目设计的要求。项目建设初期的土地购置，基本建设及设备购入的巨大资本投入，拉动了包括区内基建、建材等一批企业的经济增长。

3.3 汽车整车物流运作组织

3.3.1 汽车整车物流

1. 汽车整车物流概述

汽车整车物流是指将商品汽车整车从供应方到经销商的业务流程，包括仓储、保管、运输、装卸、信息处理及其他流通增值服务等，是汽车产业物流和供应链的重要组成部分。根据物流作用的对象，汽车整车物流主要包括新车和二手车的整车物流，因此供应方主要为汽车生产企业和二手车经销企业。由于我国二手车经营业务处于起步阶段，这里主要进行新车物流分析，其供应方主要为汽车生产企业，经销商主要为分布在全国各地的汽车销售网点。

2. 我国汽车整车物流现状分析

(1) 汽车整车物流行业标准建设落后。汽车物流作为各产业中涉及面最广、技术难度最高、专业性最强、全球化程度高、市场容量最大的专业物流之一，标准化建设尤其重要。目前，无论是公路运输、铁路运输还是水路运输，以及多式联运都没有形成统一的标准，如运输规范不统一、仓储服务规范不统一、生产商与多个运营商之间的信息交换不统一等，都在一定程度上加大了企业的成本，无法有效使用资源。而发达国家的物流不管是跨国的、跨省的还是跨市的，都可以"一单到底"，这主要归功于行业标准化的建立。目前随着全国物流标准化技术委员会的成立，开始进行了大量的物流标准化建设，其中汽车物流标准化建设从整车物流开始起步，目前已经通过了《乘用车运输服务规范》(WB/T 1021—2004)、《乘用车仓储服务规范》(WB/T 1034—2006)、《乘用车水路运输服务规范》(WB/T 1033—2006)、《乘用车质损判定及处理规范》(WB/T 1035—2006)和《商用车运输服务规范》(WB/T 1032—2006)等。另外还有《汽车物流术语》(GB/T 31152—2014)、《汽车整车物流质损风险监控要求》(GB/T 31151—2014)、《汽车物流服务评价指标》(GB/T 31149—2014)和《汽车零部件物流塑料周转箱尺寸系列及技术要求》(GB/T 31150—2014) 4 项汽车物流国家标准，以此来逐步完善和适应我国国情并形成能与国际接轨的汽车物流标准体系。

(2) 汽车整车物流运输方式发展不平衡。汽车整车物流是以低成本原则提供优质服务，其中运输是整个物流中构成成本最大的项目。目前我国汽车整车物流采用公路、铁路和水运，以及多式联运的方式进行运输，其中公路运输的比例占整个运输市场近 80%。由于运输方式发展的不平衡造成汽车整车物流运输单一化，而公路运输自身运力分散，回程空驶率高，造成整个汽车物流运输市场资源严重浪费，产生高额的物流成本。这些大多是基于历史和现实的原因，并且考虑到公路运输机动灵活、门到门等优势，铁路、水路等运力资源未能合理地开发和利用，企业也更愿意选择公路运输。由于我国幅员辽阔，汽车工业又相对集中在长春、京津、上海、武汉、重庆、广州等少数发达地区，汽车产品对全国的辐射范围和人民消费的多样性，决定了汽车整车物流具有分散和纵横交织的特点。随着能源价格的持续上涨，物流装备的经济型选择是大势所趋，铁路在远距离运输方面的优势已经凸显。在欧美国家，中长距离的商品汽车运输，铁路牢牢占据 60%~80% 的份额。中国丰富的水路资源也逐渐得到了汽车物流行业的青睐，但整个市场的融合尚在起步和磨合阶段，目前主导的公路运输模式更多地引入水路、铁路资源，走多式联运的道路将是中国未来汽车整车物流的必然选择。

(3) 整车物流市场流向流量不均衡。随着新车交易量及汽车保有量的提高，二手车交易也得到了快速的增长，但由于二手车交易起步晚，市场秩序较为混乱，恶性竞争较多，同时在交易中存在地方政府部门干预过多、市场信息不对称、市场门槛低等因素，使得市场上二手车占新车比例不足 1/3，而美国每年二手车的销量相当于新车销量的四倍。这样就造成整车物流市场对流不足，形成高额的物流成本。

从 2013 年 5 月 1 日起，我国施行《机动车强制报废标准规定》，明确根据机动车使用和安全技术、排放检验状况，国家对达到报废标准的机动车实施强制报废。这样给二手车市场的发展提供了空间，同时随着二手车交易量的增加，国家也将会逐步出台相应的法规政策，进一步规范市场，促进市场的良好发展。以此使得整车物流市场流向流量不断均衡，降低物流运作成本。

(4) 血缘关系在一定程度上制约了业务发展。中国的整车物流提供商大多和其所服务的整车企业存在某种血缘联系，部分造成自身能力建设和提高的动力不足，表现出的特征在于目前物流服务商普遍服务水平较低，同时限制了其服务内容横向和纵向的发展。目前整车物流服务商的服务内容以运输、仓储为主，个性化的增值服务、供应链整合服务较少，其所承担的外包业务大多在操作层面，战略规划层面较少。面对近年来市场规模的超速扩张，物流服务商忙于保证运量，疏于质的提高。

(5) 集中度低，竞争激烈。鉴于服务内容的单一化，行业进入门槛较低，尤其是运输业务，承运商割据一方。汽车集团之间的激烈竞争成为旗下附属的整车物流商之间合作的障碍，物流商只能各司其职，阻碍服务提供商通过大循环、扩大服务规模等方式进一步提高效率。根据德勤公司的咨询报告，目前整体汽车物流市场集中度很低，中国前五名汽车物流企业的市场占有率仍不足 10%，全国性的大型服务提供商缺位。同时，竞争的无序也造成了行业利润率的下滑。

(6) 现代信息技术的应用还处在初始阶段。汽车生产作为制造业中精度要求较高、发展较快的行业，目前一些大型的汽车生产企业内部基本上实现了信息化管理，但是作为汽车行业的服务提供者，汽车物流企业的现代信息技术的应用还处在初始阶段，作为在现代物流中具有广阔应用空间的 JIT、EDI、GPS、RFID、GIS 等信息技术较少应用在汽车物流企业中，互联网商业应用的潜力还远未得到开发。由于信息技术应用不充分，目前汽车物流信息统计分散、凌乱、不系统，造成了差错率高、信息传递慢和管理效率低等情况。因此，为了适应汽车行业的不断发展，更好地服务汽车行业，汽车物流业需要建立完善的物流信息平台，充分利用信息网络技术来发展汽车物流，为客户提供快速、准确、高效的服务。

知识链接 3-1

《机动车强制报废标准规定》

2013年1月14日商务部网站发布了《机动车强制报废标准规定》，明确根据机动车使用和安全技术、排放检验状况，国家对达到报废标准的机动车实施强制报废。该规定将自2013年5月1日起施行。

各类机动车使用年限方面，规定明确了小、微型出租客运汽车使用8年，中型出租客运汽车使用10年，大型出租客运汽车使用12年；公交客运汽车使用13年；专用校车使用15年；大、中型非营运载客汽车（大型轿车除外）使用20年；正三轮摩托车使用12年，其他摩托车使用13年等。规定称，小、微型非营运载客汽车、大型非营运轿车、轮式专用机械车无使用年限限制。

根据规定，国家对达到一定行驶里程的机动车引导报废。

3.3.2 汽车整车物流运作管理

1. 汽车整车物流运作模式发展历程

随着我国经济的快速发展，汽车市场规模不断扩大，汽车工业在不同阶段得到了跨越式发展，相应的汽车整车物流运作模式随之经历了以下发展历程。

(1) 自驾自运模式。自驾自运模式主要是指汽车的物流运作是由购买汽车的单位或个人自己派司机到生产企业提车来完成的一种模式。这种模式是新中国成立后到20世纪90年代初汽车整车物流的主要模式，由于当时汽车市场长时间停留在卖方市场上，计划分配是当时汽车供应的主要方式。而购车者多为相关企事业单位和20世纪80年代后出现的一批专业从事轿车营运的个体商户。在这种模式下，由于是个体进行物流运作，其相应的汽车物流成本高、运作效率低，不利于整个汽车物流的发展。

(2) "零公里"交付模式。"零公里"交付模式主要是指汽车物流运作是由供应方将汽车运送到整车销售点而消费者可以实现"零公里"交付的一种模式。这种模式的出现是以1990年天津安达公司在全国首发的第一辆运送汽车的专业车为标志的，直到1995年"零公里"商品汽车逐渐成为汽车消费市场的基本要求，以此适应汽车物流市场的发展，在一定程度上降低了整车物流成本，提高了物流效率，改进了汽车物流服务。

(3) 集成物流商运作模式。目前，在"零公里"交付模式下，我国绝大多数的汽车整车物流提供商都是汽车制造商的下属企业，这种业务关系模式由于无法与其他品牌的汽车企业进行整车物流方面的合作，往往在一定程度上制约整车物流管理效率的提升。这种业务运作模式也造成了集成商整车物流企业的有效市场需求不足，影响了设施利用效率的进一步提高和物流成本的进一步降低。因此，就出现了集成物流商运作模式。

集成物流商运作模式是指汽车物流运作由独立于汽车生产商和经销商之外的集成商完成，集成商具有更专业的物流设计，便于提供定制化的服务，并形成相应的规模效益，降低物流成本，同时也可以使汽车生产商和经销商在自己核心业务上投入更多精力，更好地提高自身竞争力。但目前由于我国整车物流企业发展迟缓，其相应的服务比较单一，需要在今后逐渐提升其全方位的汽车整车物流运作方案和个性化服务来争得更大的市场。

2. 汽车整车物流运作模式分析

汽车整车物流是伴随着汽车整车销售而发生的，因此在对汽车整车物流运作进行分析时，应从整车销售的角度来入手。这里主要从目前普遍存在的整车物流运作模式来进行总结。

1) 整车物流传统运作模式

因为我国传统的汽车物流为自营组织模式，所以在汽车销售物流运作上，大都采用以逐级分销为主的运作模式，如一般的整车销售为 3 级体系：第一级为汽车公司销售本部，第二级为汽车企业各省销售公司，第三级为汽车公司的直销店及外部经销商。其中第一、二级为批发，第三级为零售。在这种模式下汽车公司还配有自身下属的物流公司。其运营模式主要为各分销公司报出成品车的需求计划，由省级销售公司统一汇总，并开出票据，由汽车企业所属物流公司的成品车管理部和发运部拟订挑库计划，通过到定置现场对车型、颜色、状态、数量的配置挑选，产生成品车的发运移转管理。根据发运计划发运，之后成品车及车辆交接单同时交到经销商验收，并将信息反馈到总部，用于财务结算等。其具体运作模式如图 3.18 所示。

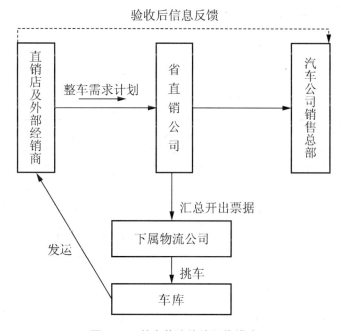

图 3.18　整车物流传统运作模式

2) 整车物流新型运作模式

伴随着汽车企业的生产能力的不断提高，以及整个汽车市场产销量的快速发展，传统的自营组织模式存在着诸多弊端，增加了企业运营成本，降低了整车销售物流速度，增加了物流成本。一种新型的更能满足需求的整车物流模式应运而生。构建新型的销售物流运作模式要做到以下几点。

(1) 合理规划区域配送中心。区域配送中心一般由制造商建立，也可考虑由有实力的第三方物流公司建立。核心企业需要对目标市场进行重新定位和分析，整合销售资源。将功能定位相似、地域相近的区域配送中心重新组合，形成数量合适、实力较强的区域配送中心，扩大市场辐射范围，达到销售规模化。

大部分库存集中在区域配送中心，并可以实施相应的物流延迟策略，收到客户订单后再进行产品的进一步配送。配送中心的产品配送由订单驱动，且可以根据客户的具体要求进行零配件的简单装配或更换。

(2) 合理设计中间分销商的层次和数量。在对自身产品市场预期不高的情况下，只把在分销渠道中的一级分销商视为核心分销商；在产品销售状况良好时，可在核心分销商之下设立二级分销商，但要注意对二级分销商的数量进行严格的控制。此时部分库存集中在核心分销商处，等待进一步的订单配送。

(3) 建立物流信息系统。由于各终端销售商没有成品库存，为实现销售额最大化，必然会将客户需求信息在第一时间内反馈给区域配送中心，以快速满足客户需求，提高客户满意度。因此，制造商需要与各终端销售商合作，建立一个基于互联网的物流信息系统，提高物流体系中各节点之间的协调性，这样才能保障订单传递速度及信息的真实可靠性，为定制物流的高效运作奠定基础。

(4) 以品牌专卖完善销售物流运作体系。品牌专卖模式比较典型的就是 4S 店，它是随着销售方式的扁平化而生，可以降低分销渠道构建成本，有效地拓展目标市场，更好地服务于最终客户。这种模式的主要运作如图 3.19 所示。

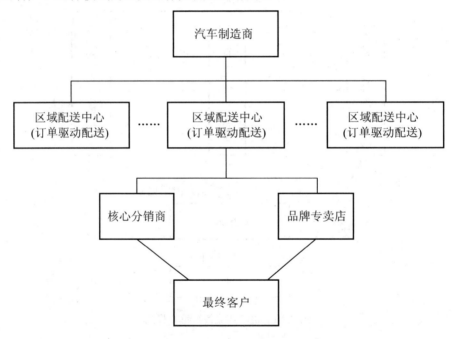

图 3.19　整车物流新型运作模式

3. 汽车整车物流运作流程

基于前面对于汽车整车物流运作模式的研究，综合两种模式，其主要的物流运作流程可概括如图 3.20 所示。

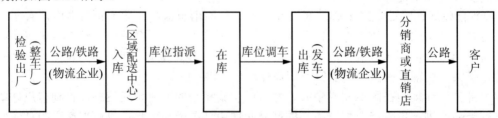

图 3.20　整车物流运作流程

其主要流程为汽车在整车厂对车辆进行质量检验合格后出厂，由车厂自己的物流企业或是第三方物流企业通过公路或铁路运送到相应的区域配送中心，经区域配送中心对车辆相关数据如车类型、数量、随车附件(包括附件、合格证和车钥匙等)及车的外观进行检查，并检查在运输过程中的损伤情况，核对无误后入库，在系统的库位指派下存储在指定货位。当中心接到发货指令后出库，其具体的出库流程如图3.21所示。之后由相应的物流中心运送到相应的汽车分销商或直销店中，最后由经销商送达客户手中。

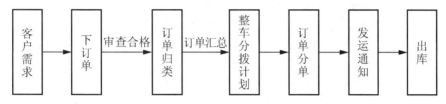

图3.21　整车出库运作流程

案例阅读 3-3

J汽车生产商流程改进提高整车国际物流全程控制力度

J汽车生产商的产品销到国外客户的最初国际物流运作流程，如图3.22所示。

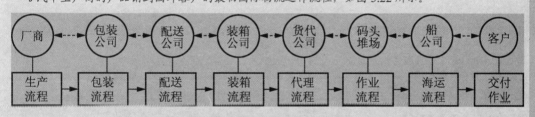

图3.22　J汽车生产商整车出口的国际物流过程

根据流程再造和物流集成管理等物流高级化发展理论，J汽车生产商将整车国际物流运作流程设计如图3.23所示，大大提高了生产厂商对物流全程的控制能力，同时提高了客户服务满意度。

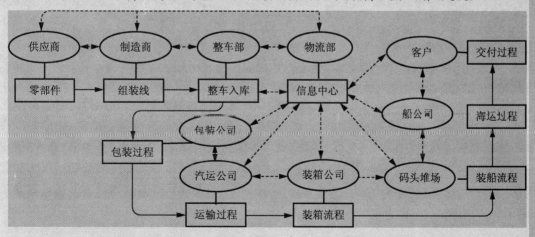

图3.23　J汽车生产商新设计并投入运作的整车国际物流运作流程

注：──→表示物流；┄┄→表示信息流。

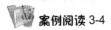

案例阅读 3-4

"千里江陵一日还"

CY 汽车物流公司开展汽车整车运输业务，即零公里交付模式。由于该公司使用的是整车运输专用车辆，其装载其他货物有一定难度，因此，回程车辆利用率受到限制。

CY 汽车物流公司高层与全国部分汽车生产厂商签署了战略合作协议，即与(南昌)江铃汽车厂、(北京)福田汽车厂等汽车生产厂家签订了长期合作协议，车身还喷涂了客户车辆的销售广告，如"千里江陵一日还"。

CY 汽车物流公司专用车辆到达相关生产厂商整车厂时，优先配载所需运输的汽车。在此基础上，CY 汽车物流公司在全国构成了汽车整车运输网络，将南昌生产的江铃汽车运输到东北地区，回程在福田汽车厂装载销往南昌地区福田汽车，提高了车辆回程利用率，大大降低了汽车整车物流成本。

案例阅读 3-5

长安民生物流为福特提供整合物流方案

长安民生物流股份有限公司是由长安汽车集团和民生实业集团共同出资组建的专业第三方汽车物流服务商及综合物流服务商。公司为长安汽车、长安福特马自达、长安铃木、沃尔沃、北方奔驰等客户提供国内外零部件集并运输、散杂货运输、大型设备运输、供应商仓储管理、生产配送、模块化分装、商品车仓储管理及发运、售后件仓储及发运、物流方案设计、物流信息系统开发设计、包装规划设计制作等全方位的物流服务。

长安民生物流为福特汽车精心策划整合物流方案，并量身定制了五大服务。

(1) 零部件集并运输服务。长安民生物流为福特汽车规划了上海地区零部件集并定常运输线路；提供定常线运输车辆；代表客户向供应商取货并集并；直接操作和管理集并及定常线运输的各项运作；直接管理并操作码头至零部件终端目的地运输；向客户提供若干套意外应急方案，满足客户物流要求。

(2) 完善的仓储管理服务。长安民生物流在上海建设自有仓储基地，向客户提供安全和经济的集并待发中心；提供零部件在集并点的暂存及装箱；对福特汽车在重庆的中储提供安全库存管理，并向福特汽车提供物流增值服务。

(3) 物流全过程的监控、查询服务。长安民生物流利用现代信息技术对集并过程、仓储过程和运输过程进行监控，24 小时全天候地向客户提供其需要的物流信息。

(4) 物资保险服务。长安民生物流向福特承担了"门对门"的货物集并和运输全过程中的 100%的责任。

(5) 零部件出口物流服务。长安民生物流代客户福特汽车向出口件供应商取货并集并；为客户办理出口件的订仓、集港、报关、报检等。

(资料来源：根据互联网相关资料整理)

本 章 小 结

汽车物流运作可以按照汽车零部件物流和整车物流两种类型进行组织,其中,零部件物流要比整车物流组织工作更为复杂,重点体现在对配送的品种、数量和时间上要求。

在汽车厂商物流过程组织中,供应物流、生产物流和销售物流运作各有特色。在汽车零部件物流运作组织中,可以充分利用第三方物流运作模式,其优点突出表现在准时(JIT)物流服务要求。汽车零部件 JIT 供应物流到生产线的要求大多是以分钟作计时单位的,比其他行业的准时要求更为精确。

在汽车零部件国际物流中,CKD 和 SKD 模式有单元化运作组织的要求。可以根据零部件的种类与数量、物流作业方式等因素设计集装单元,按照零部件集装单元、运距长短,以及运输效率有循环取货等配送运作方式。

在整车物流运作组织中,运作系统设计具有重要的地位,恰当的设计不仅可以有效地加强对物流运作过程的监控,而且还可以提高效率、降低成本,也可以大大提高服务质量与客户满意度。

本章结合整车销售的流程总结了目前存在的两种整车物流运作模式,即传统的物流运作模式和新型的物流模式。在汽车零部件后物流运作中,根据汽车维修机构的不同类型,汽车后物流运作模式主要是突出售后服务要求。

汽车物流(Automotive Logistics)
全散装件(Complete Knock Down,CKD)
半散装件(Semi Knock Down,SKD)
零部件物流(Parts Logistics)
准时配送(JIT Dispatching)
整车物流运作(Vehicle Logistics Operation)
零公里交付(Zero-km Delivered)

综 合 练 习

一、多选题

1. 属于汽车物流业务流程的有(　　)。
   A. 零部件物流　　　　　　　B. 汽车采购物流
   C. 汽车生产物流　　　　　　D. 整车物流
   E. 汽车回收物流

2. 属于汽车零部件供应商进行考核所采用的 QSTP 加权标准指标的是(　　)。
   A. 供货质量(Quality)　　　　　　B. 供货服务(Service)
   C. 技术考核(Technology)　　　　D. 价格(Price)
   E. 数量(Quantity)

3. 汽车零部件生产物流运作是根据(　　)进行供应的。
   A. 生产线的布置设计　　　　　　B. 零部件的种类和数量
   C. 运输距离长短　　　　　　　　D. 运输效率
   E. 零部件的质量

4. 4S 服务站俗称 4S 店，它是一种汽车服务方式，其主要提供的服务包括(　　)。
   A. 整车销售(Sale)　　　　　　　B. 零配件(Spare Part)
   C. 售后服务(Service)　　　　　　D. 调查反馈(Survey)
   E. 清洁(Setketsu)

二、简答题

1. 本章在对汽车后零部件物流分析时涉及哪些模式？

2. 从汽车维修的角度进行具体运作分析，结合专业知识进行思考，汽车后市场中除了维修，还有哪些相应的服务，它们相应的物流运作又将如何进行？

三、案例分析题

通用汽车零部件物流

1. 案例背景

通用汽车服务零部件运作公司(General Motor's Service Parts Operation，SPO)是通用汽车下属的一家子公司，专门负责为通用汽车的经销商或维修站提供售后零部件的配送服务。每天 SPO 将负责运作 435 000 条配送路线，将零部件送至几千家经销商手中。有 400 多家运输商为其提供运输服务，运输方式涵盖水、陆、空 3 种方式。

SPO 起先针对入厂物流、售后物流进行分开招标，但 Schneider Logistics 称其可以提供所有的物流服务，同时 Schneider 又是一家盛名卓著的直达运输物流商。鉴于此，SPO 将入厂、售后两份合同一同总包给了 Schneider。

2. 实施方案

Schneider 的实施步骤是分阶段进行的，首先是运输的实际操作，其次是货运管理，再接着是支付系统管理及客户应诉。

单就美国本土的 SPO 业务而言，Schneider 首先需要将零部件从 3 000 多个零部件供应商处运送至 4 个全国性零部件处理中心，3 个在密歇根，另外 1 个在西弗吉尼亚。经过简单的拆装、处理、包头后，再将零部件从这 4 个处理中心配送至全国的 18 个地区配送中心，最终再从这 18 个配送中心配送至全国各地的近 8 000 家最终经销商和维修网点。

绝大多数的零部件都得先运送至 18 个地区配送中心。当地区配送中心的零部件发布出去后，马上会在处理中心产生相应的补货信息，同时这些信息也会在零部件供应商处产生。

3. 效果评析

Schneider 物流的服务使 SPO 获得不菲的益处。

(1) 在业务运作的前两年中，每年 SPO 支出的运输费用减少了 10%。配送频率也从 2 次/周提高到 1 次/天。配送频率的增加直接导致配送里程数每年净增加了 1 400 万英里，但是由于 Schneider 先进的管理技术应用，对 SPO 而言并没有产生额外的运费支出。

(2) 使得为 SPO 服务的运输商数目从以前的 1 200 家减少到目前的 600 家。其中，1/3 的运输商运送了 85% 的配送业务。Schneider 的最终计划是将 85% 的配送业务集中在 50 家核心运输高手中。

Schneider Logistics 于 1994 年获得通用汽车服务零部件运作公司的入厂、售后物流合同，1997 年 Schneider 又将其业务在加拿大进行推广。两企业已经持续合作了 6 年，促使两者走到一起的原因归结为两点：全球化贸易发展、Internet 技术的应用的发展。

仔细阅读本案例，详细分析并回答下列问题。

1. 简述 SPO 公司对通用公司实施零部件物流的主要运作模式，并用图示说明。
2. 如果让你来设计该方案，如何设计运作流程让企业获得最大的效益？简述你的设计方案。

第 4 章 IT 物流运作管理

【本章教学要点】

知识要点	掌握程度	相关知识	应用方向
IT 物流的含义及特点	重点掌握	IT 物流的含义、特点，IT 产品对物流的要求	理解基本概念和特点，掌握 IT 产品对物流的基本要求
IT 物流企业的功能	理解	第三方 IT 物流企业的功能和我国 IT 物流的现状	理解在 IT 运作过程中第三方物流承担的功能和我国 IT 制造企业物流现状
IT 物流运作模式	重点掌握	4 类物流运作模式、IT 物流运作流程	掌握 4 类基本物流运作模式，重点掌握两类 IT 物流运作的基本流程
IT 原材料采购管理	掌握	IT 原材料采购管理的重要性、渠道和内容	理解 IT 采购的重要性，掌握不同渠道的内涵和采购管理的主要内容
IT 库存管理	掌握	IT 库存管理的主要方法：供应商管理库存(VMI)	掌握 VMI 的定义、思想、模式及实施的技术和支持条件，理解该方法的限定条件
IT 产品销售物流	掌握	IT 产品销售物流的特点，销售的一般配送方式	理解 IT 产品销售物流的特点，掌握 IT 销售物流的一般配送方式

联想集团的物流运作管理

联想集团通过对物流具体操作外包、区域运输服务电子招标等方式,改变联想的物流管理模式和业务流程,借助专业物流公司的能力和先进的物流设施,使物流运作效率得以提高。

联想公司的整体供应链管理由运作管理事业部总体负责,包括中央运作系统部、策略采购部、物流运作部、销售商务部、制造发展部等。而物流运作管理主要涉及中央运作系统部和物流运作部两个职能部门,中央运作系统部负责整体物流的运作规划、合作伙伴的选择及外包绩效评估等;而物流运作部则负责具体物流业务操作的管理。从业务角度上来看,联想的物流管理包括采购物流、进出口物流和成品物流。目前,联想在物流操作层面上的业务基本上都外包给第三方物流公司(3PL)来运作,而内部物流管理团队则主要负责外包的管理、协调和监控,并将更多的精力放在运作流程的优化和革新上。

(资料来源:根据长安大学物流与供应链研究所、维普资讯网等相关资料改编)

由引导案例可见,由于 IT 物流具有自身的特点,对物流的要求也有别于其他行业,对于 IT 制造企业来说,物流管理的难点主要是采购、库存和销售,也就是 IT 供应链管理。因此,本章除介绍 IT 物流的基本概念和 IT 物流运作模式外,主要从 IT 原材料采购、库存及销售物流 3 个方面进行分析。

4.1 IT 物流概述

4.1.1 IT 物流的含义及特点

IT 物流是指专为 IT 零部件、半成品、产成品等提供的物流服务。IT 相关产品主要包括计算机元器件、部件、组件、集成化产品、计算机外设等硬件,也包括软件的各种有形介质(如光盘等)。IT 物流主要是针对 IT 原材料及其产品的物流运作进行设计、组织和监控。从物流角度分析,硬件制造企业内、外部物流并重;而软件开发和信息服务企业则以采购、销售等外部物流活动为主,内部物流活动为辅。根据 IT 产品具有体积小、种类繁多、生命周期短、时效性强、渠道复杂、加工精密、附加价值高等特点,IT 物流具有以下特点。

(1) 数量小,价值高。每个客户对产品的需求不大,公司每次储存和配送的数量一般在 100 单位以下。但是这些产品主要为计算机、投影仪、数码产品、光触传媒等科技含量高、技术密集型产品,价值较高。每一单位产品的价格最高的可达数十万元。

(2) 品种多,配送要求高。当前 IT 产品生产商众多,每一类产品的品牌都有很多,各品牌的产品各有优缺点,因此每一品牌的产品均有一定的消费群体。不同客户对同一产品的消费需求亦有所差别,这就要求企业有能力同时配送不同品牌的同质产品或异质产品。由于这些产品普遍价值较高,决定了在配送过程中对产品安全性要求非常高,一旦出现产品损坏、丢失等情况,将给企业带来巨大损失。

(3) 配送量波动大,时间要求较严格。IT 制造企业面对的既有个人消费者又有集团客户,而政府、学校、企业等集团客户的产品需求主要集中在每年的 2~6 月及 9~12 月,其余月份需求量极小。配送过程一般有时间限制,如限定某个时段到货。

(4) 服务内容广泛。IT 制造企业实行按需采购和多品种、小批量进货，且所购多为零部件及初级产品，货物购进后需要拆零、组装，有时还因客户的特殊需求，需要对产品进行简单加工或者安装客户指定的软件系统。

因此 IT 制造企业的物流系统要具备拆零、分拣、包装、组装和简单加工等功能。此外，IT 制造企业的业务特点还要求其物流系统具备高效地处理退货/换货、维护/维修的能力。一方面，因为 IT 产品货损率较高(尤其是软件、系统方面)，造成换货频率和数量也比较大；另一方面，IT 产品更新换代的频率较高，产品升级或旧产品淘汰速率快，因此，如果企业的物流系统处理能力低下，必将严重妨碍企业物流运作。

4.1.2　IT 产品对物流的要求

IT 制造企业的物流管理是为了达到快速反应、最小变异、最低库存、整合运输、产品质量，以及生命周期支持等目标。因此，IT 产品对物流的要求比较严格。

(1) 对信息化程度要求高。为了适应 IT 制造企业生产与销售的需要，以及向下级市场延伸的需要，其物流也必须具有较高的信息化程度，保证企业物流活动的准时、顺畅及较大跨度和深度的覆盖率。

(2) 主要以航空、快递需求为主。由于 IT 产品的需求多样性，其物流活动基本上采用小批量多批次的运作方式，并较多地借助航空、快递业务模式，而较少采用适合大批量货物运输的水运和陆运方式。

(3) 安全作业要求高，库存控制难度大。IT 产品价值含量高且容易破损，这对库存、运输提出了更高的要求；一旦出现滞销或其他因素造成库存积压，就可能给企业造成沉重的财务压力。同时，对于一些高价值的货品，需要相应的安全措施，开设专门的安全区域。而对于二极管、芯片等一些体积较小的原材料，需要采用特殊的抽取式容器存储等。

(4) 对服务要求高。IT 产品一般具有很高的专业性，如计算机、服务器等，除了传统物流需求外，还需要安装、维护等专业的技术性工作。因此，IT 制造企业对于与售中、售后服务过程相匹配的物流服务(如逆向物流、备件物流等)有更高的要求。

(5) 要求快速反应。IT 产品技术更新快、产品生命周期短的特点使得供应链管理的思想在 IT 行业显得尤为重要。IT 制造企业的物流管理必须满足对市场的快速反应，能支持产品生命周期发展，并形成对供应链资源的有效整合。快速反应是 IT 制造企业物流运作中最为核心的部分。在市场竞争日趋激烈的今天，谁能够以最短的响应时间最大限度地满足客户需求，谁就会赢得客户。

4.1.3　IT 物流企业的功能

在 IT 原材料的流通过程中，物流企业承担主要的原材料初加工、仓储和运输，是渠道中的关键环节。其主要提供以下几种服务。

(1) 技术支持服务。面向多个购买者，物流企业要能提供以下 4 个方面的技术支持服务。

① 材料咨询服务：为客户提供各种材料特性、品质波动情况、价格波动情况报告。

② 客户选材服务：为客户提供不同国家、厂家产品的选择方案，以及相应选择方案的财务测算，协助客户通过相关标准、规范的认证。

③ 提供使用方案：根据客户材质的选择提供不同加工方案。

④ 质量风险控制方案：提供客户无风险退货；根据具体材质的波动，为客户选材。

这些服务都是由渠道的集中度决定的，封闭式供应渠道在这方面的服务范围很窄，根据不同客户的需求提供相匹配的服务，是集中型供应渠道的优势之一。

(2) 统一采购。这一点主要体现在集中型供应渠道中，由于物流企业所获得的订单是来自不同客户的分散订单，在一个周期内，物流企业可以将这批零散的、少量的订单分类、聚集合成大订单，再将订单下达给相应的生产企业，即实行统一采购。这样可以使 IT 制造企业获得更优惠的价格，从而降低采购成本(图 4.1)。

(3) 流通加工。该功能是专业服务型物流企业区别于通用服务型物流企业的特点之一。专业服务型物流企业与通用服务型物流企业的不同之处在于服务产品的专业性，如专业服务型物流企业的服务对象可能就只局限于 IT、医药、食品等某一个专业领域的客户群体；并只为对应客户提供所有服务需求中的有限服务，如只提供 IT 领域客户群体需要的金属材料、塑胶等。相对于通用服务型物流企业，专业服务型物流企业需要服务提供商必须具有相关行业的专业知识和现代物流专业技能。服务过程中提供的专业经验和技能是客户选择服务

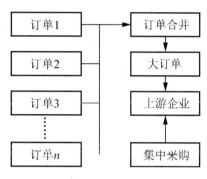

图 4.1 IT 产品订单集成流程

提供商的重要依据，而这也会导致客户对物流服务提供商形成较强的依赖。

由于物流企业所购买的产品是仅经过粗加工的材料(如面积较大的卷钢镀锌薄板等)，而 IT 制造企业所需要的可能只是某一种规格和型号的材料，这就需要物流企业对材料进行裁剪分割，以满足不同客户的需要。同时将各批量的货物进行包装，以防在运输过程中受损。这种对金属制品的加工过程，要求工作人员具有相关的专业知识，并采用优化算法对材料进行合理划分，提高产品利用率，这种增值服务也是物流企业赢利的重要因素。

(4) 仓储与配送服务。将原材料加工、包装好后，物流企业按照订单要求分别配送到客户手中。相对于加工包装服务，此处的工作虽是物流企业的核心业务，但有的物流企业为减少工作的复杂度，将更多的精力投入到核心业务中，可以选择将运输外包给其他物流运输公司，以创造更大的利润值。

通过物流企业的各种服务，对于 IT 原材料供应商而言，首先可通过统一采购，减少自身和购买者的订单及交易成本，同时对供应商而言，大批量的生产相对于多次小批量的生产，减少了生产启动成本；其次，通过物流企业的集成式采购与再加工，提高了原材料的附加值，有助于拓展市场，带来较稳定的客户群。

对于 IT 制造企业而言，一是利用物流企业采取的 VMI 模式可以减少库存成本；二是将需求不确定性带来的风险转移到物流企业方，由于物流企业是采取订单集成、统一采购的方式，其面临的需求不确定性要远小于 IT 制造企业，因此对整个供应链来说，也减少了风险成本；三是通过将加工和运输外包，减少非核心业务的工作量，从而致力于 IT 产业核心技术的发展。

通过第三方物流企业间接采购——澳洋顺昌

澳洋顺昌是金属物流配送行业的领导者，营业收入近 20 亿元人民币，客户遍布长三角和珠三角地区。为超过 1 000 家知名企业提供过金属材料的仓储、分拣、套裁、包装、配送等完整的供应链服务。

通过近 10 年的精心耕耘，澳洋顺昌金属配送业务已稳居行业领导地位。为了扩大配送能力和拓展业务覆盖区域，实现规模发展，澳洋顺昌通过新建、兼并重组等方式，在张家港、上海、东莞均设立了配送基地。截至目前，澳洋顺昌金属物流配送业务已经全面覆盖长三角和珠三角地区。其业务模式如图 4.2 所示。

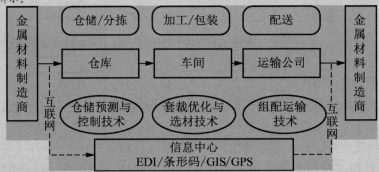

图 4.2 澳洋顺昌的物流运作流程

澳洋顺昌产品主要用途包括：电脑制造业：微型计算机(含笔记本电脑、平板电脑)、液晶显示器、复印机、打印机、路由器、UPS(不间断电源)、交换机；电子消费品制造业：机顶盒、扫描仪、液晶电视、等离子电视机、刻录机等 IT 产品；家用电器：电冰箱、空调等；电气制造业：电机、变压器等；钣金制造业：轨道交通、电气柜、办公家具、电梯、货架等。

(资料来源：根据"澳洋顺昌，做一个'正能量'的企业"整理改编)

4.1.4 我国 IT 物流现状

我国已经超越美国成为全球第一大信息技术产品出口国，已成为全球最大的 IT 产品生产加工基地之一，并进入世界 IT 产业大国前列。在世界 IT 产业的全球一体化进程中，我国 IT 产业作为世界产业链中的一环，IT 产业正从技术含量低的制造环节向技术含量高的设计与研发环节转移，由低附加值的市场向高附加值的市场转移，由低端产业向高端产业转移。同 IT 产业本身相比，IT 物流相对于产品而言仍并不高端，与医药、烟草等行业物流相比仍有差距，特别是销售物流环节。究其原因主要是 IT 制造企业属于典型的知识与技术密集型产业，一直以来，人们对其业务运作的认识往往只关注技术创新、信息流控制、资金流管理等内容，而对 IT 物流并没有给予较大的关注。

随着 IT 产业的逐渐成熟，其竞争越来越激烈，IT 产品的利润越来越微薄，IT 制造企业不得不关注成本的压缩，物流便成为众多企业追求的第三利润源。通过物流运作管理，降低采购和销售成本、提高服务质量和客户满意度逐步成为 IT 制造企业关注的关键点。特别是 Dell 计算机的成功，使得物流与供应链管理理论在 IT 制造企业中的应用得到了快速发展。

4.2 IT 物流运作模式

4.2.1 IT 物流运作模式分类

IT 制造企业物流是创造和传递商品使用价值的重要环节，涵盖了从原料采购、产品销售到废弃物品回收的物流全过程。根据提供物流服务的主体不同，一般将其运作模式分为以下 4 类。

(1) 自营物流模式(图 4.3)。即 IT 制造企业通过自建原材料、产品仓库、配送中心并自行运营的物流运作模式。当前国内 IT 制造企业多采用这一模式。

图 4.3　IT 制造企业自营物流模式

(2) 第三方物流模式(3PL 模式，图 4.4)。即 IT 制造企业将其物流业务部分或全部委托给专业的物流企业的运作模式。当该模式中的 3PL 同时为零部件供应商、IT 制造企业和销售企业中的两家或两家以上企业服务时，该模式就演化为共同配送模式，具体如图 4.6 所示。

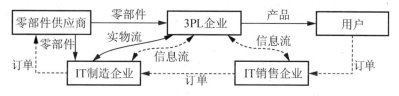

图 4.4　IT 制造企业 3PL 运作模式

(3) 供应商直配模式(图 4.5)。即由 IT 制造企业作为供应商直接进行商品配送的物流运作模式。IT 产品销售企业接到客户订单后，向 IT 产品制造商发出订单，由制造商作为供应商直接将 IT 制造企业采购的商品在指定的时间范围内送到指定地点交给指定的接收方，如学校和机关等。

图 4.5　IT 制造企业供应商直配模式

(4) 共同配送模式(图 4.6)。共同配送模式是多家 IT 产品生产商为实现整体的物流合理化，共同出资建立或共用一个配送中心，并由出资企业共同经营管理，为所有出资企业提供统一配送服务的模式。如果资源足够多，还可以为非出资企业提供有偿配送服务。

目前 IT 行业所采用的物流运作模式主要是自营物流与第三方物流模式，小部分采用供应商直配模式。这主要是由于我国 IT 制造企业激烈的竞争和国内物流市场尚处于起步阶段造成的。不能简单地说哪种模式是落后的，哪种是先进的；也不能说哪种模式成本低，哪种模式成本高,企业应该根据自身实际,对各个模式的运作流程进行研究,选择最适合自己发展的模式,才是最恰当的。

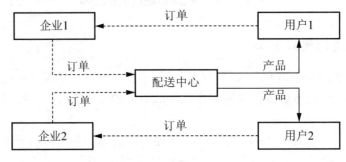

图 4.6　IT 产品共同配送模式

4.2.2　典型 IT 物流运作模式分析

下面以自营物流模式和第三方物流模式这两种最常见的物流运作模式为例,对 IT 制造企业的物流运作流程进行探讨。

1. 自营物流运作模式

自营物流模式的一般运作流程(图 4.7):销售部接到客户订单后转交采购部,采购部凭订单需求向供应商采购产品,由供应商将产品运送到企业的仓库,再由仓库进行简单加工后用企业自有的车辆将产品送到客户手中。如果在保修期间产品出现质量问题,客户可向客服部反馈。

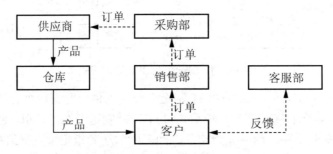

图 4.7　自营物流模式运作流程

1) IT 制造企业自营物流模式的优点

(1) 对于 IT 产品的采购、加工和销售环节,产品性能、规格及供应商的经营能力,企业自身能掌握最详尽的资料。

(2) 企业通过内部行政权力控制产品的采购和销售,不必为运输、仓储、配送和售后服务的佣金问题进行谈判,避免了多次交易费用及交易结果的不确定性,降低了交易风险。

(3) IT 产品不同于其他商品,配送后还需要进行安装、调试等工作,企业采用自行配送,可以同时完成后续作业,避免和物流公司的业务交叉。

2) IT 制造企业自营物流模式的缺点

(1) 企业为了自营物流,就必须投入大量的资金用于仓储设备、运输设备,以及相关的人力资本,这必然会减少企业对系统开发等核心业务的投入,削弱企业的市场竞争力。

(2) 对绝大多数 IT 制造企业而言,物流部门只是企业的一个后勤部门,如果实施自营物流，可能会给管理控制带来不便。

(3) 对规模不大的 IT 制造企业而言，其产品数量有限，采用自营物流，不能形成规模效应，一方面导致物流成本过高；另一方面，由于规模有限，物流配送的专业化程度非常低，不能满足企业的需要。

(4) 有时无法进行准确的效益评估。

2. 第三方物流运作模式

第三方物流模式的运作流程(图 4.8)：销售部接到客户订单后转交采购部，再由采购部将订单需求告知第三方物流公司，第三方物流公司负责向供应商采购并向客户配送货物。

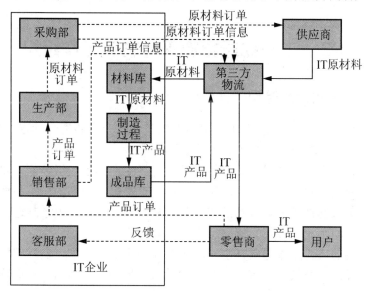

图 4.8　第三方物流模式运作流程

1) IT 制造企业采用第三方物流模式的优点

(1) 归核优势。一般来说，IT 制造企业的核心业务不是物流业务，并且物流业务也不是其专长，而新兴的第三方物流企业由于从事多项物流项目的运作，可以整合各项物流资源，使得物流运作成本相对较低，物流作业更加高效。

(2) IT 制造企业如果将物流业外包给第三方物流企业，将得到更加专业的物流服务，同时也可以集中精力开展核心业务。

(3) 业务优势。可以使 IT 制造企业获得自己本身不能提供的物流服务，以及降低物流设施和信息网络滞后对企业的影响。

(4) 成本优势。第三方物流可降低 IT 制造企业的运作成本，并可减少固定资产投资。现代物流领域的设施、设备与信息系统的投入是相当大的，企业通过物流外包可以减少对此类项目的建设和投资，变固定成本为可变成本，并且可以将由物流需求的不确定性和复杂性所带来的财务风险转嫁给第三方。尤其是那些业务量呈现季节性变化的公司，外包对公司资产投入的影响更为明显。

2) IT 制造企业采用第三方物流模式的缺点

不难看出，第三方物流确实能给企业带来多方面的利益，但这并不意味着物流外包就是 IT 制造企业的最佳选择。事实上，IT 制造企业利用第三方物流也可能存在以下负面效应。

(1) IT 制造企业对物流的控制能力降低。由于第三方的介入，使得企业自身对物流的控制能力下降，在双方协调出现问题的情况下，可能会出现物流失控的风险，从而使企业的客服水平降低。另外，由于外部服务商的存在，企业内部更容易出现相互推诿的局面，影响效率。

(2) 客户关系管理的风险。如企业与客户的关系被削弱，客户信息可能面临泄漏的风险等。

(3) 连带经营风险。第三方物流基于一种长期合作的关系，如果服务商自身经营不善，则可能影响 IT 制造企业的经营，解除合作关系又会产生较高的成本，因为稳定的合作关系是建立在较长时间的磨合期上的。

4.3 IT 产品原材料采购物流运作组织

4.3.1 IT 产品原材料采购管理的重要性

IT 制造企业的原材料采购是指 IT 制造企业为了维持正常的生产、运营和服务而向外界购买原材料、元器件、零配件或相关服务的过程。

首先，电子制造企业的原材料采购能够及时满足生产加工或组装的需要，是生产活动正常进行的必要前提。原材料零部件的质量、性能直接影响成品的质量和性能；原材料零部件的价格、交货时间直接影响成品的成本和交货时间。目前，电子制造行业的竞争主要集中于敏捷性上，即企业以最快的速度响应市场需求的能力。

其次，原材料的采购成本通常是电子制造企业的大部分成本，良好的原材料管理可以缩短生产周期，提高生产效率，减少库存，增强对市场的应变能力，从而降低成本、提高经济效益。

4.3.2 IT 产品原材料供应渠道分析

原材料供应渠道主要包括直销渠道和间接渠道两种。

1. IT 制造企业与原材料生产企业的直销渠道

直销渠道指原材料生产企业不通过中间商环节，直接将产品销售给 IT 制造企业。这种形式主要用于价值高、技术性强、需要企业上门推销和提供较多售后服务的产品。但是这种销售渠道对于制造商来说会带来较大的风险，因为 IT 行业产品的不确定性需求使得制造商无法及时下单、及时获得所需的原材料。当最终产品的需求发生波动时，制造商的需求预测与实际发生偏离，会导致订单量过多或者不足，从而带来不必要的成本和更长的供货提前期。

2. 通过第三方物流企业的间接渠道

IT 制造企业与专业化的第三方物流企业建立长期、稳定的经销关系，由第三方企业买断后再销售是当前 IT 原材料流通的重要形式。原材料生产出来后，先由第三方物流企业购买，这是大部分中小型生产企业采用的流通渠道，主要分为以下两种模式。

(1) 封闭式供应渠道(图 4.9)。在这种封闭式的流通渠道中，IT 制造商要求仅采购来自某个或某种类型的原材料生产商的原材料，中间物流企业根据客户要求也只服务于某一 IT

制造商。这种渠道一旦建立，就具有排他性，即对生产商来说是渠道的专有性，对物流企业和 IT 制造企业来说是货源的专有性，渠道的封闭性体现在供应链中上下游之间关系的固定，以及信息的安全性、货源的专用性。

图 4.9 封闭式供应渠道

(2) 集中型供应渠道(图 4.10)。在集中型供应渠道中，第三方物流企业首先根据历史订单数据预测近几个月的需求量，据此选择原材料生产商购买各种原材料。IT 制造企业再根据实际市场需求量对第三方物流企业下订单，并获得满足。在此类采购渠道中，第三方物流可以向不同的原材料生产商订购原材料，经过加工后配送给不同需求的 IT 制造商。IT 制造商可以指定某个原材料生产商，但是不限制第三方物流企业的上游合作伙伴和采购渠道。

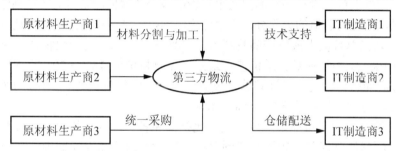

图 4.10 集中型供应渠道

4.3.3 IT 原材料采购运作组织

1. 运用 MRP 工具实现 JIT 采购

JIT(Just In Time，准时)采购是按照是按照物料需求计划(Material Requirement Planning，MRP)的基本原理(图 4.11)，电子制造企业从销售产品到原材料采购，从自制零部件的加工到外包零部件的供应，形成了一套完整的方法体系，实现按需准时生产。

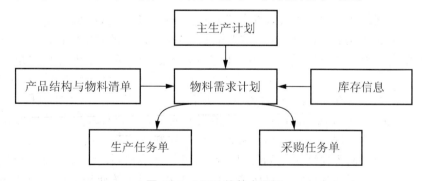

图 4.11 MRP 的基本原理

MRP 以反向原则，根据按需定产的思想来组织准时生产：从最终产品生产计划(独立需求)导出相关物流(原材料、零部件等)的需求量和需求时间(相关需求)；根据需求时间和生产/订货周期确定开始生产/订货的时间。

(1) 主生产计划(Master Production Schedule)：确定每一具体的最终产品在每一具体时间段内生产数量的计划——独立需求。

(2) 产品结构与物料清单(Bill of Materials)：列出构成成品或装配件的所有部件、组件、零件等的组成、装配关系和数量——计算物料需求的数量和时间。

(3) 库存信息：保存企业所有产品、零部件、在制品、原材料等库存状态的数据。现有库存量是指实际存放物料的可用库存数量；计划收到量是指未来某阶段将要入库或将完成的数量；已分配量是指尚保存在仓库中但已分配的数量；提前期是指执行某项任务从开始到完成所消耗的时间；生产/订购批量是指某阶段订购或生产物料数量；安全库存是指预防需求或供应波动应保持的最低库存量。

2. 对采购物料实行ABC分类管理

ABC分类管理的核心思想是在决定一个事物的众多因素中分清主次，识别出少数的但对事物起决定作用的关键因素和多数的但对事物影响较少的次要因素。对于任何给定的组类，组类中的少数项目将占总值的大部分，该理论应用到电子制造业的采购，就是ABC分类法。

A类物料是其总价值占最终产品物料价值70%～80%的相对少数物料，通常为物料总数的15%～20%；B类物料是其总价值占最终产品物料价值15%～20%的物料，通常为物料总数的30%～40%；C类物料是其总价值占最终产品物料价值5%～10%的物料，这种物料的数量最多，通常为物料总数的50%～70%。

对于A类物料，应尽可能地加以控制，包括最完备、最准确的记录，最高层监督的经常评审，从供应商按总订单的频繁交货到对产线紧密跟踪压缩提前期等。在一切活动中给A类物料以最高优先级，以压缩其提前期与库存。对于B类物料，应正常管控，包括良好的记录与常规的关注。在处理时，B类物料只要求正常地处理，仅在关键时，才给以高优先级。对于C类物料，应尽可能使用最简便的控制。处理时给C类物料最低的优先级。

3. 对采购实行信息化管理——ERP和电子商务

高效的采购管理离不开信息技术系统提供的可靠支持。实现信息化是现代电子制造企业采购管理的又一重点。领先的电子制造企业对采购的信息化管理主要体现在两大方面：ERP和电子商务。

企业资源计划或称企业资源规划简称ERP(Enterprise Resource Planning)，由美国著名管理咨询公司Gartner Group Inc.于1990年提出来，最初被定义为应用软件，但迅速为全世界商业企业所接受，现已经发展成为现代企业管理理论之一。企业资源计划也是实施企业流程再造的重要工具之一，是一个属于大型制造业所使用的公司资源管理系统。世界500强企业中有80%的企业都在用ERP软件作为其决策的工具和管理日常工作流程。

电子商务(Electronic Commerce，EC)是指两方或多方通过计算机和某种形式的计算机网络进行商务活动的过程。电子制造行业制造商与物料供应商、物流商之间有大量的业务数据需要传递，而它们各自所采用的信息系统有可能并不相同，这就需要有一个准确、快捷的信息传递工具来帮助其进行信息传递。EDI技术是用来传递和交换各个业务伙伴企业之间业务数据的，是电子制造业原材料管理的必备工具。EDI(Electronic Data Interchange，电子数据交换)是由国际标准化组织(ISO)推出使用的国际标准，它是指一种为商业或行政事务处理，按照一个公认的标准，形成结构化的事务处理或消息报文格式，从计算机到计算机的电子传输方法，也是计算机可识别的商业语言。

案例阅读 4-2

戴尔公司基于电子商务的供应链物流运作模式

戴尔的计算机销量至今仍排在全球前列,作为最成功的计算机公司之一,其成功取决于互联网电子商务和供应链物流的完美结合,选择并构建了适当的电子商务物流运作模式。该模式为:最终消费者直接通过电子商务网站订货,公司按照消费者的需求,量身定制的个性化产品及服务,并通过第三方物流直接送货上门。通过该供应链物流运作模式,戴尔公司将供应商和最终消费者整合成一条优化的供应链,通过互联网媒介及第三方物流的介入,大大提高了产品的竞争力。

直销模型和在供应链物流通过网络进行的不间断的信息调整是该公司物流运作成功的关键。戴尔物流从确认订货、确认收到货款的两天内进行生产准备、生产、测试、包装、发运准备等。戴尔的物流完全外包给第三方物流公司,主要由 DHL、BAX、FedEX 等跨国性物流企业承担物流业务,降低了物流成本,提高了物流效率,改善了客户服务水平。通过互联网,戴尔公司与供应商之间建立了紧密的虚拟整合关系,从而保证能够按照戴尔本身的标准衡量零部件的品质,迅速有效地管理订货流通和紧急补货所需的存货。

戴尔通过电话、网络,以及面对面的接触,同客户建立了良好的沟通和服务支持渠道。另一方面,戴尔也通过网络,利用 EDI 连接,使得上游的零件供应商能够及时、准确地知道公司所需零件的数量与时间,从而大大降低了存货,这就是戴尔通过其所称的"以信息代替存货"模式,与供应商建立起的一个"虚拟"的企业。

戴尔公司通过直销模式,以需定产,构建拉式供应链运作模式,可以使用户根据自己的情况选择所需的产品;同时采取电子商务销售模式,大大缩短了作业时间,也简化了信息在公司内部传递的流程。

4.3.4 IT 产品原料物流运作组织

IT 制造企业需要采购各种零部件并进行加工组装。企业的市场竞争优势之一在于其低廉的成本结构,而此成本结构要得益于 IT 产品的一体化的物流运作组织。

(1) 原料采购——电子 VMI 与 JIT 相结合的管理技术。在此流程运作过程中,IT 制造企业为了保证原材料的供应速度,其整个流程都是通过互联网或其他电子设备来进行的,采取的管理技术主要是电子 VMI 与 JIT 相结合的技术。

IT 制造企业在原料采购上采用上述管理技术,不仅可以灵敏地响应市场需求变化,有利于实现零配件的趋零库存;同时能使企业将库存负担、原配件的进货与配送负担转移给供应商,从而减少了库存风险及原配件的存储成本。在此过程中,供应商能否提供优质高效的服务,保证原料的及时供货等对 IT 制造企业显得尤为重要。因此,企业应重视原料供应商的选择和管理工作。需要明确供应商绩效管理的目的和原则,掌握供应商的评价、选择步骤。

(2) 原料库存运作管理。当 IT 制造企业原材料采取趋零库存管理时,原材料停留的时间很短,就要求供应商能对生产需求作出快速响应,同时要保障供应产品质量的可靠度;并且要求企业必须保证最低的生产机器故障率和设备更换时间,对每道工序都要进行质量检查,只有这样才能保证生产的流畅。

(3) 原料分配运作管理。IT 制造企业大多采用接单后生产(Make to Order)及准时化(Just In Time)的生产方式,其装配车间不设置任何仓储空间,因此原配件是直接送到装配线上的,并通过"看板管理"技术在供应链的各环节上进行分配。图 4.12 所示为用看板控制从原料到成品发运的全过程。

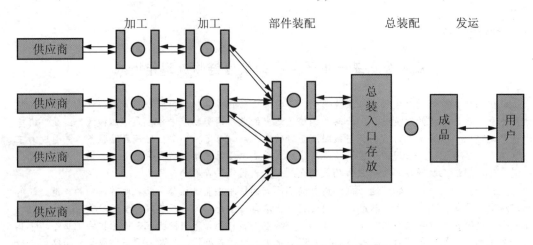

图 4.12　用看板控制原料—成品物流运作过程

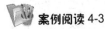 案例阅读 4-3

联想集团采购物流管理：借 3PL 的平台推行 VMI

联想集团采购物流管理根据物料采购模式的不同分为以下 3 部分。

(1) 对于价格变化快的进口元器件，如 CPU 等，由中国香港国际采购中心统一负责。根据工厂的生产计划，中国香港采购中心通常会备有 1～2 周库存。联想采用按订单生产方式，工厂通常在接到客户订单之后才向中国香港运作中心下单。中国香港中心根据订单需求，安排出货、进口报关和深港运输，货运到深圳之后，一部分留在惠阳工厂，其余采用空运方式运往北京和上海的工厂。

联想的生产计划系统每天运行两次，实时统计使用量和需求量，为中国香港运作中心的备货提供数据。由于从中国香港报关到运付给工厂大约需要两天左右，因此，联想的工厂里对这一部分器件会保留 2～3 天使用量的暂存库存，以保证生产顺利进行。目前，对于这一部分元器件的具体物流运作及中国香港中心仓库的日常操作管理等业务，联想外包给了中国香港嘉里物流公司(Kerry Logistics)。

(2) 对于一些辅助物料如外壳件、包装材料等的采购，联想集团采用的是 JIT 模式，由供应商根据订单需求负责将物料及时运付到生产线。在这一部分的物流管理工作中，联想的物流团队主要负责收货及与供应商之间的交货协调。

(3) 其余 90%的原材料联想推行 VMI 模式。将物料分成进口物料和本地物料两部分，分别借用伯灵顿(Bax Global)和中外运的 VMI 系统平台与仓库资源。分成两部分管理的主要原因是进口物料存在保税的问题，需要放在保税区来管理。目前，这两家物流商均已经在上海、北京和惠阳 3 地的工厂附近分别建立了保税和非保税的 VMI 仓库。

(资料来源：根据维普资讯网、长安大学高级物流学省级精品课程网资料改编)

4.4　IT 产品供应链物流运作组织

4.4.1　IT 产品供应链物流运作方案

结合 IT 产品的自身特点和其他因素考虑，IT 产品的物流方案应体现集成化、信息化、高效化、及时化的思想，结合上下游企业形成供应链物流运作过程。

(1) 建立一体化的供应链物流运作体系。把采购、生产、分销及物流整合成一个统一的系统，无论是战略层、职能层还是作业层，在整个 IT 制造企业都要有一个统一的策略，进行统一协调。从 IT 产品的供应链来看，涉及众多的供应商和客户渠道，其企业生产的 IT 产品种类繁多，必须建立一体化的供应链物流运作体系才能有效实施供应链管理。IT 制造企业供应链物流运作流程如图 4.13 所示。

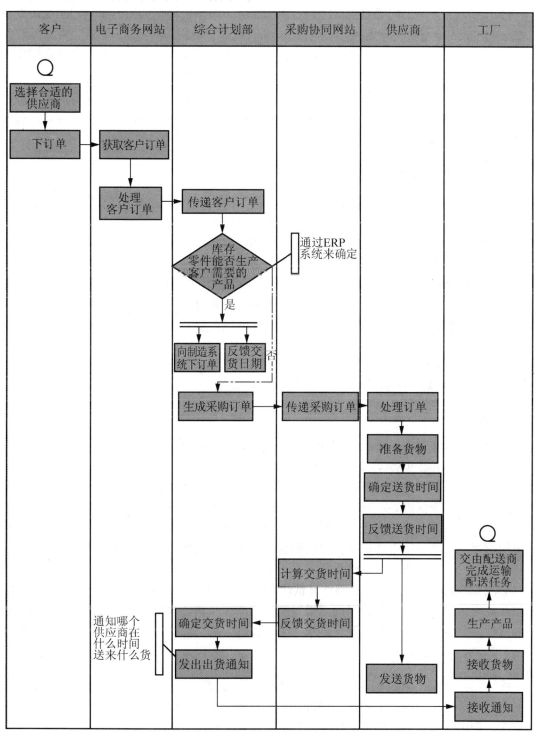

图 4.13　IT 制造企业供应链物流运作流程

(2) 有效的物流管理信息系统。为了适应 IT 产品的物流管理需要，IT 产品的物流管理信息系统应该具有采购管理、仓储管理、生产管理、配送管理、客户管理和财务管理 6 大功能模块。

(3) 高效的 IT 产品配送系统。IT 产品时效性强，市场价格变动快，IT 制造企业需要建立高效的产品配送体系与之相配套，考虑到 IT 产品的分销网络涉及范围广，企业应具有完善的销售网络，其中配送中心的设计和运输管理工作显得尤为重要。此外，企业可以集中精力于产品组装生产上，而把产品的配送工作交由第三方物流企业来完成。

(4) 完善的逆向物流服务体系。IT 产品逆向物流在降低成本、快速满足市场需求等方面已经和正向物流一样重要，已成为决定企业核心竞争力强弱与否的一个重要因素，有人甚至把逆向物流的反应速度定义为决定 IT 制造企业成功与否的"生死时速"。

4.4.2 IT 产品供应商管理库存运作方式

在 IT 制造领域，由于高科技电子行业具有产品单位价值高、资金占有量大、供货形势波动大、技术更新快等特点，会对制造环节的供应链管理产生一些特殊要求。例如，对于高价值的零部件，需要通过安全的保管、快速的运输等，快速、及时、准确地送到生产线上。也就是说，这部分供应链管理的主要目的是支持快速、准确的供货过程。

同时，对于 IT 制造企业来说，生产原材料的数量和种类的复杂性直接导致了制造企业的供应商通常都在数十家以上，这给管理带来很大的难度。一方面，要按照制造商的需求信息，及时、准确地将生产所需的原材料运到生产线；另一方面，原材料供应商需要结合制造商的订单信息、库存信息决定补货时间。由于传统的库存管理无法满足 IT 业对库存管理的更高要求，因此，在供应链管理的大背景下，产生了一些新的库存管理方法。其中，VMI 是 IT 业应用最广泛的一种。

1. VMI 的定义、基本思想及模式

供应商管理库存(VMI)是一种供应链环境下的库存运作模式。与传统的零售商管理库存模式(Retailer Managed Inventory，RMI)不同，供应商管理库存模式是一种以供应链各环节企业都能达到最低成本为目的，在一个共同的协议下由供应商管理库存，并不断监督协议执行情况和修正协议内容，使库存管理得以持续改进的合作性策略。供应商管理库存模式的管理理念来源于产品的市场全过程管理思想，即只要产品没有被最终消费者购买并得到满意的消费，该产品就不能被称为已经销售，并可能构成供应商的一种潜在风险，供应商同样负有监控该产品流通状况的责任，而无论该产品产权归属如何。

VMI 模式(图 4.14)是一种战略贸易伙伴之间的合作性策略，是一种库存决策代理模式，由供应商来管理库存，代理分销商或批发行使库存决策的权力，并通过对该框架协议进行经常性的监督和修正使库存管理得到持续的改进。

2. VMI 运作方式

(1) 建立 CRM(Customer Relationship Management)系统。要有效地管理销售库存，供应商必须能够获得客户的有关信息。通过建立客户的信息库，供应商能够掌握需求变化的有关情况，把由分销商进行的需求预测与分析功能集成到供应商的系统中来。

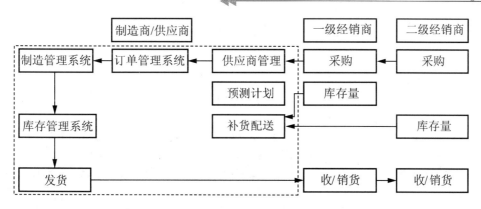

图 4.14　IT 产品 VMI 模式

(2) 建立销售网络管理系统。供应商要很好地管理库存，必须建立起完善的销售网络管理系统，保证自己的产品需求信息和物流畅通。为此必须做到：①保证自己产品条码的可读性和唯一性；②解决产品分类、编码的标准化问题；③解决商品存储运输过程中的识别问题。

(3) 建立供应商与分销商合作框架协议。供应商和分销商一起通过协商，确定处理订单的业务流程，以及控制库存的有关参数(如再订货点与最低库存水平等)、库存信息的传递方式(如 EDI 或 Internet)等。

(4) 组织结构的变革。这点很重要，因为 VMI 策略改变了供应商的组织模式。过去一般由客户经理处理与用户有关的事情，引入 VMI 策略后，在订货部门产生了一个新的职能部门负责对用户库存的控制、库存补给和服务水平。

3．VMI 方法的限定条件

VMI 模式对制造商来说，没有了前端库存对资金的占用，减少了由于市场变化带来的物料贬值的损失，可将管理产品和库存的风险转移给上游供应商。但是对于实力较强的供应商来说，他们可以通过 VMI 灵活地为多家制造商供货，因为 VMI 模式有一个突出的特点，即在货物交到制造商手上前，物权仍属于供应商。

VMI 能在一定程度上降低供应链库存成本、缩短系统提前期、提高客户服务水平、扩大信息共享量，进而提高供应链整体的柔性。但是，VMI 是一种供应链集成化动作的决策代理模式，因此它的实施必须有一个强势的企业来进行控制活动，使得各方有足够的协商，实现真正的系统集成。不过对于那些规模较小、货物价值较低的供应商来说，由于它们本身的利润比较低，所以完全可以采取传统的采购模式，或尽可能把生产线设在制造商附近。

就目前电子制造业的市场形势来看，制造商的品牌集中度较高，其市场占有量的扩大必然带动一系列供应商的发展，不少供应商已经认识到通过与制造商进行绑定，作出一些让步，换取更大、更长远的利益。目前，在实际应用中，VMI 的建立相对来说较为容易，只要有一家有实力的供应商牵头，VMI 就可以实施起来。

随着库存管理向分销商的转移，分销商认识到，传统分销领域已被更多的供应商直销所侵占，为寻找新的收入来源，大型分销商已开始采用收费服务的方式提供 VMI 服务。该领域恰恰也是第三方物流提供商(3PL)一直所关注的，某些 3PL 企业也开始涉足 VMI。在 VMI 成为企业供应链管理的趋势时，哪个第三方物流企业能抓住这个趋势，更快更好顺应该趋势并提升自身的能力和价值，哪个第三方物流企业就能在本行业的竞争中胜出。

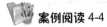

伯灵顿公司的 VMI 运作流程

伯灵顿全球货运物流有限公司(BAX Global)是国际著名的物流运输和供应链管理企业，在世界各地设有 500 多个分支机构。一直以来，伯灵顿专注为通信和 IT 等行业客户提供采购管理和原材料供应管理，具体包括 VMI、实时库存控制和交接运输等增值仓储服务，拥有戴尔、惠普、苹果、摩托罗拉、诺基亚等行业顶级客户。

1994 年，伯灵顿正式进入中国，先后在北京、上海、天津、青岛、西安、大连、宁波、厦门、广州、深圳等重要城市开设了独资公司的代表处。目前，伯灵顿在上海的外高桥保税区、厦门的象屿保税区和深圳的福田保税区为戴尔、惠普、联想、迈拓、富通等客户提供个性化的供应链管理解决方案。

2007 年，伯灵顿中国业务与辛克物流(Schenker)进行了整合，Schenker 成为北京 2008 年奥运会货运代理与清关服务独家代理商。

伯灵顿的 VMI 具体运作流程主要包括进货和出货两个部分。

(1) 进货流程：大制造商先和供应商签订一个合同，要求每一个供应商必须按照它的生产计划，把物料按照某段时间内使用的量放在由伯灵顿管理的 VMI 仓库。伯灵顿 IT 系统自动将收货及库存信息传递给制造商。这时，物料的所有权仍然属于供应商。

(2) 出货流程：当制造商生产线需要原材料时，系统会自动生成一个采购订单给伯灵顿，伯灵顿在系统中确认出货，然后分拣、进行统一清关处理、订车和安排运输送达制造商的工厂，这时货物的物权才会发生转移。最后，供应商根据伯灵顿提供的送货单与制造商结账，实现贸易转换。

VMI 项目的前提是供应商与制造商之间建立的供货合同。VMI 仓库的位置通常就设在制造商工厂附近，一旦有生产需求，制造商会向伯灵顿发出供货需求信息，伯灵顿根据采购订单进行拣货、运输，直接送往制造商的生产线。

在 VMI 系统的流程设计方面，首先要考虑一致性，具体包括信息交互、进出口报关、库存管理、出入库管理、盘点、快速拣货、运输等内容。在此基础上，还要根据客户的特殊需求进行灵活性调整。因为几乎所有大型制造商的上游都至少有数十家原材料供应商，这些供应商在规模和运作方式等方面都或多或少地存在一些差异。为此，在设计流程时，伯灵顿会与客户就 VMI 管理中的每一个细节的步骤进行详细讨论，确定标准的操作流程。

此外，第三方物流服务商在进行电子行业 VMI 服务时，IT 系统的灵活性也十分重要。电子制造业本身就是高科技行业，其整个链条上的参与者都有通过网络进行信息交互的能力。对于伯灵顿来说，下游是多家制造商，上游是更为复杂的原料供应商，数据传输的复杂性不言而喻，这就要求其必须考虑到不同的信息系统接口，提供 EDI、XML、RosettaNet 和互联网接入等多种灵活的选择。

(资料来源：根据"访伯灵顿全球有限公司中国区 IT 项目经理王勃"整理改编)

4.5 IT 产品销售物流运作组织

从采购、储存、加工、配送到售后服务，IT 制造企业各个业务环节都要有高效的物流系统来保障，建立高效的企业物流系统是 IT 制造企业提高竞争力的关键。

4.5.1 IT 制造企业销售物流特点

IT 制造企业的销售物流，是指 IT 产品从 IT 制造企业生产结束进入流通领域，最终达到消费者手中的这一实体流通过程，它主要包括产品时间和空间的转移，以及在此过程中的价值增值过程。IT 销售物流是一个非常复杂的网络体系，通常由运输、仓储、包装、装卸搬运、流通加工、配送和物流信息等多个要素构成。根据 IT 产品自身的特点和 IT 行业目前的环境来分析，IT 销售物流有以下几个特点。

(1) IT 制造企业往往是异地制造，甚至是全球制造，销售运距长。一般来说，发展中国家有更低廉的人力和物力，因此大部分国外企业都将生产基地放在了发展中国家。这样销售区域将呈现出散状分布，而 IT 产品的消费市场往往还是在那些发达国家，因此难免有跨国跨地区的长距离销售存在，销售半径非常大。例如，美国市场上 Dell 等品牌的计算机，就是全球制造，然后通过销售物流运回本土。

(2) IT 产品更新过快，属于易逝品。IT 产品更新速度较快，价格在销售期内随时间不断下降，同时产品寿命周期越来越短，每年都有新产品不断替换旧产品，市场竞争非常激烈。例如，某手机品牌，采用代理销售，经销商有一批手机在计算机系统中已经执行了出库，出库时在保价期内。由于物流承运商的失误或能力不足，在途中停留时间过长，到达店面时该批手机已经大幅降价，那么就会给手机公司及经销商带来巨大损失。

(3) IT 产品销售的不确定因素较多。IT 销售物流更容易受到外界诸多因素的制约和影响，计划赶不上变化，不确定性极强。由于 IT 类产品往往采用全球化策略，使得企业不得不面对长距离销售物流的难题，如复杂的物流网络、过长的运输提前期、在途品安全、内部装卸、海关、不可预测的进出口延误等。

4.5.2 IT 产品销售物流的一般配送方式

IT 产品的销售物流主要有 3 种典型的配送方式：按库存进行发货(DTS)、按订单发货(DTO)和面向客户配送(DTC)。

1. 按库存进行发货

按库存进行发货(Delivery To Stock，DTS)配送方式如图 4.15 所示。为了避免缺货，企业须设立必要的库存，放在接近客户的销售商和零售商之间的配送中心。客户需求的信息流并不是决定企业配送的关键，企业按照以往经验或数据来制订配送计划，并按 DTS 的方式将产品从库存中调出，通过企业固有的销售渠道或市场所在的销售渠道将产品送到用户手中，这种情况下的配送中心既可以是企业掌控，也可以是第三方销售管理。

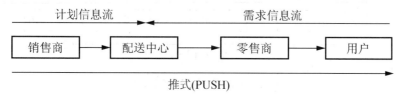

图 4.15 IT 产品 DTS 配送方式

对于 IT 产品来说,由于更新速度比较快,企业设立库存无疑给自己增加了不少的风险。例如某手机,5 月的销售纪录是一万部,但如果 6 月也进货一万部,就很可能导致库存积压。

按库存进行发货,还可以继续细分为 DTLS 和 DTOS。DTLS(Delivery To Local Stock,按本地库存进行发货)这种情况是最容易的,也是速度最快的,仓库有货,直接发送;DTOS(Delivery To Other Stock,按库存进行发货),是指本地仓库没有货物,通过销售系统的记录,重新进货时间过长,为了避免缺货,而从其他地方进行补货。

2. 按订单发货

按订单发货(Delivery To Order,DTO)配送方式如图 4.16 所示,其配送形式已经发生了变化,销售商没有刻意设置库存,而是在客户下订单后在销售商品处进行汇总,接下来按订单需求进行 JIT 采购。需求信息流已经占了上风,企业已经是拉式生产模式,客户需求成为企业配送计划的关键。这种方式下的销售物流系统不会有多余的存货,但客户也很难在第一时间拿到自己所需要的产品,往往需要提前期等待,而提前期也是 IT 类产品价值耗损的关键因素之一。

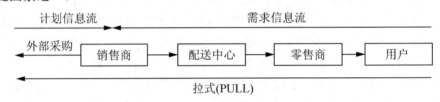

图 4.16　IT 产品 DTO 配送方式

3. 面向客户配送方式

面向客户(Delivery To Customer,DTC)配送方式如图 4.17 所示,这种配送方式可以很好地解决上面两种方式的不足。它一般设立区域配送中心,在这里允许设立一定的零部件库存,零售商汇总客户的需求,形成需求信息流传入销售系统中,系统根据需求状况,由销售商向上进行零部件采购,配送中心进行零部件存储和组装,这样上游仍然是以计划信息流为主,在配送中心处进行信息流交汇。用这种方式,销售企业可以在销售环节为客户打造个性化订单。但这种方式具有很高的局限性,只适应于可以通过通用件进行组装的产品类,如计算机等。Dell 计算机就是通过客户网络下订单,在最接近客户的配送中心进行组装,在很短的时间内就可以将产品送到客户手中。但这种方式要求配送中心有较高层次的技术力量。

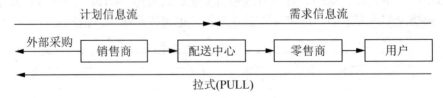

图 4.17　IT 产品 DTC 配送方式

对于大部分 IT 产品类的销售物流来说,由于实际情况不同,可能多种方式共存。通过设立少量库存,大量按订单配送,少量个性化产品则可以实时组装。

4.5.3 IT产品销售物流的现状及存在的问题

过去,IT 销售企业往往投入大量资本在技术创新上,以期更快地占领当前市场,然而往往总是力不从心。因为即使产品很新,但如果销售物流控制不当,成本就会过高,而无法敏捷高效地完成任务。在实践过程中常常碰到以下问题使得销售物流不能很好地满足销售需要:①产品输送由于不确定性往往不能按计划完成,使终端销售面临很大挑战;②销售伙伴之间缺乏互动和灵活性,整体销售物流无法动态控制;③长距离销售带来重重困难,再加上在途品过多,时间过长而产生产品价值耗损,因此在销售物流中如何设立时间窗进行时间控制是首要问题;④管理人员缺乏现代物流意识,缺乏专业物流人才,销售物流组织能力不强,资源利用率低,科技含量低等。

近年来,IT 销售企业已经在销售物流上做了许多努力,如构建销售物流网络平台、对成员关系更清晰地认识和更好地进行协作、建立战略联盟,以及采用需求更灵活的物流方式来降低物流成本等。

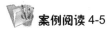

案例阅读 4-5

飞利浦电子公司物流配送管理系统

飞利浦电子有限公司是全球最大的电子产品生产商之一,其香港公司需对位于香港的 19 间专门店、超市等进行配送。

传统的配送模式下,客户多时公司在物流方面遇到的困难相应增多,单依靠纸张单据,出错率高,工作量大;手工做配送计划,需要时间长,并需专人负责;拣货时漏单和点算错误多;配送结果没有实时跟踪,无法及时处理物流中的问题;计费需大量手工计算,错误率高。为避免出现这些问题,飞利浦将配送外包给了易宝公司。

自 1995 年起,易宝公司就开始为飞利浦提供物流解决方案,其客户包括许多《财富》世界 500 强的企业。易宝能提供从系统平台到服务,从应用到咨询的全面服务。

易宝为飞利浦设计的物流配送管理系统把飞利浦公司的 SAP 电子数据从企业内部延伸到物流流程,大幅降低了抄单和手工作业的人为错误率;把所有的商品信息贯穿整个业务流程,包括从 ERP 到配送;从公司内到公司外利用 Internet 把货主、物流部门、第三方运输公司和客户连接,物流信息完全透明;实行配送计划自动化,缩短配送时间;采用条形码(Barcode),提高生产效率,降低出错率;采用 PDA 及无线 GPRS,通过 PDA 在现场进行数据采集,包括配送状况和费用统计,对货主和运输公司进行商品的数据统计和分析,实现了实时跟踪系统进行自动计费和核算。

物流配送管理系统的实施为飞利浦公司每年节省超过 1 000 工作小时,使配送准确率达 99.95%,提供数字统计和分析,报表更新从几天缩短到几分钟,提高了公司总体形象和客户满意度。

本 章 小 结

IT 产品具有体积小、种类繁多、生命周期短、附加价值高等特点,故其对物流在信息化、安全性、运输方式、服务等方面的要求也比较严格。目前有些物流商服务单一,缺乏市场整合能力,难以满足客户的"一站式"物流服务需求,这就要求物流商必须从 IT 的物流运作模式方面不断改善物流服务的能力。

IT 物流运作模式分为自营物流、第三方物流、供应商物流和共同配送物流 4 类模式,其中自营物流模式和第三方物流模式是两种最常见的物流运作模式。IT 制造企业应该根据自身实际需要,选择最适合自己发展的模式。

IT 原材料采购主要采取两种渠道:一类是直接渠道,原材料生产企业直接将产品销售给 IT 产品制造商,这种形式主要用于价值高、技术性强、需要企业上门推销和较多售后服务的产品;另一类是通过第三方物流企业的间接渠道。通过对采购物料实行 ABC 分类管理,借助 MRP 和电子商务平台就可以实现对原材料的按需准时生产。

IT 产品的库存管理主要采用 VMI 方法,该方法的实质是供应商等上游企业基于其下游客户的生产经营、库存信息,对下游客户的库存进行管理与控制。它可以降低营运成本、库存量与库存成本、提供更好的客户服务和有效的配送等。

IT 产品销售管理主要采用 3 种典型的配送方式:DTS、DTO 和 DTC。对于大部分 IT 产品类的销售物流来说,3 种方式可以同时存在。企业可以设立少量库存,大部分仍然是按订单配送,少量个性化产品则可以实时组装。

 关键术语

IT 物流(IT Logistics)
物流运作模式(Logistics Operations Mode)
采购管理(Purchasing Management)
供应商管理库存(Vendor Managed Inventory,VMI)
物料需求计划(Material Requirements Planning,MRP)
ABC 管理法(ABC Analysis)
面向库存配送(Delivery To Stock,DTS)
面向订单配送(Delivery To Order,DTO)
面向客户配送(Delivery To Customer,DTC)

综 合 练 习

一、多选题

1. IT 物流的特点是( )。
    A. 数量小,价值高
    B. 品种多,配送要求高
    C. 配送量波动大,时间要求较严格
    D. 服务内容广泛
    E. 多是干线运输

2. (　　)属于IT制造企业采用第三方物流模式具有的优势。
 A．归核优势　　　　　B．客户关系管理　　　　C．业务优势
 D．成本优势　　　　　E．控制产品的采购和销售
3. IT物流运作模式主要有(　　)。
 A．自营物流　　　　　B．第三方物流　　　　　C．供应商直配
 D．共同配送　　　　　E．VMI
4. IT销售物流的一般配送方式包括(　　)。
 A．DTS　　　B．DTO　　　C．VMI　　　D．DTC　　　E．ABC

二、判断题

1. IT物流主要是针对IT原材料及其产品的物流运作进行设计、组织和监控。(　　)
2. 自营物流模式相对于第三方物流模式来说，会增加企业的运营成本，但会提高企业的客户关系管理水平。(　　)
3. 封闭式供应渠道具有排他性，即对生产商来说是渠道的专有性，对物流企业和IT制造企业来说是货源的专有性。(　　)
4. 只要建立CRM系统、销售网络管理系统和供应商与分销商合作框架协议，VMI就能得到有效的实施。(　　)

三、简答题

1. 简述IT业对物流的基本要求。
2. 简述VMI实施的限定条件。
3. 试比较DTS、DTO和DTC的异同点。

四、案例分析题

Dell中国的IT产品销售物流运作

1. 嘉里大通与EMS

(1) 嘉里物流1985年从香港起步，起初只是提供仓储建设和租赁，目前则扩展到地面运输、第三方物流服务、海运、空运、集装箱堆场、零售的理货服务，以及外贸等。

嘉里物流业务遍及24个国家，拥有14 800名员工，为世界百大品牌中三分之一的客户提供国际货贷及综合物流方案。例如拜尔、杜邦、微软、摩托罗拉、联想、诺基亚、万宝路等大公司，以及PRADA、CK等著名品牌。

其主要服务功能有国际货代、综合物流、项目物流、增值服务等。服务领域涵盖电子消费品/高科技产品、时装/时尚/鞋、化学、食品饮料、工业、航空汽车、零售、医药/保健/医疗等方面。

嘉里物流在中国建立了逾130个业务及运营中心，各大城市都设有分公司。

(2) EMS(Express Mail Service)，邮政特快专递服务。它是由万国邮联管理下的国际邮件快递服务，是中国邮政提供的一种快递服务。

中国邮政速递物流股份有限公司(简称中国邮政速递物流)是经国务院批准，中国邮政集团于2010年6月联合各省邮政公司共同发起设立的国有股份制公司，是中国经营历史最悠久、规模最大、网络覆盖范围最广、业务品种最丰富的快递物流综合服务提供商。

中国邮政速递物流在国内31个省(自治区、直辖市)设立全资子公司,并拥有邮政货运航空公司、中邮物流有限责任公司等子公司。截至2010年年底,公司注册资本80亿元人民币,资产规模超过210亿元,员工近10万人,业务范围遍及全国31个省(自治区、直辖市)的所有市县乡(镇),通达包括中国香港、澳门、台湾地区在内的全球200余个国家和地区,营业网点超过4.5万个。

2. Dell销售物流的运作流程

(1) Dell位于厦门的公司与嘉里大通和EMS合作,由这两家企业完成Dell计算机的全国配送业务。在实践操作中,嘉里大通为Dell计算机的物流运作提供了一整套解决方案,特别是针对IT产品的特性,在整个物流运作过程中,尽量使用机械作业,人工作业时通过一系列有效举措解决不良作业情形,真正降低了整个物流作业过程的货损率,为嘉里大通赢得更多客户提供了先进的运作经验。目前,嘉里大通已经成为诺基亚等多家通信或IT制造企业的主要物流合作伙伴。

Dell在嘉里大通没有网络的地区,通过采用EMS作为有效补充,很好地支撑了其IT产品所实施的电子商务模式。

(2) 某客户在Dell电子商务的网上客户订购了一台计算机。其在厦门的作业流程如下:订单处理→生产前期→工厂阶段(零件配套→组装→测试→装箱)→递送准备→运送。在这一流程中,订单处理至工厂阶段由Dell计算机完成,而从递送准备到运送一般交由嘉里大通或EMS来完成。

以安徽马鞍山为例,通过在途查询功能,发现其配送流程如下:厦门→上海→南京→芜湖→马鞍山。通过分析地图可知,从南京到芜湖必然经过马鞍山,但从嘉里大通的具体运作中,显然重复走了马鞍山与芜湖之间的路程,如果单独从运输角度考虑,这是典型的不合理运输现象,但从集成物流和区域物流优化角度,此配送线路的选择却是合理的。进一步探讨已超出本章内容,可通过学习董千里所著《高级物流学》(2006版)中集成物流理论,以加深对此问题理解的深度,也可访问长安大学物流与供应链研究所论坛。

(资料来源:本案例由长安大学物流与供应链研究所提供,企业介绍参考嘉里大通与EMS网站)

仔细阅读本案例,详细分析并回答下列问题。
1. 从Dell对物流服务商的选择来看,IT产品对物流运作有哪些特别的要求?
2. 查询相关资料,以Dell为例,理解IT产品物流的运作特点。
3. Dell产品销售物流的主要配送方式是什么?它是如何进行有效组织的?
4. 在Dell产品的销售物流具体运作中,出现案例中所提到的不合理运输现象的原因是什么?
5. 通过对物流的学习,从哪些角度可以解释出现这一现象是合理的?
6. 通过网络搜集资料,可以发现华宇物流把马鞍山列入南京配送区域内并直接配送,对此华宇物流与嘉里大通的做法,谈谈对IT产品销售物流区域划分的看法。

第5章 家电物流运作组织

【本章教学要点】

知识要点	掌握程度	相关知识	应用方向
家电物流	掌握	含义与特点	家电行业物流
家电物流要求	理解	具体要求与市场分析	家电物流市场、客户需求分析
家电物流现有模式	理解	主要模式	家电物流模式分析与选择
家电物流商的选择与控制	重点掌握	选择原则、方法与控制内容	家电物流商管理
家电物流组织与控制	重点掌握	组织过程、控制要点	家电物流组织与管理

海尔、美的等家电企业物流整合之路

1999 年，海尔集团将原来分散在 28 个产品事业部的采购、仓储、配送的职能整合，成立了物流推进本部，并形成专业的海尔物流公司，成立了 36 个区域配送中心，逐步发展为 1+3 物流运作组织模式。2010 年，青岛新日日顺斥资 7.63 亿元人民币收购海尔集团旗下青岛海尔物流 100%股权，青岛海尔物流不再是海尔集团的全资子公司，但继续为海尔集团提供物流服务。

2000 年 1 月，依托美的电器物流资源而成立的安得物流公司，最初由美的控股 70%，完成美的物流业务的 50%，后来安得向真正意义上的第三方物流企业发展，按照第三方物流运作模式去运作。

2001 年 7 月，中远、小天鹅、科龙等共同出资成立了广州安泰达物流公司，通过中远物流控股并支持物流方案设计和资源专业运作，高效服务于科龙、小天鹅、惠而浦、夏普、伊莱克斯、海信、万和等家电企业。

2005 年 2 月，整合了内部物流管理职能的长虹新物流公司宣告成立，确定了新的物流组织框架。

2007 年 1 月，四川长虹集团与重庆民生集团合资成立四川长虹民生物流公司，通过引进民生的物流专业管理与服务提升长虹物流的供应链物流运作组织能力。

2006 年 5 月，海信电器与中远物流正式签订了 10 年的物流总包合同。

2004 年，TCL 以原物流部门成立子公司速必达物流，作为 TCL 集团的公共物流平台，为集团各成员企业提供专业的物流服务。经过十年的发展，速必达已从最初简单的仓储运输功能向能够提供综合物流解决方案的第四方物流转变，从大批量分拨运输(B2B)向零散宅配(B2C)模式发展。2013 年，公司营业收入达到 4.8 亿元，其中外部业务突破 1 亿元。

可见，家电企业自营物流在走专业化道路，第三方物流也在加强自身的专业化建设，说明专业化物流是家电企业最有希望降低成本的领域，物流业务外包成为家电物流的发展趋势。

从上述引导案例中可以看出，不同的家电企业选择了适合自身的物流运作方式对物流进行整合优化。这些企业具体采用了哪些家电物流运作模式？如何有效选择物流商以适合企业自身的发展？家电物流运作组织与管理的要点是什么？通过对本章内容的学习，这些问题将得到有效的解决。

5.1 家电物流概述

家电物流是产品物流的代表，往往需要多级配送才能完成到达最终客户的全部配送过程，因此恰当地选择家电物流方式，对部分产品物流具有代表作用。

5.1.1 家电物流的含义及其特点

1. 家电物流的含义

家电物流是家电企业在起始于零部件组织到成品交付用户，直至家电售后物流和废旧家电回收在内的整个供应链过程中，对零部件、半成品、产成品等物品所涉及的物流活动进行组织与管理。其主要流程是：外协零部件采购→自备件生产组织→运输进厂→零部件厂内仓储与供应→装配生产工序间物料、半成品短暂存储与工序间移动→成品下线与包装→成品入库、保管与出库→成品配送→家电售后物流与废旧家电回收等，具体如图 5.1 所示。

家电物流运作组织 第 5 章

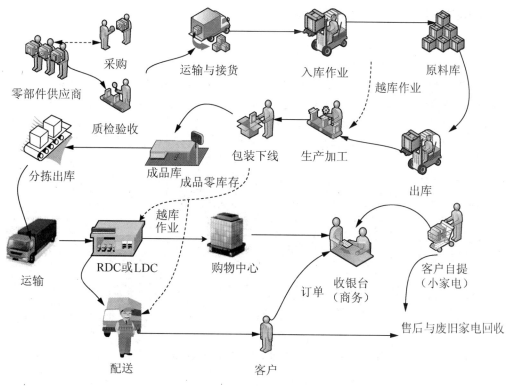

图 5.1 家电物流运作流程

在家电物流运作管理中，一般可把图 5.1 所示的内容分为 5 个阶段进行组织。
第一阶段：零部件采购→零部件仓储，不包括仓储管理及以后各活动。
第二阶段：零部件供应，主要有零部件仓储管理、厂内运输及零部件配送等。
第三阶段：家电产成品下线→入库仓储→配送至区域配送中心(Regional Distribution Center，RDC)的过程。
第四阶段：销售环节的配送，主要是从 RDC 配送至用户手中的全过程。
第五阶段：家电的售后物流与废旧家电的回收过程。
在以上 5 个阶段中，由物流运作对象——家电、物流设施和设备、作业与管理人员、上下游企业、用户以及相关信息等若干要素构成的具有特定功能的有机整体，是一个不断受外界环境干扰，具有输入→转化→输出功能的物流系统，具体流程如图 5.2 所示。

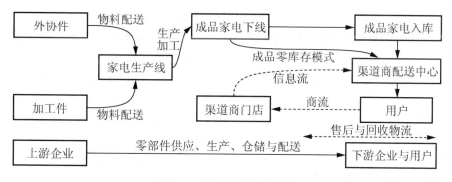

图 5.2 狭义家电物流流程

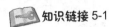 知识链接 5-1

地区家电联合库存配送的运作模式

地区家电联合库存配送管理模式是由大型家电企业地区分销中心延伸出的联合库存配送管理模式(图 5.3)。在该模式中，各个销售商只需要少量的商品库存，大量的库存由地区分销(物流中心或配送中心)中心进行储备。具体做法是，不同企业的家电商品统一存在地区分销中心，销售商店只展示样品，地区分销中心联合库存系统根据各销售商店的客户销售订单及配送需要，运用联合库存配送管理方式，通过闭环配送方式或紧急的直送方式，实现低成本的准时配送和安装等家电配送上门物流服务。

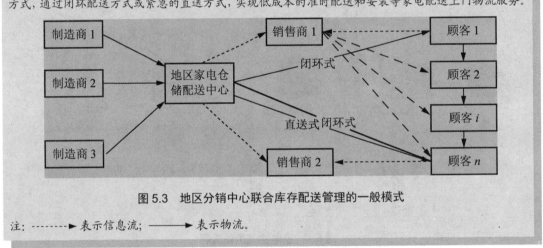

图 5.3 地区分销中心联合库存配送管理的一般模式

注：------▶ 表示信息流；——▶ 表示物流。

2. 家电物流的特点

根据家电产品的特点，其物流运作组织过程也具有自身的特点。

(1) 家电物流运作对象的单品价值一般较高，多数有精密的电子器件，运输过程颠簸与野蛮装卸都可能造成电器故障与损坏。故家电物流运作过程中的运输与装卸搬运环节要求较高，在仓储环节一般不能直接堆码，需采用高位货架等。

(2) 家电物流组织具有季节波动性的特点。如空调的销售旺季(4~7 月)，每天的出入库量很大，配送及时率与准时率要求比较高。家电产品在五一、国庆、春节等节日前后销量通常会猛增，物流需求比平常增加很多，如何对所需车辆、仓库资源进行合理配置，对作业人员进行合理安排等，都是家电物流运作组织需要考虑的重要问题。

(3) 家电物流对网络布局要求高。RDC、中央配送中心(Central Distribution Center，CDC)、地方配送中心或地方接驳中心(Local Distribution Center，LDC)是家电物流网络常用的结点类型。其选址要对销售网络数据、交通运输条件、地理环境、客户分布等因素进行深入研究，通过定性与定量的分析后才能得出合理的物流网络布局。

(4) 家电物流运作直接与订单管理密切相关。家电生产计划多由订单拉动，而"牛鞭效应"会导致家电库存的增加，由于型号等需求、库存调节功能在家电领域有所降低，对于实行零库存模式的家电生产企业，其库存调节功能更薄弱，这样就要求生产企业具有高度柔性化的生产加工组织，同时对家电物流运作组织的柔性提出了更高的要求。例如，对于空调产品销售而言，虽波动性很大，但仍有规律可循。经销商为确保在旺季不缺货，往往向上游企业加大订单的数量，订单变动程度比零售数量的波动大得多，而生产企业为了满足订单需求，自然将加大对零部件供应商的采购量，最终导致库存量加大。而随着渠道商的控制能力的增强，无条件退货条款的签订，又在客观上加大了渠道商的订货量，最终在整个供应链上，多余的产品基本上积压在生产商或渠道商库存里，这也最终导致了现在所谓的实现"零库存"其实就是转移库存的事实。

5.1.2 家电业对物流的要求

随着行业竞争日趋激烈，整个家电行业利润率降低，家电企业对成本的控制更加严格，哪家企业能够把同类型成品成本控制到行业最低，哪家企业就能在竞争中胜出，并获得比同行更多的收益。除去品牌因素，目前已经很难有区别于其他企业且能够持久保持持续竞争优势的创新技术了，而竞争加剧和人才流动更是让产品同质化日趋严重。这样，众多家电企业转而向占其成本较多比重且过去未给予足够重视的企业物流系统要效益。

家电业在5个物流运作过程中的要求有所不同，但主要集中于运作速度、服务质量、集成管理、系统优化与成本节约方面。其中，在运作速度上主要集中在零部件的采购时间、到货准点率、配送及时率等交货期管理；服务质量方面要求有客户投诉率、订单满足率等内容；成本节约方面是目前众多家电企业强化物流管理的主要目的，故这方面的要求一般都比较高，对运输、仓储、配送、包装等活动成本控制较为严格，这也直接导致了很多物流企业的效益不佳与经营管理投入不足。

在物流运作管理中，追求的物流运作目标之间经常存在二率背反的现象。在现实操作中，要考虑不同情况，例如，在家电销售的淡、旺季时物流运作组织与管理应具有以下要求。

(1) 在家电销售的旺季，对到货及时率与准点率要求较高，成本就成为非最重要的决策因素，这时就出现为了压缩时间，弃水路或铁路而走公路、弃公路或铁路而走航空的做法。宝钢就曾为满足美的电器的家电用钢板需要，改变原有走水路而改走公路的做法，保障了美的电器的家电生产用板材的供应。

(2) 在家电销售淡季，通过加强各地仓库的库存量管理，严格控制库存，整合与优化库存产品结构，在销售末端通过运输与配送环节的优化调度与配载，实现物流总成本的有效降低。

5.1.3 家电物流市场分析

家电物流市场分析一般包括家电市场分析、家电物流需求分析、家电物流供给分析、家电物流供需联动分析等内容，对我国的家电物流市场的需求、供给、联动等要点进行以下简要分析。

(1) 由于竞争的加剧与利润率下降，物流费用的降低成为家电企业追求的主要利润源之一，这一部分成本自然就转嫁到物流商身上。与汽车零部件物流相比，家电对物流运作时效性要求相对宽松等，也导致了普通家电物流业务赢利空间有限。目前家电运输市场有很多功能单一的物流企业经营，就是由于家电企业过于追求运输低成本所导致的一种结果。有的物流企业在拿到家电物流业务后，通过招标等方式把运输环节以更低的价格外包出去，这样导致了家电物流市场的缺陷。

(2) 由于很多家电企业自身或多或少拥有一定的物流资源，致使家电物流外包程度低。

由于物流外包就意味着物流的整合与内部资源的调整，没有企业高层的推动，就无法实现真正的集成物流管理，而物流外包也会由于内部改革阻力过大无法实现设定目标。尽管国内有诸如中远物流、招商物流、宝供物流、安得物流、海尔物流、长虹民生物流等多家物流企业，但在家电物流领域真正做大的集成物流商只有中远物流等少数企业，多数家电物流企业主要依托原有家电制造企业发展而来，其外部扩张能力有限，也制约了家电物流市场整体供给的能力。

(3) 家电企业一般不太愿意与其他家电企业共用一家物流企业为其服务，这是由于担心一些关键物流业务数据被竞争对手所掌握，这也直接导致了一些大型物流企业在家电物流业务方面拓展市场面临极大的挑战。

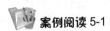

中远物流对家电物流业务的发展思路

> 中远物流自 2002 年 1 月 8 日由中国远洋运输集团和中远太平洋公司合资注册成立以来，就依托"外脑"通过调研分析，确定了以家电物流、汽车物流、会展物流与大型项目物流为主体的市场定位。
> 中远物流针对家电产品种类多、价值高、批量大、季节性强等特点，依托公司的过程集成技术，以信息集成实现过程协调，消除物流环节中各种冗余、非增值和瓶颈过程，降低人为和资源因素造成的各种影响，通过实施 TMT 计划和完善 TCSS 系统模型，用专业而全面的物流服务赢得了海信、海尔、科龙、小天鹅、TCL、澳柯玛、惠尔浦等多家知名家电企业的库存管理与配送业务，至 2009 年，已发展成为我国最主要的家电物流商。

5.2 家电物流运作管理

随着家电制造企业与商贸流通企业及同行业之间竞争的加剧，普通家电的利润率在逐渐降低，家电物流逐步成为家电生产与家电连锁销售企业的"第三利润源"，家电物流运作组织与管理成为实现利润源的关键所在。

5.2.1 家电物流现有模式分析

1. 家电物流自营模式

自营模式就是企业本身拥有物流资源并进行具体的物流运作管理，其主要表现形式有以下几种。

(1) 企业设置物流部门的形式，又可分为分散管理与整合管理两种方式。其中，把仓储、运输、车队、配送等分别由不同部门管理就是分散管理方式；而整合管理方式就是把企业中几乎所有的物流资源进行整合，成立统一的物流管理部门。在目前企业中常有设置物流部、物流与配送中心、区域配售中心等形式。

(2) 独资经营物流分(子)公司的形式，是初期以原集团公司业务为主要业务，实行独立核算，后期随着物流公司的发展，扩展业务，经营其他企业物流业务的形式。常见的有集团公司下属的汽运公司、铁运公司、仓储公司、物流中心、配送中心等，比较知名的有海尔物流、北京小红帽物流等。当然这类公司除产权上的隶属关系外，其物流业务运作与外包物流几乎没有差异。

(3) 供应链核心企业主导的运作形式，一些在产业链中居于主导地位的企业，通过其自身拥有的资源主导链上企业的物流运作，具体可包括物流服务质量要求、物流提供商选择标准等。

(4) 物流动态联盟形式，常见的有虚拟经营等形式，在供应链物流联盟运作上，广泛采用网上采购、网上支付、JIT 生产、零库存、VMI 等业务组织形式。

2. 家电物流外包模式

家电物流外包模式就是企业自身仅部分拥有或不拥有物流资源，在部门上保留对物流商进行选择、协作、考核等的管理部门，在运作上实行集成物流管理，并把具体的物流业务交由外部物流企业完成，其主要有以下几种表现形式。

(1) 运输、仓储、配送等环节物流业务的外包，又称为一般外包。多见于企业为节约成本或此类资源不足时，一般通过招标或合作的方式，把运输、仓储等单一环节外包给一家或多家企业的形式。

(2) 绝大部分或运输、仓储等全部物流业务外包给一家或多家物流企业的形式，又称深度外包。随着核心竞争力和物流业务外包理念的推广，新兴的科技、民营等类型家电企业从一开始就寻求集成物流商完成该企业的所有物流业务，小天鹅、TCL 物流就是此类形式的具体实践企业。

(3) 与相关企业合资经营物流公司的形式，即合资经营模式。该类模式通过与供应商、物流商等相关企业共同投资，组建物流公司，如安泰达物流、长虹民生物流等。

家电物流外包模式是被家电企业采用比较多的模式，如新飞电器与新运物流、南方物流、中储物流等多家物流企业，海信与中远物流等。

案例阅读 5-2

长虹家电物流的变革

长虹始于 2004—2009 年的物流变革，走的是典型的分散自营→整合自营→独资经营→合资经营的模式转变。该形式也凸显了长虹等一些家电企业在物流模式变革道路上的探索。长虹物流模式转化主要具有以下优化细节。

1. 主要背景

在 2005 年以前，从长虹内部管理者到外部的诸如罗兰贝格等咨询公司，对长虹物流的评价主要集中于以下几点。

(1) 散而多，即物流体系中的仓库设施、运输工具等职能分散，多头管理，成品配送由销售部门负责，原材料物流由采购部门负责，此种设置的最大问题就是没有人对物流总成本负责，无法协调供应链中各物流环节。在资源方面，绵阳有 40 多个原材料库房、50 多个成品库房、200 多个销售库房、近千辆的大小货车。对物流资源缺乏统一规划，大量的资源浪费。

(2) 忙而乱，由于产品配送环节缺乏统一安排和调度，除生产物流外，其他企业物流内部流程不规范，协作能力差，经常出现差错，造成作业人员工作不平衡，工作忙乱，导致运输和仓储管理一直处于被动的多环节运作中，管理效率低下。

(3) 高而费，长虹每年的物流费用支出高达8亿～10亿元，企业在各地租用存积商品的库房为40万～50万 m^2，仅在绵阳堆放原材料和产品的库房就有20万 m^2。各地仓库多数没有充分利用，很多库房的利用率不足30%，导致企业物流成本过高，造成极大的资源浪费。

在物流运作管理上，由于工作复杂，流程不合理，导致运作时间过长。例如，曾经有一批电视机从绵阳总部发货，从开票到起运，平均需要2.5天，而同行业一般水平为1.5天，这种效率低下的结果对当今激烈的市场竞争而言是致命的。

2. 主要过程

长虹高层通过对物流系统的认真分析，首先选择了较为可行的内部整合模式，即通过整合公司内部物流资源，变功能型物流向一体化物流转变，通过清退库房、提升物流管理职能、集中批量运输、就近运输、招标运输、信息化改造等多种方式，取得了比较明显的成效，具体包括以下几个过程。

(1) 2004年9月，长虹与中远等第三方物流商开展战略合作。
(2) 2004年12月，成立长虹物流整改项目小组，长虹董事长任组长。
(3) 2005年2月，长虹物流公司成立，确定了新的物流组织框架。
(4) 2005年3月，短途运输、车辆维修公开招标。
(5) 2005年4月，长途公路运输公开招标。
(6) 2005年6月，重新确定并签订铁路运输协议。
(7) 2005年7～11月，完成全国销售物流RDC改造。
(8) 2006年，推行订单预测系统，在绵阳地区开始实施越库管理模式。
(9) 2007年1月，与民生物流合资成立长虹民生物流公司，注册资本1亿元，长虹持股70%，民生实业持股30%。
(10) 2008年，长虹民生物流由主营长虹家电物流项目，逐步拥有一批其他企业客户。
(11) 2009年，长虹民生物流加速向西南最大、西部一流第三方物流企业的目标挺进。
(12) 2012年，长虹民生物流获"中国物流百强企业称号"。

3. 具体措施

在上述过程中，长虹物流优化主要包括以下做法。

(1) 把绵阳、中山、南通、吉林4个基地库房和203个分公司库房整合为4个CDC和66个RDC。各地通过整合，不断优化库房布置结构，如根据实地调研，通过中山库房的调节，取消深圳较贵的库房租赁，类似的情况在上海和北京等地均有调整。

(2) 原材料仓储向零库存模式转变。长虹每年80多亿近3万种的物料由1 100多家供应商提供，在成立长虹物流公司的1年多时间，已与900多家供应商达成在长虹周边设库、就近仓储的协议，通过零库存模式，长虹原材料库存压缩61%。

(3) 长虹通过信息改造，实现各地数据的实时到账，可以清晰地掌握一段时期某种产品的出货与销售情况。通过网上招标的方式精选供应商，在全球范围内选择最合适的供应商，降低采购成本。

(4) 进行物流作业流程优化，严格控制各个环节的物流运作时间，通过精确的物流运作时间管理，车辆的使用效率比以前提高近50%。如从高新区长虹家电城向高水长虹库房运送电视机，从原有的4趟/天变成优化后的6趟/天。

(5) 长虹原材料采购模式由传统的采购模式向寄存式采购模式转变，把长虹原材料仓储由过去的22亿元，压缩至8亿元，并向3亿元目标迈进，随着库存物品的减少，已经将外租仓库全部清退。

(6) 在条件成熟的地区实施越库配送管理，并向全国范围推广，初期主要在绵阳地区实施，具体做法是家电产品下线后不经过成品仓库，而直接配送至经销商仓库或直接配送至最终用户手中的过程。

4. 优化效果

通过一系列的物流优化，其在运输与仓储费用上取得以下明显效果。

(1) 生产环节的短倒运输费用下降15%，车辆维修通过招标，费用综合下降40%。出口国内段运输费用下降30%。

(2) 长途公路运输公开招标，运价下降20%，在此运价下降的影响下，铁路运输价格在已下调15%的基础上又下降了10%。

(3) 在成立长虹物流公司1年多的时间，仅绵阳外租库房就减退15万m^2，租金降低30%。

(4) 2005年长虹总体物流费用，比过去下降1/3，累计降低成本7 050多万元，2006年长虹物流成本同比降低了5 134万元。

5. 案例评析

从上述优化过程来看，长虹物流改造过程先从企业内部做起，依托自有资源的整合与优化，当发现物流优化能够获得明显的效益时，积极寻求外部第三方物流企业，通过合资的方式，实现了物流模式由1→3的转变，最终强化了本企业物流系统的运作管理能力。

(资料来源：根据长安大学物流与供应链研究所网资料整理)

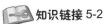 知识链接 5-2

短倒的含义与应用

短倒是指短途倒运，是物流运作中的常用术语，在不同的场所有不同的具体含义。例如，对于铁路而言，发货环节的短倒是指把货物从仓库运到车皮，收货环节的短倒是指把货物从车皮运到仓库；对于海运而言，发货环节的短倒是指把货物从仓库运到船上，收货环节的短倒是指把货物从船运到仓库；对于空运而言，发货环节的短倒是指把货物从仓库运到飞机，收货环节的短倒是指把货物从飞机运到仓库。短倒有时是不可避免的，但合理的设计、组织物流运作过程，可以减少短倒环节和不必要的短倒作业，如实施具备条件的越库配送。

  案例阅读 5-3

海尔日日顺物流

2010年8月，海尔电器全资附属公司青岛新日日顺斥资7.63亿元人民币收购了海尔集团旗下青岛海尔物流100%股权。此前海尔物流同时为海尔电器和海尔集团提供物流服务，收购完成后，青岛海尔物流不再是海尔集团的全资子公司，但将继续为海尔集团提供物流服务。

利用日日顺组成的物流网，海尔能够在全国400个城市、1 500个区县实现24小时按约送达、送装同步的最后一公里能力。支撑这一服务能力的背后是海尔分布在全国的86个区域物流中心，以及融入了GPS信息的车辆路线管理系统。除了为自有品牌的家电、第三方家电品牌提供一站式的物流服务以外，海尔正在将服务能力延伸至包括家具、卫浴产品在内的大件商品领域。但在三、四级市场，该领域的发展水平还非常落后。

2013年12月9日，阿里巴巴集团宣布对海尔电器集团有限公司进行总额为28.22亿元港币(约合人民币22.13亿元)的投资，重点扶持海尔电器旗下的日日顺物流。阿里巴巴和日日顺物流的合作标志着海尔的物流业务将进一步进入第三方物流市场，为海尔创造更大的价值。

5.2.2 家电物流商的选择与控制

家电物流商的选择一般通过招标方式进行，在具体的运作过程中，家电生产与流通企业通过对家电物流商的控制，达到物流集成管理的目的。

1. 家电物流商选择原则

选择家电物流商应考虑以下原则。

(1) 物流成本最低优先原则。一般是一些正在追求降低物流成本的家电企业的首选，如美的电器的招标广告，明确指出以运输报价为主要评标依据。

(2) 物流系统持续优化原则。一般是其自身已经由传统物流向集成物流方向发展，并希望通过外部物流商的加盟，推动物流的持续改进的家电企业的选择原则。

(3) 物流运行全程控制原则。一般是追求内部物流与外部物流全程可控，通过先进的信息化手段，为家电物流运作提供重要保障的家电企业的选择原则。

(4) 供应链高效协同原则。一般是追求供应链协同的家电企业首选标准，即通过家电物流商的选择，实现企业供应链管理的高度协同化。

(5) 一体化物流运作与集成管理原则。即要求物流商在家电企业提出生产物流运作要求时，能够提供一体化的物流服务，并给出针对性的企业物流分析与解决方案。

2. 家电物流商选择方法

家电物流商有多种选择方法，主要包括定性分析法、定量分析法、综合分析法、专家评分法、成本分析法、层次分析法等，其中，后三种最为常用。

3. 家电物流商控制

家电物流商控制强调的是物流运作全过程的控制，所以家电物流运作一般要求物流具有与自身业务相适应的物流信息系统，家电生产与流通企业通过物流信息的实时共享与在线监控，实现对物流商的有效管理与控制，并对相关服务进行考核与评价。

目前有特色的家电物流商较多，如中远物流、海尔物流、招商物流、长虹民生物流、中外运、宝供物流、安得物流等，它们通过运输、仓储、配送等一体化的物流运作流程，在运作过程中通过先进的物流信息系统，为家电生产与流通企业提供全面的物流服务。

家电企业通过信息系统，对物流商进行实时监控。安得物流与宝供物流拥有的极具企业自身特色的物流信息系统，海尔物流运作控制使用的 LES 等，都为家电物流运作全过程控制提供了有效的技术支撑。家电企业对物流商运作各环节的控制过程如图 5.4 所示。

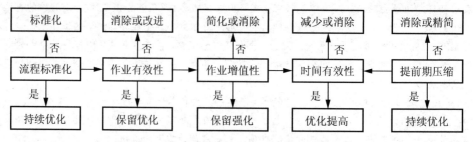

图 5.4　家电企业对物流商各运作环节控制过程

5.2.3 家电物流组织

从产业链角度来看,在家电的零部件生产、采购、家电生产加工、成品销售等过程中,涉及的主体主要有零部件生产企业、家电制造企业、物流企业、家电批发与零售企业、电子商务企业、最终用户等。通过对上述相关企业主体的组合或剥离,就形成了多种家电物流运作组织形式。

对具体的家电物流组织与管理而言,家电物流组织与其他行业的物流组织有很多类似之处,但也有其自身的特点。家电物流组织按其生产流程一般可视为零部件采购与供应物流组织→零部件仓储与生产线配送组织→家电生产物流组织→成品家电仓储与配送组织→RDC 配送中心作业组织→终端配送组织 6 个环节,在这些环节中,家电企业的一贯做法是生产物流自营,而上游零部件运输与配送至厂内、下游成品运输与终端配送是由物流商负责的一种物流运作组织体系,具体如图 5.5 所示。

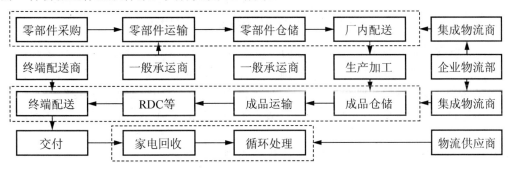

图 5.5 家电物流组织与管理

在具体的运作过程中,与生产紧密相关的生产物流由企业自营保证了企业对核心资源的控制,同时与外部紧密相连的上下游运输与配送通过招标物流商的方式进行,并通过信息流控制实物流,实现家电物流内外结合的物流组织模式。

在具体的运作管理中,家电企业通过采用信息手段进行物流集成管理。企业通过实施物流信息化如 WMS、GPS 等技术,通过 DRP 与 ERP 系统对接,深入分析终端销售与库存数据,结合销售计划与生产能力,形成企业生产计划,进而确定采购计划,最终生成精确的发货需求。企业通过此手段,实现物流运作的全过程实时监控与管理(周命禧等,2008)。

5.2.4 家电物流流程控制

典型的自营与外包物流流程控制有不同的侧重点,自营物流由于涉及物流的相关部门与资源自身控制,其主要障碍是部门之间的协调与效率问题,其运作管理重点是部门功能集成与流程规范。对于外包物流而言,由于主要物流运作管理部门与资源属于外部企业,其运作过程的控制重点是流程合理化与全程动态监控,并不断优化供应商结构,以选择最合适的物流商为其服务。

(1) 自营物流模式一般运作流程组织与控制要点如图 5.6 所示。其中,采购、物料仓储与供应、成品仓储、运输与配送等各环节的协作是物流运作管理的要点。随着物流运作组织方法的逐步推广与普及,集成物流、多种采购模式、JIT 理念、零库存管理、交叉理货等在家电物流领域应用比较普遍,日益成为提高物流运作效率的关键方法。

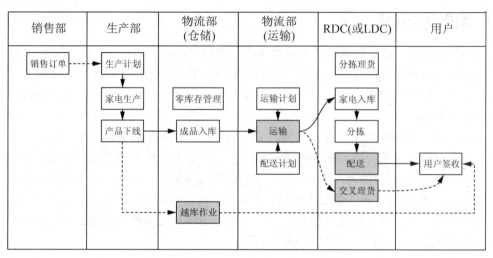

图 5.6　自营物流运作流程组织与控制要点

（2）外包物流运作模式，由于外包的程度不同，其运作组织的要点也有所区别。在外包物流运作流程组织与控制要点中，物流商选择阶段的招标管理、评价体系构建与实施、物流商的最终选择等是控制要点；而在运行过程中，对物流相关业务、家电的储存保管情况、运输与配送在途监控等是控制要点。对于渠道商物流运作组织，也与其运作模式选择有关。

以下是不同运作模式下家电物流运作管理的侧重点分析。

（1）对于自营物流模式，由于所有资源家电企业都流通可控，这时控制的重点是时间与成本，通过提高服务质量和节约成本目标管理法，实现物流管理的有效管控。

（2）对于外包物流模式，由于很多物流资源并不由家电企业本身所控制，初期的供应商选择、指导与培训、运作过程的全程监控、后期的考核与评价就成为运作组织管理的主要内容。

（3）对于基于供应链协作层面的物流模式，由于此时供应链管理和信息化程度已经上到一个台阶，通过信息流监督和控制实物物流就成为家电物流运作控制的要点。

（4）无论是自营还是外包，流程控制追求的主要目标有签单回收率、及时完成率、投诉率、作业不良率、客户满意度、准点率、货损货差率、订单满足率等各个指标的有效提升或降低。

案例阅读 5-4

飞利浦家电物流信息整合问题

飞利浦家电如何与物流公司整合成为一段时期的难题。当时尽管飞利浦的 ERP 系统很先进，但各物流商的管理标准和水平不同。为了能够让第三方物流公司顺利完成业务，飞利浦不得不用传真和电子邮件与这些公司进行沟通。这样的沟通方式不仅效率很低，而且物流业务操作信息不及时、不准确，仓储信息也无法实现实时监控。有时候要统计一个库存数字就需要运作点工作几天。

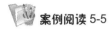案例阅读 5-5

苏宁、国美电器物流运作过程

苏宁电器将物流服务确定为其连锁发展的核心战略。因为在家电产品日趋同质化的今天，通过服务与价格优势更能获得客户的认可。苏宁通过物流系统的构建，及时掌握市场实际售出信息，以物流信息化降低成本的自营物流模式为销售利润增长作强大支撑，并由此获得长远的收益与核心竞争力。苏宁主要通过自建物流基地实现配送中心的自营，适用于自营物流运作组织；而对于运输环节，苏宁首先是通过一般外包，然后走向招标方式的深度外包。

国美电器主要把物流业务外包给物流商，通过它们完善的具备物品接收、验货、存储、分拣、出货、配送等功能的配送中心、运输车辆、专业人员等进行高效、低成本的物流运作。国美在具体的运作管理中，采用集中采购、弹性库容、越库配送等方法，使得采购、库存、运输等方面的物流成本大幅度降低。

国美物流主要通过外包模式，适用于外包物流模式的组织与控制。具体运作过程如图5.7所示。

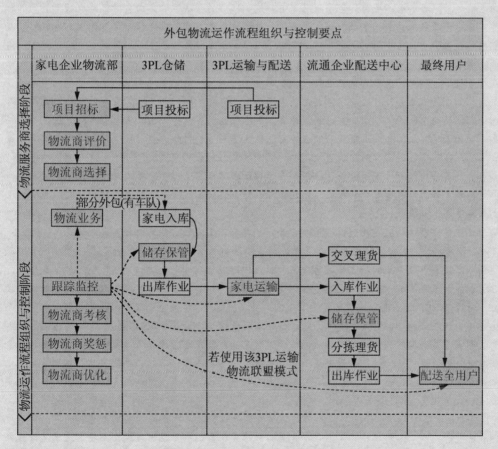

图 5.7 外包物流运作流程组织与控制要点

(资料来源：根据长安大学物流与供应链研究所网资料整理)

海尔与安泰达物流运作过程比较

  海尔物流通过自营为核心的集成物流管理，可实现零部件采购、供应物流、生产物流、下游运输与配送的高度集成。如在 2009 年某天，某公司通过海尔电子商务平台下了一批数台空调的订单。海尔物流的 ERP 系统会同步显示该订单，空调事业部相关部门同步运行，仓储部门掌握缺料情况，采购部门及时向供应商发布网上订单，物料配送部门 4 小时内送料到工位，海尔 3~5 天内完成生产并配送给用户。在这一过程中，海尔物流部门与生产部门集成联动，同步进行，为产品的生产与交付节约了时间。

  但是在其物流运作过程中，也出现一些诸如成本、速度、管理、收益等问题。例如，由于物流所需的设施设备基本由自己投资，在外部客户有限的情况下，在同等规模下的物流运营网络里，单位运营成本均摊就比较大，容易造成产品成本的增加。海尔就曾投巨资建设青岛立体仓库，而在全国范围内多采用租赁仓库方式，故海尔在对库房内部设施设备的控制比较有限。

  在运输环节，海尔基本将工厂仓库→配送中心这一环节的干线运输交由自营车辆或长期签约的车队运作，而对于低成本的个体零散车辆考虑不多。这种方式虽然在管理上便于实施，但却也牺牲了某一时期内的成本优势。在全国家电企业对运输环节以追求成本降低为主要目标的物流运作思路下，海尔对运输成本的控制并不理想。

  在对外服务过程中，由于其物流运作强项在家电物流领域，其他家电企业出于对其的防备心态，很少愿意把家电物流业务外包给海尔物流，就连同样地处青岛的海信也把物流业务外包给中远物流而不是选择同城的海尔物流。对于非家电物流业务，如冷链物流等业务，由于其原有车辆无法满足冷链等一些专项物流的要求，如果承接就必须在原有网络上进行重新投资开发与规划建设，这必然会导致运营成本的居高不下，近几年海尔物流在这些方面的发展相对较缓慢。

  安泰达物流作为合资方式是专业化物流企业运作的典范，其通过管理手段与信息技术集成各参股家电企业的物流资源，通过有效的物流运作组织与管理，实现所服务企业物流流程的优化、服务水平的提高与物流成本的降低。

  海尔物流与安泰达物流在物流流程控制方面，主要有以下几种方法可以借鉴与思考。

  (1) 在资源方面，海尔通过整合原有资源，形成以物流推进本部为中心的物流集成管理中心；而安泰达物流以几家参股企业的物流资源为依托，通过中远物流的专业化运作，实现物流的集成管理。

  (2) 在信息管理方面，海尔通过 SAP 的 ERP 物流执行系统，在强化对外部集成的物流资源的管理基础上，通过与 ERP 的高度集成化，实现了采购、供应、生产、仓储与配送的同步化与联动机制；而安泰达通过中远物流的 5156 信息系统，完成数据实时传输与各资源管理信息的共享，通过与客户、物流商、网点等多点协同工作，实现物流运作全过程的流程控制与管理。从其重心来看，海尔物流重视企业内部物流，强调从采购→物料供应→生产物流→销售物流等环节的一体化管理，特别是物料供应与生产物流是其优势；而对于安泰达而言，其主要侧重于社会物流，通过物流的外部集成与管理实现物流流程的优化与控制。

  (3) 在设施设备方面，由于家电物流与销售的关联性较强，两家公司均采用自有和租赁仓储设施为主的资源整合模式，海尔兴建的大型自动化立体仓库是典型的自营物流表现，而安泰达物流设施的社会共用性，也体现了物流商的特点。

  (4) 在模式创新方面，海尔在我国家电制造企业中较早引入了现代物流理念，并在实施过程中以供应链管理为核心进行改造；安泰达则通过初期物流外包→后期向下整合→推广 VMI 管理模式等过程，实现了物流运作管理实践的创新(陈玉莲等，2008)。

本案例中，海尔与安泰达通过不同的方式，均实现了物流模式的创新与运作流程的有效控制。在流程控制方面主要有以下几点启发。

(1) 为实现高效的物流流程控制，要求企业具备一个与自身相适应的物流集成管理模式，只有组织的保障才有可能推动后期的物流运作过程组织等具体工作。

(2) 物流流程的全过程控制离不开信息系统，而物流信息系统成功实施的关键就是其功能与需求的高度一致与集成，只有这样才能实现物流流程控制的无缝化与高效化。

(3) 家电物流组织与流程控制有多种模式可供选择，也一定存在适合本企业的创新模式，只有不断创新，才能实现物流运作管理的持续改进。

本 章 小 结

家电物流的含义与特点是分析家电物流系统的基础，对家电物流市场的需求与供给分析是双方合作的基础内容之一。

通过对现有家电物流的自营与外包两种模式分析，无论家电企业采用哪种物流模式，物流外包是一种主要发展趋势，而家电物流商的选择应依据成本优先、流程优化、控制、协同、集成管理等原则。

在整个家电物流运作管理中，要关注采购、供应、仓储、运输、配送等主要运作流程控制要点，通过运作管理，实现对家电物流集成管理的组织与家电物流典型的自营和外包模式下的流程控制。

关键术语

家用电器(Household Electrical Appliances)
家电物流(Appliance Logistics)
家电物流运作(Appliance Logistics Operation)
家电物流商(Appliance Logistics Providers)
家电物流组织(Appliance Logistics Organizing, Appliance Logistics Organization)
家电物流流程控制(Appliance Logistics Flow Control)

综 合 练 习

一、多选题

1. 下列不属于家电物流流程研究范畴的是(　　)。
   A. 原材料供应　　　　　　　B. 家电生产物流
   C. 家电销售物流　　　　　　D. 家电回收物流
   E. 生产工艺改进

2. 家电物流市场分析的主要内容有(　　)。
   A. 家电市场分析　　　　　　　　B. 家电物流需求分析
   C. 家电物流供给分析　　　　　　D. 供需联动分析
   E. 流程分析
3. 属于物流运作控制所追求的目标的有(　　)。
   A. 到货准点率　　　　　　　　　B. 货损货差率
   C. 服务满意度　　　　　　　　　D. 客户投诉率
   E. 订单满足率

二、判断题

1. 家电物流就是指家电销售物流。（　）
2. 海尔物流是家电运作的相关主体之一。（　）
3. 家电物流运作模式主要有自营与外包两种模式。（　）
4. 家电物流商主要通过以往的合作关系来选择。（　）
5. 家电物流运作控制最主要的目的就是为了满足家电企业成本降低的要求。（　）

三、实训题

1. 调研一家本地物流企业的家电物流业务，了解其与主要家电企业客户的集成管理模式。
2. 使用 Visio 等作图软件，绘制所调研企业的物流运作流程图，并指出关键作业流程与控制要点。
3. 对具体的流程制作出针对性的说明文档，在课堂上与同学交流，讨论该企业物流运作管理的重点是什么，目前还存在哪些问题，如何进行作业流程优化，并提出优化思路与具体的一些优化内容。

四、案例分析题

苏宁承运商的选择和管理

作为苏宁电器基本竞争能力的物流，近几年已先后在南京、北京、杭州、成都、厦门等地建设或规划物流基地，逐步形成苏宁电器强大的物流网络体系。而物流配送承运商的选择和管理则是整个物流网络中区域配送体系的核心，其表现也关系到整个区域销售的业绩。苏宁电器针对物流不同环节对本企业的重要程度与社会物流资源的可获得性，实行区别对待的方式。在条件成熟的地区物流与配送中心主要由苏宁自营，而干线运输与终端配送环节，主要以区域承包的方式进行外包。例如，2009 年 6 月苏宁通过转变配送模式，把济南配送中心的终端配送业务分区域外包给不同物流，实现了配送模式、管理思想等方面的创新，优化了去前电联、销单收货、排程装货、签单回收、信息销单、回货入库等流程，使突发事件管理水平提升到一个新台阶。

1. 苏宁电器物流商选择与控制的具体内容

1) 苏宁物流商选择标准

(1) 对于全国的一级市场，苏宁会通过招标的方式向社会寻找配送合作伙伴，在大城市选择一个大型的物流商与苏宁达成合作关系。

(2) 对于二、三级市场，苏宁会选择既与物流公司合作又与个体工商户合作的策略，随着物流集成化管理，已很少再采用零散运力外包方式了，正逐步过渡到运力全部招标的方式。

2) 苏宁对物流商设定的基本准则

(1) 质量(Q)原则：要确认物流配送承运商是否建立有一套稳定有效的质量保证体系。

(2) 成本(C)原则：确认物流配送承运商是否具有安全完善配送商品所需特定设备和能力。

(3) 交付(D)原则：确定物流配送承运商是否拥有足够的配送能力，人力资源是否充足，有没有扩大配送服务的潜力。

(4) 服务(S)原则：承运商的售前、售后服务纪录。

以上准则的重要性顺序为：质量→成本→交付与服务。其中由于物流成本管理的重要性，苏宁对所涉及的配送业务进行成本分析非常重视，并通过双方的价格谈判实现成本节约。

3) 苏宁电器对物流商考核的原则

建立和使用一个全面的物流配送承运商综合评价指标体系，以对物流配送承运商作出全面、具体、客观的评价。综合考虑物流配送承运商的业绩、设备管理、人力资源开发、质量控制、成本控制、信息单据流转、用户满意度、交货协议等可能影响供应链合作关系的方面。总原则是全面、具体、客观。具体应考核以下原则。

(1) 系统全面性原则：全面系统评价体系的建立和使用。

(2) 简明科学性原则：物流配送承运商评价和选择步骤、选择过程透明化、制度化和科学化。

(3) 稳定可比性原则：评估体系应该稳定运作、标准统一、减少主观因素。

(4) 灵活可操作性原则：不同行业、企业、商品需求、不同环境下的物流配送承运商评价应是不一样的，保持一定的灵活操作性。

(5) 门当户对原则：物流配送承运商的规模、层次和物流需求企业相当。

(6) 半数比例原则：配送能力不超过物流配送承运商能力的 50%。

(7) 物流配送供应源数量控制原则：同类配送服务的承运商数量约 2～3 家，有主次承运商之分。

(8) 供应链战略原则：与重要物流配送承运商发展供应链战略合作关系。

(9) 学习更新原则：评估的指标、标杆刘比的对象，以及评估的工具与技术都需要不断地更新。

2. 配送业务招标举例

2008 年 3 月，浙江苏宁电器的一次配送业务招标具体包括以下内容。

1) 项目简介

浙江苏宁电器有限公司在杭州市现有 10 家连锁店面，结合杭州市场 2008 年度的连锁发展规划，零售配送量急剧上升，2008 年度杭州地区零售配送总量达 70 万台/套左右。面向社会公开进行的招标项目是 2008 年度杭州地区零售配送业务。

2) 具体标段

苏宁把本次招标标段划分为 6 个，并对同一物流商投标进行了限制，具体包括以下内容。

(1) 第一标段：拱墅区 [莫干山路以东、德胜路(含)以北、石桥路(含)以西]、余杭区(勾庄、良渚、瓶窑、仁和、径山、黄湖、鸬鸟、百丈)、湖州安吉、德清(杭宁高速以西)区域。

(2) 第二标段：杭州西湖区 [莫干山路(含)以西、天目山路(含)以北、西溪路(含)以北、留祥路(含)以南]、余杭区(余杭镇、闲林镇、仓前镇、中泰、五常)、临安市区域。

(3) 第三标段：杭州市区 [环城北路(含)以北、艮山路(含)以北、莫干山路(不含)以东、德胜路(不含)以南、石桥路(不含)以东、九堡老杭海路(含)以西]、余杭区(乔司、临平、崇贤、塘栖)、桐乡市、海宁市。

(4) 第四标段：杭州上城区(清江路和江城路以南、江路沿线)、滨江区、萧山以南(所前、义桥、临浦、浦阳、戴村、进化、楼塔)、转塘、袁浦、周浦、龙坞、富阳、桐庐、建德、新安江。

(5) 第五标段：下沙、萧山地区。

(6) 第六标段：杭州城区西溪路、环城北路以南(不含)、环城东路和江城路以西(含)，复兴路和之江路以北(不含)、梅岭路以东(含)。

注意：各运输单位及物流企业可对以上任何区域进行投标(同一公司最多可选择两个标段进行投标)。

3) 对物流商的基本要求
(1) 竞标单位必须能够提供正规的运输发票。
(2) 竞标单位必须自行配置送货工人及作业工具。
(3) 能按我司要求一次性交纳一定数额的服务保证金。
(4) 合作期间，在我司下达配送任务指令至中标单位后，中标单位必须严格按照作业标准装卸货，保证按招标方要求按时、按质、按量完成配送任务(参照苏宁配送人员服务规范)。
(5) 竞标单位需提供优质、安全、快捷的运输服务，具有较强的赔付能力及良好行业信誉、具备一定综合实力，确保投入该项目运作的本公司自备车辆必须在5辆以上，其服务质量在平时单项考核、月度运费中体现(参照苏宁电器外租车零售配送协议、苏宁配送服务管理条例)。

4) 竞标议标注意事项
(1) 我司本着公平、公正的原则对待所有参与方。议标时依据竞标文件中零售配送报价单、服务质量、服务保证金交纳金额及交纳方式、车型、资信及履约能力和其他优惠条件等，选择合作方。
(2) 我司不向参与方解释落标原因，不退还竞标文件。
(3) 根据本次活动评比情况，招标结果可能是一次定标，也不排除再次竞争的可能性。
(4) 竞标单位的竞标文件为合同的组成部分，参与竞标单位不得单方面改变承诺(双方协商改变除外)，否则我司有权视其为恶意竞争，将作为废标处理。
(5) 递交标书地址：苏宁杭州配送中心(杭州市下沙经济开发区15号大街10号)。

(资料来源：根据中招网、长安大学物流与供应链研究所网等资料整理)

仔细阅读本案例，详细分析并回答下列问题。
1. 苏宁承运商选择的基本准则中，如何把握质量原则与交付原则？
2. 苏宁认为把质量原则、成本原则、交付原则与服务原则排序的依据是什么，为什么会这样选择，如何体现这一次序，谈谈对这4项原则的重要性的认识。
3. 谈谈对苏宁承运商区域承包的理解，如何创新管理模式？
4. 从浙江苏宁电器招标实例中，总结苏宁电器对物流商的主要要求。
5. 如果你是某一物流企业的项目经理，如何在本次招标中胜出，仔细思考并写出投标书的大纲，对主要内容展开论述。(提示：具体资料可从网上搜索杭州区域内的物流商网站，并以某一企业的资料为基础进行投票书的撰写，相关价格可从网络获得。)
6. 结合同学们所撰写的投标书，组织一次课堂评标会，老师首先明确评议程序，从学生中选择评标组成员，分别扮演财务、市场、物流、战略、质管等部门管理者角色，对各标书进行评议，择优选择合适的物流商。

第6章 冷链物流运作组织

【本章教学要点】

知识要点	掌握程度	相关知识	应用方向
冷链物流	重点掌握	冷链物流的含义、特点	冷链物流运作分析
冷链物流分类	掌握	冷链物流的作业对象与分类	冷链物流分类
冷链物流运作模式	掌握	果蔬类等运作模式	冷链物流模式组织与管理
冷链物流作业组织	掌握	冷链物流作业组织结构	冷链物流运作组织
典型冷链物流流程控制	重点掌握	冷冻冷藏食品、生鲜果蔬等冷链作业控制	冷链物流具体作业控制
冷链物流温控	理解	冷链物流流程温度控制要点	冷链关键流程中温度控制系统

引导案例

蒙牛、伊利与光明乳业的冷链物流运作

乳品冷链物流是乳品企业近几年关注的要点，特别是2008年的"三聚氰胺"事件导致三鹿乳业的倒闭，使得蒙牛、伊利和光明等企业更加关注冷链物流的运作管理。

1. 蒙牛冷链物流的运作管理

蒙牛集团在权衡了车辆投资折旧、人员配置等物流运作成本之后，选择了把冰激凌等产品的运输业务全部外包给物流公司运营，荣庆、双汇、安得、大棚等物流公司是蒙牛集团主要的冷链物流承运商，形成了运输外包、仓储自营的蒙牛冷链物流运作模式。其所需冷库一般紧接生产线统一规划建设，马鞍山等地的冷库已逐步发展成为冷链物流中心。其冷链物流运作管理的关键控制有以下几点。

(1) 由于超市对低温产品的要求是出厂3天内必须上架，否则作退回处理。蒙牛通过与大型超市联合，通过配送直供超市，做到2~3天内到达终端。对于一般的小店、零售店、批发店等终端，蒙牛通过投放冰柜等方式，使其与商家形成闭合的冷链物流运作流程，确保了产品的质量与运作高效。

(2) 蒙牛针对冷链产品配送周期的特点，通过订单集中与就近生产的方式，甚至至今仍在一些地区采用蒙牛初创期的OEM生产模式，以通过缩短运输半径的方式压缩配送时间，为其产品的保鲜赢得时间。

(3) 蒙牛立体冷库通过自动控温系统进行控制，实现-25~-22℃的温度标准。当温度上升到-21℃，冷风机就自动开始制冷，达到-25℃，冷风机就停止工作。

(4) 靠近立体冷库的是-13~-10℃摄氏度的缓冲一区，随后是0℃的缓冲二区。冰激凌从冷藏车下来直接进入缓冲二区，当有货品进入时，冷库的自动感应门自动开启，待货品装运完毕，自动感应门便自动关闭，以减少冰激凌等在室外的暴露时间。

(5) 由于冰激凌的包装箱一般都是纸箱，遇水蒸气容易挤压变形，缓冲区从根本上解决了这一问题。设立缓冲区，外来空气的水分被隔离在缓冲区内，用于存储的冷库不会结霜，省去了除霜工程。

(6) 立体冷库全部作业由计算机控制，特制在低温下工作的堆垛机使上下货自动化。

2. 伊利集团冷链物流运作管理

伊利集团特别重视物流管理，通过多年发展，目前已形成运输环节一般外包，仓储环节一般自营的伊利物流模式。其冷链物流关键运作管理有以下几点。

(1) 伊利集团冷饮事业部的配送业务全部由第三方物流公司运作，部门对第三方物流公司进行统一招标。

(2) 伊利液态奶事业部一方面将奶从工厂直接送达客户；另一方面则在全国重点城市布局分仓，通过分仓配送满足中小客户的需求。

(3) 在运输工具的选择上，包括了冷藏冷冻集装箱、冷藏车、冷冻车等。

3. 光明乳业冷链物流运作管理

光明乳业较早在生产中提出冷链作业要求，并开始进行冷链物流的建设，其物流组织也经历了车队(分散)→运输公司(合并，1992)→物流事业部(整合)→物流中心(整合，1996)→光明物流(第三方，2006)等发展过程，形成集成化与专业化物流运作管理模式，通过自有和长期可控的2 000多台冷藏冷冻车辆，为全公司产品进行全国范围内的冷链物流服务，并不断依托其网络优势，为多家企业提供冷链物流与配送服务。其冷链物流主要包括以下运作流程。

(1) 通过全机械化挤奶，挤出后随即被冷却至4℃以下，装入冷藏奶槽车运送至工厂。

(2) 到达工厂后，奶槽车直接与管道连接，进入加工程序。

(3) 成品出来立即被放置于配送中心冷库内，商超销售的产品由冷藏车直接配送到商超。

(4) 冷库门廊温度保持在0~10℃，冷藏车到冷库接货时，车先倒进冷库门廊里，从而保证冷链不中断。

(资料来源：根据蒙牛、伊利、光明等企业网站相关资料整理)

企业如何选择合适的冷链物流运作组织模式，如何针对不同模式进行有效的冷链物流运作管理，如何才能制定出高效的冷链物流解决方案，如何进行冷链物流全程温度控制，典型的冷链物流运作方式是怎样的，如何保证冷链食品的质量安全？通过本章的深入学习，这一系列问题将会得到有效的解决方案、运作方式和方法。

6.1 冷链物流概述

从家庭使用的家用冰箱到超市所使用的冷冻或保鲜柜，从上游厂商的冷冻冷藏运输车辆到物品存放的冷库，都属于为全程冷链提供运作保障的相关设施设备。冷链物流作为冷冻冷藏食品、生鲜品，特殊类物品等保证品质的关键手段，越来越受到重视。

6.1.1 冷链物流的内涵

1. 冷链物流的含义

冷链是指为了保持药品、食品等产品的品质，从生产到消费过程中，始终使其处于恒定低温状态的一系列整体冷藏解决方案、专门的物流网络和供应链体系。国家标准《物流术语》(GB/T 18354—2006)中对冷链的解释称：根据物品特性，为保持物品的品质而采用的从生产到消费的过程中始终处于低温状态的物流网络。冷链物流运作的目的是保质并最大可能延长物品的关键质量属性。保鲜可通过低温实现，也可通过恒常温实现，还可通过其他物理与化学方法实现，特别是在部分初级农(副)产品物流作业上，由于其物流作业均与冷链物流作业类似，故在冷链物流实际运作过程中，对不通过低温形式进行保鲜或延长保质期的做法也在冷链物流运作研究的范畴。

从保障作业对象质量和延长其保质期的角度，冷链物流主要指需冷藏冷冻的物品或保鲜品(一般是低温或恒温)，在生产加工、储藏保管、运输与配送，直至最终用户消费的各个环节中，始终处于规定的温度和保鲜技术保障下，以期更长时间地保持物品的关键属性和质量安全，并减少损耗的专项物流。冷链物流一般需要低温装置，要对其运送过程、温度变动、作业时间、运输形态、物流成本等进行精确掌控。国家标准《冷链物流分类与基本要求》(GB/T 28577—2012)对冷链物流的定义为：以冷冻工艺为基础、制冷技术或蓄冷技术为手段，使冷链物品从生产、流通、销售到消费者的各个环节中始终处于规定的低温环境下，以保证冷链物品质量，减少冷链物品损耗的物流活动。

食品冷链是以保证易腐食品品质为目的，以保持低温环境为核心要求的供应链系统，所以它比一般常温物流系统的要求更高、更复杂，建设投资也要大很多，是一个庞大的系统工程。易腐食品的时效性要求冷链各环节具有更高的组织协调性，所以，食品冷链的运作始终是和能耗成本相关联的，有效控制运作成本与食品冷链的发展密切相关。

2. 冷链物流运作的特点

(1) 温度控制：根据国家标准《冷链物流分类与基本要求》，冷藏物流适用温度范围一般要求为0～10℃；冰温物流适用温度范围一般要求为-2～2℃；冷冻物流适用温度范围一般要求为-18℃以下；超低温物流适用温度范围一般要求为-50℃以下。

(2) 运作成本：冷链物流投资大，运营维护成本高。冷库建设和冷藏冷冻车的购置需要的投资比较大，是一般库房和普通车辆的3～5倍。冷链所包括的制冷技术、保温技术、产品质量变化和温度控制及监测等技术都需要专门配置相关设备。

(3) 时效性：冷链物流时效性要求高。冷链的目的就是为了保鲜、延长产品的保质期等，因此其时间管理尤其重要。时效性是冷链物流运作成功的关键要素之一。冷链运作中的时间管理详见"第10章 物流运作时间控制"，此处不再赘述。

(4) 作业环境要求高：冷链物流仓储与运输环节作业更具体。由于大部分物品要求保持其鲜活性或低温状态，仓储管理与库存控制要求更加精确，对物品保质期更加敏感，可采用关键因素分析(CVA)等方法。

(5) 质量要求：对食品类质量安全要求高，一般要进行溯源管理。品质保证是冷链运作的基本要求之一，而冷链物流本身强调的就是食品安全和品质保证。冷链物流完全可以通过加强运作组织与管理，提高过程监控能力，最大限度地保障食品安全。

(6) 设备：冷链物流装卸设备要求特殊，专用化程度高。如对于鲜花、鲜活水产品、鲜奶等的采收(捕获等)、分拣、装卸、运输都有特殊要求，物流设备的选择要充分考虑冷链物流作业对象的特殊性。如在冷库内就不能选用内燃机叉车，而要选用电动叉车。

6.1.2 冷链物流的作业对象与分类

1. 冷链物流作业对象

冷链物流作业对象主要是一些在常温下无法正常保质的物品，或者为了某种目的，追求更长保质期的物品，主要包括：①农产品，如蔬菜、水果、肉、禽、蛋、水产品、花卉等；②加工食品和速冻食品，如禽、肉、水产等包装熟食，冰激凌和奶制品，快餐原料等；③特殊商品和药品、化工危险品等。

2. 冷链物流的分类

冷链物流分类的依据不同，分类的结果会略有差异。一般根据作业对象产品的温度要求，冷链物流分为冷藏与冷冻两大类。由国家标准《冷链物流分类与基本要求》，根据所服务的物品对象不同，可以将冷链物流细分为以下9类。

(1) 肉类冷链物流：主要为畜类、禽类等初级产品及其加工制品提供冷链物流服务的一种物流形态。

(2) 水产品冷链物流：主要为鱼类、甲壳类、贝壳类、海藻类等鲜品及其加工制品提供冷链物流服务的一种物流形态。

(3) 冷冻饮品冷链物流：主要为雪糕、食用冰块等物品提供冷链物流服务的一种物流形态。

(4) 乳品冷链物流：主要为液态奶及其乳品等物品提供冷链物流服务的一种物流形态。

(5) 果蔬花卉冷链物流：主要为水果和蔬菜等鲜品及其加工制品提供冷链物流服务的一种物流形态。这类物品主要是植物，运作组织上不仅要求冷藏保鲜，且运作过程中对货品完好率要求较高。

(6) 谷物冷链物流：主要为谷物、农作物种子、饲料等提供冷链物流服务的形态。

(7) 速冻食品冷链物流：主要为米、面类等食品提供冷链物流服务的一种物流形态。此类还包括：水饺、汤圆、馒头、冷冻肉、冷冻鱼虾等速冻食品。

(8) 药品冷链物流：主要为中药材、中药饮片、中成药、化学原料药及其制剂、抗生素、生化药品、放射性药品、血清、疫苗、血液制品和诊断药品等物品提供冷链物流服务的一种物流形态。

(9) 其他特殊物品冷链物流：主要为胶卷、定影液、化妆品、化学危险品、生化试剂、医疗器械等提供冷链物流服务的一种物流形态。

6.1.3 冷链物流市场分析

冷链物流作为附加值比较高的物流服务，是物流企业必须具有相应设施设备才能追求的重要市场，目前已经成为一些物流企业盈利的主要业务之一。

由于冷链物流本身的特点，一般与需求者的生产与供应密切相关，如上海光明、双汇、雨润等企业主要采用自营的模式；对自身资源不足的物流业务可以通过外部招标的方式，如蒙牛、伊利等企业则主要采用冷链物流外包的模式，并对其优秀的物流商给予长期合同以提高其供应链运作与管控能力。

表 6-1 是部分种类冷链物流市场分析与运作组织的一般要求。

表 6-1 部分种类冷链物流市场分析与运作组织的一般要求

冷链物流	市场分析与运作组织
果蔬、畜禽肉制品冷链物流	①参与者众多，空间大分布广；②采收和仓储环节复杂，市场不确定性大，要求更加复杂；③保持生鲜度有一定难度，季节性影响大；④各个环节需有良好的组织协调性；⑤市场力量不均衡、农户或个体储运者在物流冷链中的利益难以得到保障
水产品冷链物流	①保持产品鲜活性；②部分需要包装良好、防止霉变的特殊要求；③必须满足客户对水产品多品种、小批量订货和处理的要求；④必须满足缓解水产品需求量不平衡性的要求
花卉冷链物流	①配送速度快；②消费需求新异与特色化；③追求物流作业完好率和及时性；④新技术应用广泛；⑤运输成本相对较高
乳品冷链物流	①流向整合的组织形式；②线与节点具有有效的协调性；③对信息技术要求高；④冷链作业与产品质量要求很高；⑤对产地管理要求高；⑥需要庞大、快速的配送体系，全程保持在较低温度；⑦冷链较短，流通半径小；⑧物流提供商的多样化
速冻食品冷链物流	①作业要求比较高；②包装要求高；③强化全程温度控制；④需要高效的物流配送网络
药品冷链物流	①独立完整的冷链物流体系，整合规划与协调；②需要高效的物流配送网络；③强有力的行业规范和专业人才；④全程温度控制；⑤管理建设投资大，系统庞大

案例阅读 6-1

冷链成"热土"

2012 年，民营物流公司顺丰启动生鲜电商平台"顺丰优选"的建设。2013 年 5 月，顺丰优选的冷链配送首次走出北京，实现对天津六城区的生鲜 48 小时配送。2013 年 9 月，顺丰优选开始向华东、华南配送生鲜产品，覆盖上海、杭州、苏州，以及广州、深圳等地。

> 与此同时,其他电商平台也纷纷推出冷链计划:1号店在北京正式推出生鲜品类,运营频道命名为"1号生鲜";京东的"自营"生鲜频道在2013年9月上线;2013年7月,天猫开始试水生鲜配送;同年7月底,苏宁易购也以"阳澄湖大闸蟹"开启了其涉足生鲜网购的大幕……电商正在把生鲜电商作为战略热点,这同时也会给中国的冷链物流带来巨大的发展机会。

6.2 冷链物流运作组织概述

6.2.1 冷链物流的现状分析

中国冷链行业在政策的支持下正在大跨步的前进,目前我国的肉类食品厂有2 500多家,年产量1 000多万吨,年产肉类5 600万吨;速冻食品厂2 000多家,年产量超过850万吨;冷饮企业1 000多家,年产量1 000多万吨;乳品企业1 500多家,年产量800万吨;此外还有每年4 120万吨的水产品。这些总量超过1 500亿吨的冷藏食品需要运输,而由于运量不够造成冷链浪费带来的损失等同于GDP 2%的增长额,冷链物流服务体系建设十分必要。与发达国家比,我国的冷链流通率还存在很大差距。欧美等发达国家肉禽冷链流通率已达100%,水果在95%以上,而我国肉禽、水果的冷链流通率仅为15%和5%。数据显示,我国每年约有1/4的水果和1/3的蔬菜在中转运输及存放过程中腐烂变质损坏,价值高达750亿元。

随着市场、企业的高速扩展,制约行业发展主要存在以下几个问题。

1. 冷链物流理念推广薄弱

由于冷链行业还属于发展初期,消费者在超市、菜市场买食品时,只关注到产品品牌、颜色等表面现状,却没有考虑过在最终环节之前的供应链是否有过断链。他们不了解即使再好的产品如果在运输、储藏等环节中任何一个环节出现断链那么该产品就不会新鲜。这种现象的产生原因就是冷链知识在社会上没有广泛普及,公众没有真正认识到食品安全的重要性。因此,推广冷链技术和理念至关重要。

2. 冷链设施相对落后

近年中国冷链基础设施数量迅速增长,但相对于中国庞大的人口基数,冷库及冷藏车等资源的人均占有量仍旧偏低,部分基础设施陈旧且分布不均,亟待升级改造。冷藏运输是冷链物流的重要环节,中国冷链物流主要集中在铁路和公路运输,从冷藏运输的发展趋势来看,欧洲各国曾一度以铁路运输为主,后来,随着冷藏保温汽车的发展,公路冷藏运输的运量占冷藏运输总运量的比率逐步提高,现已达到60%~80%,而我国达35%左右。

我国公路冷藏车的保有量仅占公路货运车辆的0.3%,这是造成冷链流通率较低的重要原因。美国平均500人就有一辆冷藏车,而我国平均3万人才有一辆冷藏车,冷藏车的保有量仅为4万~5万辆。从运输情况看,受中国铁路资源等因素限制,铁路冷藏运输与公路冷藏运输难以协同,严重影响冷藏运输效率。

3. 冷链第三方物流发展滞后

目前,中国第三方冷链物流发展的基本状况是以食品生产企业为母体的第三方物流企业和独立第三方物流公司共存并进。专业第三方冷链物流占20%左右,以中小企业为主,缺乏行业竞争力。此外，大多数易腐食品的物流都是由生产商、加工商和零售商自己操作，极大地妨碍了冷链市场的成本效益，也阻碍了第三方冷链物流企业的发展。

4. 冷链系统标准化有待完善

据不完全统计，分布在不同行业和部门的冷链物流标准已达近200项。但是冷链物流标准化体系建设是由部门、地区条块分割管理的，这极大地制约了冷链物流各相关行业标准化之间的统一性和协调性。目前，中国冷链管理部门除了国家统一的标准管理机构，还有交通、铁路、民航、卫生、信息等代表政府的行业部门。而冷链物流行业涉及的各个产业技术组织、科研机构，则分散在各个政府部门、各个行业中，这样就造成相互之间难以交流和配合，不能形成统一的规划。

标准落实不到位也是问题之一，即使对于现有的标准，实施上也可能遇到阻碍，而没有落实到位。如果没有强制性标准，那么就很难保证质量，让消费者放心。

5. 信息化水平低下

冷链物流不同于普通物流，其硬件水平和货物运作要求较普通货物具有较强的刚性要求，对于信息化的配置和运营人员的管理水平、应急处理能力都有较高的要求。中国整体物流信息化水平较低，而冷链运输行业的信息化现状更是不容乐观。运营人员大多数是从普通物流转变而来，不仅对产品特性不熟悉，而且对于冷链物流的运营要求掌握程度更低。因此，冷链物流应急预案能力亟待提高。

从以上分析可以看出，我国冷链市场与发达国家相比仍存在较大的差距，但这也说明我国冷链物流有巨大的潜力等待开发。事实上，随着人们生活水平的日益提高，对冷冻冷藏食品的需求越来越大，冷链物流市场商机逐渐显露。各地政府和企业开始有意识把冷链物流作为市场"蓝海"去培育和开拓。近年来国家在食品安全方面的法规越来越严，越来越多的生产商选择第三方冷链物流企业来外包自身冷藏物流业务。2013年全国建成投入运行的冷库储存能力287.8万吨，其中公共型冷库储存能力约262万吨，占比超91%。截至2013年年底，全国冷库存储能力总计约2 411万吨，同比增长约13.6%。

6.2.2 冷链物流一般运作组织模式

冷链物流运作组织模式一般因类别不同而不同。中间需生产加工、流通加工或简单处理，且产地与农户有关的果蔬类、部分家畜禽等初级农(副)产品的冷链物流组织结构如图6.1所示。通过生产商的加工环节、批发商与零售商的流通环节，农户种植养殖的多种产品通过冷链物流的运作最终送达消费者手中。

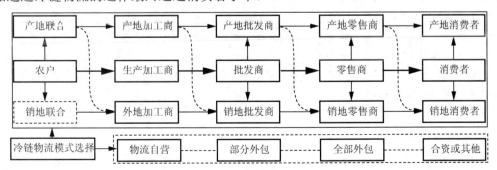

图6.1 果蔬供应链与冷链运作组织

从图 6.1 上部可以看出，果蔬类一般由农户→批发商→零售商→消费者，畜禽类一般由农户(或养殖场)→生产加工商→批发商→零售商→消费者构成供应链。在这一供应链中，除农户(或养殖场)以外的任一主体都可以通过压缩供应链的方式向上游直接采购，同时，各环节也都可能自发联合或多层级的组织体系强化自身实力。例如，农户就可通过产地与销地联合，常见的有合作社、供销社、农户代表等，以提高自身的议价能力。

图 6.1 下部的冷链物流运作模式部分，就是上述供应链中的运作组织主体对物流服务的不同选择，从而形成自营、外包(部分或全部)、合资等具体的冷链物流运作模式。从中不难看出，由于冷链涉及的主体较多，每个主体在经济的独立性与个体追求利益的驱动下，在整个冷链组织模式中，物流运作模式多会呈现自营、外包等并存的情形。

6.2.3 不同类别冷链物流运作组织

1. 果蔬类冷链物流运作组织

以果蔬类为例，从冷链物流运作角度来看，其主要储运流程如图 6.2 所示。果蔬类产品通过产地储藏(或销地储藏)后，通过流通加工和运输环节，进入销地配送中心(或批发市场)，然后通过分销商自提或批发商配送的方式进入超市门面、个体商贩零售终端，消费者通过到超市、菜市场等方式购置回家。在这一流程中，运输与仓储是整个冷链物流运作的关键，通过商流与物流环节，最终完成了从田间到餐桌的过程。

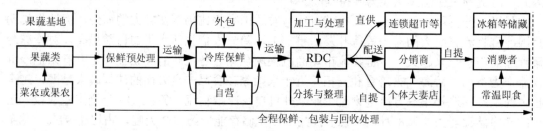

图 6.2 果蔬冷链物流运作组织

案例阅读 6-2

某地果蔬物流运作流程

> 山东寿光的蔬菜销往北京菜市场的一般流程：寿光菜农→批发收购商→集中装车→运输→北京批发市场→小型菜贩→各区域菜市场→消费者。在这一流程中，山东的蔬菜经过一系列商流与物流运作，最终送到菜市场内。在此过程中，通过运输、仓储自营或外包的方式完成整个物流过程的运作组织。
>
> 重庆 S 公司，通过与广东某地的果农长期合作(一般以若干年多少亩的水果种植面积为签约标的)，把广东产的沙糖桔及时地销往重庆各大超市，这一流程的主要环节包括：广东果农→重庆水果批发商采购→该公司位于重庆的果品配送中心→各大超市→消费者。在该过程中，通过运输、仓储自营或外包的方式完成整个物流过程的运作组织。

2. 花卉类冷链物流运作组织

一般花卉生产基地通过简单加工和运输包装，通过保鲜与快速运输，把花卉运输至交易地，通过交易市场的商流，把花卉卖给专业用户、花店等销售终端。在此过程中，其冷链物流过程包括保鲜运输、仓储、流通加工、配送等各环节。其物流业务可以是自营的，也可以外包给 3PL 实现，具体运作组织如图 6.3 所示。

图 6.3 花卉冷链物流运作组织

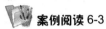 案例阅读 6-3

北京奥运用鲜花物流运作流程

2008 年北京奥运会所使用的颁奖用鲜花，其运作流程主要有：云南鲜花栽培→空运→北京奥运花卉配送中心→各比赛场馆→运动员颁奖。在该过程中，花卉生产基地→采摘作业→包装作业→运输作业→配送中心加工分拣→配送→场馆装卸与暂放等作业环节紧密联系，形成一个有效的花卉冷链物流运作过程。

3. 畜禽肉、冷藏冷冻食品、鲜活水产品类冷链物流运作组织

根据物流中心(配送中心)的设置不同，形成了多种运作模式，一家物流商负责运作冷链物流的组织过程，如图 6.4 所示，是一种比较理想的模式。根据调研，目前多数屠宰厂和冷藏冷冻食品、水产品加工企业，一般都有自己的冷藏冷冻库，以平衡供应、生产与销售各环节。

在图 6.4 中，冷链物流全部或部分业务可以是个体农户等拥有或外包，或是屠宰厂自营或外包，或是食品或水产加工商自营或外包，或是批发商或零售商等自营可外包，当然也可以同时存在多种状态，这样就形成了一个物流运作多样化的情形。图 6.4 表示的是一种物流集成形式，物流商通过一体化物流运作组织，充分利用物流资源，提高作业的效率。

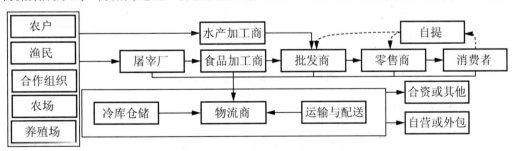

图 6.4 畜禽肉、冷藏冷冻食品、鲜活水产品类的供应链物流运作组织

 知识链接 6-1

速冻食品、冷冻食品和冰温食品

(1) 速冻食品：指在-40～-35℃的环境中，在 30min 内快速通过-5～-1℃的最大冰结晶生成带，在 40min 内将食品中 95%以上的水分冻成冰，即食品中心温度达到-18℃以下。这样食物组织中的水

分，汁液不会流失，而且在这样的低温下，微生物基本上不会繁殖，食品的安全有了保证。

(2) 速冻食品与冷冻食品的关系：速冻强调的是速冻过程，形成后就是冷冻食品了。

(3) 冰温食品：把食品放置在"冰温带"（0℃以下，冰点以上的温度区域）内进行加工、储藏和流通，此类食品称为冰温食品，该类食品按冷冻食品冷链物流处理。

4. 乳品冷链物流运作组织

乳品是乳类制品的简称，亦称奶制品、奶类食品或奶食品，是指以乳类为基本原料加工而成的食品。除各种直接使用奶制成的饮料外，还包括通过发酵获得的食品(奶酪和奶油)，以及对奶进行干燥或者提炼后获得的高浓度制品(如奶粉和炼乳等)，雪糕、冰激凌等也包括在内。乳品冷链物流是以新鲜奶和酸奶等为代表的低温奶产品等在奶源基地采购、生产加工、包装、储藏、运输与配送、销售直到消费的各个环节都处于较适宜的低温环境中运行的一种冷链物流，以保证奶制品的品质，防止奶制品变质和污染。

乳品冷链物流主要运作组织如图 6.5 所示。在乳品冷链物流运作中，物流可以外包，也可以自营，这与企业自身的战略要求相一致。比如光明乳业采用自营冷链物流，而蒙牛乳业除冷库多数作为生产厂功能之一进行自建外，而把运输等环节全部外包给第三方物流的方式进行。在供应链管理上，上游加工企业与奶源基地更加紧密(2008 年发生的三聚氰胺事件，就是由于乳品加工企业在原奶→生产线的流程中，出现了供应链运作层面的监控真空所致)，通过自建牧场等方式，加强对奶源的控制，通过对分散农户小规模生产采用合作经营等方式进行监管。下游通过运输与配送的全程监控，有效提高乳品冷链物流的温度与时间管理水平。

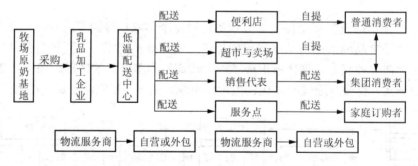

图 6.5 乳品冷链物流运作组织

案例阅读 6-4

安得与蒙牛在冷链物流运作过程中的合作

安得物流通过与蒙牛的深度合作，其冷链物流运作管理实现精准化。双方通过安得物流开发的物流软件，利用 GPS 等技术手段，实现蒙牛乳品冷链全程的温度监控，并将记录在合同期内长期保存，双方共享，为食品质量管理提供了具体的乳品冷链物流运作数据。

5. 药品冷链物流运作组织

常见的药品冷链物流，具体组织过程如图 6.6 所示，是以疫苗和生物制药为代表的易变质医药产品在冷链各个环节都处于低温状态，以保证易变质的药品的品质为目的。从药品的特殊性要求上，此种冷链建设需政府、医院和企业之间的合作，共同推动。

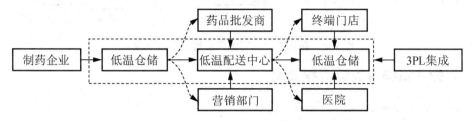

图 6.6 药品冷链物流运作组织

图 6.6 中，药品冷链物流通过自营或外包的模式进行运作，理想模式是通过第三方物流商整合冷链上下游企业的冷链资源与运作组织，形成一体化的冷链物流运作模式。

目前，国内各地特别是农村拉闸限电的情况时有发生，而断电在没有自备供电保障的单位就意味着冷链的断裂，这对于生物制药企业和冷链物流企业来说，无疑是极为不利的，自备发电设备已成为冷链物流特别是冷藏与冷冻仓储企业的必备条件之一。

6.3 冷链物流流程控制

6.3.1 冷链物流作业流程分析

冷链物流具体运作时，不仅有仓储与运输等比较大的功能环节，更有诸多精细作业需要协调与控制，如冷链物流运作控制三要素：人员、过程监控与技术设备就需要高度协同。以果蔬冷链物流为例，图 6.7 所示就是果蔬冷链物流具体作业流程与控制要点。在该流程中，如果把果蔬类换成其他物品，相关仓库功能进行调整，就形成了诸如花卉、畜禽肉、蛋、水产品、乳品等不同种类的冷链物流作业流程，此时部分作业方式与过程也应根据类别作出相应的调整。

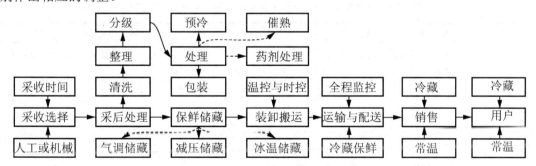

图 6.7 果蔬类冷链物流作业流程与控制要点

例如，根据图 6.7 并结合其他种类冷链物流特点，就可形成了畜禽肉类冷链物流作业流程与控制要点，具体如图 6.8 所示，其中从活畜禽类进入屠宰厂开始，冷链物流控制开始强化，直至到最终消费用户手中为止。

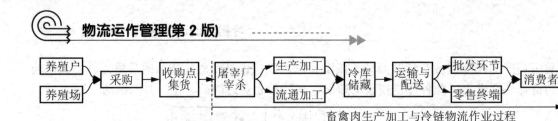

图 6.8 畜禽肉冷链物流作业流程与控制要点

6.3.2 典型冷链物流关键流程控制

1. 冷冻食品冷链物流作业控制

冷冻食品冷链物流关键流程主要包括运输、装卸搬运、储存与包装。其中，运输环节作业组织与控制要点见表 6-2，装卸搬运环节作业组织与控制要点见表 6-3，储存环节作业组织与控制要点见表 6-4，包装环节作业组织与控制要点见表 6-5(根据国家标准《冷冻食品物流包装、标志、运输和储存》(GB/T 24617—2009))。

表 6-2 冷冻食品冷链物流关键流程控制要点——运输

运 输	冷冻食品冷链物流关键流程具体作业与控制要点(温度、作业、质量、安全等)
运输与运输设备要求	冷冻食品运输设备应具备必要的制冷能力与隔热保温性能，确保运输期间厢体达到-18℃及以下的温度要求
	运输设备厢体内壁应清洁、卫生、无毒、无害、无污染、无异味，并符合国家有关法规和标准对食品容器的规定
	冷冻食品运输设备性能应符合国家法规和标准对食品冷链运输设备性能要求，定期对制冷设备进行保养和融霜，发现设备异常应停止使用，及时维修
	运输设备厢体应配置温度自动记录设备全程记录运输过程中厢体内温度，或配置外部能直接观察的测温设备，测温设备应定期校检并记录。运输设备宜配置温度异常报警装置
	运输设备制冷系统等设施凡有安全注意事项，应在相关的明显位置设置警告标志或安全规程，制冷剂应采用环保工质

表 6-3 冷冻食品冷链物流关键流程控制要点——装卸搬运

装 卸	冷冻食品冷链物流关键流程具体作业与控制要点(温度、作业、质量、安全等)
装卸作业规范	在运输装载前对运输设备进行检查，确认制冷系统状态良好，并根据需要除霜，清除积霜后对运输车厢内壁进行清洁消毒，使其达到卫生要求
	运输设备厢体应在装载前进行预冷，温度应预冷到-10℃以下或达到双方约定的预冷温度方可开始装载
	冷冻食品应按不同目的地对冷冻食品加以筛选和分组，根据"后卸先装"的顺序装载
	多温区冷藏运输设备，在同一温度区域，冷冻与非冷冻食品、不同加工状态的食品，以及容易串味的食品不应混装运输
	产品装卸应严格控制作业环境温度和时间，保证食品温度不高于-12℃，作业环境需保证卫生条件。如果没有密闭装卸口，应保持运输车门随开随关
	冷冻食品装载时，货物堆积要紧密，与厢壁周围应留有缝隙，货物与后门之间宜保留至少 10 cm 距离，厢体顶部和货物之间宜留出至少 25 cm 距离，使用固定装置防止货物移动，保持冷气循环

续表

装　卸	冷冻食品冷链物流关键流程具体作业与控制要点(温度、作业、质量、安全等)
装卸作业规范	冷冻食品运输途中厢体应保持在-18℃以下，运输过程中最高允许升温到-15℃，但装卸后应尽快降至-18℃以下。有特殊温度要求的冷冻食品按约定要求执行
	完成运输作业后，应立即对运输工具厢体进行严格的清洗、消毒，达到相关食品卫生要求，方可进行新的运输作业
温度控制和记录	在装卸和运输全程中，应按规定控制和记录厢体内部温度，每次运输作业结束后，应将温度记录写入运输单证或作为运输单证附件，提交给相关方。承运方运输温度记录应保持1年以上
	冷冻食品物流过程中的产品温度、环境温度的测量方法见 SB/T 10379—2012 中附录 A
	装卸时的产品温度测量，宜针对运输货物的同一相对位置，或针对同一样品，且在冷藏环境条件下进行
	无温度自动记录设备的运输车辆，可通过从外部读取厢体内部温度的方式记录温度。装卸过程中检查产品温度应保持运输厢体密闭
	物流过程中其他目的的产品检查也宜在装卸点并且在受控的环境状态下进行

表6-4　冷冻食品冷链物流关键流程控制要点——储存

储　存	冷冻食品冷链物流关键流程具体作业与控制要点(温度、作业、质量、安全等)
储存冷库要求	冷冻食品储存冷库应符合食品卫生场所要求，应有足够的容量和适当的制冷设备，保证冷库温度达到-18℃以下，产品进出冷库时库温波动控制在±2℃以内
	冷库设计和建造应符合《冷库设计规范》(GB 50072—2010)的规定，大、中型冷库宜建有低温穿堂和封闭式站台，并配有与运输车辆对接的密封装置
	冷库各冷藏区应合理配置温控检测装置，检测装置应定期校检并记录；并应配备湿度计，必要时应有除湿措施，应定期检查并记录冷库温度，库温记录档案至少保存两年
	冷库应定期除霜、清洁、消毒和维护保养，冷库内应干净、整洁、无异味，不同冷冻食品的冷库作业工具也要区分使用，防止交叉污染
	冷库应有充足的照明设施，采用节能灯具，防潮防爆，装有防护罩
	冷库应具备逃生指示、自救设施和报警系统，应定期检查确保其处于完好状态
冷库作业要求	每批冷冻食品入库前，应对冷库及作业工具进行清洁、消毒，达到相关食品卫生要求方可入库，冷库管理者应记录每批冷冻食品的入库时间和温度，并保留记录1年以上
	到货冷冻食品温度高于-12℃或高于双方约定的最高温度时，不应接收，收货方应及时通知货主，双方按合同约定协商处理
	冷库内冷冻食品应按食品类别分区域放置，防止串味和交叉污染，宜专区、专垛
	冷库内产品堆放应稳固、整齐、适量，遵守"先进先出"原则。没有货架设施的冷库，货垛应置于托板上，不应直接接触地面，货物高度不应超过产品外包装材料的承载强度
	存储产品应以不影响冷气循环的方式放置，不应与墙壁、顶棚或地坪直接接触，堆码距离参照《初级生鲜食品配送良好操作规范》(SB/T 10428—2007)中 6.2.2.2 的要求
	冷冻食品储存期间，冷库作业人员应定期监测冷库温度，必要时检测相对湿度，温度和相对湿度的测定按《水果和蔬菜　冷库中物理条件　定义和测量》(GB/T 9829—2008)执行。存放冷冻食品的冷库内气流应使库温均匀，并考虑节能降噪和减少干耗等原则
	冷库作业人员应定期检查，发现即将过期或已变质食品应立即通知管理人员或货主，以便及时采取处理措施

表 6-5　冷冻食品冷链物流关键流程控制要点——包装

包　装	冷冻食品冷链物流关键流程具体作业与控制要点(温度、作业、质量、安全等)
运输包装与标志	冷冻食品的包装材料应符合国家相应食品包装材料的质量卫生标准要求，在相应的冷冻温度下保持食品包装材料应有的物理机械性能，具有良好密闭性和低水蒸气渗透性
	冷冻食品的运输包装应坚固完整，防湿，有足够的耐压强度，封口严密，不易散包，便于运输和装卸
	运输包装尺寸宜符合《包装 单元货物尺寸》(GB/T 15233—2008)和《运输包装件尺寸与质量界限》(GB/T 16471—2008)的规定，以及《托盘单元货载》(GB/T 16470—2008)托盘包装要求和冷藏车、冷冻集装箱、冷冻船(舱)、冷藏列车等运输设备的国家或行业标准的尺寸规定
	冷冻食品的运输包装标志应清晰、牢固，图标标志的名称和图形、颜色、打印位置等应符合《包装储运图示标志》(GB/T 191—2008)的规定
	运输包装上宜采用《包装储运图示标志》中"温度极限"标志或以文字注明储藏、运输温度，运输包装收发货标志应符合《运输包装收发货标志》(GB/T 6388—1986)的规定

2. 冷藏食品冷链物流作业控制

冷藏食品物流作业控制的关键环节主要包括运输、储存与包装 3 个环节，其中运输环节作业组织与控制要点见表 6-6(根据国家标准《冷藏食品物流包装、标志、运输和储存》(GB/T 24616—2009))，储存环节作业组织与控制要点见表 6-7，包装环节作业组织与控制要点见表 6-8。例如，冷鲜肉也叫冷却肉，是经检验检疫合格后的生猪在屠宰后 30min 以内必须进入 0℃的恒温车间进行迅速冷却，使胴体温度(以后腿肉中心为测量点)在 24h 内降为 0~4℃；同时，后续的分割、精加工、包装、储存、运输和销售环节也必须在-2~4℃的低温环境中进行，直至进入消费者的冰箱或厨房(杨一帆等，2008)。该肉就要求全程低温下进行加工、储藏、运输、配送、销售等，其冷链物流各作业环节要满足相关要求。

表 6-6　冷藏食品冷链物流关键流程控制要点——运输

运　输	冷藏食品冷链物流关键流程具体作业与控制要点(温度、作业、质量、安全等)
运输工具要求	冷藏食品运输设备应具备必要的制冷能力与隔热保温性能，确保运输期间厢体内达到冷藏食品要求的温度
	运输设备厢体应清洁、无毒、无害、无异味、无污染，并符合相关食品卫生要求
	运输设备厢体应配置温度自动记录设备全程记录运输过程中厢体内部温度，或配置外部能直接观察的测温设备；设定的记录点时间间隔不宜超过 15 min
	运输设备厢体内不应放置具有尖角、棱角或突状物等的物品，以免刺破食品包装物造成污染
	运输设备制冷系统等设施凡有安全注意事项，应在相关的醒目位置设置警告标志或安全规程。制冷剂应采用环保工质
	运输设备各部件(包括制冷系统、测温设备等)应定期检查、校正和保养，发现异常应立即停止使用，并及时进行维修

续表

运 输	冷藏食品冷链物流关键流程具体作业与控制要点(温度、作业、质量、安全等)
冷藏运输作业要求	装载前，应对运输设备进行检查及除霜，并确定制冷系统运转正常
	运输设备厢体应在装载前进行预冷，当温度降至冷藏食品要求的范围时，方可开始装载
	冷藏条件接近的多种食品可拼装运输；但具有强烈气味的食品和容易吸收异味的食品、产生较多乙烯气体的食品和对乙烯敏感的食品、不同加工状态的食品不应进行拼装
	冷藏食品的堆积排列应稳固，必要时可使用支架、栅栏等固定装置防止货物移动；货物与厢壁、厢门之间应留有缝隙，货物与厢体顶部的距离应不少于 15 cm，以保持厢体内冷风循环顺畅
	运输过程中，应控制厢体内部温度保持在冷藏食品要求的范围
	在装载和卸货前，应检测冷藏食品温度；检测位置由托运方与承运方或承运方与收货方共同决定，并在低温环境下完成检测工作；温度检测记录应作为运输单证附件提交给相关方
	应严格控制冷藏食品的装卸货时间，保证装卸货期间食品温度升高幅度不超过 3℃
	装载或卸货作业中断时，应保证运输设备厢体的门即时关闭，制冷系统保持正常运转
	承运方应记录冷藏运输期间的厢体内部温度、冷藏食品检测温度和时间、装卸货时间，并保留记录 1 年以上
	卸货前，如果检测到的食品温度超过规定范围时，应拒收或及时通知管理人员和货主，协商处理措施
	检测冷藏食品温度，以冷藏食品中心温度为准。如果无法测量冷藏食品中心温度，经相关方同意，可测量食品包装表面温度代替食品中心温度
	完成冷藏运输作业后，应立即对运输设备厢体进行严格的清洗、消毒和晾干，达到相关食品卫生要求后，方可进行新的运输作业

表 6-7 冷藏食品冷链物流关键流程控制要点——储存

储 存	冷藏食品冷链物流关键流程具体作业与控制要点(温度、作业、质量、安全等)
冷库与作业工具要求	冷库设计应符合国家标准《冷库设计规范》(GB 50072—2010)的规定
	冷库各冷藏间应配置温度、湿度监测装置。监测装置应放在不受冷凝、异常气流、辐射、震动和可能冲击的地方。监测点的多少视库容而定
	冷库内的监测装置应定期校检并记录
	冷库应具备逃生指示、自救设施和报警系统，并定期检查确保其处于完好状态
	冷库作业工具应根据冷藏食品的种类区分使用，防止交叉污染
	应定期对冷库设备和系统进行检查、维护，发现异常应及时修理
	应定期对库房、作业工具、周围环境等进行清洁、消毒，并达到相关食品卫生要求
仓储作业要求	入库前，应对冷库和作业工具等进行清洁、消毒，并达到相关食品卫生要求
	冷库应进行预冷，当温度降至冷藏食品要求的范围时，方可将食品入库
	入库的食品应新鲜、清洁、经检验合格
	未经冷却或温度高于规定的食品，应先进行冷却，达到要求的冷藏温度后方可入库
	具有强烈挥发性气味和异味的食品，要求不同冷藏条件的食品，需经特殊处理的食品，容易交叉污染的食品应专库储存，不应混放，避免串味或相互污染
	冷库的温度和相对湿度应根据所储存冷藏食品的种类、特性、成熟度等进行选择和调节

续表

储 存	冷藏食品冷链物流关键流程具体作业与控制要点(温度、作业、质量、安全等)
仓储作业要求	冷库作业人员应记录每批食品的入库时间、入库温度、储存期间温度变化和冷库的温湿度等，并保留记录1年以上
	冷藏食品在库房内的堆码方式参照《初级生鲜食品配送良好操作规范》(SB/T 10428—2007)中 6.2.2.2 的要求，堆码地点不宜置于库门附近或人员出入频繁的区域
	冷库温度和相对湿度应满足冷藏食品的贮藏要求并保持稳定，库房温度波动幅度不应超过±2℃；在食品进出库时，库房温度升高不应超过3℃
	储存期间，应定时检测库房内温度和相对湿度，并根据不同冷藏食品的需要定时通风换气。温度、相对湿度和空气环流量的测定应按《水果和蔬菜 冷库中物理条件 定义和测量》(GB/T 9829—2008)执行
	冷库作业人员应定期检查，发现即将过期或已变质食品应立即通知管理人员或货主，以便及时采取处理措施
	冷藏食品出库时，应遵循先进先出原则

表 6-8　冷藏食品冷链物流关键流程控制要点——包装

包 装	冷藏食品冷链物流关键流程具体作业与控制要点(温度、作业、质量、安全等)
运输包装与标志	根据冷藏食品的类型、形状及特性等合理选择包装材料和包装技术，确保食品在物流过程中的质量和卫生安全
	冷藏食品运输包装材料应完好、清洁、无污染、无异味、无毒、无害，符合国家相关食品安全和卫生法规及标准要求，且应具有一定的保护性，在装卸、运输和储存过程中能够避免内部食品受到损伤
	冷藏食品的运输包装尺寸应符合《包装 单元货物尺寸》(GB/T 15233—2008)和《运输包装件尺寸与质量界限》(GB/T 16471—2008)的规定，采用托盘包装时还应符合《托盘单元货载》(GB/T 16470—2008)的规定
	包装不耐压冷藏食品时，应在包装容器内加支撑物或衬垫物，以减少食品的震动和碰撞。包装易失水冷藏食品时，应在包装容器内加塑料衬。各种包装填充物应符合相关食品卫生要求
	冷藏食品运输包装标志的名称、图形、颜色、尺寸及使用方法应符合《包装储运图示标志》(GB/T 191—2008)的规定
	冷藏食品运输包装应采用《包装储运图示标志》(GB/T 191—2008)规定的"温度极限"标志或用文字直接标明食品应保持的最低温度和最高温度
	冷藏食品运输包装收发货标志应符合《运输包装收发货标志》(GB/T 6388—1986)的规定

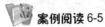

案例阅读 6-5

双汇肉制品冷链物流保鲜控制

中国肉制品生产巨头双汇从 2006 年开始重点发展低温肉制品和冷鲜肉产品，目前已成为中国最大的食品加工企业，并在低温肉制品和冷鲜肉产品方面与雨润食品等多家企业展开竞争，随着冷链物流已成为企业的获得竞争优势的关键要素之一,冷链物流的各个环节又成为冷链物流运作管理成功与否的关键。在包装环节上,通过采用真空收缩包装,使冷鲜肉能够最大程度地保持肉质的鲜嫩和营养,同时还能将保质期延长到 30 天以上。其所提供的长久保质期大大扩展了双汇的销售空间,使双汇能够通过以河南漯河为中心,在减少全国生产厂和物流中心布点的前提下,迅速占领中长距离以外地区的市场。

(资料来源:根据双汇集团网站相关资料整理)

3. 生鲜果蔬冷链物流作业控制

生鲜果蔬采摘后其组织中仍进行着活跃的新陈代谢过程,其呼吸实质是有机物缓慢地氧化。所以保证果蔬的高质量运输与储藏不仅要控制乙烯,还要控制 CO_2、水汽和呼吸发出的热量等,其作业控制要点见表 6-9。表 6-10 所示的是鲜葡萄的冷链物流作业控制要点(石景元,2007)。

表 6-9 生鲜果蔬冷链物流关键流程控制要点

果蔬	果蔬保鲜作业控制要点
采摘处理储藏运输保鲜作业	正确设置冷库新鲜空气换气窗开度比率,远离乙烯源,如柴油机排气管等,正确设置温度、湿度等
	果蔬应在理想的时间和成熟度状态下采摘
	采后处理应细心拣选、整理和清洗,然后降温储藏,具体温湿度要求见表 6-10
	正确使用包装材料对果实迅速进行包装使其处于低温状态,并在正常的温度、湿度、气体成分环境下运输
	销售终端应尽量保持在低温环境下销售,如在常温下,应通过洒水、阴凉处保鲜等措施下进行销售,如果出现萎缩枯死等情形应及时进行有效处理

表 6-10 鲜葡萄的冷链物流作业控制要点

作业	冷链物流作业流程与控制要点
运销	冷链运销包括产地预冷、冷藏运输、销地冷藏周转、商场冷藏和货架低温保鲜等系列环节
	种植大户、经销商、运输商、商场超市必须密切配合
	果品预冷时间一般 12~14h,途中安全运输为 1~10℃,短距离运输 5~15℃亦可
冷储保鲜	要领:温度、湿度、气体、防腐
	库房打扫干净,提前打开降温至-2~0℃
	库房消毒,用 $5g/m^3$ CT 高效消毒剂,小型库房也可用 SO_2、甲醛水消毒,但腐蚀性较大
	保鲜袋选用 PVC 或 PE 调气透湿袋
	保鲜剂选用 CT 复合型保鲜剂,要求 5kg 箱放 7 包 CT_2 和 1 包 CT_1(分层放)和 1 张调湿保鲜膜
	预冷 12~24h 至-2~0℃,长期储藏的温度为-1~0℃(±0.5℃)
	库房堆码以"品"字形为佳,间隔一定距离
	经常检查温度变化,做好通风换气工作

6.3.3 冷链物流温度控制

1. 冷链物流温度分布

冷链商品依储存温度的要求不同，分为超低温、冷冻、冰温、冷藏、恒常温 5 种温层，具体见表 6-11。在此表中，恒常温层因其对温度控制的特殊要求，也作为冷链物流温控的一种类型单独列出。

表6-11　冷链物流一般温度分布与适用商品

温层	温度要求	主要商品
超低温层	-50℃以下	医疗设备
冷冻温层	-18℃以下	冷冻畜禽(水产)肉、冰激凌、雪糕、速冻食品(水饺、汤圆、馒头、包子等)
冰温层	-2～2℃	果蔬
冷藏温层	0～10℃	便当、鲜奶、酸奶、鲜奶油等
恒常温层	10～25℃	巧克力、红酒、糖果等

2. 冷冻食品冷链物流运作流程温度控制

在典型的冷冻食品冷链物流运作过程中，其各个作业环节下的温度控制如图 6.9 所示。其中应注意货物最高温是指冷链食品本身的温度，而厢体最高温是指冷链物流运作设备，如车辆、相关冷冻设备等的温度。从完整的冷链物流运作流程来看，装卸作业存在于多个环节中，图中仅对两处列出，其他环节如果存在装卸搬运环节，要求一致。在冷链物流运作过程中，一般选择 RFID、GPS 等技术手段作为运作过程全程温度监控装置，具体应用可参见案例阅读 6-6。

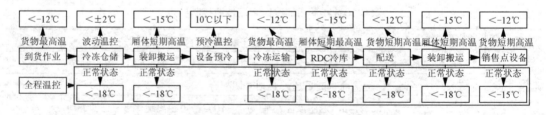

图 6.9　冷冻食品冷链物流运作关键作业流程温度控制

图 6.10 是某企业生猪屠宰冷链加工与物流过程中的关系与温度控制图，其中包括了速冻间、冷却间、冷柜、冷藏车等所有与冷链相关的设施设备，并通过温控设备与信息系统相连，实现全程温度控制。图中的低温排酸是指猪肉的冷却排酸，即猪胴体经过动检人员检疫合格后，立即进入-20℃的速冻间 90min 左右，使肉温快速冷却，然后转移到 0～4℃的冷环境中经过 16～18h 的冷却(不能低于 16h)，使猪后腿的中心温度低于 7℃(栾远达，2006)。

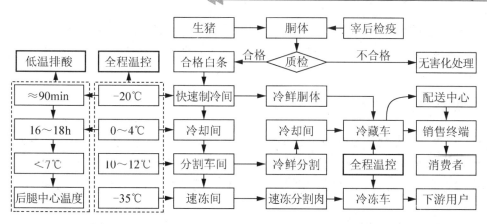

图 6.10　某企业生猪屠宰冷链加工与物流过程中的关系与温度控制

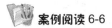

RFID 在联合利华冷链中的应用

联合利华与系统集成商、硬件设备供应商三方合力，共同出资开展了利用 RFID 追踪冰激凌温度变化的试点项目，其具体包括以下过程。

通过把内置温度传感器的 RFID 标签贴在货箱上。一只使用了条码管理系统的托盘可放置 60 个货箱，每个货箱都贴上 RFID 传感标签，并在分销中心进行汇集和分发。每个货箱的 RFID 标签都与相应的客户唯一关联。

数家参与测试的零售商店内 40 台储存冰激凌的冷柜也粘贴了传感标签。储存冰激凌成品的 60 个已贴标货箱从制造工厂里运出→运输至联合利华的分销中心→各零售商的分销中心→运输至 40 家零售商店。货箱在运输过程中会被读取两次：离开制造工厂时及零售商店将货箱返送回联合利华分销中心时。读取货箱标签信息的目的，在于采集温度传感器每 10min 定期记录的温度数据，并确定温度传感标签在低温冷冻环境下是否能够正常工作。

经过测试表明，RFID 标签对冰激凌物流过程的持续温度记录没有出现任何中断，并且可以在-30℃下正常工作，总共可以记录 40 万条温度数据。这为温度全程监控提供了有效的技术解决手段(刘梅，2008)。

6.4　冷链突发事件的类型与防范

6.4.1　冷链突发事件发生的类型

可以将冷链突发事件大致分为以下几种类型。

(1) 冷链物流作业发生的突发事件。由于失误、失控造成冷链物品重大经济损失，如公路冷链与航空冷链间发生断裂造成几百万价值药品失效、报废。

(2) 冷链平台故障引发的突发事件。由于冷链基核设备故障、管道锈蚀、冷媒剂散发、爆炸造成中的生命财产重大损失等。大型禽类屠宰场，都是全冷链生产，屠宰车间、分割车间都是封闭、低温运行，因此需要液氨进行制冷，一般有规模的屠宰加工厂，都会有几吨或者更多的液氨存在。液氨具有腐蚀性，且容易挥发，所以其化学事故发生率相当高。

(3) 系统组织管理失效的突发事件。由于采购、检验、入库等环节造成原料错误、食品中毒、药品失效,引发生命健康重大损失,如冷链断裂造成疫苗、药品失效,造成生命重大损失等。

6.4.2 防范与应对作用

(1) 在公共型基核中,冷链平台集成体和冷链物流集成体往往不是同一个集成体。冷链基核运营管理的平台集成体涉及整个冷链基地建设运营和管理,参与冷链业务的物流集成体在战略层面要达成供应链整体价值意识和价值增值认识,具有冷链专业能力和安全作业意识。

(2) 平台集成体要监督、监控具体冷链作业过程,防止意外和突发事件发生。现场作业业务人员往往来自不同集成体,与平台集成体不是同一个组织系统,但需要有统一业务操作标准,不仅需要实时沟通联系,而且还需要掌握其基本业务素质,在运作过程中可能存在素质不足的业务风险。

(3) 发展大型的专业冷链物流企业,提高员工冷链知识和专业技能。冷链物流现场作业人员与突发事件直接相关,需要通过加强组织间联系,提高专业素质,在现场有提示、警示,防止现场作业失误。

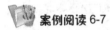

案例阅读 6-7

冷链突发事件频发的原因

冷链系统突发事件可以分为冷链平台和冷链物流引发两部分,简称冷链平台和冷链物流系统。近年来,冷链在生产基地、物流作业基地、冷链作业过程等突发事件频发,社会影响很大,根据新闻报道列出部分案例进行概要说明,在冷链运作过程中要特别注意防范。

(1) 2013 年 8 月 31 日上午,上海宝山区翁牌冷藏实业有限公司发生液氨泄漏事故。事故造成 15 人死亡,25 人受伤。该重大事故原因被初步认定,系生产厂房内液氨管路系统管帽脱落,引起液氨泄漏,导致企业操作人员伤亡。该公司是集水产品进出口贸易、物流、收购、加工、冷藏、销售为一体的综合性大型企业。公司拥有总量超过 3 万 m^2 的超大型冷库及国内外先进的冷冻冷藏设备。

(2) 吉林省德惠市米沙子镇的宝源丰禽业有限公司是以饲料、种鸡养殖、鸡雏孵化、肉鸡放养回收、屠宰加工、深加工、销售为一体的大型农业产业化企业,年屠宰、分割肉鸡 100 万只,是德惠市境内较大型的屠宰加工企业。2013 年 6 月 3 日,突然发生火灾,当班人员被困,造成 119 人遇难,60 名伤员被送往医院,其中 11 位是重症,8 位属危重。吉林宝源丰火灾原因调查是制冷用液氨泄露爆炸致灾难。

(3) 2013 年 4 月 21 日四川眉山市仁寿县金凤食品厂冷库车间氨气管道发生氨泄漏事故,造成 4 人死亡,24 人中毒。

(4) 2013 年 4 月 1 日,金锣集团山东临邑某肉类加工厂发生氨气泄漏事故,造成厂内 40 多名工人受伤,库内 16 吨速冻肉成品受到污染。一个多月后,金锣集团以深埋的方式对污染肉进行销毁,但此举仍被质疑存在二次污染的可能。

(5) 2012年12月21日，浙江省舟山市一艘渔轮在进行海上冷冻品过驳作业时发生氨气泄漏，造成现场7名工作人员氨气中毒，其中3人死亡。

(6) 2012年10月22日，湖北洪湖市德淡水产公司发生氨气泄漏事故，导致479人中毒，1 000多名群众被紧急疏散，事故原因是冷却器螺旋盘老化断裂。

因此，在冷链物流运作过程中必须注意严格遵循业务规范和程序，从冷链物流运作主体、运作基地和运作过程等几个方面严防突发事件发生。

本 章 小 结

通过对冷链物流的相关内涵界定分析，对于具有一般意义的冷链物流内涵的分析，有助于不同产品冷链物流的具体运作。

冷链物流运作的一般组织，以及多类别冷链物流运作组织是冷链物流运作的关键。例如，果蔬、花卉、畜禽肉、速冻食品、水产品、乳品等不同类别的冷链物流运作组织模式是冷链物流高效运作的关键。

冷链物流的温度控制范围，应针对具体的物流对象，针对不同物品按照有关标准和规范确定温度控制范围。本章只是从通用角度、一般情况下的阐述，冷链物流的实际运作中要针对具体环境、具体对象，按照标准和规范确定控制范围。

冷链流程控制是冷链物流运作的关键点，通过对流程的有效控制，实现冷链运作流程优化。

由于从某种意义上来说，冷链物流运作就是"温度控制"加"物流运作"的链式运作，既要抓好温度控制，又要抓好运输、仓储等各环节作业衔接及其运作。本章对冷链物流的温度控制和各环节物流设施、设备、作业密切衔接的"链"进行了特别论述，其要点分析可有效指导冷链物流运作实践。

 关键术语

冷链(Cold Chain)   冷藏食品(Chilled Food)

冷链物流(Cold Chain Logistics)   冷藏室(Freezer Room)

速冻间(Quick-Freezing Room)   冷却间(Chilling Department)

冷柜(Freezer)   冷藏车(Refrigerator Car)

冷藏区温度(Cold Zone Temperature)

冷链物流运作组织(Cold Chain Logistics Operation Organizing, Cold Chain Logistics Operation Organization)

冷链物流流程控制(Cold Chain Logistics Process Control)

冷链事故防范(Prevention Of Cold-chain Accidents)

综合练习

一、多选题

1. 冷链物流运作控制要考虑的主要因素有(　　)。
   A. 时间　　　　　　　　　　B. 温度
   C. 成本　　　　　　　　　　D. 技术设备
   E. 过程监控
2. 果蔬冷链组织一般由(　　)组成。
   A. 农户　　　　　　　　　　B. 生产加工商
   C. 批发商　　　　　　　　　D. 零售商
   E. 用户
3. 常见的冷链物流运作对象有(　　)。
   A. 果蔬　　　　　　　　　　B. 花卉
   C. 肉类　　　　　　　　　　D. 乳品
   E. 特殊物品
4. 国家标准《物流术语》中对仓库冷藏区温度的设定是(　　)。
   A. -18℃以下　　　　　　　B. -10～0℃　　　　C. 0～10℃
   D. 2～8℃　　　　　　　　　E. 8～18℃
5. 实现冷链物流温度监控的关键技术有(　　)。
   A. GPS　　　　　　　　　　B. GIS　　　　　　　C. RFID
   D. 条码　　　　　　　　　　E. EDI

二、判断题

1. 冷链物流的作业对象是温度低于0℃的物品。　　　　　　　　　　　　　　(　　)
2. 果蔬类与花卉类冷链物流运作模式是相同的,在实际作业中无须过多考虑。
   　　　　　　　　　　　　　　　　　　　　　　　　　　　　　　　　　(　　)
3. 畜禽肉、速冻食品、水产品可以作为一类冷链物流运作模式考虑。　　　　(　　)
4. 冷冻与冷藏食品物流作业主要控制的内容是温度与时间。　　　　　　　　(　　)
5. 目前尚没有一种技术能够在冷链物流运作过程中实现温度的全程监控。　　(　　)

三、实训题

仔细阅读案例6-5,绘制流程图,并根据所学知识,指出本流程中的控制关键点。在此基础上,选择一家本地冷链物流企业,调研其冷链运作过程中的在途温度是如何监控的,选择的技术在实际运作过程中一般容易出哪些问题,其主营业务的冷链物流运作流程怎样,存在哪些问题,在以后的工作中如何改进,试根据调研情况,撰写分析报告。

四、案例分析题

某公司冷链物流运作分析

上海 K 公司是一家致力于冷链物流服务与第三方物流服务的物流公司。公司立足上海，辐射长江三角洲，专业提供城市零售网点常温、冷链商品的存储、分拣、运输和配送服务。

1. K 公司冷链物流中心概况

中心首期项目位于上海市嘉定区，项目主要设计包括以下内容。

(1) 设计规模为 1 500 个冷链终端的配送能力。

(2) 占地面积 1 600m² (其中冷藏拣货区 1 300m²)。

(3) 服务半径以上海为中心，以宁波和南京为两翼，辐射长三角经济区 300km 范围。

(4) 可处理商品温层为 4℃冷藏保鲜商品和 18℃恒温商品。

(5) 可处理 300 个品项、20 万件商品、约 6 000 箱的低温商品(按日工作 8h 计)。

2. 源通冷链物流运作情况

(1) 食品冷链全过程控制，确保食品安全。

冷链物流中心主要从技术和管理两个方面，实现对食品批次(有效期)、温控、湿控、口味鲜度的全过程安全防护管理。

① 收货方面，将冷链管理延伸至供应商仓库，采用台车等物流工具，尽可能减少出货和收货过程中的冷量损失，保证食品的质量安全。

② 库内作业方面，采用台车、输送带和流利式货架等物流设备进行作业，作业全过程商品不落地，确保食品卫生。在运输过程中，采用车内远程多点温度监控和自动调节技术，确保商品在安全的温度区内。在交接环节，实行门店快速交接，使冷链商品暴露在常温的空气中尽可能短，同时对周转容器定期进行高温消毒和清洗，保证食品的鲜度和卫生。

(2) 采用直接膨胀制冷技术，实现节能与投入的平衡。

① 直接膨胀制冷技术。通过制冷机组→空气处理机→分拣车间，采用冷媒送风，实现制冷节能 15%～20%，降低制冷设备投资 15%。

② 全热交换设备。采用全换热系统将冷量与室外高温的新风进行全换热，将这部分冷量回收利用，从而达到节能的目的。

(3) 实现全自动远程监控，保证温度有效控制。

该远程监控系统可以实现远距离监视系统运行情况、参数调节、远程报警、远程故障诊断等功能。通过设定均匀的冷库温度，自由的除霜方式，根据库内温度变化，自动控制电磁开关，对所有制冷设备的电、热、水、油实现综合保护，从而降低温差风险。

(4) 人性化的作业环境，保护员工身心健康。

冷链物流中心在 4℃分拣区采用低风速散流器，4℃及 18℃暂存区采用双侧出风低风速风机，有效地解决了温差问题。在噪声控制上，采用低噪声中央机组，通过充分的振动、应力试验，保证机组噪声值在规定范围内，因为在传统的冷库作业环境中，温差和噪声对作业人员的身体影响很大。分拣区及暂存区由于有较多的工作人员，因此不能采用普通冷库的制冷方式。普通的冷风机制冷，使操作人员体感温差较大，会造成身体不适，降低效率。

3. 主要作业指标

(1) 分拣速度：一个批次可分拣 576 家门店，单个商品分拣速度为 45s，配送 1 150 家便利店的 17 万件商品只需 7h 就可以完成。目前行业内主要冷链企业单个商品分拣速度基本需要 2～3min，日本"7-11"基本在 80s。

(2) 分拣差错率：基本可达到分拣商品品项的 0.1‰ 左右，"7-11"在 0.2‰ 左右。

(3) 车辆装载率：通过 TMS(车辆管理系统)优化后可达到 85%，其他冷链企业基本在 65% 左右。

(4) 门店交接时间：实行门店快速信誉交接制度后，单个门店平均 2min 完成交接商品和票据，其他冷链企业基本需要 10min。

4. 技术与作业创新

1) 电子标签拆零拣货技术

通过相关系统软件和硬件设备，利用电子标签拣货技术，实时识别每个门店的拆零商品配几个周转箱，每个周转箱内是什么商品，每一个商品的数量是多少等。特别是在冷链拆零拣货方式方面，导入了播种式拣货方式。独特的拆零换箱动作，已被国际知名电子标签系统开发商定为行业标准采用。

2) 整合世界先进的 IT 技术和设备，技术导入应用典范

通过采用 DAS 拣货系统、RF 技术以及量身定制的 HDWMS 系统、DDN 光缆专线，实现整个物流作业无纸化、信息交换实时化和网络化。

在供应链管理方面，门店商品订单、供应商订单和实时库存变化实现同步无纸化作业。

在数据交换方面，门店的商品验收、各种门店退货和交接的各种财务凭证，实现了实时无纸化作业。

在冷链中心内部作业方面，实现收货、配货、集货、装车的无纸化操作，全过程商品实现活性(采用标准周转器具)作业。

3) 全面实施色标管理

色标应用于门禁管理、作业器具识别和商品管理。在门禁管理方面配有 7 种色系，用于场地作业人员的区域识别和岗位管理；通过设置蓝、红两种颜色的周转箱，区别相邻门店，防止集货时的混装；通过设置黄、蓝两种颜色的笼车，区别不同批次的商品，防止收货、装车时的混乱。

4) 全过程电子看板管理

电子看板管理是主要的作业管理方式。应用于收货、分拣时的时间和作业进程控制，商品的总量和分量显示，配送车辆、驾驶员、装运员、线路、码头的作业时序和对应关系。管理人员通过电子看板可以实时发现作业瓶颈，进行现场资源调配，解决异常现象。作业人员依据电子看板的数量、时间和作业信息，自动完成相应动作，保证作业进度和质量。

5. 冷链的发展

在借鉴国际先进的行业标准的同时，结合自身的作业特点，逐步形成完善的企业作业标准和技术规范，并向行业内推广。在做好便利店冷链物流配送，成功为"光明牛奶"和"福记盒饭"进行长三角冷链配送的基础上，逐步拓展冷链服务的对象和范围。

(资料来源：根据侯毅《走集成创新之路 建设现代化冷链物流中心》改写)

仔细阅读本案例，详细分析并回答下列问题。

1. 根据案例内容，说明冷链物流硬件配置的重要性；面对不同的现实问题，说明配置应遵循哪些原则。
2. 结合所学知识，写出提高冷链分拣速度和冷藏冷冻车辆实载率的方法。
3. 其他企业如何做到案例中的一些作业控制方法？企业一般如何通过物流技术提高冷链物流管理水平？
4. 通过本案例的描述，结合所学的其他知识，通过计算机仿真软件实现该冷链物流中心的主要作业过程(案例中没有给出的设施设备可自设)。

第7章 卷烟物流运作组织

【本章教学要点】

知识要点	掌握程度	相关知识	应用方向
卷烟物流	深度理解	卷烟物流的含义及特点	卷烟物流市场分析、卷烟物流运作方案设计
卷烟物流运作管理	掌握	供应商的选择与控制、卷烟物流运作组织、卷烟物流流程控制	合理设计、组织、控制卷烟物流
供应商的选择与控制	理解	供应商的选择、供应商绩效考核指标体系	供应商的选择与控制
卷烟物流运作组织	理解	市级烟草公司组织机构及其职能划分	划分各部门的物流职能
卷烟物流流程控制	重点掌握	卷烟物流基本业务流程、综合管理系统的基本流程、仓储流程、出入库流程、分拣流程、配送流程	卷烟物流设计、组织、协调与控制

S 市烟草公司的卷烟物流运作模式

烟草是严格受国家管理的商品,其生产到零售都受到国家的直接监控。S 市烟草公司地处丘陵山区,几年前物流设施、装备、技术网络及组织管理落后,既不能满足省烟草局提出的"打码到条、分拣到户"的物流需求,更无法满足全国烟草行业提出的以"电话订货,电子结算,网上配货,现代物流"为特征的现代化卷烟营销配送模式。为了改造既有的卷烟配送系统,公司建设了营销管理、仓储管理、分拣管理、配送管理及综合管理 5 大系统,并拟建 S 市卷烟物流中心,将全市卷烟物流资源整合,实施"打码到条、集中存储、集中分拣、配送到户"的卷烟物流新模式。其卷烟物流系统规划基本归纳为两种模式:进行集中库存分拣模式和实施零库存中转配送模式。

(1) 进行集中库存分拣模式。将全市库存集中在物流中心仓库,利用现有分拣线和包装设备,引进电子标签零售分拣系统及笼车,实现对全市卷烟集中机械分拣到户、打码到条,减少整个配送分拣任务量,节约时间成本,提高效率。

(2) 实施零库存中转配送模式。打破行政区域,实现区域内卷烟的集中调度、装卸、仓储、分拣、一次配送到户。不能一次配送到位的、边远山区农村客户,在确保规范经营、降低送货成本、满足市场需求的前提下,可适当采取"一带多"或"转送点"的方式送货,并建立到货确认制度,保证按客户订单送货到位。

由引导案例可见,S 市烟草公司的卷烟物流运作模式是在信息化基础上进行物流运行流程重构,涉及卷烟营销、仓储、配送和销售等过程。卷烟物流的运行效率与物流设施、设备和技术选用密切相关,卷烟物流技术水平在很大程度上决定了各环节的运作效率,对其物流服务水平提高,卷烟物流系统整体优化都有重要的作用。

在涉及部分农村的卷烟配送时,在一定季节也可以与烟草等的运输结合起来,形成循环运输过程。

7.1 卷烟物流概述

7.1.1 卷烟物流的含义及其特点

1. 卷烟物流的含义

广义上的烟草物流是指烟草及其制品、烟用原辅料从生产、收购、储存、运输、加工到销售服务整个过程中,物质实体运动及流通环节的所有附加增值活动。

狭义上的烟草物流是指烟草行业基于社会职能分工的不同,工业企业、商业企业及相互之间发生的烟草制品和相关物资实物的移动活动,其力争以环节最少、距离最近和费用最低实现满足消费的物流活动,又称为卷烟物流。

2. 卷烟物流的特点

卷烟物流系统的特点是由烟草的性质、行业体制,以及卷烟仓储、销售和配送技术等诸多因素共同决定的。所以卷烟物流系统的特点除具有一般工业企业和销售企业的特点外,还具有自身的一些特点。

1) 卷烟物流的整体特点

(1) 运作流程的整体性。卷烟物流环节包括卷烟运输、仓储、分拣、包装、配送、交付等。而各个环节都与卷烟信息化紧密衔接，如入库扫描、出库扫描、打码到条等。这些作业环节有机地结合在一起才能保证整个卷烟物流运作顺利进行。

(2) 需求具有一定的地域性、季节性特征。在人口密度较大的地域和时间段，烟草的需求量随之上升，相反则下降。例如，由于人口流动、农忙时节和节假日等因素的影响，陕西商洛市农村人口较为集中的时间为5~7月和11~3月，城市人口的集中度正好相反。

(3) 配送节点较多。卷烟物流一般要经过烟草生产企业仓库、市卷烟公司物流中心、县卷烟中转库等多个层次，通过对末端商户节点的卷烟配送才能到达客户手中。

(4) 终端客户分散。中低档卷烟的消费量大部分集中于农村地区，这就使得烟草零售户的分布比较分散，在西部山区更是如此。

(5) 信息化程度较高。由于卷烟物流系统的各个环节都与其信息系统密切相关，伴随着国家烟草总局"网上订货、电话访销"方针的落实，以及卷烟物流"打码到条"要求的提出。卷烟物流信息化将在原有的电访(电话访销)基础上不断提高，从而实现卷烟物流各个运作环节信息流的实时反馈，最终使得卷烟物流过程中的信息流和资金流与物流达到密切结合。

(6) 标准化程度高。卷烟物流的成功运行是其各个环节都普遍实现标准化作业、相互配合、互为补充的结果，只有如此才能达到降低货损、货差，达到提高卷烟物流运作准确性和服务效率的目标。

(7) 安全性要求高。卷烟物流的对象是属于高价值的专卖产品，市场的需求量比较大，这也就使得卷烟物流在各个环节都应该高度注重安全，包括产品安全以及人身安全。

2) 卷烟物流的配送特点

(1) 配送线路长。由于烟草行业的特殊性，我国烟草总局要求卷烟必须亲自配送到各个零售户，而各零售户之间的高度分散性决定了烟草配送线路的增长。特别是在丘陵山区地带，很少能够形成闭合回路，同条线路往返概率很大，进行配送线路优化受限较大。

(2) 配送数量较少。由于我国对卷烟的消费有一定的限制，再加之卷烟的成本较高，个体商户为了加速资金的流转不愿一次订购大量的卷烟，这就导致烟草配送在量上很难达到一定的规模效应。

(3) 配送种类较多。伴随着人们消费水平的不断提高，人们对卷烟的品牌意识及卷烟消费档次都有不同程度的提高。这就决定了卷烟的配送不可能只是某一种或几种品牌的配送，而是各种不同类别和品种的卷烟配送，增加了卷烟配送的难度。

(4) 配送时效性较高。为及时获得终端商户的销售信息、提高客户满意度，卷烟配送车必须按时到达指定客户点，以便于烟草公司电访中心进行及时的访销工作及客户经理对销售状况的实时跟踪，从而制定合理的烟草营销策略，保证卷烟销售量的稳步提升，最终形成卷烟物流各环节的良性高效运转。

3) 卷烟物流的信息化特点

目前，卷烟物流在分销环节使用较广的信息化手段主要包括电话访销(简称"电访")和网上订货两种方式。由于我国目前农村人口占到我国人口比重的绝大多数，烟草的主要消费地也集中在农村地区,在农村地区电话访销的比率最高。卷烟物流的信息化主要具有以下特点。

(1) 准确性高。电访信息是否准确直接关系到卷烟物流分拣、包装、配送等各个环节的连续作业。

(2) 时效性强。由于卷烟物流的电访任务繁重,为了满足信息的及时收集并与其他物流环节协调运作,必须在指定时间完成所有电访任务,否则将直接影响下一环节的物流作业实施。

(3) 信息量大。设立电访中心的单位一般为各地市烟草专卖局(烟草公司),它主要负责对所辖县区客户卷烟订购信息及时收集,以及对回收货款工作的进行及时确认。

(4) 作业规范。电访的具体工作一般是由电访员通过拨打电话的形式直接从客户那里得到订货信息,这就要求电访员在电访工作中必须一丝不苟地实行规范化访销,从而准确高效地获得客户的需求信息,保证后续卷烟物流的顺利运行。

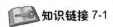
知识链接 7-1

烟草行业信息化建设

烟草行业信息化系统庞大,涉及卷烟厂、烟草专卖局、销售公司等,包括行业信息技术运用各层面,如供应链管理、客户关系构建、配送及物流体系等。2005 年以前,各地 2 000 多家企业有各自信息管理方式,相互不能共享与兼容,信息传送时有不畅。

根据烟草行业宏观调控和科学决策信息化建设发展的需要,2003 年年初国家烟草专卖局决定建设"行业卷烟生产经营决策管理系统",并于当年启动项目。根据该项目的性质和内容——由于整个系统涉及卷烟生产和经营环节,并为国家局决策提供参考信息,"一号工程"是这个信息系统通常的称谓。

经过两年半的建设,该项目在全行业的部署工作已经完成,包括国家局、49 家(项目验收统计数,下同)卷烟工业企业及所属 103 个生产点、607 条生产线、344 个出库点、33 个省级局(公司)及所属 375 家商业分公司、1 015 个仓库。该项目的实施实现了计划分解与排产、件烟下线打码、件烟出厂扫描、件烟商业到货扫描、工商数据采集、国家局数据中心建设及展现应用等功能,同时全面实现了专卖准运证与卷烟实物到货确认关联,形成了信息采集、信息交换与传输、信息集成整合与服务的行业基础信息平台与标准体系。

自 2005 年国家正式公布烟草行业信息化标准体系以来,全国 2 000 多家烟草企业实现了统一信息建设与管理。

7.1.2 烟草行业对卷烟物流的要求

我国实行烟草专卖制度,并颁布了《中华人民共和国烟草行业标准》,各级烟草公司可根据自身的实际情况,以此标准为蓝本制定本级的服务规范细则。相应的卷烟物流一般都是由各级烟草公司(专卖局)负责,具体的管理部门为相应的烟草公司物流部门,主管领导为各公司物流部主任。烟草行业对物流的要求主要从以下几个方面阐述。

1. 信息技术

采用信息技术主要是为了将卷烟信息流与卷烟的商流、物流和资金流等各个环节紧密结合在一起，通过信息流掌控包括商流、资金流在内的整个物流运作过程，实现一体化物流信息通畅无阻，提高卷烟物流各个环节的衔接性。

采用计算机网络技术实现卷烟网上订货、电话访销，实时反馈客户的需求信息。将条码技术应用于卷烟入库、库存和出库管理，形成完善的卷烟仓储管理信息系统(WMS)，实现对仓储卷烟的有效管理，充分发挥仓储环节对整个卷烟物流系统的缓冲作用。

利用信息技术进行卷烟分拣，有卷烟全自动分拣系统、卷烟电子标签分拣系统等。并依据上述电访信息完成卷烟的分拣、打码到条，以及配送车辆调度作业，在烟草配送环节引入 GIS/GPS 监控系统，实现对烟草配送车辆的实时跟踪。

2. 管理技术

卷烟物流管理技术主要是为了提高反应速度、节约交易成本、降低库存水平、提高服务水平和增加企业利润。烟草行业的销售渠道在整个供应链管理中的地位非常突出，是目前烟草供应链管理的核心。卷烟物流采用相应的客户关系管理和供应商管理技术，健全客户和供应商档案，为客户提供更为满意的物流服务。在烟草公司内部采用 JIT 技术，实行标准化、规范化管理，引入和实施员工从业规范和作业绩效评价机制。

3. 运作模式

运作模式主要是为了提高物流高效运作意识，将集成物流理念贯穿于整个企业的运作工程中，切实提高卷烟物流效率、降低配送成本和提高企业经营效益。

改变了以往不重视卷烟物流、将物流部下挂于其他部门的运作模式，将卷烟物流部门与其他部门并行对待，明确各个部门的职责，使物流部门切实做到与其他并行部门的沟通协调运作，实现卷烟"一库存储、就近分拨、一次分拣、两级配送"的基本模式，进而实现整个卷烟物流系统的高效运作，以及大幅提高整个公司的效益。

4. 运作机制

运用制度化实现一库制管理、一体化配送，充分发挥地市级公司的市场营销主体作用，物流配送中心必须将管理由粗放型向精细化、科学化转变。

尽可能做到"四精三有"(流程精益、管理精细、服务精良、队伍精干，管理层做到管理有方、员工层做到训练有素、各项工作做到井然有序)，并不断推进机制创新。

5. 硬件(设备)技术

由于烟草自身价值高，并且单个客户的烟草需求量有限，为了满足客户的不同需求，在整个卷烟物流过程中采用先进的、相互衔接匹配的物流设备，特别是分拣系统及配载系统。当硬件技术满足了卷烟物流的需求时，才能最大程度地发挥出卷烟物流信息化的优势。

采用适合企业自身的先进的物流设施、设备技术，可以体现在卷烟营销、出入库、仓储、分拣、配送等环节，大幅提高卷烟物流作业效率，获得较高的经济效益。

6. 安全性

安全性主要指卷烟物流系统的安全性和物流操作的安全性两方面。

(1) 卷烟物流系统的安全性。卷烟物流系统是由物质实体(卷烟数量和质量等)、物流设备(托盘、笼车、车辆等)、物流建筑(仓库结构、性能、防火、防盗等)、物流管理(专业管理软件、信息采集、传输、处理技术软件等)环节要素相互关联、相互作用而形成的有机整体，所以卷烟物流系统的安全性就取决于以上各个子系统的安全性，卷烟物流系统的安全性是运作安全性的前提和基础。

(2) 卷烟物流操作的安全性。卷烟物流操作的安全性主要指为避免卷烟物流运作的操作环节由人为因素引起的安全事故，应制定相应的卷烟物流作业操作规范制度来加以约束，从而保证整个卷烟物流运作的规范作业，提高物流运作系统的安全性。

7. 终端客户服务质量

根据烟草配送线路多又长、终点客户分散等特点，配送中心应该推行"精益配送服务法"，科学绘制配送线路图，明确标注到每一个客户点的具体时间、地点等。为不同客户的结算方式提供个性化服务，实行提前预约，帮助办理结算，按需送货。及时跟踪督察物流服务质量，配送中心应建立联系和定期走访客户制度，物流配送中心负责人每人每月至少进行一定数量的客户电话拜访和实地走访，提高客户满意度，巩固服务水平，增加客户忠诚度，为卷烟物流的更进一步发展奠定良好的客户基础。

7.2 卷烟物流商选择与控制

7.2.1 卷烟物流商选择

1. 卷烟物流商的作用和职责

在选择物流商之前，应从运行整体供应链的角度(即从卷烟厂到零售商)明白物流商的作用和职责，具体如下：①按零售商的要求将生产厂家生产的卷烟适时地送往零售商处；②在某一区域或全国范围内做卷烟分拨；③保险，受厂家委托代办保险和理赔；④财务支持，应有足够的周转金保证日常运作，甚至代买部分原材料；⑤信息传递(网络化)和文件的管理；⑥采购和管理好二级供应商(如车队等)；⑦持续性改进。

2. 选择物流商

选择物流商应做到公平、公正、公开，建议对长期稳定的大宗物流业务以物流部为主邀请相关部门(如财务、采购、销售)，通过公开招标的方式选择。具体可分为以下3个阶段：

(1) 第一阶段：文件准备、发标、供应商回复、初步报价分析。

该阶段的主要目的是，使投标者通过阅读厂家所提供的文件，全面理解业务内容、服务范围运量、报价须知等。该文件除应详细介绍业务内容外，还需要对服务范围和需求做完整的表述，包括：①对运输时间、操作时间的定义；②服务承诺，即每时每刻都能联系到该物流商；③价格要求；④对区域性或更大范围的服务网点要求；⑤信息系统要求；

⑥货物到达出现延误的索赔要求。

为了更好地比较各个竞标者报价，厂家有必要先设计好统一的报价表，并要求各竞标者按统一表格报价。

报价表应能全面反映整体价格及分项内容，单项的服务以分项价为准，整体价格应当是相关分项价格的总和，报价不允许有任何死角或隐性内容。

竞标者收到文件后，应按规定时间回复是否可以满足服务要求，并附上报价单和公司介绍。

厂家收到竞标者的回复和报价单后，应对回复内容和报价单进行初步分析，理清各竞标者的总体水平和各自之间的差距。

(2) 第二阶段：全面评估。

该阶段分成两大步骤：①对问答卷评估；②对硬件设施评估。

所谓问答卷，其方法是，根据第一阶段中供应商的回复和报价情况，将各种要求变成最简单的问题，竞标者只需填写 Yes 或 No。根据回复，厂家能较快地了解竞标者的业务能力。这种做法可根据业务范围的大小，设计不同层面的问卷。

所谓对硬件设施的评估，是整个采购过程评估中最重要的环节。特别是有分拨业务的厂家，一定要事先考察分拨点的能力。通过对竞标者主要网点(办公室、人员、仓库、车队)的实际考察，以当面问答的形式从不同角度对该公司的现状、业务能力、技术发展的潜力、整体管理水平进行了解。建议厂家以至少两人一组的形式对在不同地区竞标者同时开展考察，采用同一问卷和打分标准，小组成员独立打分不得商讨，以保证整个考察的公正性。

(3) 第三阶段：案例研讨，内部讨论，谈判，最终决定。

该阶段，厂家可以根据未来主要业务范围，提供 2~3 个典型案例。进入本轮的竞标者，可以利用第一次正式的面对面机会全面介绍公司的服务理念、服务标准、运作系统、网络设置，并基于现行的操作水平对案例提出解决方案和接手项目后的运行计划。建议竞标者紧紧围绕最重要的环节，如成本节约、库存控制和提前期，在这些既基本又不易控制好的项目上，展示自己的长处，提出解决方案和改进措施。

3. 构建供应商评价指标体系

卷烟物流可以使用各烟草生产厂商的自有车辆运输即自营物流满足客户需求，也可采用第三方卷烟物流商来满足客户需求。此处供应商评价指标体系的构建从这两个角度来进行。

(1) 对第三方物流企业主要用以下 KPI 进行管理。

① 货差率。考核第三方物流商交货时是否按单交货，及有无差错。

$$货差率 = \frac{月准确按单交货次数}{月交货总次数} \times 100\% \qquad (7\text{-}1)$$

② 货损率。考核第三方物流商运输途中货损的指标。

$$货损率 = \frac{月货损总额}{月货运总额} \times 100\% \qquad (7\text{-}2)$$

③ 交货及时率。考核第三方物流商及时到达的情况。

$$交货及时率 = \frac{月物资准确到达次数}{月送货总次数} \times 100\% \qquad (7\text{-}3)$$

④ 万千米事故率。

$$万千米事故率 = \frac{累计发生事故次数}{总行驶里程(万千米)} \times 100\% \qquad (7-4)$$

注：作为考核自营车辆司机的 KPI。通过核算每辆车的累计发生事故次数，以及每辆车的总行驶里程，计算得出。

⑤ 被投诉次数。主要核算第三方物流商的服务情况，统计第三方物流商月累计被投诉次数。

第三方物流企业考核表见表 7-1。

表 7-1　第三方物流企业服务考核表

公司：		第三方物流企业名称：				数据统计者：	
项　目	内　容	分数					
		20	16	12	8	4	0
第三方物流关键绩效指标 100分	货差率	0	<3%	<5%	<8%	<10%	≥10%
	货损率	0	<2%	<4%	<6%	<8%	≥8%
	交货及时率	≥98%	≥95%	≥93%	≥90%	≥85%	<85%
	万千米事故率	<0.003%	<0.005%	<0.006%	<0.007%	<0.008%	≥0.008%
	被投诉次数(季度)	0	1	2	3	4	>4
综合评语：							
总分数：				考核人：		时间：	

(2) 针对自有运输配送业务的考核。

自有运输配送业务考核表见表 7-2。

表 7-2　自有运输配送业务考核表

公司：		部门/司机：				数据统计者：	
项　目	内　容	分数					
		20	16	12	8	4	0
关键绩效指标 100分	交货及时率	≥98%	≥95%	≥92%	≥90%	≥85%	<85%
	吨千米成本(与公司平均相比较)	<85%	<95%	持平	≥100%	≥110%	≥125%
	车辆完好率	100%	≥90%	≥80%	≥70%	≥60%	<60%
	万千米事故率	<0.003%	<0.005%	<0.006%	<0.007%	<0.008%	≥0.008%
	被投诉次数(季度)	0	1	2	3	4	>4
综合评语：							
总分数：				考核人：		时间：	

7.2.2 物流商及其物流运作服务监控

按照上述原则进行物流商选择之后，在运行过程中为了保证生产企业的卷烟能按质按量地到达零售商手中，需要对其相应的物流运作过程进行控制，因为物流运作过程所涉及的人员、设备和物品等是直接与客户接触的。

卷烟生产企业可采用"主动管理与用户反馈相结合"，使运作过程中存在的问题能够尽快得到解决，并采用 ISO 9000 体系要求的过程控制的方法，在解决现有问题的同时，充分考虑如何避免将来再发生类似问题。

(1) 对物流商及其服务人员进行充分沟通和培训。协助他们更好地理解工作的需求。这样可以使双方在相互理解的基础上进行最有效的工作，从而避免因沟通或培训不足而产生的问题，降低管理成本。

(2) 通过流程再造规范服务，减少不必要的环节和操作程序，缩短运作时间，控制运作成本，提高用户的满意程度。

(3) 与物流商建立共同的操作平台，通过对物流服务运作过程的信息资源与人力资源的了解和掌控，实现物流运作服务所涉及的多方共赢。

(4) 完善内部机制，教育员工把物流商当作伙伴，并联合建立起一种基于团队的工作小组，双方的有关人员共同解决供应物流过程中遇到的各种问题。

(5) 加强对物流服务的监督。首先是监督合同的执行情况，其次是对物流商进行定期考核，进行绩效评估。这是整个物流商关系管理的重要环节，通过持续的绩效考核与追踪控制，达到生产企业质量管理的目标。

烟草公司可以按照以上指标对物流商进行定期与不定期的绩效考核。对于考核名列前茅的物流商予以鼓励，并加大对此物流商配送卷烟的量，对于考核不佳的物流商，可减少其配送卷烟的量甚至不再使用。

7.3 卷烟物流运作及其流程监控

7.3.1 卷烟物流运作及监控要点

卷烟是国家专卖、专控产品，卷烟物流运作流程要满足卷烟监控管理要求。对于卷烟物流流程的控制，主要在于对商流、信息流、物流、资金流的控制，如何使其在各部门之间顺畅地流动，成为卷烟运作流程控制的关键。

(1) 依靠电子商务平台进行交易，市级烟草公司同样可以通过电子商务平台对于订单及订单完成情况进行管理，做到心中有数。

(2) 制造企业、市级烟草公司及终端烟草零售商户，都将自己的信息在电子商务平台进行发布，相应的企业进行满足订单需求的作业。

(3) 电子商务平台完成从卷烟订单发起到生产企业的生产再到最后企业满足订单的全过程。所以，市级烟草公司只要能管理好整个电子商务平台的运作，对整个卷烟订单的全流程进行了基本的管理。

(4) 哪个环节出现了问题都应及时地在电子商务平台上发布相关信息，以便相关部门进行适当的调整，如果没办法及时发布的，要通过其他联系方式告知市级烟草公司，以便做进一步的计划。

（5）要建立好和银行的关系，使得电子结算业务顺利展开。发现问题，要及时和银行方面沟通，使得资金流在整个流程中得以顺利流动。

（6）利用各种物流信息技术帮助企业完成对卷烟物流的单证管理、信息传递并最终实现对流程控制的目的。

按照以上几点对卷烟物流的关键流程进行管理，特别是发生在跨部门之间的流程，要做好交接与监督的工作。

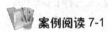

案例阅读 7-1

白沙卷烟配送优化系统

白沙卷烟物流公司已启用的烟草配送 GIS 及线路优化系统，是结合白沙物流的实际，开发设计的集烟草配送线路优化、烟草配送和烟草稽查车辆安全监控、烟草业务(访销、CRM 等)可视化分析、烟草电子地图查询为一体的物流 Web/GIS 综合管理信息系统。系统中使用的 GPS 技术可以实时监控车辆的位置，根据道路交通状况向车辆发出实时调度指令，实现对车辆进行远程管理。

该系统可实现以下 6 大应用功能，帮助公司实现对配送流程的监控。

（1）烟草配送线路优化系统：选择订单日期和配送区域后自动完成订单数据的抽取，根据送货车辆的装载量、客户分布、配送订单、送货线路交通状况、司机对送货区域的熟悉程度等因素设定计算条件，系统进行送货线路的自动优化处理，形成最佳送货路线，保证送货成本及送货效率最佳。

（2）烟草综合地图查询：能够基于电子地图实现客户分布的模糊查询、行政区域查询和任意区域查询，查询结果实时在电子地图上标注出来。通过使用图形操作工具查看每一客户的详细情况。

（3）烟草业务地图数据远程维护：提供基于地图方式的烟草业务地图数据维护功能，还可以根据采集的新变化的道路等地理数据及时更新地图。

（4）烟草业务分析：通过在各种查询统计、分析现有客户分布规律的基础上，通过空间数据密度计算，挖掘潜在客户；通过对配送业务的互动分析，扩展配送业务(如第三方物流)。

（5）卷烟物流 GPS 车辆监控管理：①车辆跟踪功能，对任一车辆进行实时的动态跟踪监控，提供准确的车辆位置及运行状态、车组编号及当天的行车线路查询；②报警功能，当司机在送货途中遇到被抢被盗或其他紧急情况时，按下车上的 GPS 报警装置向公司的信息中心报警；③轨迹回放功能，根据所保存的数据，将车辆在某一历史时间段的实际行车过程重现于电子地图上，随时查看行车速度、行驶时间、位置信息等，为事后处理客户投诉、路上事故、被抢被盗提供有力证据。

（6）烟草配送车辆信息维护：根据车组和烟草配送人员的变动，及时在这一模块中进行车辆、司机、送货员信息的维护操作。

白沙物流烟草配送 GIS 及线路优化系统的上线运行，标志着白沙物流的信息化建设迈上了一个新的台阶，使得物流业务运作更加有效，并能对相应的流程进行优化控制。

7.3.2 卷烟营销运作流程及其监控

卷烟营销作业的主体是烟草营销部，那么卷烟营销流程就体现为卷烟营销管理部门的运作流程，其流程从整体上可分成 5 个阶段：工作质量管理阶段、品牌管理阶段、品类管理阶段、客户关系管理阶段、订单管理阶段。其具体流程如图 7.1 所示。

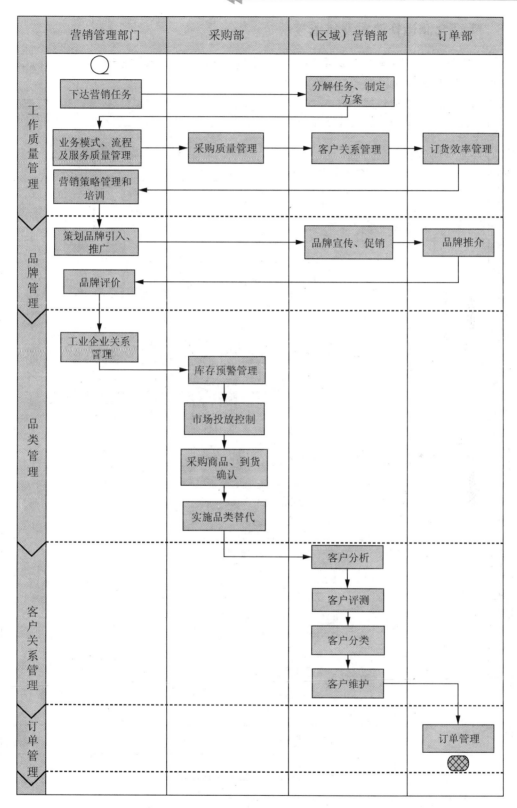

图 7.1 烟草营销管理部门综合流程

7.3.3 卷烟仓储运作流程及其监控

卷烟仓储业务从整体上分成 4 个阶段：卷烟入库阶段、卷烟养护阶段、盘存阶段、卷烟出库阶段。其具体流程如图 7.2 所示。

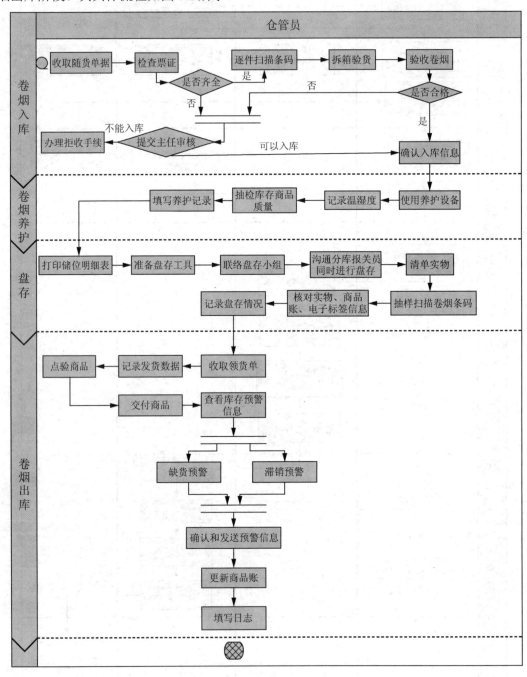

图 7.2 烟草仓储业务运作流程

仓储作业除应按照上述流程作业外，还应特别注意以下几点。

(1) 入、出库卷烟扫码率 100%，准确率 100%。

(2) 严格控制出入库卷烟商品质量,对入库不同品种的卷烟应开箱检查抽样品,抽查率 0.5%以上;出入库卷烟破损率要低于 0.05‰。

(3) 根据作业规范对在库卷烟的质量进行检查、养护;对水湿、变质、残损及包装有异状的卷烟做好记录,按相关规定进行处理。

(4) 堆码须符合卷烟商品的理化性质要求,确保商品质量的完好;按作业规范的要求对在库卷烟进行盘点,做到账货相符率 100%;卷烟丢失或损坏时,须及时进行报损、赔偿等有关事项,确保账物相符。

(5) 根据"先进先出"原则选定出库卷烟的批次,并做好相关记录。

7.3.4 烟草分拣运作流程及其监控

1. 分拣方式

一般烟草企业的拣货方式是电子标签拣货系统。电子标签分为全自动和半自动两种。

(1) 半自动的电子标签分拣方式。在配货时将卷烟按品种放在不同货格,货格上方指示灯会显示该订单中各品种卷烟的件数,然后工作人员将按指示灯的显示分别取出各品种卷烟,完成该订单的配货。取出的货物放在货格下方的皮带机上,将按各订单传送到皮带机的另一端,在通过扫描打码后由另一批工作人员进行包装,准备送货。

(2) 全自动式的电子标签分拣方式。此种方式将建成全自动的分拣线,配货人员根据订单,在自动分拣机的一端进行拆箱作业,并将卷烟放入分拣机(如果客户的需求量大,那么使用"5 条"分拣机,如果客户的需求量小,则放入"单条"分拣机),卷烟经过射频识读器的识读后被推入按客户划分的传输带,在皮带传输机的另一端,通过扫描打码后由另一批工作人员进行包装,准备下一步送货作业。

其中的打码过程是在整条香烟外包装——塑包膜上以喷墨方式进行标记的过程,喷墨码的内容包括销售时间、厂家和专卖证代码。这样可以防止在送货过程中出现"调包"等现象。

2. 分拣流程

某市卷烟配送中心针对各个县区中转站分拣到户的卷烟分拣流程如图 7.3 所示。

图 7.3 中提到的笼车,是市公司针对各地区中转站进行配送的集装单元,将该地区分拣到户的卷烟集中装在一个笼车中,运到中转站,只需将笼车整体卸下,并推到仓库即可,大大节省了市公司到各县区的配送时间。配送分拣作业除应按照上述流程作业外,还应特别注意以下几点。

(1) 按作业规范的要求将卷烟打码到条、分拣到户;卷烟分拣差错率控制在 0.01‰以内,分拣破损率低于 0.01‰。

(2) 包装须符合《包装设计通用要求》(GB/T 12123—2008)、《一般货物运输包装通用技术条件》(GB/T 9174—2008)、《包装 单元货物尺寸》(GB/T 15233—2008)的技术要求。

(3) 配送包装须以保护货物安全、卫生,且对环境不产生危害为准;包装后的卷烟应有相关信息标识。

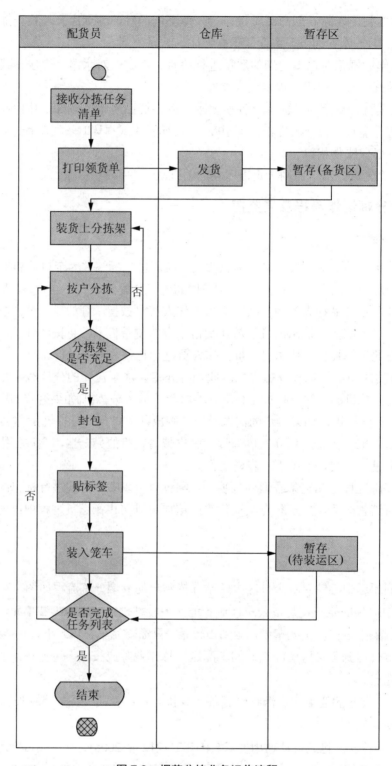

图 7.3　烟草分拣业务运作流程

7.3.5 卷烟配送流程及其监控

卷烟配送交付必然面对客户,因此,直接面对客户的交付流程中应当包括问候客户的程序和礼貌用语的规定,如图 7.4 所示。

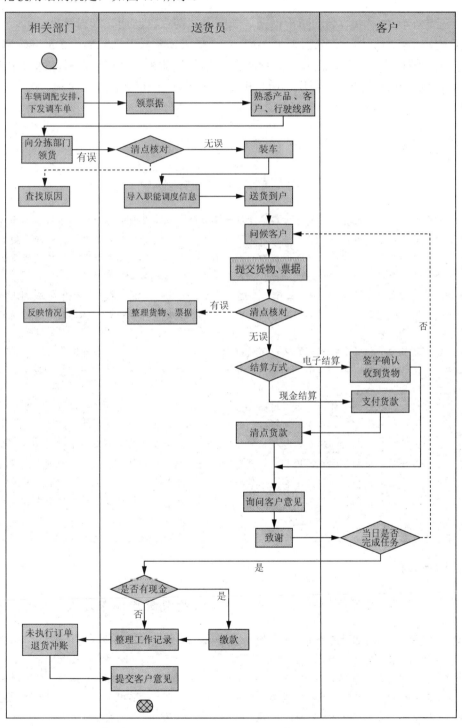

图 7.4 卷烟配送业务运作流程

配送作业除应按照上述的流程作业外,还应特别注意以下几点。

(1) 按照作业规范的要求做好领货、送货、退货、货款结算等工作,文明礼貌服务。

(2) 运输与设施须满足配送要求,制订合理的运输与配送计划,包括路线、工具要求等。

(3) 运输车辆须采取适当的防护措施,如防震、防火、防雨、加固等。

(4) 货物须及时送达,送货及时率100%;送货破损率低于0.02‰,送货准确率100%。

(5) 复核销售货款,发现差错,及时调整,销售货款须日结日清,货款回收率100%;须及时、准确填写配送凭证,客户在送货单上签字确认率100%;及时收集、传递、反馈客户意见。

X卷烟配送中心业务流程

X公司卷烟配送中心业务流程的运作程序主要由采集订单和配送货物组成。其运输程序主要是由工业企业以汽车方式运输到商业企业——地市级烟草公司,然后再分配到各零售户。订单系统一般是由电访员用电话向市区的零售户联系,以提取订单信息。然后从电脑中心采集订单,一次性发到物流中心,在分拣线上分拣完毕,接着以汽车进行门对门的配送,直接发货到零售户。

整个流程的基本环节是以"一访、二配、三送"的方式进行的。公司将整个运输(配送)地域分为5大块,电访在周一至周五进行,订单在下午传回电脑中心,次日对订单进行分拣,后日进行送货,送货的时间为周三至周日。

在配货的环节中,配货是将整批从仓库提出的,然后按品种数量放进备货区,按户分拣。35件以上以箱(件)包装,35件以下、20条左右以周转箱包装,20条以下以袋包装。然后按照路线,以"后到先装,先到后装"的顺序装车,以节省时间、提高效率。

配货完成后,在次日的送货过程中,将由8~10辆车固定地针对某地区进行送货,车辆依顺序满载,按预定的送货顺序送到各零售户。货物送到后,双方将各自的送货小票进行核对,小票内容包括品种、结算方式等,最后以双方签字完成此项送货过程。付款方式分为现金和电子付款两种,电子付款主要是以预存账款逐次扣取完成,因为电子付款更安全快捷,所以更加受到双方认可。基本上2/3的车辆一天只需要出车一趟,当出现订单较多车辆一次无法完成的情况时,1~3点将再次出车,以完成全部订单。而收到的现金货款将直接存入银行,现金不会在企业内部过夜,当天将会交到银行,以保证现金安全。

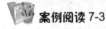

益阳市烟草公司积极推进现代物流配送体系建设

2008年,随着益阳市物流配送中心投入使用,卷烟全部实现机械化分拣、打码到条、自动封装,卷烟配送科学化、精细化水平大大提高。

2007年出台的《益阳市烟草公司物流建设实施方案》中规定:市公司物流配送中心将直接管理益阳市物流配送工作,县级营销部改设配送工作联络点或配送中转站,实现垂直化管理;物流配送中心实行内部单独核算;统一作业标准,建立市县"两级考核,汇集奖惩"的考核分配机制;按照"打破行政区划,整齐切割市场,顺道不迁回,效率最优化"原则,整合优化配送线路,扩大配送辐射半径,将配送车辆由现在的 51 辆整合到 43 辆，区分实际情况，采取"一级配，一级送"或"一级配，二级送"。益阳市卷烟物流将实现"八化"目标，即管理结构扁平化、卷烟分拣机械化、仓储管理数字化、配送线路最优化、现场管理标准化、绩效考核度量化、车辆配载经济化、财务核算精细化。

整合后，部分线路日配送量虽有所增加，但配送服务、配送效率明显提高。

本 章 小 结

以卷烟为对象的卷烟物流，对物流提出在信息技术、管理技术、运作模式、运作机制、硬件(设备)技术、安全性及终端客户服务质量 7 个方面的独特要求。

针对采用第三方物流公司作为卷烟物流商，构建以货差率、货损率、交货及时率、万千米事故率和被投诉次数为主要指标的绩效指标体系。卷烟物流，其对象是卷烟，通过实现规范化、标准化作业来控制营销、仓储、分拣、配送等关键流程，从而提高烟草物流的作业效率及其服务水平。

卷烟物流(Cigarette Logistics)
卷烟营销(Cigarette Marketing)
电话访销(Telephone Sales，Telephone Promotion Sales)
卷烟物流商(Cigarette Logistics Providers)
卷烟物流中心(Cigarette Logistics Center)
GIS/GPS 信息系统(GIS/GPS Information Systems)
卷烟配送(Cigarette Distribution)

综 合 练 习

一、单选题

1. 目前，我国烟草行业实行(　　)制度。
　　A．国家专卖　　B．省级专卖　　C．市级专卖　　D．县级专卖
2. 根据我国烟草行业所采用的制度，在卷烟的定价中就已经包括了(　　)费用。
　　A．销售　　　　B．配送　　　　C．卷烟物流　　D．促销

二、多选题

1. 卷烟物流的整体性特点包括(　　)。
　　A．多样性　　　　　　　　　B．可替代性　　　　C．整体性
　　D．物流量季节差异较大　　　E．物流节点较多

2. 烟草行业对卷烟物流的要求体现在( )。
   A. 信息技术　　　　　B. 管理技术　　　　　C. 运作机制
   D. 安全性　　　　　　E. 科学性
3. 如果选择第三方物流商，企业对其服务质量能采用( )作为考核指标。
   A. 货差率　　　　　　B. 被投诉次数　　　　C. 货损率
   D. 交货及时率　　　　E. 准确率

三、思考题

1. 如何理解广义卷烟物流与狭义卷烟物流？
2. 如何实现对物流商的考核？
3. 如何实现对卷烟关键流程的管理？现有的管理存在哪些缺陷？

四、案例分析题

如何推进卷烟零售终端的延伸服务

目前，上海卷烟销售网络建设已进入了"电话订货、网上配货、电子结算、现代物流"的"国内一流、国际先进"的网建新模式，对提高烟草行业对市场的控制力和占有率打下了良好的基础。但为了应对国内市场国际化的影响，上海的网建销售终端的控制力度还必须进一步巩固与提高，建设网建精品工程。

通过对上海卷烟网建进行 SWOT 分析，主要着重从网络卷烟销售终端的体制上和管理模式上寻找对策，建设好网建精品工程。

1. 发展特许连锁加强控制力度

上海卷烟销售网络也是一种连锁形式，但这种连锁还只停留在批零关系和商品经销关系上，还未达到真正意义上的连锁。因此发展销售终端的特许连锁，加强对网点的控制，应放在网建精品工程的重要位置。

(1) 对现有终端网点实施加盟连锁——烟草专卖店。基本做法是：①以贸易中心(或有限公司)作为转让方与符合条件的网络单位签订加盟合同，以法律形式确定各自的权利义务；②转让方与加盟方都是独立法人或自由人，自负盈亏；③允许加盟店使用上海烟草集团的名称、标识等无形资产；④按照统一模式进行环境设计、商场布局、货架陈列、统一服装；⑤由烟草集团统一配送货，款到送货，并接受统一管理；⑥统一配置软硬件，享受信息资源，并接受统一培训；⑦加盟店需支付加盟权利金(一次性不退还)，支付加盟保证金作为违约的保证(加盟结束可退还)；⑧可适当收取店面装潢、货架柜台、软硬件设施的费用。

(2) 对加盟方的选择。根据目前卷烟销售网络终端的状况，对其市场细分可分为 4 类：①直属商店，也称为正规连锁，属核心企业，受烟草企业完全控制，但发展速度慢，建设成本高，资金占有多，不便大量发展；②大卖场、大商场、连锁超市、便利店，是卷烟销售网络中的重要客户，可实施专卖柜加以控制；③以中型商店为主，具有代表性的是原属商委和供销社系统的商店，目前该类企业基本由国营、集体转制为民营企业，极希望找到一个有实力的合作伙伴，也表现出强烈的加盟愿望，由于该类企业规模适中，也可以完全按照专卖店的要求进行布局，是发展加盟专卖店的中坚力量；④以个体经营为主的小网点，由于位置较偏，销售额较低，发展加盟可暂缓一步，但也不能忽视。

2. 控制销售终端的新模式，发展自动售货机经营

(1) 自动售货机的现状。我国自动售货机于 20 世纪 90 年代逐步进入市场，目前我国市场上使用的自动售货机拥有量为 40 000 台以上，上海的自动售货机在 2 000 台以上，人均拥有量为每 8 000 人一台，与发达国家相比差距很大，自动售烟机的比例就更低了。

(2) 自动售货机优势分析。

① 自动售货机的消费前景宽广。上海已逐步进入人均 GDP 5 000～8 000 美元的经济发展新时期。上海居民的消费内容、消费习惯、消费观念等将发生深刻变化。从国际消费经验表明，在这一时期类似自动售货机的零售业态，将会有较大的发展潜力。

② 自动售货机受空间、时间、人员因素的制约少。自动售货机不受时间制约，可以 365 天全天候 24 小时服务，配送也可以不受时间影响。

总之，应趁自动售货机市场尚未成熟之机，取得上海这一市场的主动权。

(资料来源：包美红. 谈如何加强烟草网络的卷烟零售终端管理［A］. 上海烟草系统 2006 年度优秀学术论文集[C]. 2006.)

仔细阅读本案例，详细分析并回答下列问题。

1. 如何应对国内市场国际化对上海烟草网络带来的冲击？
2. 对于实施"自动售货机经营"有什么看法？
3. 分析该案例，对上海卷烟销售网络建设有什么建议？

第8章　电商物流集成运作组织

【本章教学要点】

知识要点	掌握程度	相关知识	应用方向
电商物流	理解	电商物流的定义；电商物流的定义及分类	了解电商与物流的关系
快递企业直接配送模式	理解	快递配送模式的特点	电商物流配送模式的选择
电商共同配送模式	掌握	共同配送模式的定义和特点	电商物流配送模式的选择
电商自建物流配送模式	掌握	电商自建物流的分类和优缺点	电商物流配送模式的选择
跨境电商物流配送模式	掌握	跨境电商物流配送模式的分类	电商物流配送模式的选择
电商物流集成运作模式	重点掌握	电商物流集成运作方式	电商物流配送模式的选择

引导案例

"双十一"与"爆仓"

"11·11"也称为"双十一",是中国最大的电商平台——淘宝从2009年开始在每年的11月11日发起的网络购物打折促销活动,目前已经成为各大电子商务平台每年的标志性营销活动。

从历史数据来看,2009年"双十一"支付宝交易额约为1亿元。而2014年,淘宝"双十一"交易额突破10亿只用了3分钟;24小时,总成交额达到了571亿。其他国内大型电商平台如京东、当当、亚马逊等也纷纷加入到"双十一"的营销狂欢之中。中国的网络购物潜力由于"双十一"得到了巨大的释放。

伴随着"11·11"网络销售的火爆,物流企业也迎来了业务量的猛增。2014年"双十一","双十一"当天,邮政、快递企业共揽收快递包裹近9 000万个,根据阿里巴巴集团提供的统计数据,天猫"双十一"物流订单约2.78亿件。根据某快递公司数据:在普通淡季,每位快递员平均每天的派件数量在100件左右,经过"双十一"之后,这一数字预计将会达到300件左右。2012年"双十一",有媒体记者跟随快递员一天,发现平均一人一天要弯腰4 000多次。快递公司的业务量严重超过了其吞吐能力,甚至有的快递网点由于接单过多,库容不足,出现了所谓的"爆仓"现象。在此期间,几乎所有的快递公司都无法保证其承诺的服务质量,每年都有大量消费者抱怨"双十一"后大量快件延误,甚至有的快件需要将近一个月才能送达。

由引导案例可见,电子商务作为网络时代的一种全新的模式,是交易方式的一场革命。但随着其蓬勃地发展,也将电商物流的短板暴露出来——传统的物流模式无法应对电子商务带来的新挑战,因此,研究电商物流的运作也显得尤其重要。

8.1 电子商务物流概述

电商物流是将电子商务与物流配送一体化运作,往往涉及不同的经营主体,需要相应的电子商务和物流配送的统一信息平台的支撑,并将运作过程协调起来。

8.1.1 电子商务的概念和发展

1. 电子商务的概念

电子商务(Electronic Commerce,EC)是指通过使用互联网等电子工具(电报、电话、广播、电视、传真、计算机、计算机网络、移动通信等)在全球范围内进行的商务贸易活动。在以计算机网络为基础的电子商务活动中,形成了商品和服务的提供者、广告商、消费者、中介商等有关各方行为的商务活动过程。电子商务作为信息化、网络化的产物,它正改变人们的生活和传统的商务活动方式,人们甚至预计它会成为21世纪的"商务霸主"。

2. 电子商务的类型和影响

电子商务按照参与主体和客户的不同,有B2C、B2B、C2C、O2O等多种电子商务运作形式。

(1) B2C(Business to Customer)电子商务，即企业与消费者之间的电子商务。这是公众最为熟知的一种电子商务类型，基本等同于电子化的零售。目前，在 Internet 上遍布各种类型的电商企业，能够提供从生鲜、书籍到汽车甚至是房屋、金融等各种商品和服务。

(2) B2B(Business to Business)电子商务，即企业与企业之间的电子商务。包括非特定企业之间的电子商务和特定企业之间的电子商务。非特定企业之间的电子商务是在开放的网络中为每笔交易寻找最佳伙伴，并与伙伴进行从订购到结算的全部交易行为；而特定企业之间的电子商务是指在过去一直有交易关系或者今后一定继续进行交易的企业之间，为了相同的经济利益，共同进行的设计、开发或全面进行市场及库存管理而开展的商务交易。

(3) C2C(Customer to Customer)电子商务，是个人与个人之间的电子商务。与传统的零售模式不同，此种形式允许个人客户之间的交易，丰富了交易的方式，并且加强了商品的流通。目前 C2C 模式多用于二手物品的交易。

(4) C2B(Customer to Business)电子商务，是客户对企业的电子商务。这一类型主要涉及个人对企业提供服务，例如会计师和律师，同时还有一些站点允许个人提供要出售给商家的物品信息。

(5) O2O (Online to Offline) 电子商务，即 Online 线上网店 Offline 线下消费，商家通过免费开网店将商家信息、商品信息等展现给消费者，消费者通过线上筛选服务，线下比较、体验后有选择地消费，在线下进行支付。

电子商务最直接、显著的影响就是开辟了新的营销和产品分销的渠道。电子商务的出现为包括信息和数字产品在内的所有商品提供了覆盖全球的分销渠道和向整个互联网展示产品的机会；增强了产品的从原材料到客户无缝集成的价值链的能力；减轻了传统渠道营销中的距离和时间造成的障碍。

电子商务模式的出现为新型产品的创造或者现有产品的根本转型，以及新市场的产生创造了条件。电子商务的出现使得产品和服务之间的界限逐渐模糊，例如无形的数字产品能够更加密切地跟踪客户的购买信息，并且可用之为客户提供更好的个性化产品建议；电子商务提供了更低的交易成本、良好的互动性和一对一的营销能力，使得过去不能较为普遍的营销成为可能，例如互联网广告。

电子商务的出现也使得一些传统产业受到了巨大的冲击。受电子商务影响显著的产业包括信件投递、电话/传真、出版、娱乐、教育、医疗服务、金融服务，以及其他一些专业性服务产业。

3. 我国电子商务的发展

近年来，我国电子商务发展迅速，交易额连创新高，电子商务在各领域的应用不断拓展和深化、相关服务业蓬勃发展、支撑体系不断健全和完善、创新的动力和能力不断增强。电子商务正在与实体经济深度融合，进入规模性发展阶段，对经济社会生活的影响不断增大，成为我国经济发展的新引擎。

根据调查数据，2014 年中国网络零售市场交易规模达 2.8 万亿元，较 2013 年的 1.8 万亿元增长了 48.7%，2014 年我国电子商务交易总额超过 12.3 万亿元，同比增长 21.3%，目前我国已成为世界上最大的网络零售市场。

电子商务行业快速发展对相关产业链产生溢出效应。随着电子商务的不断普及，将直接带动物流、金融和 IT 等服务类型的行业发展,将创造更多的就业机会;在电子商务交易服务、业务流程外包服务和信息技术外包服务等领域涌现出大量的电子商务服务商,电子商务服务业兴起;销售额的迅速增长对电商的配送能力提出了更高的要求,物流供应链网络作为整体电子商务发展的重要环节,成为影响用户体验的关键;此外,还将带动与之配套的第三方支付、电子认证、网络信息安全、网络保险等电商生态圈中各子业态的发展。

8.1.2 电子商务物流

1. 电子商务和物流的关系

电子商务的概念最初是由美国 IT 厂商定义提出的,基本定位在"无线贸易"概念上,其中电子化对象主要是针对信息流、商流和资金流,并没有提到物流。这是因为美国在定义电子商务概念之初,就有强大的现代化物流作为支持,只需将电子商务与其进行对接即可,而并非电子商务过程不需要物流的电子化。而中国作为一个发展中国家,物流业起步晚、水平低,在引进电子商务时,并不具备能够支持电子商务活动的现代化物流水平,所以,在引入时,一定要注意配备相应的支持技术——现代化的物流模式,否则电子商务活动难以推广。

物流转型升级是电子商务理论融于物流服务过程的重要内容,缺少了互联网、网上支付、网下配送的一体化物流过程,电子商务过程就不完整。物流作为电子商务过程中的基本要素,需要网络和物理方式的联合操作,现代化技术和信息可对物流进行控制和完善。

在电子商务下,消费者上网完成了商品所有权的转移过程,但电子商务的活动并未结束,只有商品和服务真正转移到消费者手中,商务活动才告终结。对于少数商品和服务来说,可以直接通过网络传输的方式进行配送;而对于多数商品和服务来说,物流仍要经由物理方式传输。所以,在整个电子商务的交易过程中,物流实际上是以商流的后续者和服务者的姿态出现的。否则任何轻松的商流活动都仍会退化为一纸空文。

2. 电子商务物流的概念和特点

电子商务物流就是在电子商务的条件下,依靠计算机技术、互联网技术、电子商务技术及信息技术等所进行的物流活动。基于电商物流是为电子商务活动服务的特性,它在多个方面与传统的物流模式有所不同。

(1) 服务理念不同。传统的物流业的主要服务对象是企业,更加关注物流成本的降低;而在电子商务活动中,电商物流可能是唯一与用户尤其是个人用户接触的一方,很大程度上影响着客户体验,所以,除了对物流成本的关注外,电商物流更需要以客户为中心,进一步提高服务水平。

(2) 配送体系不同。传统物流业主要服务于制造业企业,配送网络具有很强的地域性;而电商物流所面对的用户具有地理位置上的广布性,需要建立规模更加庞大的网状配送网络。

(3) 技术支持不同。相比传统物流业,电商物流对信息技术的要求更高、信息化程度更高、更容易作出迅速地反映。

3. 电商物流作业及特点

1) 电商物流作业

电子商务企业需要有商品采购、储存、配送等管理的统一电商物流综合信息平台，以支持电商物流的一体化作业，其物流主要包括以下内容。

(1) 集货作业：电子商务企业进行集中采购和集中库存，把多个地点和多个企业的货物集中所发生的供应物流活动。

(2) 备货作业：利用大数据等方式进行预测，针对特定时刻的产品销售进行准备，将相应商品在对应区域仓库分别储备，以应付高峰销售防止缺货和物流配送需求。

(3) 分拣作业：根据电子商务订单，迅速在相应仓库查询找出相应商品，并进行相应的包装等作业。

(4) 配送作业：根据电子商务订单将分拣好的商品配载，利用合理的配送线路对商店或对最终消费者施行送货、交付等的物流活动。

2) 电商物流的特点

由于电商物流服务对象的特点，电商物流作业具备以下特点。

(1) 小批量、多批次。电商平台为制造企业或分销企业直接与终端客户进行交易提供了平台，而终端客户一般所需商品购买主要是为了满足个人或家庭的日常需求，呈现出单次商品需求量小，购买频次高等特点。

(2) 需求多样化且不确定。相比于传统零售商一般仅销售需求频次高的商品，电子商务打破了时间与空间的限制，可通过在线销售更加广泛的商品和服务种类，从而导致一次配送服务中可能涉及多样化商品的配送需求。另外，客户的需求具有在数量、批次和位置上的不确定性，给配送服务的管理带来了巨大挑战。

(3) 配送需求个性化。电子商务配送面对的客户更加多元化，因此每位客户对配送的要求呈现个性化特点，对配送时间的要求也不相同，为此配送企业不得不提供多样化的配送服务水平，如普通配送、加急配送等配送服务。

(4) 配送管理虚拟化。在传统商务环境下，需求一般发生在实体店，客户需求商品一般不需要实施配送。而电子零售时，客户需求的满足地并不受客户控制，电子零售商可以通过建立"虚拟仓库"控制分散各地的仓库，从而根据现有仓库情况决定由自身仓库配送还是由供应商直接配送来满足网络订单需求。

(5) 订单可视性高。基于高效的网络技术支撑，电子商务企业可以向客户提供订单的实时信息，包括所订商品的库存信息、配送车辆在途信息等。从客户服务的角度来看，提供订单可视性是非常重要的，因为相比在零售店购买商品，客户对在线所购商品缺乏直接感知，且需求满足存在时间滞后，可视性可增加客户对电子商务企业的信任度。

(6) 退货率高。由于客户在收货前无法实际感受所购商品，容易出现客户收货后与预期有差距，所以在线交易退货率远高于传统零售业，由此增加的逆向物流成本也不容忽视。

8.2 典型的电商物流运作模式

8.2.1 电商物流运作模式分类

根据物流运作的主体不同，电商物流主要分为以下 4 类典型模式。

(1) 第三方物流。是指电商企业选择将物流配送业务外包给专业的物流配送公司的业务模式。在该模式下，电商公司无须维持庞大的物流设施网络及相关人员，这在国内电子商务起步阶段是最常见的模式，包括淘宝在内的大部分 B2C 平台都采取该模式。

(2) 电商自建物流。是指平台类电商企业自己经营物流配送业务，该模式下的电商企业往往拥有完善的物流配送体系，包括自有配送中心、自有运输、自有配送队伍等。目前，一些有实力的 B2C 电商平台(如京东等)往往会选择自建物流的形式。

(3) 1+3 物流。这种类型介于电商自建物流和第三方物流之间。有的电商企业选择将一部分物流配送业务自建，如仓储或配送中心，而将直接的配送业务外包给第三方物流配送公司。如部分平台电商选择在一二线城市自营配送，而将三四线城市的配送业务外包给快递公司。

(4) 物流集成运作。此种类型是指由集成物流商主导电商物流配送全过程，集成物流商通过对电商企业的物流配送需求网络进行优化和决策，提供一整套物流解决方案，从而有效地提高物流配送效率，降低物流成本的一体化物流运作方式。在物流集成配送中，除了集成物流商，往往还需要第三方物流商以物流资源的形式参与，由集成物流商统一调度。

按照所服务电商平台的性质不同，电商物流主要分为以下 4 类。

(1) B2B 电商物流。主要服务于企业之间电商业务的物流活动，以专业化物流公司为主。

(2) B2C 电商物流。B2C 电商平台与客户之间的物流配送，由于此类业务的特点突出，往往以快递或零担运输的形式为主。

(3) C2C 电商物流。主要以快递的形式为主。

(4) O2O 电商物流。电子平台与实体店的结合的形式。

按照物流业务发生的地域不同，电商物流主要分为以下两类。

(1) 国内电商物流。电子商务交易中，买卖双方属于同一国家或地区时的电商物流。绝大部分在线交易所产生的物流活动都属于国内电商物流。

(2) 跨境电商物流。由于买卖双方分属不同的国家或地区，涉及国际物流业务时的电商物流。从程序上来讲，跨境电商物流远比国内电商物流复杂，无论所耗时间和成本，都要远远超出国内业务。但随着经济全球化的不断深入，越来越多的消费者基于各种原因选择跨境交易，跨境电商物流也显得更加重要。

8.2.2 典型的基于第三方物流的电商物流运作

1. 快递企业直接配送模式

快递企业直接配送模式是指电商企业根据消费者网上购物清单和消费者家庭地址信

息,委托"第三方快递企业"的交通、运输、仓储连锁经营网络,把商品送达消费者,实现配送服务的方式。采用这种模式可以充分利用第三方物流企业的先进物流设施和专业经验进行规模性操作,带来经济利益,降低物流成本,合理利用社会资源。

1) 快递企业类型

根据快递公司的性质不同,还可分为邮政体系和其他第三方快递企业两种。

(1) 邮政体系配送,是通过国内邮政体系办理邮政递送手续将货物送到消费者手中。中国邮政具有方便、快捷,网点覆盖面广的特点,是我国目前资历最老、覆盖面最广的物流公司。其庞大的物流网络足以将货物运送到全国的任何一个乡镇甚至是村庄,这一点在全国所有的物流企业中是独一无二的,几乎所有的电商都将中国邮政作为自己的备选物流配送方案之一。利用自己的优势,中国邮政也占领了全国大部分的农村电商物流市场。但由于历史原因,邮政系统也有自身的不足:普通邮递速度慢,高端 EMS 服务收费偏高,邮政体系整体服务水平偏低,容易造成包装破损、货物损坏,从而导致配送服务质量的下降,引起客户不满。

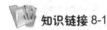
知识链接 8-1

中国邮政速递物流节日小胜

中国邮政速递物流股份有限公司(简称中国邮政速递物流)是中国经营历史最悠久、规模最大、网络覆盖范围最广、业务品种最丰富的快递物流综合服务提供商。

中国邮政速递物流在国内 31 个省(自治区、直辖市)设立全资子公司,并拥有邮政货运航空公司、中邮物流有限责任公司等子公司。截至 2010 年年底,公司注册资本 80 亿元人民币,资产规模超过 210 亿元,员工近 10 万人,业务范围遍及全国 31 个省(自治区、直辖市)的所有市县乡(镇),通达包括港、澳、台地区在内的全球 200 多个国家和地区,营业网点超过 4.5 万个。

中国邮政速递物流发展历程:

1980 年 7 月 15 日,开办国际邮政特快专递业务,开创了我国快递业。

1984 年 4 月,开办国内特快专递业务。

1985 年 12 月 3 日,中国速递服务公司成立,成为我国第一家专业快递企业。

1987 年 5 月,开启与国际非邮政快递公司合作,诞生"中速快件"业务。

1994 年 1 月 18 日,在全国首家实现邮件网上跟踪查询,从此迈入信息化时代。

1995 年 11 月 26 日,中国邮政航空公司成立,是国内第一家全货运航空公司。

1999 年,发起设立万国邮联 EMS(全球特快专递)合作机构,并担任理事至今。

2000 年,开办直递业务,进入物流领域。

2001 年 8 月 1 日,开办国内快递包裹业务,提供陆运快递服务。

2008 年 12 月 19 日,全国速递、物流完成整合,成立中国邮政速递物流公司。

2010 年 6 月 10 日,中国邮政速递物流公司完成股份制改造,成立"中国邮政速递物流股份有限公司"。

2010 年 12 月 31 日,中国邮政速递物流收入突破 200 亿元大关。

在 2015 年除夕前一天,除了 EMS 仍然在春节假期提供正常服务,拥有自建物流的电商平台也得以出了一把风头。京东、苏宁、国美等电商平台的资料显示,在 2015 年春节期间，几家电商平台销量均有所增长，自建物流小胜第三方物流的电商业务。

(2) 其他第三方快递企业配送，是指除了邮政系统以外的其他经营快递业务的物流公司，以民营企业为主，包括顺丰速运和"三通一达"——圆通、申通、中通、韵达，以及宅急送等。

在快递企业直接配送模式中，由于快递企业吞吐量大、网点众多且覆盖面广泛，其往往同时为众多 B2C 电商企业服务，另外还有一些个人 C2C 用户的需求，快递企业的业务主要分为揽件和配送两个阶段，其运作模式如图 8.1 所示。

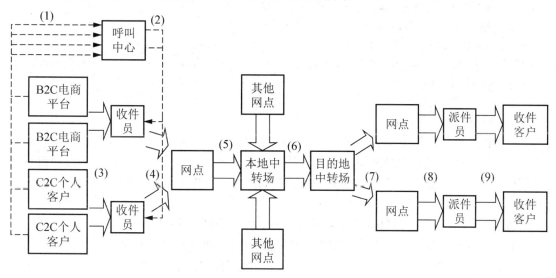

图 8.1 快递企业直接配送模式

2) 快递企业揽件、配送作业流程

(1) 接单：客户拨打快递公司的客服电话，客服人员记录发件客户和快件的基本信息，或者客户在网上直接下单。

(2) 下单：客服人员通过下单系统将发件信息发送给相应区域的收派员，通知收派员上门取件。

(3) 收件：收派员根据收到的信息，以最快的速度上门取件。

(4) 收件入仓：收派员收完快件收，将所收快件送回自己工作的网点，与同点部仓管员交接快件，同时仓管员对快件信息进行检查，根据当地中转场发件班次，进行建包。

(5) 分拨：固定区域内的网点将每天所收快件运至中转场，根据快递的派送区域进行分拣。

(6) 运转：分拣后，根据快件的运送方式，将快件运送到目的地。

(7) 分拨：快件到达目的地中转场后，根据快件具体的详细信息再次进行分拣，并将分拣完毕的快件运送到各个网点。

(8) 快件出仓：点部仓管员根据收派员负责区域，将快件分拣到不同收派员的区域。

(9) 派件：收派员领取自己区域的快递，并以最快的速度将快递送到客户手中。

知识链接 8-2

顺丰速运及关联电商业务发展

1993年，顺丰速运诞生于广东顺德。自成立以来，顺丰始终专注于服务质量的提升，不断满足市场的需求，建立了庞大的信息采集、市场开发、物流配送、快件收派等业务机构及服务网络。

与此同时，顺丰积极拓展国际件服务，目前已开通美国、日本、韩国、新加坡、马来西亚、泰国、越南、澳大利亚等国家的快递服务。

截至2014年7月，顺丰已拥有近29万名员工，1.2万多台运输车辆，15架自有全货机及遍布中国大陆、海外的9100多个营业网点。

2015年年初，顺丰海淘正式运作，顺丰优选、顺丰嗨客、顺丰海淘三者互为犄角，从线上到线下，从国内市场到海外市场，逐步形成完整的布局，形成电商物流相互支撑的体系。

3) "最后一公里"问题

快递企业直接配送模式具有第三方物流的一切优点，如降低电商企业物流成本、集中精力在商务领域、具有较高的柔性等。但是，由于快递企业业务量大，且较多考虑自身成本压缩等原因，也给电子商务领域带来了较多的问题，其中最显著的就是"最后一公里"的问题。

"最后一公里"指的是物流配送环节中，最后将货物交付用户的阶段。在快递行业中，由于配送绝大多数针对个人客户，使得配送货物的目的地分布具有高度的分散性，快递企业无论是人力成本还是直接的物流运输成本，大部分都消耗在所谓的"最后一公里"配送。因此，解决好电商物流"最后一公里"的问题，对提升电商物流整体水平，有重要的意义。

2. 电商共同配送模式

共同配送(Common Delivery)也称共享第三方物流服务，指为提高物流效率对某一地区的用户进行配送时，多个配送企业联合起来在配送中心的统一计划、统一调度下展开的配送。这是一种企业之间为实现整体配送合理化，降低物流成本，以互惠互利为原则，互相提供便利的物流配送服务的协作型配送模式，其核心在于充实和强化配送的功能。

共同配送的优势在于有利于实现配送资源的有效配置，弥补配送企业功能的不足，促使企业配送能力的提高和配送规模的扩大，更好地满足客户需求，提高配送效率，降低配送成本；其缺点是不同企业商品不同，管理规定不同，经营意识不同，由此导致的相互的猜忌等可能从另一个方面为企业的发展带来阻碍。

在电商物流中，采取共同配送的模式有助于缓解"最后一公里"配送问题。电商物流共同配送模式如图8.2所示。

电商物流共同配送模式主要具有以下特征。

(1) 统筹城乡配送资源，合理布局城市共同配送节点。

(2) 构建以物流(园区、分拨)中心、公共配送中心、末端配送网点为支撑的三级配送网络体系。

(3) 支持大型物流园区建设标准化、专业化，吸引生产厂家、供应商入驻。

(4) 依托重点商贸流通企业建立共同配送中心，提高覆盖周边、辐射市区配送能力。

(5) 在末端配送网络建设方面，整合网送、快递配送站点和便利店、物业公司、药店；融合电商、快递与居民生活用品宅配等业务，促进"网订店取"及快捷便利配送服务。

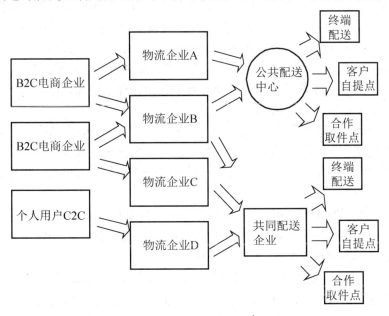

图 8.2　电商物流共同配送模式

8.2.3　基于电商自建的物流运作

1. 电商自建物流的背景

近年来，国内电子商务业务量得到了显著增长，其带来的海量订单带动了第三方物流的飞速成长。由于电子商务企业本身以信息流带来订单，而第三方物流公司的配送能力需要人员、仓储、车辆等硬件设施的投入，因此，实际物流能力的增长速度必然会跟不上信息流的增长速度。在这样的现实情况下，第三方物流公司的配送能力只能勉强跟得上电子商务企业的脚步。

在社会化电子商务平台上，中小卖家的数量众多，处于发展期的中小卖家对于第三方物流的价格敏感度很高。这样一来，第三方物流公司一方面要承载整个社会不断增加的订单需求，另一方面还不能轻易提价。在两方面制约之下，第三方物流所能提供的服务水准，被很多 B2C 企业和品牌商所诟病。同时，很多快递公司为了加速跑马圈地，多采取加盟制。在一线城市，快递公司多是直营，服务质量相对较好，但在一些以加盟为主的二、三线城市，丢货、破损、服务态度差等已成为人们对第三方物流公司的普遍印象。

对于 B2C 企业来说，相比物流成本而言更加关注为自己的用户提供好的服务体验。

另外，目前国内第三方电商物流资源还不充足，一旦出现某个营销热点，很容易将物流运力吸引过去，而其他 B2C 企业的配送就会受到很大影响。随着中国电子商务市场的不断发展，电商企业不断发展壮大，再加上吸引融资提供了丰富的资金支持，面对业务规模的不断扩张，自建物流已成为大型电商争相竞技的领域。

2. 电商自建物流的优势和挑战

从国内目前自建物流的电子商务企业来看，自建物流主要具有以下 4 点优势。

(1) 服务层面的竞争及成本控制加快电商企业物流自建速度。从中国电子商务市场发展阶段来看，各类电子商务企业竞争加剧，已经从单一的产品、价格竞争发展到服务层面的竞争。为了抢占用户、增加用户黏性，电商企业开始通过加强电商"最后一公里"建设，提升用户体验。此外，尽管自建物流短期内对资金的占有率较高，但从长远来看，通过物流的管控，电商企业可以节省成本。

(2) 自建物流增加电商企业的主控性。一方面，自建物流的电商企业可以通过自有物流进行新业务的推广和品牌宣传，对已购用户进行再次营销，提升再次购买的可能性及用户黏性；另一方面，电子商务企业可以通过自有配送队伍的上门机会，进行其他服务和产品的推介。

(3) 自建物流可以提升资金的回流速度。目前，尽管第三方支付市场用户群不断扩大，但是货到付款一直是部分用户比较青睐的支付方式。自建物流可以缩短电商企业的资金周转期，提升企业资金的利用率。

(4) 对于电子商务企业来说，在自己的服务需求下打造出来的物流配送体系无疑是最符合电商企业的服务需求的，而物流的开放无疑还是未来的赢利增长点。

虽然自建物流能够给电商企业带来巨大的竞争优势、提升电商企业产业链的掌控能力，但是需要注意，电商企业依然要面临高投入和不赚钱的现实。

由于最初自建物流的投入都会很高，而且短时间内无法收回成本。选择自建物流的城市时，不仅要看有没有订单量支撑，还要看其区位优势和未来的潜力，自建物流提供的快速配送和好的服务显然会提升该地区的订单量。因此，自建物流最重要的是选择有潜力的城市。

同时，虽然中国电子商务企业的交易规模越来越大，但大部分电商企业都未能实现赢利，仓储物流的选址与兴建所需时间较长，投入期较长就需要牵制大量的资金。此外，电商企业的发展速度远远高于物流的建设速度，短时间内，自建物流系统的作用无法发挥。

在物流端形成良好的服务更是自建物流的关键。要想让底层的物流人员提供好的服务，将物流变成电子商务企业的生产力，从搭建物流队伍到考核方式都必须不同于传统第三方物流公司。因此，国内电商自建物流体系之路依然漫长。

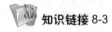
知识链接 8-3

自建物流与第三方物流决策比较

电商的完整过程如下：

$$电子商务=网上信息传递+网上交易+网上结算+物流配送 \quad (8-1)$$

可见，电子商务的整个运作过程是信息流、商流、资金流和物流的流动过程，其优势体现在信息资源的充分共享和运作方式的高效率上。在我国，电子商务物流主要有 3 种模式：自建物流体系、自建物流+第三方物流、借助第三方物流。其适应范围见表 8-1。

电商物流集成运作组织　第 8 章

表 8-1　电商物流模式比较

物流模式	优势	劣势	适合范围
自建物流	质量可控；效率高；有利于品牌建立、推广	初期投入成本大	业务量大；资金雄厚；客户分布地相对集中
自建物流+第三方物流	质量部分可控；效率高；有一定利于品牌推广作用	初期投入成本较大	业务量大；资金雄厚；客户分布地上分布不均
借助第三方物流	无初期投入成本	质量不可控；效率相对低；无品牌推广作用	无论业务量大小；客户地域分散

电商领域的自建物流和第三方物流在 2015 年春节假期中的表现形成了鲜明对比，自建物流支持的电商胜于第三方物流。

3. 自建物流的典型模式

(1) 全程一体化模式，是指从配送中心到运输过程全程包办的全链条模式。这种模式最主要的优势在于可以掌控物流的各个环节。不过，这种模式将改变电商的轻资产模式，使以现金高周转为命脉的电商变重，更多的资金会投入在物流建设中。这种模式显然较为适合资金实力强大的电商企业，如京东和苏宁云商通过打造垂直一体化模式得以进一步提升用户的物流体验。

案例阅读 8-1

京东集团电商与物流运作组织策略

每年的"双十一"，电商订单量陡升，使原本严峻的配送任务面临空前压力，爆仓、商品损坏、送货速度大大降低等问题层出不穷，严重降低了消费者对电商与物流服务质量满意度。京东集团就电商与物流运作组织制定了相应策略。

(1) 延长和增加促销期策略，形成"一年两节、一节多日"的促销方式。京东构建从 11 月 1 日到 12 日为期 12 天的"双十一"促销季，在这 12 天的订单量达 5 637 万单，交易额达 260 亿元；平均每天 470 万个订单、21.7 亿元交易额。其中 11 月 11 日的订单量达 1 449 万单，占 25.7%；交易额 82 亿元，占 31.5%。此外，京东还在每年 6 月 18 日前后进行数日的大规模促销，该活动已发展成为我国第二大网络促销节——"618"大促。

(2) 严控产品与服务质量策略，树立"正品行货"标杆。京东是以自营为主的电子商务公司，打造了集"采购、销售、仓储、配送、客服"为一体的、全产业链的发展模式，建有一只高效的质量控制队伍，从源头上杜绝了假货，成为我国电子商务行业"正品行货"的标杆。京东对假货采取零容忍态度，将售假商户的罚款从之前的 1～10 万元提高到 100 万元。京东营造了无忧的、可信的网络交易环境，推出了 7 天无理由退货、售后上门取件(购买京东自营商品 15 日内因质量问题提交退换申请且审核通过，京东提供免费上门取件服务)、售后 100 分(购买京东自营商品 15 日内如出现故障，京东在 100 分钟内处理完)、售后到家(自商品售出一年内，如出现质量问题，京东将提供免费上门取送及原厂授权维修服务)等专业服务，使消费者明明白白消费、轻轻松松购物。

(3) 自建仓储配送体系策略，有效解决物流瓶颈。为解决物流瓶颈，京东早在 2009 年就开始进行大规模的仓储配送体系建设。目前，京东在全国拥有 7 大物流中心，在 39 座城市建立了 118 个大型仓库，仓储总面积230万平方米，并运营着2 045个配送站和1 045个自提点。目前，京东70%的自营订单是当日送达或次日送达，京东的配送速度全球无出其右者。

(4) 发展移动电子商务作为商家与客户的联接键策略。京东抓住移动互联网蓬勃发展信息技术型联接键，打造了移动客户端、微信购物、手机QQ购物等移动平台。2014年11月11日当天，京东移动端下单量占比超过40%，是去年同期的8倍。其中，京东微信购物入口和手机QQ购物入口销售火爆，达到10月份日均水平的20倍。拍拍微店上线仅一个多月，但发展喜人，下单金额比10月日均增长超过300%，占拍拍网整体近四成。

(2) 部分一体化模式，是指自建物流中心和掌控核心区物流队伍，而将非核心区物流外包。这种模式相对于全程一体化模式节约了大量资金，但因自建配送体系只在核心地区，使其服务半径缩短，非重点市场的客户则享受不到快捷的物流配送。这种模式依然适用于具有一定规模的电商平台来运作，因为从本质上说，这种模式同样是一种"重资产模式"，需要大量资金沉淀到物流业务上。

案例阅读 8-2

卓越的半一体化物流

卓越是国内电子商务公司中最早开始建立物流仓储中心的企业。早在2009年年底，卓越已经在北京、苏州、广州、成都等地建立了七大物流仓储中心，总建筑面积10万 m^2。而且，卓越还有一家自己的配送公司——"世纪卓越快递"，北京、上海、广州的货物主要采用自主送货方式，二、三线城市的货物则外包给第三方。这种模式显然更好地服务了卓越重点市场的客户。

(3) "租赁+外包"模式，是指租赁物流中心，同时将配送环节全部外包。这种模式最大的优势是减轻了电商企业的资金压力，加速了资金的周转，但其劣势同样明显——难以掌控。它要求有一个专业化的第三方服务平台，包括高效的第三方物流公司，以及能提供高品质物流中心的第三方物流企业。如果"第三方"的发展跟不上，这种模式下的物流服务品质则很难得到保证。

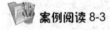

案例阅读 8-3

当当和国美的物流

目前，当当网在全国有10个物流中心，其中北京有两个全国性物流中心，其他5个城市(上海、广州、成都、武汉、郑州)有8个地区物流中心，合计建筑面积18万 m^2，物流中心无法提供货物时，就会由总部物流中心重新分派。在运输配送环节，当当网与国内104家第三方物流企业建立合作关系，由第三方物流企业到当当网的物流中心取货外送。为了控制服务品质，当当网通常会收取一定押金，并对从物流中心派送出去的货物进行逐一检查。

与当当网相似，国美也采用了这种物流模式。国美从2002年就已经开始逐步用集中配送体系取代厂商直供门店的配送体系，目前公司的配送中心已达131个，配送中心面积62.5万 m^2，但其配送中心以租赁为主、自建为辅，从而能够比苏宁更快速地铺建物流网络。在物流运输上，国美也尽可能采用第三方物流公司，自己的车队仅用于门店间的大批量配送。为国美服务的物流服务商有500多家，国美通过打分评价体系对第三方物流企业进行筛选，通过标准服务合同和配送中心为服务质量把关。

8.2.4 跨境电商物流运作

1. 跨境电商物流发展现状

跨境电商已成为市场热点之一，商务部统计数据显示，2013年中国跨境电子商务交易额突破3.1万亿元，预计到2016年将增至6.5万亿元，年均增速接近30%。2014年，广州、杭州、郑州、深圳、哈尔滨、长春等地先后获批"国家跨境电子商务试点城市"。随着国家对跨境电商支持力度的加大，跨境电商成为我国对外贸易的新增长点。

在跨境电商业务带动行业再次高速发展的背景下，电商物流领域个性化、专业化发展将成趋势，差异化物流服务如预约定时服务、自提服务、退换货服务、售后服务等将成为行业新热点。

案例阅读8-4

国内跨境电商物流发展态势

跨境电商的迅速崛起也对跨国快递和物流企业提出了新的要求，国内快递企业也纷纷"出海"发展国际业务。依托邮政渠道，EMS可以直达全球60多个国家；顺丰速运针对境外电商推出"全球顺"服务；申通快递先后进军俄罗斯、荷兰市场。

而对于国内进口，"备货"模式则兴起。如1号店率先推出的"1号海购"所售商品通过基于上海自贸试验区的保税进口模式或海外直邮模式入境，保税进口模式可以提前将海外优品进至上海自贸试验区备货，消费者下单后，进口优品便可直接从上海自贸试验区仓库报关报检后发货，从而大幅降低物流成本，缩小国内外商品之间的价格差距。

天猫国际和六大跨境电商也试点合作，依托港口，批量海运空运到保税区的模式，降低物流成本。

前端打开，后端也在不断考验电商的物流能力。随着电商渠道下沉，物流服务网络向三、四线城市扩张，物流差异化服务成竞争焦点。

如京东大力将渠道向三到六级的小县城渗透，目前已覆盖全国90%以上的县城区域。菜鸟网络联合日日顺物流，在中国2 800多个县建立了物流配送站，布局了17 000多家服务商，解决了三、四级市场的配送难题。

自贸区的出现为跨境电商提供了政策上的落脚点。此前美国亚马逊公司与上海自贸区签订协议，亚马逊将依托上海自贸区拓展跨境电子商务，以自贸区为入口，引进亚马逊完整的全球产品线，针对中国市场开展进口业务，相关的国际贸易总部以及仓储、物流基地也将落户上海自贸区。而美国另一仓储零售巨头Costco更是借道阿里巴巴旗下天猫国际首次进入中国市场。

2014年以来，广州、杭州、郑州、深圳、哈尔滨、长春等地先后获批"国家跨境电子商务试点城市"，试点城市将通过"规范贸易制度、制定贸易标准、强化在线支付、完善跨境物流、电商出口退税"等几个方面给予政策支持。

在跨境电商经营中，物流成为至关重要的一个环节，在线批发多采用传统的通关物流方式；而跨境在线零售由于单笔订单的商品数量较少、体积较小，所以卖家向买家发货一般不会采用传统集装箱海运的方式运输，主要通过国际快递及国际外贸小包两种方式。

根据调查发现，客户体验后对跨境电商最大的抱怨基本都是物流，主要集中在以下5点问题：配送周期长、包裹无法全程追踪、不支持退换货、清关难、包裹丢失或破损率高。

目前从中国境内到境外的网络外贸交易物流配送周期波动相当大。例如，使用中邮小包或香港小包到俄罗斯和巴西等地，普遍的送达时间为 40~90 天；使用专线物流稍微快些，但也需要 16~35 天。但在交易的过程中，物流配送的速度却是影响境外买家购买体验的重要因素，也直接关系到卖家获得的评价如何，进而影响卖家的销售表现。这些长达一周、两周甚至数月的配送时间，在极大地考验海外用户耐心的同时，也严重制约了跨境电商的进一步发展。

跨境物流包括境内段、境外段，部分物流公司会同境外物流企业合作，分区域投递，环节层层增加，很容易导致信息的不对称、包裹的报损和丢失。有客户曾经反映，圣诞期间寄往国外的包裹丢包率竟然达到 70%。

2. 跨境电商物流主要形式

跨境电商和普通电商不同，跨境电商物流成本十分高昂，物流一度成为制约跨境电商行业发展的关键性因素之一。跨境电商的迅速崛起，给跨境电商物流带来了发展契机，也倒逼物流服务的变革升级，同时也产生了多种模式共同发展的多元化业态。

(1) 邮政小包。主要通过邮政渠道，运用个人邮件形式进行递送。市面上主要使用的有中国邮政小包、香港邮政小包、新加坡邮政小包，还有其他一些国家邮政的小包在特殊的情况下进行使用。邮政小包的优点是价格便宜、清关方便。在我国当前的跨境物流市场，中国邮政小包业务至少占据了 60%的市场份额。

邮政小包递送时效慢，几乎 80%以上的包裹都是超过 30 天递送，要是碰到圣诞旺季的时候，这个时间将有可能无限延长。

邮政小包挂号件可跟踪，但必须在原有的价格基础上增加挂号费，增加了交易方的物流成本；对于不可跟踪的普通件，丢包率过高也是一大问题。

(2) 跨国快递。主要指 EMS、DHL、UPS、Fedex 等传统老牌跨国物流。一般递送时效性有保证，并且丢包率低。但是此类递送渠道的物流运费是比较高。

例如，2kg 的包裹递送到美国，目前跨国快递的价格根据递送方式的不同大约为 200~260 元人民币，而如果使用邮政小包只需要 160 元人民币左右，价格相差 20%。

另外，跨国快递对于产品要求高，含电、特殊类产品基本上都不能递送，这也导致快递渠道目前只占很小的一部份市场份额。

(3) 专线物流。针对对方国家的一种专线递送方式，特点是货物送达时间基本固定，运输费用较快递物流便宜，同时可以保证进出口报关。由于专线物流国内线路由物流公司控制所以能够保证时效，但如果物流公司无法控制目的国国内线路，也会出现递送延迟。专线物流延伸服务水平与跨国快递还是有一定的差距，如无法承接退换货业务等。

(4) 海外仓。这是结合电商特点，在专线物流方式上的延伸，同时还能提供海外的快速递送专业渠道，精准的海外库存管理，灵活的销售策略及决策支持。

海外仓的头程运费加上海外递送运费单件产品的成本在 1~3kg 低于邮政小包的成本；同时海外仓由于是从海外库房发货，而海外本地的递送渠道一般情况下只需要 1~3 天，同时物流成本也相对较低，使用电商用户可以使用很低的物流渠道价格，还能享受到高速的物流。各类不同跨境物流渠道配送周期和价格如表 8-2 所示。

表8-2　各类跨国电商物流比较

渠道方式	递送周期	价格/(元/kg)
邮政小包	30天以上	80~90
跨国快递	7~15天	120~130
专线物流	15~30天	100
海外仓	7天以内	100

由于跨境电商的品类不断升级，以家居产品为代表的大货、重货越来越多的通过电商销往海外，而这类产品难以通过空运的方式配送，采用传统海运方式进行配送，时间周期又过长，所以海外仓是最好的选择；以海外仓的方式发货能够有效地保证用户体验，买家购买的货物从本地发货，更容易受海外买家的信任及提升购买率，无形中让国内卖家同当地卖家站在同一起跑线上；随着海外仓发展的逐渐成熟，基于海外仓做数据分析，卖家能更好地进行供应链管理和库存预测，在线远程管理海外仓储，保持海外仓储货物实时更新，严格按照卖家指令对货物进行存储、分拣、包装、配送，且在发货完成后系统会及时更新、显示库存状况，使得卖家能够主动掌控跨境电商物流全过程。

当然，拥有一个海外仓储系统，不管是租赁还是自建，往往会产生运维成本，出现库存周转、配送售后等问题。目前市场上做海外仓的物流公司，业务大多还不够完善，并且收费不低。不过随着海外仓市场竞争的日益激烈和跨境电商刚性需求不断增长，可以预见海外仓模式一定可以得到长足的发展。海外仓运作模式如图8.3所示。

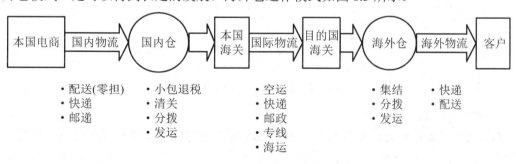

图8.3　海外仓运作模式

(5) 边境仓。是指国内电商(卖家)在边境城市选点设仓储存热销商品，境外买家订货后，与电商信息连通的边境仓可立即组织出货，交付境外买家。采用边境仓物流运作方式一般可以减少境内3~5天的物流作业时间，当过境手续相对比较简便时，热销商品设边境仓是电商物流运作模式的一种重要选择。

8.2.5　电商物流集成运作方式

1. 发展电商物流集成运作的必要性

为了完成电子商务交易的整个过程，无论是采取电商自建物流还是第三方物流外包的方式，都需要涉及信息系统、仓储物流中心、区域调拨、干线运输、中转、末端配送等物流动作。除了垂直一体化的自建物流外，各项物流动作往往由不同的物流企业来承担，因此在信息传递及业务衔接方面往往存在许多问题，造成了物流资源的浪费及物流效率的低下。而自建一体化物流意味着巨大成本投入，若自有物流资源无法进行社会化共享也就意味着资源没有得到高效利用；另一方面，社会上存在大量的第三方物流资源，包括空运、铁路、公路、水路的大量运力并未得到充分地、高效地利用。因此，急需一种能将社会物流资源整合起来以达到垂直一体化物流的集成化效果，电商物流集成运作模式正是基于此种考虑而产生的。

在电商物流集成运作模式中，需要由集成物流商来主导，集成物流商相比其他专业物流提供商来说拥有很高的信息技术和管理能力，能够提供一整套物流解决方案，利用信息技术和管理技术整合电商企业物流的各个业务流程，从而有效地提高物流效率，降低物流成本。

2. 电商物流集成运作模式

在电商物流集成模式(图 8.4)中，其他物流提供商都是以集成物流商的物流资源的形式出现的，集成物流商利用其掌握的最关键的信息资源来对其他物流资源进行整合，形成物流资源网络，为此，需要形成一套行之有效的运营方法。

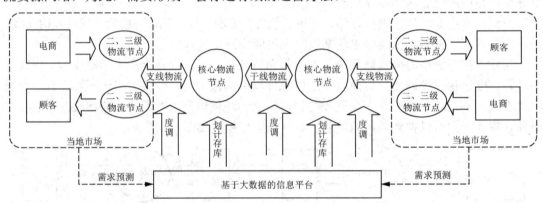

图 8.4　电商物流集成运作模式

1) 科学的物流决策过程

(1) 需求预测：经过大数据对各物流节点所辐射的片区市场进行需求分析，预测该地区客户的主流品类，以及对销量进行预测；在商品上架之前就必须铺货到当地仓库。电商物流集成运作一定是基于大数据为核心，帮助商家实现精准的预测。

(2) 库存计划：基于商家市场需求，科学制订库存计划，是实现电商物流集成运作的关键。

(3) 物流计划驱动：物流计划的驱动源于客户的订单需求，当商家获得客户的订单后，通过信息平台远程驱动目的地仓库的物流作业。由于这是跨企业、跨平台的作业驱动，这对整个继承物流系统的运营能力是个巨大的考验。

(4) 末端配送：在当地选择合适的配送商进行末端配送，能够极大地缩短订单完成的时间。

电商物流集成运作最终是实现从需求开始到库存计划、从订单下达到仓储运营、从干线调拨到末端配送、从线下运营到线上协同的物流服务。

2) 全国化的物流资源网络

在电商物流集成运作模式中，一张完整的物流配送资源网络必须包括以下内容。

(1) 以核心物流节点为基础，渗透二、三级物流节点，形成一张立体的地网。核心物流节点城市的选取需要考虑现有的需求分布及现有物流资源的分布。

(2) 物流园区与干线整合。

(3) 末端快递配送网络。

(4) 可视化的供应链运营平台。

(5) 基于大数据的物流供应链数据服务。

3. 发展电商物流集成运作的障碍

虽然电商物流集成运作模式具有种种优势，但是在目前的中国市场，发展电商物流集成运作还要面对以下挑战。

(1) 人才缺乏。对于整个集成电商物流系统的运营，人才需求是一项庞大的工程，目前国内也缺乏这样类型的人才，基于电商物流、供应链的人才需求将是电商物流集成运作面临的重大短板。

(2) 如何整合各利益方。电商物流集成运作的资源网络中，各参与方都有自己核心资源如仓储、分拨中心和信息网络等，牵扯到多方的利益分配与共享，数据信息资源更是电商企业和物流公司的商业核心所在，利益整合成为电商物流集成运作的难题之一。

(3) 信任。要将众多的资源进行整合，包括电商企业在内的各参与方之间的互信问题也会影响整个系统的正常运转。

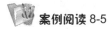

案例阅读 8-5

中国智能物流骨干网

2013 年 5 月 28 日，阿里巴巴集团携手银泰百货集团、复星集团、富春集团、顺丰速运(集团)有限公司、上海申通物流有限公司、圆通、中通、韵达快递启动了"中国智能物流骨干网"(China Smart Logistic Network，CSN)项目，希望通过 8～10 年的努力，将 CSN 项目建成一张能支撑日均 300 亿(年度约 10 万亿)网络零售额的智能物流骨干网络，让全中国任何一个地区做到 24 小时内送货必达。

根据"中国智能物流骨干网"项目的规划，其首期将投资 1 000 亿元，希望在 5～8 年的时间建设遍布全国的"开放式、社会化"物流基础设施。这些基础设施主要包括两部分：一是在全国几百个城市通过"自建+合作"的方式建设物理层面的仓储设施；二是利用物联网、云计算等技术，建立基于这些仓储设施的数据应用平台，并共享给电子商务企业、物流公司、仓储企业、第三方物流服务商，以及供应链服务商。

"中国智能物流骨干网"的二期投资为 2 000 亿元，希望用这 3 000 亿元来撬动国家在物流基础设施上业已投入的几十万亿元，让国家的基础设施发挥出更大效应。

本 章 小 结

物流专业化、信息化、网络化和集成化是电子商务概念的重要组成部分，缺少了集成化的物流过程，电子商务过程就不完整。近年来，电子商务的迅猛发展给中国带来了新的经济增长点，而国内物流行业发展跟不上电商发展的速度，由此带来了一系列的问题。

本章探讨了电商与物流的关系，根据国内电子商务的特点，以电商物流为主，分析了现有的电商物流模式。

电商企业发展之初往往选择借助第三方的物流配送服务。其中伴随着电商的发展迅速壮大的快递配送模式是我国电商物流领域一支不容忽视的力量；为了解决快递行业配送"最后一公里"的问题，电商物流城市共同配送模式也应运而生。

为了解决第三方物流配送造成的服务水平不高、配送效率较低的问题，有实力的电商企业也会选择自建物流，这其中包括全程一体化、部分一体化，以及租赁+外包等各种自建物流的模式。

作为电商领域最新崛起的分支，跨境电子商务在跨境电商物流的成长下也逐渐发展起来。成熟的跨境电商物流模式主要有邮政小包、跨国快递、物流专线以及海外仓模式。

电商物流集成运作模式能够解决第三方配送效率低下、服务水平低、自建物流投入高、利用率低的问题，目前作为电商物流领域的最新方向，吸引着物流从业者的关注。

 关键术语

B2C 电商物流(Business to Customer Logistics)
B2B 电商物流(Business to Business Logistics)
C2C 电商物流(Customer to Customer Logistics)
O2O 电商物流(Online to Offline Logistics)
电商物流(E-Business Logistics)
共同配送(Common Delivery)
专线物流(Line Logistics)
海外仓(Oversea Location)
电商自建物流(Self-Owned E-Business Distribution Logistics)
跨境电商物流(Overseas E-Business Distribution Logistics)
电商物流集成运作(E-Business Logistics Integrated Operation)

综合练习

一、多选题

1. 跨境电商配送物流形式主要有(   )。
   A. 邮政小包   B. 海外仓   C. 物流专线   D. 跨国快递
2. 电商自建物流主要形式为(   )。
   A. 全程一体化   B. 部分一体化   C. 租赁+外包   D. 快递直接配送

二、判断题

1. 在电商物流集成运作模式中，其他物流提供商都是以集成物流商的物流资源的形式出现的，集成物流商利用其掌握的最关键的信息资源来对其他物流资源进行整合，形成物流资源网络。   （   ）

2. B2C 电商平台与客户之间的物流服务，由于该类业务的特点突出，往往以物流专线的形式为主。（   ）

三、简答题

1. 电商和物流的关系是什么？
2. 对于 B2C 电商企业，有哪些物流配送模式可选？

四、案例分析题

好乐买：培训没有经验的人送快递

好乐买自建物流时间并不长，而且起了个看上去并不像物流公司的名字"尚橙"。虽然这家公司完全独立于好乐买，但运作模式却是按照电子商务企业自建物流来设计的。

"两个月以来，退换货率降低了 50%。"这一数据让好乐买 CEO 李树斌感到惊喜。物流费用在电子商务公司成本结构中占比很高，退货实际是逆向物流，对于电子商务公司来说，逆向物流也是收费的。从降低的退换货数据来看，说明许多退货并不是由用户对货品本身不满意造成的。

"当用户对快递员的服务不满意或者货品送达但用户不方便签收时，快递员又不愿意等候或者再次配送，往往会发生退货。这部分费用是由企业承担的。"李树斌表示，自建物流后，退货率降低了 50%，直接节约了企业的成本。从这一点上看，物流端提供好的服务是可以产生收益的。

要想让底层的物流人员提供好的服务，将物流变成电子商务企业的生产力，就必须从搭建物流队伍到考核方式与传统第三方物流公司相比有所创新。

首先是选人和培训。由于传统物流公司迅速增长的业绩和快递员日益增加的配送单量，基层快递员已经习惯了快速标准化的配送，没有品牌服务的意识。"一个在传统快递公司干了三四年的人，完全没有配送热情。"李树斌认为，要想打造服务型快递，好乐买的快递公司招收的都是完全没有快递行业经验的人，这类型的快递员反而更容易按照服务的标准要求培训出来。从培训角度来看，培训没有经验的人远远好过培训那些有经验的人。

其次是考核方式。传统物流公司考核的一个重要指标是"妥投率"，其标准就是用户签收。在这样的指标下，"妥投率"和配送数量决定了基层配送员的收入。这时，基层配送员基本没有耐心和时间等待用户试穿，谁签收的、用户是否满意都不是基层快递员考虑的问题，他们只希望在单位时间内配送更多的货。

好乐买的考核方式不仅仅是"妥投率"，还包括服务态度、投诉率等指标，其中的一个重要方式就是让快递员每天送货量不饱和，降低送货数量，留出一定的时间做服务。例如，一个快递员一天能送 60 单货，但好乐买的考核要求是 40 单，可以少送一点，但得让用户满意。又如，快递员都会建议用户试穿鞋子，并等待用户试穿满意；如果用户在开会，不方便签收，快递员会选择等待。

仔细阅读本案例，详细分析并回答下列问题。

1. 自建物流体系给好乐买带来哪些好处？
2. 如果好乐买选择第三方物流可能出现哪些问题？

第 9 章 物流金融运作与监控

【本章教学要点】

知识要点	掌握程度	相关知识	应用方向
物流金融概述	理解	物流金融产生、概念、金融服务的价值增值作用	物流金融基本知识、物流金融服务的条件
物流金融业务模式	理解	代客结算、融通仓、物流保理	物流金融服务的应用途径
物流金融运作组织	重点掌握	代收货款、垫付货款、仓单质押、保兑仓、物流保理	物流金融服务运作流程
物流金融的风险类型与分析	掌握	银行面临风险、物流企业风险	分析认识各类风险并加以防范
物流金融服务的控制	重点掌握	代客结算、融通仓、物流保理3种模式存在风险的控制	物流金融3种模式风险控制思路和途径

物流金融运作与监控　第9章

物流金融业务在国内的开展情况

物流金融在许多国家和企业已经得到初步发展和应用，物流金融已经成为一些企业最大的利润来源。

中国物资储运总公司(以下简称"中储")是我国最早推广质押监管业务的企业之一。中储1992年就开始了对"物资银行"的探索；1999年，质押监管业务作为中储的主业——仓储保管的增值服务，在中储无锡分公司完成了第一单物流金融实际操作业务。中储主要利用其遍布全国的仓储网络，为近500家企业提供质押融资监管服务。中储的质押监管业务以每年近120%的速度增长，公司先后共为500多家客户提供了质押融资服务，质押产品涉及黑色、有色、建材、汽车、纸张、煤炭、化工等产品，包括4大国有商业银行等数十家金融机构都与中储建立了合作关系。

2005年，中国外运开始为国内外生产商和商贸企业提供质押(抵押)担保物管理服务，并与中国工商银行、中国银行、交通银行、中信银行、平安银行、渣打银行等30多家中外银行建立了紧密的合作关系。中国外运开展的担保物管理服务主要包括存货融资监管业务，进口融资监管业务和国内买方信贷融资监管业务等，其担保物涵盖钢铁、矿石、煤炭、化工品、粮食、燃料油等14大类。2012年，中国外运协助银行提供的贷款额度已超过510亿元，为帮助广大中小企业解决融资问题作出了贡献。在提供担保物管理服务的同时，中国外运正积极探索其他物流金融业务，为客户提供包括国际(国内)贸易融资、代理采购(销售)、资金结算、全程物流，以及信息交换等一体化供应链管理服务。

(资料来源：长安大学物流与供应链研究所网、高级物流学省级精品课程网)

由引导案例可见，物流金融在我国已经得到了初步发展，2008年金融海啸席卷全球，国内金融机构、物流企业均受到一定的影响。在全球经济快速发展的今天，如何在物流金融领域进行有效合作，如何运作相关业务才能在一定程度上减少或回避风险，成为物流企业和金融机构需要思索的问题。国内一些大中型物流企业都在相继开展物流金融服务，不同的企业、不同的运营模式所开展的物流金融服务均有所不同，中小企业如何选择适合自己的物流金融形式，如何在所开展的物流金融运作中有效预防及回避风险，将在本章进行介绍。

9.1　物流金融概述

随着物流业的不断发展，物流服务逐渐向价值链的其他环节延伸，如提供采购、销售、交易、电子商务、金融等衍生服务，可以说物流衍生服务是物流企业发展的高级阶段。物流金融服务是物流衍生服务的重要组成部分，是物流与资金流结合的产物。近年来物流金融在我国发展迅速，成为物流企业和金融企业拓展发展空间、增强竞争力的重要领域，"物流、资金流和信息流结合"也从概念变成了现实。

9.1.1　物流金融的产生

对供应商和终端用户而言，商品从原材料制造到最终消费者手中的整个供应链过程中都存在大量的库存，虽然合理的库存可以满足客户的需求，应付供货周期与制造周期的不匹配，但是库存仍然占据着大量资金成本。

(1) 中小企业发展中存在融资困难的状况。企业在发展的过程中面临的最大威胁是流动资金不足，而存货占用的大量资金使得企业可能处于流动资金不足的困境。这种资金不足的风险在中小企业的发展中更加明显，往往成为制约其发展的瓶颈。信贷资金的缺乏和在资本市场上融资能力的缺乏使得许多企业产生了利用存货融资的需求。

(2) 第三方物流服务创新。物流金融是物流与金融的集成，不仅能够提高第三方物流企业的服务能力、增加经营利润，而且可以协助企业拓展融资渠道，降低融资成本，提高资本的使用效率。金融物流服务将开国内物流业界之先河，是第三方物流服务的一次创新。

(3) 金融机构对质押物缺乏实际控制力。对金融机构而言，在实际融资活动中如何降低风险最重要，而掌控着企业物流活动的机构应当成为最直接、最有力的发言者。企业存在以分立、合并、兼并、重组、托管、联营等方式进行产权、经营权的交易，但是作为实际商品的流通渠道是不变的。作为金融机构的银行为了控制风险，就需要了解抵押物、质押物的规格、型号、质量、原价和净值、销售区域、承销商等，要查看权力凭证原件，辨别真伪，这些工作不仅费时费力，而且超出了金融机构的日常业务范畴。

(4) 物流企业与中小企业建立共赢关系。物流金融业务使得物流企业已经从物的处理提升到物的附加值方案管理。传统的物流无法满足企业的需要，因此，随着物流业务的发展，物流金融就必然产生了。物流金融的出现对金融业、物流业及企业都产生了深刻的影响。

中小企业融资难的主要原因

中小企业融资难的原因多种多样，主要集中在以下几点。

(1) 信息不对称问题。由于银企之间的信息不对称会引起逆向选择和道德风险问题，所以银行的贷款供给不一定是贷款利率的单调增函数，这样在竞争均衡下也可能出现信贷配给。由此得出以下推论：当市场上存在不同类型的借款者时，有些借款者(如中小企业)，无论他们愿意支付多高的贷款利息，可能也会因为信息不对称问题被排斥在信贷市场之外，而其他的借款者(如大企业)却相对容易得到贷款。

(2) 可抵押资源缺乏问题。一般来说，中小企业在获取商业银行信贷时难以提供充足、有效的抵押和担保，按照信贷配给理论，银行尤其是大银行将倾向于给那些能够提供充足抵押的企业或项目放贷。

(3) 中小企业的经营风险问题。中小企业的规模较小，抗风险能力也小，加上管理水平相对较低，企业内部财务制度不健全、管理不规范，经营中的风险很大，难以获得外部融资。

9.1.2 物流金融的概念

物流金融是指在面向物流业的运营过程中，通过开发和应用各种金融产品，有效地组织和协调物流领域中货币资金的运动。这些资金运动包括发生在物流过程中的各种存款、贷款、投资、信托、租赁、抵押、贴现、保险、有价证券发行与交易，以及金融机构所办理的各类涉及物流业的中间业务等。这种新型金融服务在其发展过程中，逐渐改变了传统金融贷款过程中银行与申请借款企业双方的责权关系，也完全不同于担保贷款中担保方承担连带赔偿责任的三方关系。它越来越倚重于第三方物流企业，目前主要表现为物流企业的配套管理和服务，形成了银行—物流企业—借款企业的三方密切合作关系。所以，在物流金融中一般涉及3个主体：物流企业、客户(供货方或购买方)和银行。

对物流金融概念的理解应包含以下几点。

(1) 物流金融是一个新兴的领域，涉及物流业、金融业及保险业等行业，物流金融是运用金融工具使物流产生价值增值的融资活动。

(2) 物流金融涉及金融机构、物流企业、资金需求客户等供应链上的经营主体，进行物流金融能够使物流企业、金融机构、资金需求商等各方受益，实现共赢。

(3) 物流金融是金融资本与物流商业资本的结合，是物流业金融的表现形式，物流金融服务就是物流衍生服务的重要组成部分，是物流与资金流结合的产物。

9.1.3 金融对物流业发展的作用

金融支持物流业的发展，同时物流业又推动金融创新。金融支持物流业发展的作用体现在以下几个方面。

1. 金融的发展对物流的保障作用

集成物流服务快捷、方便、灵活的要求，离开金融资金的服务是不可能实现的。因为，如果没有金融资本市场的聚集，现代物流体系就不可能建立；如果没有金融工具的运用，现代物流结算就不可能实现；如果没有金融渠道的畅通，现代物流渠道就会被堵塞；如果没有金融安全的保证，现代物流的即时性就会被延缓。只有金融市场高效分配资金资源，才能为物流基础设施提供资金来源；只有金融渠道的畅通无阻，才能保障物流过程中供产销的进一步循环；只有金融网络安全，才能降低需求者网上订货、网上结算的风险，现代化的工具才能被广泛应用于物流的整个流程中。

2. 金融对物流的支持作用

现代金融对物流的支持作用主要表现在资金支持、结算支持、个性化服务支持等方面。从宏观上看，由于物流存在于从生产者到最终市场的整个过程中，包括供货、生产与加工、仓储、装卸、配送直至最终送至需方，因此，物流对外部的基础设施投入要求极高。单个企业的物流基础设施投入难以形成规模经济，必然需要来自政府或社会的大量资金支持。从微观上看，金融对物流的支持主要体现在结算手段和服务方面。物流高级化发展是以朝着满足不同批量、不同规格、不同地区的需求为方向的。当客户的需求是来自全国范围乃至世界范围时，相应的金融服务也就随之延伸到全国乃至世界范围。如果没有金融结算及资金划转等配套金融服务，物流企业的成本就会大大增加，中小企业就会对物流望而止步，而大型物流企业会对订单较小、运送距离较远、服务要求较复杂的产品失去兴趣，整个物流行业就会偏离灵活性、多样化、个性化的发展方向。

3. 金融与物流结合中的互动作用

(1) 物流金融为金融新产品的开发提供了信息平台。物流金融可以创新出许多的金融产品，通过物流市场推向客户，如既可以动产票据化管理进行质押融资，开发相应的融资产品，也可以物流相应的资金流及应收款为下线，开发相应的融资产品。

(2) 物流金融的发展健全了银行现代结算支付工具，为提高中间业务收入创造了机会。

由于供应链管理与金融的结合，产生了许多跨行业的服务产品，相应地也就产生了对许多新金融工具的需求，如国内信用证、网络支付等，为银行增加中间业务收入提供了非常大的商机。

(3) 在发展物流金融的同时，也为银行开发了新的客户群体。物流服务涉及供应链上、下游的众多企业，是多产业、多领域的有机融合体，而这对金融业来说，是很好的目标客户群体。通过物流金融，也可以为金融业开拓培育优质的客户。

(4) 物流金融可为银行理财服务提供特有的优势。物流金融可以利用信息的优势，在提高物流企业物流效率的同时，提高供应链全过程的资金效率，为企业提供理想的理财方案，形成高效的资金管理机制，形成多赢的局面。

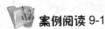

案例阅读 9-1

国内金融机构竞相开展物流金融

2002年，深圳发展银行(以下简称"深发展")天津分行与中储股份开始合作仓单质押业务，业务合作集中在南昌分公司。2005年，中储总公司与深发展签订战略性框架协议，奠定中储与深发展合作的基础。自2005年5月开始，深发展天津分行与中储股份新港分公司开展业务合作，涉及品种包括钢坯、卷板、带钢、纸品、铁矿砂等，区域包括天津、河北。

2005年，广东发展银行通过中国远洋物流有限公司、中国外运股份有限公司和中国物资储运总公司等物流公司，已与一汽贸易总公司、诺基亚(中国)投资有限公司等大型企业(集团)公司进行全面的物流银行业务合作，支持200多家经销商和10 000名终端用户，带来存款近20亿元。目前，广发银行已与大型仓储物流企业、监管公司、商交所、交割库、专业市场、期货公司达成合作协议，开发的质押货物品种包含钢材、有色金属、煤炭、汽车、棉花等十几个大类以及数千个细分品种。广发银行物流金融，助企业货物资金运转如流，实现做强做大的目标。

中国建设银行推出了物流金融产品，包括信贷业务、结算类及中间业务和现金管理类业务；商业银行为客户提供的融资服务逐步从"单一融资"向"全流程融资"转变；四大国有银行、浦发银行、中信银行、深发展银行、华夏银行等都开展了物流银行业务，银行提供的金融服务也已经辐射到企业的上下游客户和供、产、运、销各个环节。

(资料来源：长安大学物流与供应链研究所、高级物流学省级精品课程网)

9.1.4 物流金融在现代物流中的作用

物流金融作用表现在资金支持、结算支持、个性化服务支持等方面。物流金融能聚集资金，承托起现代物流体系；大量先进金融工具的运用能实现随时随地的物流结算；物流金融市场也能转移或分散物流业的经营风险。只有物流金融市场高效分配资金资源，才能为物流基础设施提供更多资金来源；只有物流金融渠道畅通无阻，才能保障物流过程中物资和资金的流动，现代化的结算方式才能被广泛应用于物流的整个流程中。

金融环节的不畅通、信用体制问题使物流企业承担的风险越来越大，这些风险主要来自于客户、分包商、信息系统提供商的合同责任风险，以及物流商的第三者法律责任风险的飙升。金融结构的不合理使大多数物流企业集中于间接金融体系，也就是银行。其实，物流商因第三者责任引起的赔偿有时也是相当惊人的，如物流商使用自己的仓库存放危险品发生爆炸，或物流商使用自己的船舶、车辆发生泄漏事件，所引起的财产损失、人身伤亡和环境污染等，都要承担巨额赔款。

物流行业的投资风险、提供物流方案的风险、提供金融服务的风险和商品特性的风险都在飙升，传统的车险和货险早已不能适应企业的实际运作需求，保险公司方面需要一种专业的险种，为其分担在物流运作过程中所承担的运输责任。

9.1.5 发展物流金融的作用

发展物流金融业务对中小企业实融资具有十分积极的作用，具体体现在以下几个方面。

(1) 拓展中小企业融资渠道。物流企业通过物流金融服务能够为中小企业提供新的融资途径。

(2) 拓展物流企业服务空间。开展金融服务能够为物流企业业务的发展提供更广阔的领域，能使具有条件的物流企业更好地发挥金融服务为多种经营服务的优势。

(3) 拓展企业利润空间，实现多方共赢。开展物流金融服务可以为物流企业发展提供新服务的利润空间，能够实现物流企业、供销或生产企业、银行等多方共赢。

(4) 开展物流金融服务，有助于企业间建立经济社会诚信机制，能通过诚信更好地控制银行贷款风险，有利于提高供应链物流运作效率。

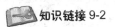
知识链接 9-2

物流金融常用名词释义

(1) 融资贷款/授信——指银行给予贷款人资金支持。
(2) 质押——指贷款人将货物或物权凭证移交银行占有以担保偿还贷款。
(3) 货押——指用货物作质押。
(4) 质押标的——指用作质押的东西。
(5) 质押货物/押品——均指用作质押货物。
(6) 解押——指解除质押。
(7) 保证金——指银行要求客户缴纳占贷款总额一定比例的资金，一般以30%为基本比例。
(8) 风险敞口——指贷款总额减去保证金。
(9) 质押率——指风险敞口/质押物价值。
(10) 预警线——指质押货物的实际价值接近银行规定的质押物最低值。
(11) 冻结线——指质押物的实际价值等于质押物的最低价值。

案例阅读 9-2

UPS 物流金融的发展历程

1907年9月29日，美国联合包裹运送服务公司(United Parcel Service，UPS)由创始人吉姆·卡塞(Jim Case)在美国华盛顿州西雅图创立，后来总部迁至亚特兰大，原名为美国信使公司(American Messenger Company)。经过上百年的不断发展，UPS已成为世界上最大的包裹快递公司和专业化运输及物流服务的全球顶尖供应商。进入20世纪90年代，UPS的发展动向在业界备受瞩目，主要原因是其独具匠心的供应链解决方案。供应链解决方案是一个流线型组织，能够提供货物配送、全球货运、金融服务、邮件包裹服务和业务拓展咨询等一揽子服务方案，从而真正实现货物流、资金流和信息流的"三流合一"。在该方案的形成过程中,物流金融模式的引入堪称典范。就目前发展情况看,UPS和其他国际型物流公司(如全球最大的船运公司马士基)的第一位利润来源均为物流金融服务。

UPS物流金融业务在世界各地受到广泛的称赞。但是,物流金融的引入并非一蹴而就,UPS真正把金融资本融入物流产业资本中来,大约花了十几年的时间,主要分为以下两个阶段。

第一阶段:货物流的扩张推动信息技术的创新。截至1993年,UPS每天为100万个固定客户传递1 150万件包裹和公文。如此繁重的工作量迫使UPS不得不发明新技术以提高效率,保持价格竞争性,同时提供新的产品搭配。1986—1991年,UPS花费15亿美元用于技术改造,并在1991—1996年又投入约32亿美元用于技术创新。UPS的技术创新涉及方方面面,从手持传递信息获取设备帮助,到专业化设计的包裹快递设备,再到全球计算机互联网系统和专用卫星。以DWD为例,它由每个UPS的驾驶员使用,能够立即记录和向UPS网络系统上传货物传递的动态信息。DWD存储的信息甚至包括收货人签字的数字照片,以便向发货人提供货物运输的最鲜活信息。这种专用设备也允许驾驶员远程联系总部,使变更后的送货计划、交通路况及其他重要信息保持实时一致。通过技术创新和信息化建设,UPS的综合吞吐能力激增,客户需求得到进一步满足,实现了货物流与信息流的结合。这一阶段为后来物流金融模式的引入打下坚实的物质基础。

第二阶段:货物流和信息流的成熟催生物流金融模式。20世纪90年代末,UPS处于第一次重要的转型当中。尽管核心业务是货物和信息配送,并且独占鳌头,但UPS高层认为,企业的可持续性发展必须摆脱这种结构单一的物流运作模式。基于广泛的市场调研,UPS发现未来商业社会最重要的力量是"全程供应链管理",成为"全程供应链主"才是UPS未来发展的原动力,并且公司在货物流和信息流方面的领先技术能够比较容易地匹配金融流,从而形成完整的供应链解决方案。所以,UPS开始调集核心资源向这一新领域迈进,战略性地重组公司。

1995年,UPS成立UPS物流公司,基于客户的个性需求提供物流解决方案和咨询服务。1999年,UPS资本公司成立,其宗旨是提供综合性金融产品服务,该公司是UPS供应链解决方案的"金融翅膀"。1999年11月10日,UPS在纽约证券交易所首次向社会公众发行股票,使公司具备在世界重要金融市场上进行战略性收购和兼并的能力。这一举措十分重要,为UPS的长远发展提供了强大的资本支持。为了壮大UPS资本公司实力和稳步引入物流金融模式,UPS于2001年5月并购了美国第一国际银行(First International Bank,FIB),并将其融入UPS资本公司。2002年,UPS成立了UPS供应链解决方案公司,将UPS的业务扩展到以物流、金融、供应链咨询为核心的全方位第四方物流管理。2003年4月4日,美国康涅狄格银行委员会通过一项由第一国际银行集体提出的申请,把它的名称变更为UPS资本商业信贷(UPS Capital Business Credit)。UPS资本商业信贷成为UPS资本公司的组成部分,专门为中小企业提供信贷、贸易和金融解决方案。

9.2 物流金融业务模式及运作

9.2.1 代客结算模式

1. 代收货款业务

1) 业务模式简介

代收货款是指第三方物流企业在将货物送至收货方后,代发货方收取货款,并在一定时间内将货款返还发货方。出于方便或电子结算的要求,供货方与收货方可能委托第三方物流代为收取货物款项,以提高资金周转效率。

从第三方物流的角度来看,由于时空、各种技术条件等的限制,物流公司代收货款后不可能即时向供方返款,真正返款时往往已经是收款后的10天或更长时间。这样,在第三方物流公司的账户中,由于不断收款付款从而积淀下一笔非同小可的资金,从而不仅能因为方便客户而提高其满意度,也大大改善了自己的现金流。代收货款模式直接利益属于物流企业,另外两方获得的是方便快捷的服务。代收货款模式常见于企业对客户(B2C)业务,并且已经在发达地区的邮政系统和很多中小型第三方物流商中广泛开展。

代收货款有以下几个特点:业务的附加值高;运营成本低;有区域性集中的特点,利于规模作业;直接投资小,见效快;需要追加的投资很少;业务前景广阔。

2) 代收货款模式的运作组织

代收货款模式中,供方企业与第三方物流企业签订相关委托收款合同,物流企业向客户送货上门同时根据合同代收货款,物流企业定期与供方企业结清货款并从中收取一定比例的费用。

(1) 代收货款的基本流程。代收货款的基本流程如图9.1所示。

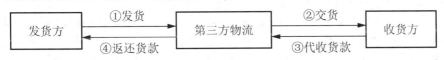

图9.1 代收货款的基本流程

(2) 代收货款模式适合的条件和范围。代收货款模式适合以下条件。

① 发货方和第三方物流企业具有较强的合作关系。
② 货物质量较稳定,货损货差较小。
③ 货物易于计量。
④ 收货方信誉较高,能够做到货到付款。

代收货款模式常见于企业对客户(通常称为B2C)业务之中。

(3) 代收货款模式应用中的注意事项。代收货款模式在实际操作中应注意以下事项。

① 物流企业应定期与供货企业结清所代收的款项。
② 物流企业所代收的款项不应超过一定的数额,并尽量采用银行转账方式,避免现金业务。
③ 物流企业与供货企业结清款项的条件:款项金额达到一定额度或达到一定期限。
④ 供货方与第三方物流企业、供货方与收货方应签订相关委托收款合同。
⑤ 供货方与第三方物流企业应就代收货款的相关费用明确于合同。

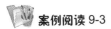

案例阅读9-3

问题与风险出在何处

曾几何时,吉林省长春市物流配货市场发生了一系列携款潜逃事件,位于物流配货集中地珠江路上的7家货站相继突然关门,老板神秘失踪。初步统计有700多名货主受到牵连,损失货款2 000多万元。携款潜逃事件使长春市物流配货行业经受了巨大震荡,引发人们对整个行业的信任危机。

无独有偶,河南省郑州市一年内至少有5家较大货运部神秘蒸发,据初步统计,郑州市携款潜逃的物流公司涉及金额2 000多万元。曾被称为"成都托运王"的四川省川运运输连锁有限公司老板刘元宝携上千商家的2 000万元巨额货款潜逃,旗下遍布四川省的57个门店也随之关闭。

据悉，货运部开展代收货款业务是从20世纪90年代初开始的，按照业内不成文的规定，货运部可从代收货款中提取1/1 000的利润。

物流公司收到货款应该及时向商户兑付，代收货款的兑付期一般为3天到一周甚至更长时间，已经是一个10余年的行业潜规则，"这个时间差给货运公司极大的可操作空间。"货运部挪用货款做其他业务，一旦出现资金周转困难就导致了商户货款无法兑付的情况，资金链一断裂，就可能发生货主挤兑风潮，多角连环债导致货运部无法承付，有的经营商就采取自保避险的极端方式"人间蒸发"——携款潜逃。针对此类问题人们不禁要问，风险出在何处？

代收货款是物流金融业务，属物流活动延伸的增值服务。显然，进入物流金融领域的门槛要高，经营商户的资信和资金保障能力往往是中低端的，从事物流金融高端业务无论从资信和实力来讲，显然是不具备这个条件的。携款潜逃的款，大多是货款，即问题直接出在代收货款方面。经营商户的经营资质、诚信缺失，也暴露出物流市场的诸多监管真空和漏洞。因此，可以从以下几方面降低相应风险。

(1) 对物流配货中心运作物流金融的企业实行严格的市场准入制度，通过资金质押和风险保障金制度等防范以上事件的发生对客户造成损失。

(2) 代收货款业务要严格实行银行转账制度，废除货运部挪用货款的"潜规则"机制，杜绝产生货款无法周转、企业资金链断裂现象的始发根源。

(3) 逐步将物流企业纳入物流园区统一管理，通过园区对区内业户及其从业人员实行登记备案制度，对其实行有效的监控和管理。

(4) 进行高中低端物流市场的整合，健全中低端经营业户经营资信，提升整体物流服务水平。

(5) 组建和完善物流行业协会，加强行业自律，营造全行业的诚信氛围，建立企业信誉，推动行业诚信和业务规范发展。

2. 垫付货款业务

1) 业务模式简介

垫付货款是指发货人将货权转移给银行，银行根据市场情况按一定比例提供融资，当提货人向银行偿还货款后，银行向第三方物流企业发出放货指示，将货权还给提货人。

在垫付货款模式下，物流企业的角色发生了变化，由原来商业信用主体变成了为银行提供货物信息、承担货物运送、协助控制风险的配角。在此业务中，厂商获得了融资，银行获得了利息收入，物流企业因为提供了物流信息、物流监管服务而获得了利润。

特别地，市场上也存在物流企业不通过银行，用自有资金为收货方垫付货款的新型物流金融服务方式。

2) 垫付货款模式的运作组织

垫付货款模式中，在货物运输过程中，发货人将货权转移给银行，银行根据市场情况按一定比例提供融资。当提货人向银行偿还货款后，银行向第三方物流商发出放货指示，将货权还给提货人。

(1) 垫付货款的基本流程。垫付货款的基本流程如图9.2所示。

在图9.2中：①发货人向第三方物流企业交货；②发货人向银行转移货权凭证；③第三方物流企业向银行提供货物信息；④银行向发货人垫付货款；⑤提货人向银行付清货款；⑥银行向提货人提供提货单；⑦银行向第三方物流企业发出放货指示；⑧第三方物流企业向提货人交货。

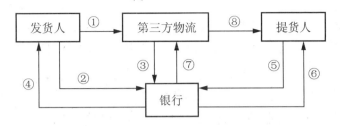

图 9.2　垫付货款的基本流程

(2) 垫付货款模式适合的条件和范围。垫付货款模式适合以下条件。
① 物流企业应具备完善的信息系统。
② 货物质量和市场价格稳定。
③ 第三方物流企业能够向银行提供相关货物情况。
④ 物流企业与银行能形成战略合作关系。
垫付货款模式常用于企业对企业(通常称为 B2B)业务中。
(3) 垫付货款模式应用中的注意事项。垫付货款模式在实际操作中应注意以下事项。
① 发货人与提货人签订《购销合同》。
② 第三方物流商、银行和发货人共同签订《物流服务合同》。
③ 发货人应无条件承担回购货物的义务。
④ 《物流服务合同》中应明确预付货款的金额(通常为总货款的一半)。
⑤ 第三方物流企业须接到银行放货指示后方可向提货人交货。
⑥ 银行应核实货权凭证,辨别真伪。
⑦ 银行应及时掌握货物规格、型号、质量和市场行情等。

物流金融改善供应链资金动作状况

联合包裹(UPS)的托收业务就是一种垫付货款方式。例如,国内某公司向国外某电子公司订购货物,UPS 收到电子公司交付的货物后,即时向国外电子公司支付可高达 90%的货款,当货物送交到国内收货人手中后,由 UPS 向国内某公司收取货款,然后再向国外电子公司付清货款余额。UPS 将剩下 20%货款交付给发货人之前,产生了一个资金运动的时间差,即这部分资金在交付前有一个沉淀期,在资金的这个沉淀期内,UPS 等于获得了一笔不用付息的资金。UPS 可用这笔资金从事其他相关业务或者用于资本市场的运作。例如,UPS 用这一不用付息的资金从事贷款,而贷款对象仍为 UPS 的客户或者限于与快递业务相关的主体。这不仅加快了客户的流动资金周转,有助于改善客户的财务状况,而且为客户节约了存货持有成本和拥有及运作物流服务网络的成本。UPS 的这一做法能够进一步改善供应链资金运作状况。

9.2.2　融通仓模式

融通仓是一个以质押物资仓管与监管、价值评估、公共仓储、物流配送、拍卖为核心的综合性第三方物流服务平台。融通仓融资的实质是将银行不太愿意接受的动产(主要是原材料、产成品)转变成其乐于接受的动产质押产品,并以此作为质押担保品或反担保品进行信贷融资。

融通仓是银行把贷款额度直接授权给物流企业，由物流企业根据客户的需求和条件进行质押贷款和最终结算。物流企业向银行提供符合相关规定的信用担保，并直接利用这些信贷额度向中小企业提供灵活的质押贷款业务。

融通仓是一种把物流、信息流和资金流综合管理的创新，其内容包括物流服务、金融服务、中介服务和风险管理服务，以及这些服务间的组合与互动。融通仓的核心思想是在各种流的整合和互补互动关系中寻找机会和时机，其目的是提升客户服务质量、提高经营效率、减少运营资本、拓宽服务范围、减少风险、优化资源使用、协调多方行为、提升供应链整体绩效和增加整个供应链竞争力等。实践中其业务主要可分为仓单质押业务、保兑仓业务、动产质押逐笔控制(静态)、动产质押总量控制(核定库存)。

1. 仓单质押业务

1) 业务模式简介

仓单是仓库接受货主的委托，将货物受存入库后向货主开具的说明存货情况的存单。所谓仓单质押是指货主把货物存储在仓库中，然后可以凭仓库开具的仓单向银行申请贷款，银行根据货物的价值向货主企业提供一定比例的贷款。一般而言，仓单质押具有以下功能。

① 有利于生产企业的产品销售。
② 有利于中小生产和商贸企业获得融资。
③ 有利于回购方(交易所或会员单位)拓展自身业务。
④ 以标准仓单作为质押获得融资。
⑤ 使得贷款人与回购人紧密合作，实现双赢。

2) 仓单质押业务模式运作和组织

关于仓单质押业务模式的说明：融通仓不仅为金融机构提供了可信赖的质物监管，还帮助质押贷款主体双方良好地解决质物价值评估、拍卖等难题。在实际操作中货主一次或多次向银行还贷，银行根据货主还贷情况向货主提供提货单，融通仓根据银行的发货指令向货主交货。

(1) 仓单质押业务的基本流程。仓单质押业务的基本流程如图9.3所示。

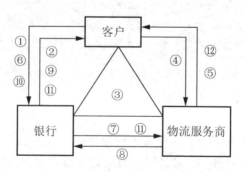

图9.3 仓单质押业务的基本流程

在图 9.3 中：①客户向银行申请融资；②银行评审客户；③客户、银行、物流商签订三方协议；④客户向物流商提交质押物；⑤物流商检验客户质押物并出具仓单；⑥客户向银行提交仓单；⑦银行向物流商查询有关客户及质押物情况；⑧物流商接受查询并作答复；⑨银行放款给客户；⑩客户向银行申请质押物出库；⑪银行将相关指令传递给客户和物流商；⑫物流商按银行指令为客户办理出库手续、核销仓单及解押。

(2) 仓单质押业务模式适合的条件和范围。仓单质押业务模式适合以下条件。

① 客户应具有经营仓单项目下货物的资格，并且是主营业务同时与银行有较好的合作。

② 物流商应具有符合质押货物要求的仓储、运输条件和资质。

③ 物流商具有丰富的仓储管理经验、专业人员及操作规范适用于物流商和客户的资质较高企业。

④ 物流商具有健全的网络和信息系统。

仓单质押业务模式适用于质押物不流动、整进整出的业务，如铁矿砂、煤、农产品；适用于质押物价格稳定、货损货差小、易于长期存放的业务；适用于经营性流动资金量大的客户业务范围。

(3) 仓单质押业务模式应用中的注意事项。仓单质押业务模式在实际操作中应注意以下事项。

① 如果使用仓单部分提货，要收回原先出具的仓单再重新出具仓单分割单。

② 银行应对物流商和客户的信誉、资质和财务状况进行核定。

③ 在分析、预测价格变动趋势的基础上确定仓单质押率。

④ 对价格稳定且质押期较短的，可提高质押率，反之，则降低质押率。

⑤ 操作中银行应辨别仓单真伪。

⑥ 银行应时刻掌握仓单质押物的市场行情。

⑦ 银行应根据议定价、发票值与当前市场共同来确定仓单质押价值。

⑧ 严格掌握借贷申请主体资格。

2. 保兑仓业务

1) 业务模式简介

保兑仓业务是指在供应商承诺回购的前提下，购买商向银行申请以供应商在银行指定仓库的既定仓单为质押的贷款额度，并由银行控制其提货权的融资业务。在这一业务中，第三方物流企业实际控制货物并为银行提供监管。

2) 保兑仓业务模式的运作组织

关于保兑仓业务模式的说明：卖方、买方、第三方物流商、银行四方签署"保兑仓"业务合作协议书，买方根据与卖方签订的《购销合同》向银行交纳一定比率的保证金，申请开立银行承兑汇票，专项用于向卖方支付货款，由第三方物流商提供承兑担保，卖方以货物对第三方物流商进行反担保。银行给买方开出承兑汇票后，卖方向保兑仓交货，此时转为仓单质押。

(1) 保兑仓业务模式的基本流程。保兑仓业务模式的基本流程如图9.4所示。

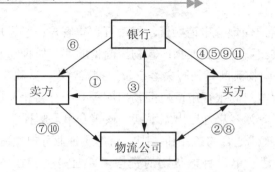

图 9.4 保兑仓业务模式的基本流程

在图 9.4 中：①买卖双方签订《购销合同》；②买方与物流公司签订《仓储合同》；③买方、卖方、银行和物流公司签订四方协议；④买方与银行签订《承兑协议》；⑤买方向银行交纳一定比例保证金；⑥银行向卖方支付承兑汇票；⑦卖方发货到物流公司；⑧货物到达后，买方与物流公司共同验收办理入库；⑨买方向银行存入保证金提取质押物；⑩买方违约，卖方负责回购，偿还债务；⑪保证金交足，质押解除。

(2) 保兑仓业务模式适合的条件和范围。保兑仓业务模式适合以下条件。

① 质物市场价格稳定，波动小，不易过时。

② 质物用途广、适应性强，易变现。

③ 质物规格明确，便于计量，产品合格，符合国家标准。

④ 物流商保持中立立场。

⑤ 保证金一般至少应为质物价值的 30%。

⑥ 保兑仓模式下银行风险较小。

保兑仓业务模式适用于国内贸易；适用于出质人的上游企业资质好的业务；适用于黑色金属、有色金属、汽车、化工产品、纸品、药品、烟酒、电子产品等领域。

(3) 保兑仓业务模式应用中的注意事项

保兑仓业务模式在实际操作中应注意以下事项。

① 该模式前半部分为信用质押、到货后转为仓单质押。

② 该模式按照质权人指令收货、验收、放货。

③ 有时监管方还要承担运输等流动质物的监管责任。

④ 买方、卖方、银行和物流商签订四方协议。

⑤ 物流商提供承兑担保。

⑥ 卖方以货物对物流商进行反担保。

⑦ 买方违约，质押物由生产商或物流商回购。

3. 动产质押逐笔控制(静态)

1) 业务模式简介

动产质押逐笔控制(静态)，是指出质人以银行认可的合法的动产作为质押担保，银行给予融资，并且在授信期内通过银行审批更换所质押的动产的授信业务，监管人的控货方式为逐笔控制。

2) 业务模式的运作组织

动产质押逐笔控制模式(静态)中，融资企业将存货交由银行认可的监管企业监管，监管企业向银行出具质押专用仓单,银行据此提供融资。融资企业根据提货需要向银行存入一定金额款项,银行根据融资企业存入的款项金额授权监管企业货物出库权限,监管企业根据银行授权逐笔释放货物,至货物完全出库时质押解除。未经银行同意,融资企业不能提取或置换货物。

(1) 动产质押逐笔控制模式(静态)的基本流程。动产质押逐笔控制模式(静态)的基本流程如图9.5所示。

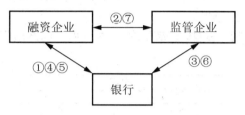

图 9.5 动产质押逐笔控制模式(静态)的基本流程

在图 9.5 中:①融资企业与银行签订融资协议;②融资企业将存货交由银行认可的监管企业监管;③监管企业向银行出具质押专用仓单或质物清单;④银行根据仓单或质物清单向融资企业提供融资;⑤融资企业向银行存入一定金额资金;⑥银行根据融资企业存入的款项金额授权监管企业货物出库权限;⑦监管企业根据银行授权逐笔释放货物。

(2) 动产质押逐笔控制模式(静态)适合的条件和范围。动产质押逐笔控制模式(静态)适合以下条件。

① 按照质权人指令进货和放货。
② 监管企业应具有较高的资质。

动产质押逐笔控制模式适用于动产质押;适用于质物流动性不强、大笔货物进出库的业务;适用于黑色、有色、煤炭、汽车、农产品、化工等产品;适用于货物价值变动较小的物资。

(3) 动产质押逐笔控制模式(静态)应用中的注意事项。动产质押逐笔控制模式在实际操作中应注意以下事项。

① 银行应做好质押物的价值评估工作。
② 银行应及时掌握货物市场行情。
③ 监管企业应对银行负责。
④ 监管企业必须接到银行授权后方可办理货物出库业务。
⑤ 监管企业必须及时向银行传递相关质押物库存信息。
⑥ 监管企业必须出具质押专用仓单。
⑦ 银行应控制好融资额度。
⑧ 监管企业应做好质押物的验收入库工作。

4. 动产质押总量控制(核定库存)

1) 业务模式简介

动产质押总量控制(核定库存),是指出质人以银行认可的合法的动产作为质押担保,银行给予融资,并且在授信期内在满足银行核定的最低库存基础上可更换所质押动产的授信业务。质押的标的为监管人仓储保管的货物,银行委托监管人不间断地占有质物,但监管的质物是不断更换的，在不同的时间表现为不同批次、种类，故称为"动态质押总量控制"。

2) 业务模式的运作组织

动产质押总量控制模式(核定库存)中，银行确定质物种类、数量、价值的最低要求，并办理质押融资，超出的部分客户可自由存入或提取。在这种方式中，监管企业负责对融资企业在质押期间自由存入或提取的货物是否符合银行最低要求进行审查，从而确保质押物价值始终不低于银行确定额度。

(1) 动产质押总量控制模式(核定库存)的基本流程。动产质押总量控制模式(核定库存)的基本流程如图9.6所示。

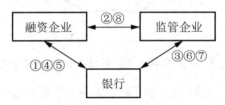

图9.6 动产质押总量控制模式(核定库存)的基本流程

在图9.6中：①融资企业与银行签订融资协议；②融资企业将存货交由银行认可的监管企业监管；③监管企业向银行出具质押专用仓单或质物清单；④银行根据仓单或质物清单向融资企业提供融资；⑤融资企业向银行申请货物出库；⑥银行审查货物出库申请及库存质押物的总量(价值)——核定库存；⑦当库存质押物的总量(价值)不低于银行确定额度时，银行授权监管企业放行货物；⑧监管企业根据银行指示释放货物。

(2) 动产质押总量控制模式(核定库存)适合的条件和范围。动产质押总量控制模式(核定库存)适合以下具体条件。

① 监管企业按照质权人通知的价格来控制质物价值。

② 质押物应具有合法性、稳定性、标准性和变现性等。

其适用范围为动产质押，适用于流动性较强、货物进出库频繁的业务；适用于黑色、有色、煤炭、汽车、农产品、化工产品等。

(3) 动产质押总量控制模式(核定库存)应用中的注意事项。动产质押总量控制模式(核定库存)在实际操作中应注意以下事项。

① 银行确定额定量之上部分按照出质人指令进货和放货，到达质权人规定的总量则停止发货。

② 质押品在监管过程处于不断变化状态中，或质押品不断更换。

③ 在不同时期表现为不同批次种类的质押。

④ 监管企业具有连带责任。

⑤ 监管企业应做好物资的入库验收工作。

⑥ 监管企业应接受银行核货、查询并作出答复。

⑦ 监管企业应制作最新的物品清单并交予银行。

⑧ 监管企业发货必须经银行同意。

⑨ 银行应就质押物设定预警线，当质押物预警线达到银行规定总量时，监管企业应告知银行。

⑩ 银行应随时掌握质押物的市场行情，核定库存以便调整预警线。

⑪ 银行设定的库存预警线应视情况随时调整，必要时银行有权要求融资企业追加质押物。

⑫ 银行应随时将调整后的预警线告知监管企业。

⑬ 监管企业应对在质押期间自由存入或提取的货物是否符合银行最低要求进行审查，确保质押物价值始终不低于银行确定额度。

⑭ 当质押物市值发生波动，下跌幅度到达贷款发放日市值的10%时，银行有权要求发货人在接到银行通知后3个工作日内，必须提前偿还部分货款以保证达到双方约定最高质押率的要求。

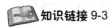

知识链接9-3

供应链物流金融服务的创新

物流金融除了应用于上述领域以外，还可以用于多种供应链服务创新。例如，在供应链VMI模式中，中小企业作为供应商为客户提供仓储服务，其所需资金很大，利用物流金融可以解决中小企业融资问题，解决供应商管理库存中资金占用大所引起的资金不足问题。

在保税区提供涉外服务的中小物流企业，可以通过所在物流园区的经营者、银行等环节形成特定的票据融资等物流金融服务模式。

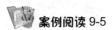

案例阅读9-5

货物质押监管合作协议

编号：

监管方(下称甲方)：×××物流公司
出质方(下称乙方)：×××融资企业
质权方(下称丙方)：×××银行

根据____年__月__日乙方与丙方签署的编号为_____，名称为《综合授信合同》(以下简称主合同)的约定，乙方因业务需要向丙方申请授信业务，包括但不限于银行承兑汇票、短期贷款等。丙方同意自____年__月__日至____年__月__日期间，丙方视乙方的经营情况为乙方进行授信的总额为_____万元人民币。甲方具备仓储业的经营资格并有条件按照丙方要求仓储保管质物。

经三方自愿平等协商，就质物的监管事宜，根据《中华人民共和国合同法》等有关规定，达成以下协议。

1. 监管方式

乙方向丙方申请办理上述授信业务，以存放在甲方监管库的且符合丙方要求的货物向丙方设定质押担保。甲方承诺按照丙方的书面要求为乙方办理质押货物的提货手续。

2. 货物的入库及质押手续的办理

承运人将货物运抵仓库，并提供有关货权证明。甲方验收后应及时通知丙方。验收无误后，甲方将货物移入相应仓位仓储保管，甲方出具体的货物入库验收单加盖"×××物流公司质押业务专用章"及背书"已质押给×××银行"字样章后交付给丙方作为拥有向甲方提取货物的权利凭证。

3. 乙方提取货物的程序

存放于甲方监管库的货物总额/总量超过丙方核定的应留存于甲方处的货物应控制总额/总量时，乙方可以要求对超出丙方核定应留存的总价值/总量货物以外的货物解除质押并办理提货手续。

4. 储存场所

质押货物存储于甲方的监管库，即甲方的位于_____名称为_____的仓库。丙方交付甲方储存保管的仓储物，甲方应单独、分别堆放，并按丙方要求标记，以便丙方识别。该标记应保持始终，直到提货完毕。

5. 仓储监管期间和费用

本协议项下的监管费用全部由乙方向甲方支付，乙方应于货物进库之日起每月的15日向甲方支付仓储费、监管费，货物的监管期限为自货物进入到甲方监管的仓库之日起至货物全部出库之日止。如因仓储费、监管费产生争议，与丙方无涉，由甲方与乙方自行协商解决，甲方不得因此而向丙方索偿。

6. 各方的权利和义务

1) 甲方的权利

(1) 甲方对质押货物的出库拥有审查、批准权，未经甲方审查、批准的，乙方不得申请甲方办理货物出库手续。

(2) 甲方有权按本协议的约定向乙方收取仓储监管费用。

2) 甲方的义务

(1) 甲方的仓储、监管工作应尽职、尽责。甲方需派专职的监管人员24小时对入库的货物进行监管。

(2) 货物进库时，甲方应及时验货，甲方对货物入库时货物入库验收单上所记载内容的真实性、有效性、准确性有核实的义务。

(3) 甲方对丙方的相关查询、查库有及时、准确告知和配合的义务。

3) 乙方的权利

(1) 乙方有权按本协议约定向丙方申请授信。

(2) 乙方有权按本协议约定提取货物。

4) 乙方的义务

(1) 乙方应当按本协议的约定向甲方支付仓储、监管费用。

(2) 乙方承诺在未经甲方的许可不得向甲方申请办理提货手续或转让仓储货物所有权。

(3) 乙方应当积极配合甲方的监管工作，及时向甲方及丙方提交有关信息、文件、资料和数据。

5) 丙方的权利

(1) 乙方的提货申请致使质押留存的货物的总价值/总量小于《冻结货物通知书》核定的应留存货物总价值额/总量时，只有在丙方书面同意的情况下，甲方才有权同意乙方提取相应的货物。

(2) 如遇留存的质押货物的市场价格下浮或其他因素致使留存的质押货物总价值/总量低于丙方出具的《冻结货物通知书》核定的应留存货物总价值额/总量的，丙方有权利要求乙方增加入库的货物并予以留存或向丙方交足相应保证金或提前偿还债务。

(3) 丙方有权占有所有乙方存入甲方监管库的货物入库验收单，作为对存储于甲方监管库的货物享有质押权的权利凭证和拥有向甲方提取相应货物的权利凭证。

6) 丙方的义务

(1) 丙方应当对其所了解的乙方的信息、文件、资料等保密。

(2) 以书面函件形式预留印鉴给甲方，此后发给甲方的任何函件上的印鉴均需与预留印鉴相符。

7. 违约责任

(1) 在储存期内，除不可抗力的事件外，仓储物毁损灭失或由于甲方未尽到监管责任导致仓储物短少等

(2) 甲方未按本合同的约定办理提货和放货手续,造成丙方损失的。
8. 管辖条款
因本协议产生的纠纷,各方应协商解决,协商不成的,任何一方均可向本协议签订地人民法院起诉。
9. 协议的效力
(1) 本协议经三方的书面同意可以修改或补充;本协议的任何修改和补充均构成本合同不可分割的一部分,与本协议具有同等法律效力。
(2) 本合同正本一式三份,三方各执一份,经三方签字盖章后生效。

甲方: 乙方: 丙方:

法定代表人: 法定代表人: 法定代表人:
(授权代表):   (授权代表):   (授权代表):

本协议签订地点:丙方住所地
本协议签订日期:××××年×月×日

9.2.3 物流保理模式

1. 保理的含义

保理业务又称应收账款承购,是指销售商以挂账、承兑交单等方式销售货物时,保理商购买销售商的应收账款,并向其提供资金融通、买方资信评估、销售账户管理、信用风险担保、账款催收等一系列服务的综合金融服务方式。

案例阅读 9-6

物流业与保理业结合将成为可能

随着国际经济环境的发展,我国的保理业务也得到了非常迅速的发展。1999年我国的年保理结算额仅为3 000万美元,开办的保理机构也仅有中国银行和招商银行两家;到2013年年末,经营保理业务的银行已有20多家,而商业保理企业注册数量达到284家。2013年中国保理业务总量为3 781亿欧元,折合人民币超过3万亿元。但是,目前保理市场的经营机构仍然主要由银行构成。2013年,在国际保理商联合会的成员名单中有25个成员来自中国,其中有23家银行,只有2家是商业保理公司。从物流创新的角度来说,如果能够提供增值的物流保理服务,将有利于物流企业增强其竞争能力。并且如前所述,物流企业在保理市场上确实具有独特的、银行所无法代替的竞争优势。因此,无论从物流业的发展还是从保理业务本身的发展来说,物流企业与保理业务的结合都是一个必然的发展趋势。

2003年5月,中国银监会发布了《中国银行业监督管理委员会关于调整银行市场准入管理方式和程序的决定》,该决定同时取消了对中资银行和外资银行经营国内保理业务的审批制度。从2003年7月开始,凡是开办国内保理业务的银行仅需在10日内向银监会进行书面报告即可。2007年颁布的《物权法》首次在法律上认可应收账款可以作为权利质权出质,为保理业务的发展奠定了法律基础。2012年商务部启动商业保理公司试点,推动了保理服务机构的多元化进程;2009年和2013年中国银行业协会保理业务专业委员会和中国服务贸易协会商业保理专业委员会分别成立,标志着中国保理市场的自律监管框架初步形成。这些政策的出台标志着我国对保理业务的限制已逐渐放宽。可以预见,物流企业很可能在不久的将来获得经营保理业务的主体资格。目前关键在于在既定条件下,设计符合法律规定的运作模式。

2. 物流保理

物流保理业务的出现源自于保理市场的迅速发展。根据世界最大的保理商组织——国际保理商联合会(Factors Chain International,FCI)的统计,2001年全球保理业务总量已超过7 200亿美元,是5年前的两倍,年均增长率超过20%。在保理业务发展的初期,物流企业并未真正介入其中,从中受益的主要是银行和保理公司。但是随着保理业务的迅速发展,物流企业开始认识到这一业务的巨大潜力和自身从事保理业务的潜在优势。

从保理业务的服务内容来说,物流保理业务与银行保理业务并无本质的不同,但是其经营的主体由银行变为了为客户经营物流业务的物流企业,使物流和金融的联系更为紧密,由此衍生出许多银行保理业务所不具备的优势。物流保理业务的出现迅速引起了金融市场的注意,一些专家甚至称为"革命性的金融服务方案",并认为在保理市场上没有任何银行能够与之匹敌。

尽管目前我国对物流保理业务的开展仍有诸多限制,但也应该看到,我国的金融环境正在逐步向开放的方向发展。

综上所述,物流保理业务作为一种新的物流融资模式,不仅可以促进贸易的繁荣,而且能够通过提供增值服务的形式增强我国物流企业的竞争力,推动物流行业的发展。并且,作为物流行业一种创新性的金融服务,它符合我国金融开放的发展趋势。因此,我国应尽快批准物流企业经营保理业务,并制定出相应的法律法规,保证物流保理业务的迅速发展。

3. 物流保理业务的主要优势

(1) 风险降低。物流保理最大的优势在于风险的降低。首先,从目前物流的发展趋势来看,物流商越来越多地介入到客户的供应链管理当中,往往对于买卖双方的经营状况和资信程度都有相当深入的了解,因此在进行信用评估时不仅手续较银行更为简捷方便,而且其风险也能够得到有效的降低。其次,银行保理业务的主要风险来自于买卖双方对银行的合谋性欺骗,一旦银行在信用评估时出现失误,就很可能陷入财货两空的境地。而在物流保理业务中,由于货物尚在物流企业手中,这一风险显然已经大大地降低了。

(2) 融资快速方便。根据物流保理业务的要求,物流客户在其产品装箱(柜)的同时就能凭提单获得物流企业预付的货款,物流运输和保理业务的办理是同时进行的。而银行保理业务一般必须在货物装运完毕后再凭相应单据向银行要求预付货款。相比较而言,显然前者更为简捷方便。

(3) 货物易于变现。与仓单质押贷款一样,提供保理业务的公司也有可能因无法追讨货款而将货物滞留于手中。但与仓单质押贷款不同的是,前者处理货物的主体是金融机构,而后者则为物流企业。金融机构一般都没有从事商品贸易的工作经验,与商品市场也缺乏必要的沟通和联系,因此在货物变现时常常会遇到很多困难。而物流企业,尤其是一些专业化程度很高的物流企业,对于所运输的货物市场却会有相当深入的了解,而且由于长期合作的关系，与该行业内部的供应商和销售商也往往有着千丝万缕的联系，因此在货物的变现时能够享受到诸多便利。

4. 我国开展物流保理业务的限制条件

(1) 保理法律、法规极不健全。在我国开展物流保理业务，首先不能回避的是法律上的障碍。中国人民银行把保理业务作为金融创新业务对待，《中国人民商业银行法》对商业银行可从事的12项业务中没有对保理业务作出明确规定，也没有明确的禁止性规定。准备开展保理业务的银行必须报经中国人民银行批准方能开办。对于从事保理业务的非金融机构的主体资格问题，更没有任何的法律法规有所涉及。鉴于金融行业的巨大风险，在没有明确法律规定的情况下，我国能否在短期内允许物流企业进入保理这一领域尚是一个未知数。其次，我国尚无一套能够用于指导保理业务发展的法律法规体系。目前从事保理业务的机构大多依据国际保理联合会的《国际保理惯例规则》进行操作。但是很明显，国际保理惯例规则并不能完全适应我国保理业务发展的具体情况，这大大增加了保理业务的经营风险，给我国保理业务的进一步发展带来了巨大的影响。因此，可以设想，如果法律法规问题得不到解决，即使中国人民银行批准物流企业经营保理业务，物流企业也有可能因为畏惧巨大的行业风险而不敢进入保理这一领域。

(2) 信用环境不佳。保理业务是一种建立在商业信用基础上的金融业务，需要一个良好的市场信用环境作为保障，否则在保理业务的经营过程中很容易发生信用纠纷，导致保理业务不能顺利开展。但是根据我国目前的信用环境来看，我国企业的资信程度普遍较差，这就使保理公司处于两难的选择当中。如果放宽对信用审查的限制，就有可能引起信用风险，使得保理公司得不偿失；如果加强信用审查，则能够通过审查的企业数量有限，可能使保理业务达不到最低的市场规模要求。

(3) 物流企业缺少金融部门。如前所述，根据物流保理业务的要求，从事物流保理业务的物流企业都应该具备相当强的实力。一方面，它必须拥有足够的分支机构，以保证对各地客户的信用评估；另一方面，仅仅依靠物流方面的实力还不足以保证物流保理业务的开展，从事物流保理业务的公司还必须拥有对资金流的控制权。

5. 物流保理业务的运作组织

物流保理业务避免了融通仓只能服务于仓储货物的缺点，使得物流融资能够覆盖整个物流传递的过程，因此非常适合需要长时间运输的货物的融资要求。

(1) 物流保理业务的基本流程。物流保理业务的基本流程如图9.7所示。

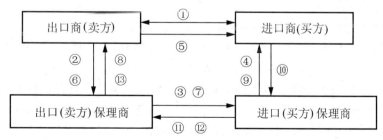

图9.7 物流保理业务的基本流程

在图9.7中：①出口商寻找有合作前途的进口商；②出口商向出口保理商提出保理的

需求并要求为进口商核准信用额度;③出口保理商要求进口保理商对进口商进行信用评估;④如进口商信用良好,进口保理商将为其核准信用额度;⑤如果进口商同意购买出口商的商品或服务,出口商开始供货,并将附有转让条款的发票寄送进口商;⑥出口商将发票副本交给出口保理商;⑦出口保理商通知进口保理商有关发票详情;⑧如出口商有融资需求,出口保理商付给出口商不超过发票金额的 90%的融资款;⑨进口保理商于发票到期日前若干天开始向进口商催收;⑩进口商于发票到期日向进口保理商付款;⑪进口保理商将款项付出口保理商;⑫如果进口商在发票到期日 90 天后仍未付款,进口保理商做担保付款;⑬出口保理商扣除融资本息(如有)及费用,将余额付给出口商。

(2) 物流保理业务适合条件和范围付款方式是托收或汇付。该模式适用于运输时间长的物流业务;适用于国内贸易也适合于国际贸易;适用于库存物资也适合于在途物资;适用于质量高、保管期长、价格波动小、便于计量的大宗物资。

(3) 物流保理业务应用中的注意事项。物流保理业务在实际操作中应注意以下事项。
① 卖方以赊销方式出售商品。
② 信贷额度内的坏账由买方保理机构负责,超额部分由卖方自己负责。
③ 货物装运后,卖方凭相关单据向卖方保理机构收取货款的比例一般为 80%~90%。
④ 保理商应注意货物存在瑕疵所带来的交易风险。
⑤ 应注意买卖双方对保理商合谋欺骗所带来的信用风险。
⑥ 卖方需支付保理商提供的资信调查、承担信用风险和收取应收账款等服务的费用,费用为发票金额的 1%~2.5%。
⑦ 若出口商预支货款,其利率高于贴现率,报价时予以考虑。

9.3 物流金融的风险类型与控制

物流金融运作过程中的风险主要有商业银行面临的风险,以及物流企业面临的风险。

9.3.1 商业银行所面临的风险类型与控制

1. 商业银行所面临的风险类型

物流金融业务中可以导致商业银行发生呆账风险的因素比较多,常见的有质押物本身的风险、物流企业带给银行的风险、银行内部的操作风险、企业信誉风险、同业竞争的风险等。

1) 质押物本身的风险
质押物本身的风险可以概括为以下 6 种。
(1) 质押物的来源和品质的风险。例如,走私货物有罚没风险,在滚动提取时提好补坏、存在坏货风险,还有以次充好的质量风险。
(2) 仓单风险。现在企业多以入库单作质押,但入库单却不具有有价证券的性质。
(3) 质押物市场风险。在买方市场时代,产品的更新换代速度越来越快,产品价格波动可能导致质押物价值下降,银行存在贷款回笼风险。质押物的品牌、质量出现重大负面影响事件,也会严重影响产品销售,进而给银行带来风险。
(4) 提货单风险。在提货过程中有的以仓单提货,也有的以提货单提货。有的提货单是货主开的，有的是银行开的，提单的防伪性很差。

(5) 质押物所有权的法律风险。物流金融业务涉及多方主体，质物所有权在各主体间进行流动，可能产生所有权纠纷。

(6) 质押物变现风险。银行在处置质押物时，可能出现质押物价值低于银行授信敞口余额或无法变现。

2) 物流企业带给银行的风险

目前我国的中小物流企业还处于发展初期，其本身存在许多不利因素，如管理水平比较低下，信息技术相对落后，经营者素质较低，信用意识淡薄，往往造成货物监管过程中的货物损坏或遗失风险，给银行造成不应有的损失。

3) 银行内部的操作风险

物流银行的创新之处在于将仓单甚至物流过程纳入质押对象，这势必牵涉对仓单和物流过程的定价评估问题。一方面，由于价格的变动，会导致质押对象的价值发生升值或者贬值，从而引起一定的抵押风险；另一方面，对银行内部来说，要严防内部人员作弊和操作失误。

4) 企业信誉风险

在实际操作中，个别资信状况不良的借款企业与仓储担保企业串通骗贷的手法较多，如向银行提供伪造或变造仓单作抵押、重复质押等，会给商业银行带来严重后果。

5) 同业竞争的风险

开展物流金融业务的，不仅有物流公司和银行，还有担保公司、投资公司，以及银行出资成立的一些企业等。参与者的增加在一定程度上降低了这一业务的利润率。另外由于参与者的增多，导致单项融资额过低，影响了物流企业的物流量，导致操作成本升高，使运作出现困难甚至亏损。

2. 商业银行面临风险的控制

如上所述，商业银行在物流金融运作过程中存在许多风险，有效降低和控制风险成为物流金融运作中的关键。

1) 质押物本身风险的控制

(1) 严格审查货品来源和品质，做好质押物入库验收工作，特别应加强核定库存模式下的补货验收工作。

(2) 质押票据应以仓单为主，将非仓单等不具有有价证券的票据控制在一定的范围内。

(3) 在选择质押物品种时应稳妥，尽可能选择市场价格波动小、流通快等类物资。

(4) 提货单风险的控制。由货主和银行开提货单的，要逐步转向仓单提货；由货主与银行共开提货单的，要在合同中注明仓单无提货功能。同时要有鉴别提货单真伪的措施，如将条形码引入提货单来防伪等。

(5) 在质押前必须审核质押物的所有权，严格限制质押物在质押期间进行流动。涉及多方主体的，应通过合同协议进行界定与规范以防发生所有权纠纷。

(6) 尽可能选择易变现的物品进行质押，时刻关注市场行情，必要时应通过融资方补仓以防可能出现质押物价值低于银行授信敞口余额或无法变现。

2) 物流企业带给银行风险的控制

在选择合作物流企业时，应选择经营状况好、信用意识强、同放款银行有业务来往的企业。加强合同管理及日常巡查，以防造成货物监管过程中的货物损坏或遗失风险，给银行造成不应有的损失。

3) 银行内部操作风险的控制

银行加强内部控制，健全相关制度及流程，特别是内部制约机制，严防内部人员作弊和操作失误。严密关注质押品市场价格行情，以避免抵押风险。

4) 企业信誉风险的控制

在选择贷款企业时，应全方位审核其资质，审核质押物，选择与银行来往密切的物流企业进行合作，以防止提供伪造或变造仓单作抵押、重复质押等，给银行造成严重后果。

5) 同业竞争风险的控制

开展物流金融业务的银行等融资企业尽可能联合起来规范行业操作的有关规程及制度，特别是各银行总行之间应加强合作，共避风险，营造良好的业态环境。

9.3.2 物流企业所面临的风险类型与控制

1. 物流企业所面临的风险类型

物流企业在物流金融业务中主要负责质押物在运输和仓储中的监管作用，一般情况下物流企业都要根据银行的指令进行质押物的物流运作，其面临的风险主要有以下几种。

1) 监管风险

物流金融业务要求物流企业有很强的管理水平，能够对货物进行全天候的监控，并且要能够完全按照银行的指令进行运作，同时还要对货物的质量、数量等负责，否则在监管过程中如出现问题，既要对银行承担责任，也要对企业承担责任。另外，库外监管超出了物流商的自有库，有其局限性，无论是商业银行还是物流商都应谨慎使用。

2) 管理风险

由于当前整个市场的信用体系仍不健全，抵押、资本市场、债券市场的融资方式往往难以利用，物流企业的质押监管作用对物流银行业务的顺利开展不可或缺。

3) 仓单管理松懈风险

虽然我国合同法中规定了仓单上必须记载的内容，但由于各仓储企业使用的仓单设计不规范，以及仓储双方为了简便手续，一般除了填列存货人名称、数量、日期等主要几项外，其他项目常忽略不填，这对货款的安全性留下了一定的隐患。

4) 提单管理不善风险

对于同一仓单项下的货物在不同时间提取的情况，"专用仓单分提单"释放管理风险较大，能否做到每释放一笔，在相应仓单下作销账记录，直至销售完成、贷款收回为止，决定了提单管理风险的大小。

5) 监管场所带来的风险

质押物的存放场所随机性很大，各监管点情况各异，管理水平不一致等，也给企业带来一定风险。

(1) 质物存放的场所在本单位以外，有的是出质人生产企业；有的是第三方仓库，监管场所硬件设施条件参差不齐；有的监管场所偏僻，安全性差。

(2) 监管场所管理水平不一致，监管场所没有划分独立监管区域，容易造成出质人将其他客户的货物充当自己的货物出质；监管场所没有质物标识，容易造成出质人将同一批货物重复向不同的银行质押,造成在监管场所相关人员哄抢质物。

6) 出质人道德风险

质押监管业务大多是由银行提供的出质人名单,物流企业对出质人缺乏足够的了解,出质人采取欺诈手段骗取监管人的信任;或者利用他人的货物质押;或者在动态质押换货过程中,以次充好;或者使用虚假海运提单换取现货;或者哄抢质物;致使企业管理混乱,给物流企业带来很大的风险。

7) 对出质人资质评价风险

物流企业在评价出质人时,对其经营历史、经营业绩、业内地位、信誉度、相关资信掌握不全面或不了解,对出质人诚信度不了解;出质人有非法逃税记录或其他违法记录。

8) 合同签订风险

合同签订风险存在固定合同样本产生的风险、业务开发人员各方需求掌握不全面产生的风险、合同内容不完整产生的风险等。

(1) 固定合同样本产生的风险。合同签订的风险来源于质权人总行合同的固定样本不允许修改,合同签订的内容可操作性差,物流企业为了不失去客户,只好被银行的规定要求牵着走。

(2) 业务开发人员各方需求掌握不全面产生的风险。业务开发人员对出质人的需求(如生产企业生产流程、原料领用规律和每天消耗用量)和质权人的出质、解除质押需求掌握不全面,所以签订的合同没有操作性,造成违规操作。

(3) 合同内容不完整产生的风险。在合同中没有约定合同有效期,无法根据风险情况确定监管期,只能被动地根据银行的需求无期限监管,当发现风险时也无法撤出;在合同中没有约定质押模式(控货状态),或者没有约定静态模式动态操作,结果造成质物置换未经过银行认可,将承担换货产生的损失;在合同中没有约定监管费标准和支付期限,使银行无法掌握监管人的权力如何兑现,从而约束出质人;在合同中没有明确约定质押品种范围或详见质物清单内容,导致等值货物换货范围无限放大,当置换货物的品种市场价格波动大或物流企业对其不熟悉时,从而增加监管难度和风险;合同中约定了物流企业没有能力承担的责任(如对内在质量负责),合同中指定具有签发提单的相关人员变更而没有书面通知。

2. 物流企业物流金融业务风险的控制

物流企业等监管企业在金融运作过程中存在以上风险,如何控制及降低风险成为物流企业在此业务运作中的关键,甚至涉及物流企业等监管企业的生死存亡。

(1) 质押物监管及管理风险的控制。物流企业等监管企业能够对货物进行全天候24小时监控,严格执行银行指令,在监管过程中如出现问题,应及时与银行取得联系,将损失降到最低。

(2) 仓单管理松懈风险的控制。物流监管企业应合理设计仓单内容及样式,尽可能将仓单内容设计完全,在仓单填写时要求相关操作人员严格按照仓单要求填写,做到仓单书写规范。将条形码等现代物流技术应用到仓单管理中来。

(3) 提单管理不善风险的控制。加强专用仓单分提单操作管理,做到每释放一笔,及时在相应仓单下作销账记录,直至销售完成、贷款收回为止。物流监管企业全程跟踪专用仓单分提单的每一运作过程。

(4) 监管场所带来风险的控制。监管场所随机性很大，物流监管企业尽量选择设施齐全、安全性较高的场所进行。监管场所应设有独立监管区域并有效标识质押物，24 小时全天候监管。

(5) 出质人道德风险的控制。对于由银行提供的出质人，物流企业应在合同中将有关出质人道德风险的条款责任尽可能明确，且银行负主要责任。对于物流企业自己提供的出质人，应认真审核其资质、质押物、企业信用、提单等。

(6) 出质人资质评价风险的控制。物流企业在评价出质人时，应尽可能了解和掌握其经营历史、经营业绩、业内地位、信誉度、相关资信，掌握出质人诚信度；还应尽可能了解和掌握出质人有无非法逃税记录或其他违法记录，以降低出质人资质评价的风险。

(7) 合同签订风险的控制。物流监管企业与银行双方高层在平等互利的基础上签订质押监管合同样本，为子公司及各分行提供进一步的平台，业务开发人员应对出质人的需求(如生产企业生产流程、原料领用规律和每天消耗用量)和质权人的出质、解除质押需求全面掌握，合同中约定质押模式、约定监管费标准和支付期限、明确约定质押品种范围或详见质物清单内容、合同中约定物流企业没有能力承担的责任(如对内在质量负责)、合同中指定具有签发提单的相关人员变更书面通知等，所签订合同应具有操作性。

9.4 物流金融服务的控制

9.4.1 代客结算业务的风险控制

1. 寻找资信度较高的物流公司

选择资信好的物流公司作为合作伙伴。

2. 加强回笼资金管理

尽量把回笼资金控制在一定的额度内，加强资金回笼，当款项金额达到一定额度或达到一定期限时，双方应及时结清款项。

3. 加强合同管理

(1) 认真准备和签署合同。供货方与第三方物流企业应就代收货款的相关费用明确于合同；物流服务合同中应明确预付货款的金额(通常为总货款的一半)，应明确发货人应无条件承担回购货物义务。

(2) 严格按照合同条款实施。

4. 严格按照规范进行业务操作

(1) 第三方物流企业须接到银行放货指示后方可向提货人交货。

(2) 银行应核实货权凭证，辨别真伪。

(3) 银行应及时掌握货物规格、型号、质量和市场行情等。

9.4.2 融通仓业务的控制

1. 关注借款人的资信状况

银行在开展仓单质押贷款业务时应谨慎选择客户，要重点考察贷款企业的经营能力和信用状况，尽量选择那些主营业务突出，经营状况指标超过行业平均水平，经营活动现金流充沛的企业；同时应选择那些内部管理制度健全，管理层素质较高，且无不良经营行为的企业。

2. 关注仓储公司的资信状况

作为存储保管货物的企业，仓储公司的信用状况及经营规模直接关系到仓单质押贷款的风险，应选择具有较高管理水平的物流企业进行合作。

3. 谨慎选择质押商品

质押的货物种类应是适用广泛、易于处置变现、价格稳定、质量稳定并易于存储保管的货物，如黑色金属、有色金属、化工原料、汽车、成品油、棉花等。

4. 加强对仓单的管理

仓单应使用固定的格式，按指定方式印刷，同时要保证仓单填列的完整性、真实性和有效性。

5. 提货管理

对于同一仓单项下的货物在不同时间提取的情况，要依据货主和银行共同签署的"专用仓单分提单"释放，同时要登记明细台账，每释放一笔，在相应仓单下作销账记录，直至销售完成、贷款收回为止。

6. 质押物真实性的验证

确保质押物的真实有效是动产质押业务的前提和保障。具体的防范措施包括指定印刷、固定格式、预留印鉴、由指定专人送达等，并在协议中声明。

7. 质押物的价值评估

在质押物的选择过程中，为了操作上的简便和避免风险，所选择质押物的价值应容易确定且相对稳定。但是面对越来越复杂多变的市场，价格的波动和变化是不可避免的，针对不同抵押商品分别进行细化管理是十分必要的。

9.4.3 物流保理业务的控制

国际保理的主要作用是为出口商的信用风险提供保障，但保理商承担的仅仅是财务风险。如果进口商并非因财务方面的原因拒付，而是因货物品质、数量等不符合合同规定而拒付，保理商将不予担保。对超过信用额度的部分也不予担保。因而出口商必须严格按照合同规定交付货物，且不要超额发货。具体包括以下几种控制措施。

(1) 保理机构应准确制定信贷额度。
(2) 出口商确保货物品质、数量，以避免交易风险。

(3) 出口商必须严格按照合同规定交付货物，且不要超额发货。

(4) 保理商严格审查进出口商，以避免买卖双方对保理商合谋欺骗所带来的信用风险。

本 章 小 结

物流金融是物流与金融业务的结合，须严格按照相关行业规定和业务规范操作。

物流金融业务模式设计要科学合理。目前常用的有代客结算业务模式(包括代收货款、垫付货款两种模式)、融通仓业务模式[包括仓单质押、保兑仓、动产质押逐笔控制(静态)、动产质押总量控制(核定库存)4 种模式]、物流保理业务模式 3 种。

通过对物流金融 3 种典型模式运作流程、适合条件和范围及实际操作中注意事项的分析，指出了各模式在实际操作中应遵循的基本流程规范、各自的用途及适用情形，并指出了不同模式之间存在的差异。

在深入分析物流金融 3 种常用模式的基础上，指出物流金融运作中存在的风险并对存在的风险进行分析，提出风险识别的方法及思路，在此基础上提出物流金融业务在运作中的风险控制途径与防范措施。

关键术语

物流金融(Logistics Finance)

代客结算(Close an Account for Clients)

融通仓(Financing Warehouse)

物流保理(Logistics Factoring)

保兑仓(Confirmation Warehouse)

仓单质押(Pledge of Warehouse Receipts)

风险控制(Risk Control)

综 合 练 习

一、单选题

1. 物流金融一般涉及的主体有物流企业、客户和( )。
   A. 银行　　　　　B. 商场　　　　　C. 消费者　　　　D. 政府
2. 物流保理业务又称为( )。
   A. 代收货款　　　B. 保兑仓　　　　C. 代客结算　　　D 应收账款承购
3. 下面常见于 B2C 模式的是( )。
   A. 物流保理模式　　　　　　　　　　B. 代收货款模式
   C. 垫付货款模式　　　　　　　　　　D. 融通仓模式

4. 下面常见于 B2B 模式的是( )。
   A. 物流保理模式　　　　　　　B. 代收货款模式
   C. 垫付货款模式　　　　　　　D. 融通仓模式

二、多选题

1. 下面属于代客结算业务的有( )。
   A. 代收货款　　B. 融通仓　　C. 垫付货款　　D. 保理
2. 下面属于物流金融范畴的有( )。
   A. 代客结算业务　　　　　　　B. 融通仓业务
   C. 物流保理业务　　　　　　　D. 质押监管业务
3. 融通仓业务包括( )。
   A. 代收货款业务　　　　　　　B. 仓单质押业务
   C. 保理业务　　　　　　　　　D. 保兑仓业务

三、判断题

1. 代收货款业务属于物流金融中的融通仓模式。　　　　　　　　　　( )
2. 代客结算业务包括代收货款和垫付货款两种模式。　　　　　　　　( )
3. 在物流金融业务中商业银行只存在质押物风险和银行内部操作风险。 ( )
4. 物流金融服务中物流企业只要管理好监管物资就行，其余的事情由银行来做。
   　　　　　　　　　　　　　　　　　　　　　　　　　　　　　　( )

四、思考题

1. 如何理解物流金融的概念？它有哪些特点？
2. 试比较物流金融的 3 种模式及其流程。
3. 简述发展物流金融的意义。
4. 仓单质押有哪些功能？
5. 试述物流金融运作过程中存在的风险。
6. 试述物流金融运作过程中的风险控制。

五、案例分析题

中储开展物流金融业务的成功之道

中储股份是一个国有传统仓储型企业，企业成立于 1962 年，从 1992 年开始探索物流金融业务，1999 年开始和 12 家银行进行合作开展质押监管业务，到 2003 年，中储公司有 20 家子公司开展了此项业务，比 2002 年增加了 9 家；质押监管的额度突破了 19.7 亿元，比 2002 年翻了一番；质押产品期末库存数量占整个公司期末库存的 22%，相对于 2002 年年底增长了 61%，产品涉及黑色金属、有色金属、建材、食品、家电、汽车、纸张、煤炭、化工 9 大类，质押监管的客户有 200 多家，2004 年质押监管业务收入增加 255 万元，利润增加了 174 万元。2005 年质押监管业务发展迅速，质押融资规模达到 60 亿元。2006 年上半年，该公司质押监管再次呈现大幅增长的态势，系统内 29 家单位与银行合作共为客户提供质押贷款融资额 56 亿元，同比增加 93%；累计质押货物 299 万吨，同比增加 137%；累计质押货物价值 75 亿元，同比增加 63%；实现融资的期末余额 50 亿元，同比增加 194%。这是中储公司自开展该项业务以来，连续第 7 年取得较快发展，而前 6 年的融资额平均增幅为 93.4%。

目前与中储公司合作的金融机构包括四大国有商业银行及交通、中信、民生、华夏、深发展、浦发等股份制银行。其中，建设银行、深圳发展银行、民生银行、中信实业银行、华夏银行与中储总公司签订了整体合作协议。质押品种从最初的金属材料逐步扩展为黑色金属、有色金属、煤炭、木材、化工、石油等 12 大类产品及相关制成品，业务量已经达到 100 亿元。

此外，中储公司通过创新业务模式，满足了不同客户的需求。目前的业务模式主要包括仓单质押、动产质押逐笔控制、动产质押总量控制、买方信贷仓单、买方信贷动产、开证监管仓单、开证监管动产等模式。监管方式也由单一的库内监管发展为库内库外并存的局面。

(资料来源：长安大学物流与供应链研究所网、高级物流学省级精品课程网)

仔细阅读本案例，详细分析并回答下列问题。

1. 比较中外物流金融运作情况，结合中储开展物流金融业务的成功之道，分析物流企业做好物流金融业务关键要抓好哪几个环节？
2. 总结中储等企业案例，分析如何能够降低物流金融业务风险。

国际物流保理流程

出口商为国内某轻工品公司，欲向国外某进口商出口其产品，且欲采用赊销(O/A)的付款方式。该笔出口保理业务流程如图 9.8 所示。

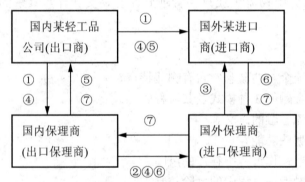

图 9.8　出口保理业务流程

(1) 进出口双方达成交易，国内某轻工品公司首先找到国内某保理商，并提出出口保理申请，填写《出口保理业务申请书》(又可称为《信用额度申请书》)。申请书包括以下内容：出口商业务情况、交易背景资料、申请的额度情况(包括币种、金额及类型等)。

(2) 国内保理商选择国外一家进口保理商，通过由国际保理商联合会(简称FCI)开发的保理电子数据交换系统(EDI Factoring)将有关情况通知进口保理商，请其对进口商进行信用评估。通常出口保理商选择已与其签订过《代理保理协议》、参加 FCI 组织且在进口商所在地的保理商作为进口保理商。

(3) 进口保理商根据所提供的情况，运用各种信息来源对进口商的资信以及此种轻工品的市场行情进行调查。若进口商资信状况良好且进口商品具有不错的市场，则进口保理商将为进口商初步核准一定信用额度，并于第 5 个工作日将有关条件及报价通知国内保理商。按照 FCI 的国际惯例规定，进口保理商应最迟在 14 个工作日内答复出口保理商。国内保理商将被核准的进口商的信用额度以及自己的报价通知轻工品公司。

(4) 轻工品公司接受国内保理商的报价,与其签订《出口保理协议》,并与进口商正式达成交易合同,合同金额为 50 万美元,付款方式为 O/A,期限为发票日后 60 天。与轻工品公司签署《出口保理协议》后,出口保理商向进口保理商正式申请信用额度。进口保理商于第 3 个工作日回复出口保理商,通知其信用额度批准额、有效期等。

(5) 国内轻工品公司按合同发货后,将正本发票、提单、原产地证书、质检证书等单据寄送进口商,将发票副本及有关单据副本(根据进口保理商要求)交国内出口保理商。同时,轻工品公司还向国内保理商提交《债权转让通知书》和《出口保理融资申请书》,前者将发运货物的应收账款转让给国内保理商,后者用于向国内保理商申请资金融通。国内保理商按照《出口保理协议》向其提供相当于发票金额 90%(即 40 万美元)的融资。

(6) 出口保理商在收到副本发票及单据(若有)当天将发票及单据(若有)的详细内容通知进口保理商,进口保理商于发票到期日前若干天开始向进口商催收。

(7) 发票到期后,进口商向进口保理商付款,进口保理商将款项付与我国保理商,我国保理商扣除融资本息及有关保理费用,再将余额付给轻工品公司。

仔细阅读本案例,详细分析并回答下列问题。
1. 结合案例内容,试简述出口保理业务流程。
2. 结合案例及所学知识,说明出口保理业务运作过程中应注意哪些问题。
3. 论述出口保理业务中能运用到的单证及协议。

第10章 物流运作时间控制

【本章教学要点】

知识要点	掌握程度	相关知识	应用方向
运作时间	理解	装货时间，运输时间，卸货时间等	熟悉运作时间控制对象，时间控制的主要指标
时间控制	掌握	订货提前期，送货提前期，提货提前期，配送提前期，时间控制与物流运作的关系	压缩订单完成周期、订货提前期、配送提前期、物流运作管理
提前期	重点掌握	订货、送货提前期的概念，一般提前期与采购、配送等提前期的构成，提前期压缩与管理方法	物流作业时间分配、物流运作流程时间结构分析与优化
时间窗	重点掌握	时间窗的概念、设置方法与应用	物流运作管理、分析与优化

客户对物流运作时间控制要求

某物流公司接到一笔淮北到合肥的货运业务，运输对象为普通散货，总量为4 000t，客户要求必须在一个半月(45天)运完。该笔业务物流运作方面主要包括以下信息。

(1) 行程时间：淮北至合肥单程运输时间为6h(含驾驶员必要的休整时间)。
(2) 装货时间：淮北装货需要8h(含作业人员必要的休整时间)。
(3) 卸货时间：合肥卸货需要4h(含作业人员必要的休整时间)。
(4) 发货方作息时间：淮北24h上班，最多可同时装两辆车。
(5) 收货方作息时间：合肥8:00～18:00工作，规定17:00之前到货当天可卸货，延迟到货需要等到第二天8:00上班时间才能开始卸货。
(6) 根据企业自身的运输辆车情况，公司可派车辆只有载重量30t的车辆。

作为该公司的运输规划人员，在装卸尽量不停、货车尽量不等、停歇时间尽量最少的情况下，且无论如何安排，均不得损害员工利益和违反交通安全规定，应如何制订合理的发车计划表(或运输计划)，在客户限定的服务期内，派几辆车投入该业务运营最合适？

通过物流系统分析，该物流企业若要按时完成此项运输业务，就要分析该笔业务物流运作主流程是什么，关键作业有哪些，作息时间如何规定的，交接点在哪里，提前期多少，收发与装卸货物的时间窗怎么界定，应该安排多少车辆车，每辆车如何运行等。

引导案例说明了物流运作过程各部分作业时间结构比较复杂，因时制宜、因事制宜地科学设计流程，合理、灵活地协调贯彻执行运作方案，是有效监控过程并压缩其时间的重要途径。时间控制有时也是质量控制、成本控制的主要手段。通过本章的学习，可以科学地解决物流运作过程的提前期、时间窗等物流运作时间控制的问题。

10.1 时间控制与物流运作

效率与效益是物流运作管理追求的主要目标，而科学的时间控制与成本管理，是实现此目标的关键。关注时间控制就是追求物流运作效率的提高，也是为了降低成本，实现物流效益的最大化。

10.1.1 时间控制

时间控制是以减少完成物流运作中的各项作业所需要的时间为中心(这些作业主要包括采购、供应、仓储、运输、流通加工、包装、配送等活动)，体现对客户需求变化的反应、交付产品或完成一项服务全过程时间的把握。从物流运作角度，时间控制的重点应放在减少完成各项活动的时间上，除上述主流程的时间控制外，还包括装卸搬运、理货、分拣、配货、货物交接等作业环节的时间控制。通过减少消耗在主流程上的各项物流活动运作时间，使运作快速、时间节约、效率增加、成本下降、服务质量提高等。体现物流时间控制的相关理论和方法有敏捷物流、JIT物流、零库存、准时生产制(JIT)、快速响应(QR)、延迟策略、排队论、网络图、提前期、时间窗等，时间控制已成为物流企业或企业物流运作管理成功的关键因素之一。如何提高物流运作的时效性和作业效率，及时快速地满足客户要求，如何精确地确定物流运作各环节合理作业时间，如何确定物流运作时间控制中的提前期，如何有效设置时间窗等，都是典型的物流运作时间控制问题。

可以看出，物流运作中的时间控制，其实质就是在物流运作过程中，以时间管理为核心，通过及时、快速、高效的装卸搬运、流通加工、运输、配送等环节的精准作业与衔接配合，满足客户在物流时间上的基本与特殊要求。

从供应链层面上，其管理目标之一就是运作速度，即从上游供应商经由核心企业和销售商到消费者手中的物流运作速度，常用月、天、小时、分钟等时间单位来度量，在具体数据获取中，一般可通过考察该供应链上核心环节的库存周转天数实现。

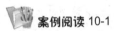

案例阅读 10-1

服装物流运作时间控制

服装业的供应链速度一般为5个月，意大利贝那通时装公司通过物流运作管理把交货期压缩至一个月以内；位于日本神户且主营也是服装的日本世界集团，早在2006年，在全球7 000多家店面已实现2周内补货、6周内实现从设计到成衣的制作、整体品牌存货年周转达到5次、自有品牌周转达到8.5次(周转天数为45天左右)；而中国的服装同一时期的库存周转天数约为180多天，国内极具竞争力的服装品牌美特斯邦威的周转天数也达85天，而其旗下的ME&CITY品牌服装的设计、试装、定稿、样衣制作、货量统计、大货生产、物流配送等环节，共需要70天的周转时间。在本土企业中，这已是目前追逐"快时尚"模式的速度极限了。西班牙的ZARA，为全球排名第三、西班牙排名第一的服装商，在世界各地56个国家内，设立超过两千多家的服装连锁店。ZARA从服装设计到上架只需10~15天。在服装供应链中，除去采购、生产与销售环节必然的时间消耗外，物流运作时间控制正在成为服装企业竞争的关键因素之一。

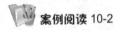

案例阅读 10-2

物流企业对运作时间的重视

2013年9月，中外运敦豪(DHL)在北京、上海、深圳中心商业区推出移动作业车模式，通过流程前置缓解大城市市区和商业密集区的物流难题。据介绍，移动作业车通过3G无线接入网络，车内配备了先进的影像上传、称重、运单和标签打印等设备，平均每票快件可以在15秒内完成基本出口操作。快件收取操作后，即可直接送至口岸进行出口申报，免除了返回服务中心的常规转运环节。

目前，中外运敦豪在北京、上海、深圳三个城市部署了8辆移动作业车，为相关地区的客户最晚推迟取件时间60分钟，不少消费者可以赶上当日最晚的出口航班，让快件提前半日送达。

同样是2013年9月，顺丰速运新增"昆明—广州—南通—昆明，哈尔滨—上海—北京—哈尔滨"2条全货机专线，最快快件时效提升至24小时。至此，顺丰速运旗下拥有30架全货机，5 000多个营业网点，150多个一、二级中转场和一万多台营运车辆，是我国对运作时间控制非常好的民营物流企业。

10.1.2 物流运作时间控制与服务对象

物流运作过程时间控制与服务对象密切相关。物流运作管理属于服务性运作管理范畴，从第三方物流角度，即通过其装卸搬运、运输、仓储、分拣、配送、流通加工、包装等各作业环节，完成客户所需物流服务的过程集成；从生产与商贸流通等企业物流角度，物流运作过程管理还包括为满足企业生产与商贸流通的需要，涉及采购物流→生产物流→销售物流的供应链物流运作过程的集成管理。以生产企业为例，按照企业组织生产的特点，可以把生产模式划分为按库存生产(Make To Stock，MTS)和按订单生产(Make To Order，MTO)，后者可以具体到按订单装配(Assembly To Order，ATO)和按订单设计(Engineering To Order，ETO)等方面。

时间控制在物流运作过程管理的应用，主要包括物流计划时间、物流项目设计与开发时间、物流作业的具体操作时间、物流各环节的节点连接时间、物品交付时间、客户投诉响应时间等。例如，在物流企业里，时间控制在物流过程中的应用主要通过完整订单的处理时间控制来完成，常见订货提前期所涉及的订单处理周期如图 10.1 所示。

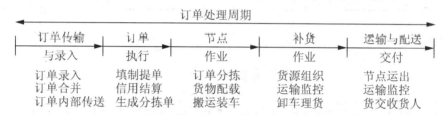

图 10.1　一个完整的订单处理周期内物流运作过程

在物流运作管理过程中，需要掌握物流运作过程各部分作业时间结构，及其可以调节与压缩的范围。一些常见的具体作业时间构成及控制内容见表 10-1。

表 10-1　部分物流运作过程具体作业时间控制内容

部门	主要时间指标	常见的时间控制问题	解决思路
收发货时间控制	指令发出时间	传输不及时，后续作业延迟	加强合作，加强时间管理，对及时与准时性作出规定等
	预计发(提)货时间	与实际出入较大	
	实际发(提)货时间	收发货安排不及时，时间延误等	
客服部时间控制	指令接收与确认时间	确认时间过长	严格时间管理，充分应用信息技术，优化处理流程，明确责任等
	回复时间	无回复或回复不及时	
	异常情况反馈时间	反馈不及时	
	签收单等返回时间	时间延误	
车队时间控制	车辆出发时间	出发不及时	人为因素教育与处理，柔性调度，掌握路况、车况的详细信息，JIT 模式等
	车辆运行时间	运行时间过长	
	车辆到达时间	到达不准时	
	排队等候时间	等候时间过长	
现场时间控制	装卸时间	装卸时间过长	装卸作业合理化，聘用熟练工人，分拣自动化等
	理货分拣时间	作业速度过慢或因过快影响准确性	
	配货时间	作业速度过慢或因过快影响准确性	

续表

部 门	主要时间指标	常见的时间控制问题	解决思路
调度时间控制	预计配载时间	预测不准确	科学预测，熟悉配载时间，建立本公司人、车与路况详细信息库等
	确定配载时间	配载时间过长	
	人、车与运行时间	人或车的差错导致时间过长或过短	
	路况与运行时间	路况不确定导致时间提前或延误	
订单时间控制	订单准备时间	订单准备时间过长	提高信息化水平，优化作业流程。形成以订单为中心而非传统的以量为中心的考核办法，订单合并与平衡等
	订单传输时间	传输不及时	
	订单录入时间	订单录入时间过长	
	订单执行时间	订单执行不及时	
	订单处理提前时间	处理过急，引起后续作业紧张	
	订单处理延误时间	处理不及时	
库存时间控制	平均库存时间	库存时间过长	加速库存周转时间，提高库存管理水平(CVA、零库存等)，与上下游调整合作模式等
	库存周转时间	周转时间过长	
	最长与最短库存时间	不合理	

 案例阅读 10-3

某企业物流运作时间控制分析

某企业生产某种产品销往国外某地，企业按订单生产方式(MTO)组织生产，通过海运方式运输到用户指定的区域配送中心(RDC)，跟踪一笔客户订单的具体运作过程见表 10-2 ([美]巴罗，2006)。

表 10-2 某企业一笔订单的物流运作过程与具体作业时间

物流运作过程	最小完成时间/天	最大完成时间/天	平均完成时间/天
订单接收与生产组织	1	86	36
直送至集货点	1	5	2
拼箱(货)	2	14	7
提货	0	1	1
运至港口	1	2	1
等待船舶与装卸作业	1	4	2
海上运输	17	20	18
分解作业	3	4	4
清关作业	1	4	2
陆上运输至 RDC	0	2	1
合计	27	142	74

从表 10-2 中数据分析可知，由于该企业通过 MTO 的生产组织方式，导致订单的平均完成时间较长，不利于整个物流运作过程的时间压缩。建议根据历史数据进行合理预测，结合 MTS 生产方式组织生产，此时可显著压缩生产加工时间。货物在集货点的集拼时间比较长，建议通过外包第三方，加大货源组织力度，或另找集货点等方式压缩拼箱(货)时间。其他运作过程由于平均时间均接近最小完成时间，故在现有物流系统下，可压缩的空间不大，仅需在未来整个物流系统调整时考虑。

10.2 提前期管理

10.2.1 提前期的概念和构成

1. 提前期的概念

从物流运作角度,提前期是指某项物流作业从开始到结束所需要的阶段性时间。提前期是衡量物流运作过程各作业之间协作水平,以及体现物流运作能力的一个重要的时间指标。

(1) 在物流运作管理中,提前期可以从完整的物流运作周期角度,或者从作业构成角度进行分析。

① 从物流运作过程的作业构成角度,一般有采购提前期、供应提前期、运输提前期、仓储提前期、配送提前期(理货提前期、分拣提前期、配货提前期、配载提前期等)、装卸搬运提前期等。

② 从整个物流运作周期角度,基于不同主体有订货(订单)提前期、送货(供货)提前期等。

(2) 从生产管理角度,一般有产品设计提前期、工艺编制提前期、原材料采购提前期、零件加工提前期、产品装配提前期等。

(3) 从渠道管理的角度,供应商所认为的提前期是把一份订单转化为现金所需要的时间,又称为现金→现金循环期(雷小清,2004),从这个意义上缩短提前期的关键是渠道管理。本章对这个角度分析的提前期不作展开论述,有兴趣的读者可参阅《生产管理》等相关教材进行学习。

在物流运作管理中,比较重要的概念是订货(订单)提前期和送货(供货)提前期。其中,订货提前期是指需求方订单发出到货物收到,有时直至满意接收货物的时间间隔;而送货提前期是指供给方收到用户订单到货物送达,有时直至最终满意交货所需的时间间隔,理想状态是送货提前期≤订货提前期。由于这两者之间经常存在时间差,在实际工作中,供需双方一般通过需求预测和设定安全库存的方式来弥补这一时间差造成的短期缺货可能。

2. 提前期的构成

当从不同角度对提前期构成进行分析时,其侧重点有所不同,在企业实践中,常以物流作业环节或订单为中心进行分析。

(1) 以作业组成为切入点进行分析时,物流运作过程中的提前期可从企业物流与物流企业角度进行分析。

① 从企业物流角度来看,物流运作提前期的构成主要包括物料需求提前期、订单生成提前期、原材料(零部件)采购提前期、运输提前期、原材料(零部件)仓储提前期、物料供应提前期、成品仓储提前期、成品区域配送提前期、成品终端配送提前期等。

② 从物流企业角度来看,物流运作提前期的构成主要包括订单接收提前期、订单前期处理提前期、运输提前期、仓储提前期、区域配送提前期、终端配送提前期等。

一般而言,物流企业的物流活动是基本由企业物流外包所致,故企业提前期一般涵盖物流企业的相关提前期,本章以一个完整的企业物流运作提前期来分析其构成,具体如图 10.2 所示。

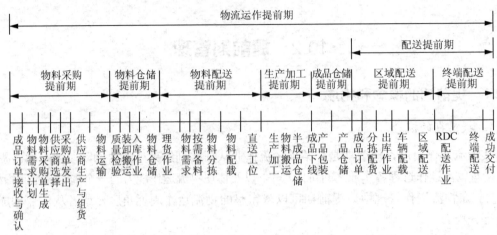

图 10.2　物流运作提前期的构成

（2）以订单为切入点进行分析时，主要有订货提前期与送货提前期。其中，订货提前期是从需求角度出发，用户根据自身库存量与下游客户的需求情况进行确定的；而送货提前期是从供应方出发，供应商或物流企业收到下游用户的订单后，根据自身的库存与货源情况进行确定的(谢守祥，2009)，具体如图 10.3 所示。

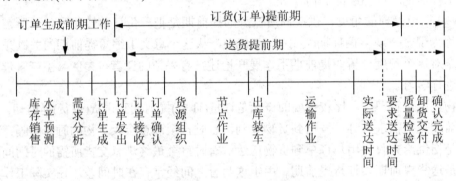

图 10.3　订货提前期与送货提前期图示

图 10.3 的具体分析如下：①由于送货提前期中有一个订单确认环节，且需求方要求的送达时间与实际送达时间容易出现偏离，这两个提前期在实际中会有差异；②同时，由于送货提前期非订货方掌控，在通常情况下只能通过往期实践推算，从而导致在现实操作中经常出现订货提前期与送货提前期不一致的情形；③在一些研究和实践操作中，有时把最终完美交付后的确认环节作为提前期结束的标志，此时，订货提前期与送货提前期仅有一个订单确认环节的区别。

企业要满足客户订货提前期的要求，必须在原材料采购、自备件生产、产品加工、资源调度、仓储与运输等各个环节都要精确计划、有效管理，通过尽可能压缩非作业时间，清除运作过程中的系统瓶颈与无效作业，才能有效压缩供货提前期，使其满足客户订货提前期的要求。物流运作过程可能发生的情况很多，供应链相关企业保持一定的库存(安全库存量)或采用先进的库存控制模式就显得尤为重要，同时这也说明了实现零库存管理的难度。

知识链接 10-1

关于订货提前期构成的进一步探讨

一个完整的订货提前期一般包括需求提出、寻找供应商、供应商选择与确定、订单生成、订单传输、订单接收与处理、供应商订单执行(组货、零部件采购、生产等)、配送、送达交付、收货确认、订单完成。在一些对订货提前期研究的论文中(一些论文也称订单提前期),有时也把订单履行完毕后的财务结算、退货及索赔、售后服务等环节计算在内,有兴趣的读者可通过期刊网检索提前期、订货(订单)提前期相关论文进行学习。

10.2.2 提前期管理的原则和思路

1. 提前期管理原则

由提前期构成可知,提前期管理应以客户需求为导向,通过提高自身系统的整体运作效率,在每一个作业环节都做到时间最少,每个阶段的提前期都能压缩到最低,则提前期管理的目标就会容易实现。主要遵循客户满意原则、快速反应原则、流程柔性原则、高效作业原则、时间压缩原则、快速切换原则、及时配送原则。

2. 提前期管理思路

由于不同主体的物流系统响应与作业时间有别,物流需求方与供给方的提前期管理思路略有差异。对需方而言,希望订货提前期与供货提前期越短越好,以利于优化库存管理,所以从订单发出、供方接收订单、组货、运输、交付等作业所用时间越短越好。而对于供方而言,所期望的是客户订货提前期与供货提前期时间比较充裕,这样可以有更充分的时间进行外协件的货源组织、自备件的生产组织、物品运输与配送等作业,但由于存在瓶颈环节、无效流程、订单数量多且波动等问题,往往希望需方给予更充分的反应时间,这样就形成供方与需方在时间方面的矛盾。

实施供应链管理的企业为了解决这些问题,在供应链上居于主导地位的企业通过制定物流运作时间标准并通过转移库存、延迟结算等方式把部分成本转嫁给供应商,而供应商为了保持与核心企业的合作关系并得到更多的订单,就主动或被动地在用户企业周边独资或合资建立配送中心,或者通过外包第三方物流的方式为客户提供 JIT 物流服务。这种方式使核心企业追求的"零库存"、提前期管理目标得以实现,但供应商通过库存的增加来满足用户企业的方式,也会使得企业物流成本不断增大。

鉴于上述状况,提前期管理可通过识别所包含的具体作业,明确每个具体作业一般技术与优化方法,运用物流高级化理论与技术方法,如信息技术、并行工程、甘特图、网络图、时间工序规划图(TBPM)、QR、延迟策略等,改善业务流程、压缩整个提前期内作业运作时间来实现。从具体物流作业角度对提前期时间进行压缩的主要思路包括以下几点。

(1) 识别作业流程中有效增值与无效非增值作业时间,优化增值部分、消除无效部分。

(2) 利用瓶颈理论(TOC),识别瓶颈作业环节,提高瓶颈作业能力。

(3) 信息充分共享,消除"牛鞭效应",使需求信息及时准确地传输到上游企业,降低预测的不确定性。

(4) 优化作业流程，提高作业效率，通过科学方法减少各环节运作时间等。

追求作业流程标准化、作业设备合理化、作业动作规范化、作业过程高效化、作业交接顺畅化、作业组合柔性化、部分作业延迟化、供需衔接精准化、全程运作快速化、作业信息共享化等目标，是实现压缩提前期目的的思路和有效途径。因为作业流程标准化与设备合理化是作业过程高效化、交接顺畅化和作业组合柔性化的前提，只有标准作业流程(Standard Operation Procedure，SOP)和作业手段确定，才能更好地实现其他目标。而供需衔接精准化又是全程运作快速化的保障，信息共享又是供需双方衔接精准、全程运作快速化的支撑条件，信息共享是有效解决物流提前期问题的有效途径之一。

图 10.4 所示的是供应链时间延迟策略模型。在该模型中，订货延迟是把订单集中到一个约定配送单位后才向上游发出订货要求(大量订单出现时订货延迟会缩短直至取消)，而供应链中每一环节从这种角度出发，就出现了各环节的订货延迟。当上游收到订货要求时，又存在交货延迟，一方面是因为集中送货以节约成本，另一方面是由于组货、分拣、配货、装货本身就需要一定时间。而在运作过程，各环节又有物流延迟，主要是运输延迟、库存延迟、包装延迟与流通加工延迟等，以满足客户服务并降低成本的要求。

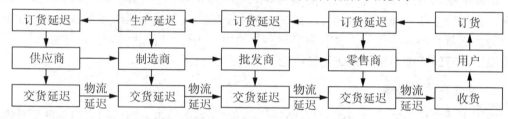

图 10.4　供应链时间延迟策略模型

 知识链接 10-2

提前期与仿真

提前期也是仿真软件进行物流系统仿真时设置的一个基本量，有兴趣的读者可参考物流仿真相关书籍中对提前期的阐述。对于比较典型的用以说明供应链中牛鞭效应的啤酒游戏，在该系统模拟中有相关提前期的设置问题，有兴趣的读者可模拟该游戏以加深对提前期的理解。常用的商业仿真软件有 Arena、Flexsim、Anylogic 等，读者可以在其官方网站下载试用。

 案例阅读 10-4

某企业对提前期的灵活运用

多年前浙江某地经常出现仿冒 M 电器产品的情况，M 电器公司派出打假队，联合当地工商部门对这些企业进行突击检查，发现这些公司生产的假冒产品基本都是白牌。经调查得知，原来这些企业为了适应市场销售和客户需求的变化情况，通常是什么好销售就仿冒什么产品，为了实现这个目的，就先大量生产无牌产品，然后根据客户对某品牌的实际需求量，交货前进行贴牌等加工作业。此种情形就是典型的打 LOGO 贴标签等延迟策略的实际应用，以把交货提前期压缩到最小，以提高市场反应能力。

(资料来源：根据安得物流公司卢立新在企业经理讲座中的内容改编，2009 年 5 月)

人们日常生活中经常要到各种服装店购买裤子等服装，门店销售的裤子无论什么型号、腰围如何，一般裤角都是不修边角的(休闲类裤子修了边角，但一般都比较长)，不加工基本无法穿着。服装店服务员此时会为客户量腿长，对客户所购买的裤子依据其实际腿长等数据进行量裁。这种通过店面量体裁衣而不是生产企业提前裁好的方式，就是典型的延迟生产策略在流通中的应用。

这两个案例给出了如何通过生产延迟策略压缩提前期的具体实现方法。读者可以根据自己生活实践，找几个类似的案例，用于本课程案例课堂的分析讨论。

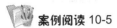

案例阅读 10-5

某企业物流运作时间

> 《Q企业物流系统优化设计》项目的前期调研资料表明，在所抽样的6家国内同行业居中上等规模的生产企业中，根据调研时段运输与配送距离的不同(取生产高峰期和中短途运输与配送)，在原材料供应环节出现的搬运装卸、倒短运输、非作业等待、物料配送等时间约占整个物流运作时间的1/2，个别调研企业的此类作业时间比其他企业长达5倍甚至更多。可见物流运作时间管理的重要性，而提前期管理和供需双方物流平台接口端的界面集成设置是有效解决途径之一。

10.2.3 提前期的压缩

提前期的压缩不能单从企业本身进行考虑，也不能仅从第三方物流角度考虑，而要从整个供应链角度考虑，首先要明确供应链企业之间的合作衔接关系，在整个供应链设计阶段就要充分从运作角度思考，特别是企业与企业之间的交接平台的对接部位，利用上述多种途径进行运行→优化→运行循环持续改进。进而审视在整个物流运作过程中的每一个作业环节与活动，明确哪些是有效作业，哪些是多余或无效作业，哪些是非增值作业，哪些作业可以精简优化等。通过识别作业有效性，进而识别整个运作过程时间的有效性，即哪些是有效时间，哪些是作业或整个过程中的无效时间，然后消除或尽量减少这些无效时间。通过这种方式可以最大程度地压缩提前期时间，具体如图10.5所示。

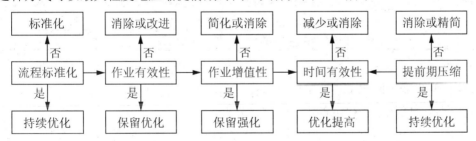

图 10.5 提前期时间压缩方式

此种方式通过识别作业与优化流程，消除或简化不增值，或增值能力低、冗余、耗时多的流程与作业，进而减少整个物流运作过程中的提前期。图10.6所示为生产加工企业从原材料采购到产品交付整个物流运作过程的时间消耗图例，从中可以看出会因物流系统追求目标的不同，而形成提前期时间压缩的流程环节与时间段的不同。

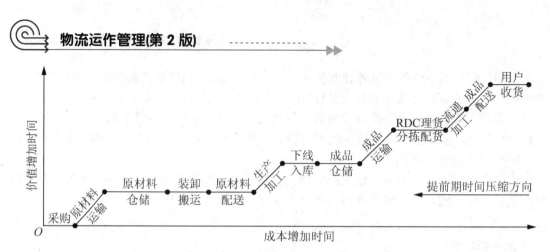

图 10.6 生产加工企业产品价值与成本增加时间图示

通过图 10.6 可以看出，原材料运输、生产加工、成品运输、成品配送等是价值增加与成本增加同步发生的，而其他作业一般只有成本的增加而无价值增加。这一运作过程涉及 10.2.2 节所提到的提前期内容，而压缩这些提前期成为物流运作时间管理的关键。采购提前期是根据生产计划生成的采购单并发出到上游供应商交货为止的所有时间，一般通过供应商在企业周边预设库存的方式，以实现用户企业用料的时间要求。供货提前期是收到用户订单到最终把产品满意交付用户手中的所有时间，主要包括原材料的装卸搬运(有库存，如没有还包括采购提前期)、物料配送(通过传输带等机械化与自动化压缩时间)、生产加工时间(通过改进工艺和技术创新等来实现)、入库与成品仓储时间(可通过越库管理把时间压缩至最小)、成品运输与配送(通过运输工具选择、运输线路优化等方式压缩时间)、RDC 理货等作业(通过机械化或自动化压缩时间)、RDC 流通加工(通过科学制定延迟生产策略、标准化与模块化等压缩时间)等，具体见表 10-3。

表 10-3 相关提前期主要作业的时间压缩方式

作业名称	时间压缩方式
采购	提前锁定生产计划、就近库存、快速反应、本地化生产、网络图等
装卸搬运	机械化与自动化(叉车、传输带、机器人)等
运输与配送	运输工具选择、运输线路优化、循环取货等
出入库与物品仓储	越库作业、机械化与自动化作业、ABC、CVA、定量化、信息化等
理货分拣配货	机械化与自动化分拣设备、熟练作业人员配置、信息化手段、SOP 等
流通加工	科学制定延迟生产策略、标准化与模块化等

结合上述各作业环节时间的确定，通过倒推各流程完成的时间段，确定流程的总时间链，以此控制作业的时间节点，建立以运作时间链为准绳的时间节点定置管理。以下为某物流企业配送时间倒推进行定置管理的思路分析。

(1) 统计并分析配送中心每日所处理的商品量，每条线按时送达的出车时间、到库时间，以及生成配送时间相近的批次线路时间。
(2) 由线路出车时间倒推装车开始时间。
(3) 由装车时间倒推配货开始时间。
(4) 由配货时间倒推收货、中分时间。
(5) 由收货时间倒推供应商送货时间。

以改善订货处理的方法为例，可采取的步骤如下：调查公司当前的订货流程，编制流程图→调查现有订货流程各节点的时间耗用→编制配送过程的网络结构图→利用流程改善原则，改善订货处理流程。这些原则包括并行处理、分批处理、交叉处理、减少等待、删除不增值工序、瓶颈处增加额外资源等(刘永胜等，2005)。某企业通过该方法的使用，压缩原有订货提前期达16.5h，比原有时间缩短了35.1%(现代物流管理课题组，2002)。

案例阅读 10-6

生产提前期和供货提前期的压缩

> 上汽通过零部件的JIT管理和提前期时间压缩，对大零部件供应商的要求是两个小时，即零部件运来两小时内即投入生产线，基本做到了零库存，仓库里存储的都是常用的小零件，如螺钉、小弹簧等(王琳等，2005)。
> 海尔在几年前就已基本实现了零部件和成品零库存，通过供应商在海尔工业园本地化生产、就近租(建)库供货、下线成品及时配送全国RDC的方式，海尔位于青岛市的多处仓库逐步由成品库→中转库→零库存不断转化，极大地压缩了生产提前期和供货提前期，做到及时生产、快速交付，提升了企业供应链的整体竞争力。

10.3 时间窗管理

10.3.1 时间窗的概念

随着竞争的加剧，时间对于上下游客户而言变得日益重要，物流运作时间也成为企业时间竞争的关键之一，为了在物流运作层面提高企业反应速度，快速、及时地满足客户需要，供需双方往往设定提供物流服务的时间范围。这种在供应链企业之间或企业内部上下游工序之间，由于外部环境变化等要求而设置的物流服务时间范围称为物流运作时间窗。根据是否允许延时可分为硬时间窗(不允许延时)和软时间窗(允许延时)；根据作业环节不同又可分为发货时间窗、收货时间窗、道路通行时间窗等。

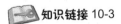知识链接 10-3

关于时间窗的进一步探讨

> 基于时间窗的物流优化类研究论文比较多，如《带时间窗车辆路径问题的最优解》(盛丽俊等，2007)、《带时间窗的易腐食品冷藏车辆配送问题》(王海丽等，2008)、《有客户时间窗和发货量变化的紧急车辆调度研究》(钟石泉等，2007)、《时间窗约束下的非满载车辆优化调度算法研究》(许传达等，2008)等。有兴趣的读者可以在所在高校内网检索"中国期刊网"中的相关论文进一步学习。

10.3.2 时间窗的设置

服务类企业时间窗的设置一般根据其服务对象的特点，结合自身的处理能力，并由历史数据统计分析所得；而生产类企业主要根据自身的生产加工能力、客户企业的交货时间要求、企业相关部门的工作时间等，并结合多年运作经验和相关数据统计分析所得。例如下面所列举的例子。

（1）某网店承诺从收到订单时刻起，长江三角洲城市 24 小时之内送货上门，全国主要城市(网店所列出的城市)48 小时送货上门的物流服务时间承诺。

（2）某物流企业设定每天 18:00 到第二天 6:00 为配货装车时间。

（3）某快速消费品连锁企业社区店设定每天 21:00 到 22:00 为门店收货时间。

（4）某城市规定货运车辆每天 21:00 到第二天 6:00 允许在市区内通行等。

（5）货运或客运列车运行时的进出站时刻，如某次列车某站停车 22 分，即为该站货物和行包的装卸时间窗。

上述内容是相关主体对物流运作时间窗的具体设置与要求。物流运作相关企业或部门只有在用户所设置的服务时间窗内提供相关服务，才能为客户提供满意的服务，否则在时间上就无法满足企业的服务要求。

时间窗设置包括以下要点。

（1）以客户需求为导向，通过客户所能保障的收货时间倒推物流运作时间。

（2）时间窗设置要留有余地，除物流各运作环节能够确定的运作时间外，其他环节时间窗设置以本企业历史作业统计时间的最大值为上限，平均时间为基准，最小时间为设置标准形成本企业的时间窗时间范围。

（3）时间窗重点设置在物流运作各环节交界处，即为不同组织、同一组织不同部门，或同一部门不同作业小组之间的衔接平台，但所有环节从前到后以"先紧后松"的原则进行设置，以保证客户所设时间窗的要求。

从物流运作角度，时间窗设置的具体方法是，以物流运作环节为不同阶段，分段形成物流运作时间窗，即客户要求的物流服务时间窗(硬或软时间窗)→卸货时间窗→到货时间窗→通行条件时间限定→运行时间窗→发货时间窗→装货时间窗→流通加工时间窗→上游到货或组货时间窗，从而形成开环或闭环的物流运作时间窗。

对于生产加工企业而言，物流运作时间窗以生产加工时间窗为依据倒推形成服务方案，而对于商贸分销等服务业，则是以客户要求的服务时间限定为物流运作时间窗主要生成依据。

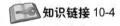知识链接 10-4

时间窗设置与物流仿真软件

物流运作时间窗设置也是众多物流仿真软件进行物流仿真时的重要参数之一，如乐龙、Witness、Flexsim、Extend 等软件均有相关功能设置单元，有兴趣的读者可参考物流系统仿真类书籍或软件说明书进行学习。

10.3.3 时间窗的应用

随着客户对时间要求的提高，物流运作管理中时间窗的应用日益广泛，基于不同物流运作时间窗的服务价格差别也较大。企业有时为了满足客户的精确服务时间要求，物流部门统计分析与优化功能在逐步提高，以精准的物流运作，在时间要求上提供超越客户满意的服务。

运输与配送环节的时间窗，主要存在于收货点、发货点、运行线路、作业人员工作时间与工作期间正常生理维持所需时间等，类似问题一般包括以下分析思路。

(1) 列出已知条件中的所有可能的时间限制，形成运作时间窗，见表10-4。

表10-4　各作业环节时间限制

时间约束环节	发货点(多个)	收货点(多个)	运行路线(多条)	作业人员(多情形)
具体作业时间				
运作时间窗				

(2) 行车路线限制通行时间确认。根据实际情况，明确运输与配送线路所通过路段对货运车辆的通行限制，列出表10-5所示的内容。

表10-5　配送路线与行车通过路段限行时间详表

路　线	路　段	发车时间	返回时间	行驶时间	限行时间	调整时间
1	××路					
2	××路					
……						

(3) 利用扫描法、节约法等方法求解配送路线，具体可参考表10-6和表10-7所示内容。其中实载量为本次运输的实际装货重量，载重量为汽车本身的核定载重量。

表10-6　某配送线路详表主要内容

路　线	收货点	出发时间	出发日期	返回时间	返回日期	路　程	运行时间	实载量	载重量
1	be		第1天		第2天	km			
2	dfk		第1天		第2天	km			
3	ac		第1天		第2天	km			
……	……		……		……				

表10-7　收货点到达与作业时间

收货点	到达时间	日　　期	卸货与交接时间
××		1	
……		……	

(4) 根据上述内容，列出车辆调度计划表，具体可采用表10-8所示的内容，其中灰色部分根据实际情况可以选用线条、彩色等方式表示。车辆运行图要根据运输方式不同而采用不同的方式，如铁路运行图中的时刻表或十分格表示法、海运的船期表、卡车的循环运行图等。所有车辆运行图中，最直观的方式就是可视化线路图，通过利用GPS与GIS等技术作出的运输与配送线路图，该种方式直观形象，在市内配送中经常用到。

表10-8　车辆调度计划表

时间 车次	8	9	10	11	12	13	14	15	16	17	18
车次1		线路1			线路6					线路3	
车次2			线路9						线路2		
……						……					

案例阅读 10-7

洽洽食品运输与配送时间控制分析

洽洽食品股份有限公司在 2009 年 7 月的一份外厂物流服务招标文件中，给出了部分货物运输的时限要求，明确指出因延迟产生的所有后果将由承运商承担。并给出了不同里程车辆行驶时间和百公里耗时核算表，具体见表 10-9 和表 10-10。其中应注意以下几点。

(1) 正常行驶车速取该型车在一级公路（高速、国道、省道）上正常行驶速度。
(2) 以最保守估计，等待红绿灯时间为 10min。
(3) 保守估计，上高速排队耗时 10min，交费排队耗时 15min。
(4) 表中为标准百千米耗时预估，实际操作中千米数为预估里程。

表 10-9　不同里程行驶所需时间

里　　程	到货时间	参考标准	备　　注
100km 以内	装完货后 3h 内到达	以百千米 3h 到货为准（见表 10-10，下同）	长途车配备司机 2 名
200km 以内	装完货后 6h 内到达	以百千米 3h 到货为准	
300km 以内	装完货后 12h 内到达	以百千米 3h 到货为准，同时预留 3h 供司机吃午餐及午休	
400km 以内	装完货后 15h 内到达	以百千米 3h 到货为准	
500km 以内	装完货后 20h 内到达	以百千米 3h 到货为准，同时预留 2h 供司机吃晚餐及休息	
600km 以内	装完货后 22h 内到达	以百千米 3h 到货为准，同时考虑夜间行驶，车速可适当提高，故节省 1h	
700km 以内	装完货后 26h 内到达	以百千米 3h 到货为准，考虑夜间行驶，车速可适当提高，故节省 1h，并给司机 2h 吃夜宵及休息	
800km 以内	装完货后 28h 内到达	以百千米 3h 到货为准，同时考虑夜间行驶，车速可适当提高，故节省 1h	
900km 以内	装完货后 30h 内到达	以百千米 3h 到货为准，同时考虑夜间行驶，车速可适当提高，故节省 1h	
1 200km 以内	装完货后 35h 内到达	以百千米 3h 到货为准，同时考虑夜间行驶，车速可适当提高，故节省 1h	
1 500km 以内	装完货后 40h 内到达	以百千米 3h 到货为准，同时考虑夜间行驶，车速可适当提高，故节省 1h	
2 000km 以内	装完货后 48h 内到达	以百千米 3h 到货为准，同时考虑夜间行驶，车速可适当提高，故节省 1h	

物流运作时间控制 第10章

表 10-10 车辆百千米耗时核算表

货类	车型	一级公路里程数	正常行驶车速	正常车速行驶所耗时间	预估红绿灯等候时间	预估上高速排队交费时间	市区慢行驶里程	保守估计预留较慢行驶时间	合计行驶总时长
重货	10t	70km	60km/h	1h10min	10min	25min	30km	1h	2h45min
重货	25t	70km	60km/h	1h10min	10min	25min	30km	1h	2h45min
轻货	5t	70km	70km/h	1h	10min	25min	30km	1h	2h35min
轻货	10t	70km	70km/h	1h	10min	25min	30km	1h	2h35min

承运商结合自身实际，根据表10-9和表10-10就可以直接得出某一区域内车辆运行的时间窗，结合10.3.2节的时间窗设置方法，推算出货物的装卸时间，再结合洽洽公司相关部门的作息时间，进而推算出货物装卸时间窗，这样就形成了以时间窗为中心对物流运作全过程进行时间控制的作业流程。

 案例阅读 10-8

物流运作时间控制分析

具体案例背景见本章引例，为提供分析此类问题的基本思路，本章以尽可能详尽的分析方式给出案例分析过程。但类似问题也可通过数学建模、仿真模拟等方法求解，可用不同方法分析求解本案例。

案例分析思路：首先分析关键流程与运作时间的具体要求，找出或推算出相关的物流运作时间窗。本案例背景资料中有时间约束和能力约束，此时把时间约束转变为相应时间窗，并分析约束条件。最后根据案例要求针对具体细节进行计算，并最终确定发车计划表和所需车辆。

物流运作目标：装卸尽量不停、货车尽量不等，非作业等待时间最少，在客户企业收货时间窗要求内完成任务。

(1) 根据引导案例内容，结合时间窗应用一般步骤，确定本案例中淮北发货点装货、在途运输和合肥收货点卸货的3个主要的作业时间约束，并由此确定单车次运行时间和作业时间窗，具体包括以下内容。

① 关键运作时间见表10-11。

表 10-11 关键物流作业时间

关键运作	装货时间	在途时间	卸货时间
所需时间	8h	6h	4h

② 确定一个完整车次的运作时间。本案例为：8+6+4+6=24h。此结果说明，在所有作业按时完成的情况下，一个完整车次就是一个24h循环，即一个车次的发车时间点就是循环以后的第2天、第3天……的发车时间点。

③ 根据开始卸货时间窗，依据时间窗推算步骤：已知的开始卸货时间窗→卸货结束时间窗→发货点发车时间窗→开始装货时间窗→结束装货时间窗。最后确定的相关作业时间窗见表10-12。

表10-12 相关作业时间窗

作业开始时间	卸货时间窗	在途时间	发车时间窗	装货时间窗
淮北→合肥	8:00～17:00	6h	2:00～11:00	18:00～3:00
作业结束时间	卸货时间窗	在途时间	发车时间窗	装货时间窗
淮北→合肥	12:00～21:00	6h	2:00～11:00	2:00～11:00

从表10-11和表10-12的内容分析可知：开始卸货时间窗根据合肥上班时间和卸货特别规定得知，即最早早晨8:00开始卸货，最迟下午17:00开始卸货，否则将不得不等到第二天上午8:00进行卸货；开始装货时间窗根据卸货时间窗和在途运行时间，推算知最早18:00开始装货，而最迟凌晨3:00开始装货，否则将不得不在合肥等待第二天进行装货；发车时间窗是根据开始装货时间窗和装货时间推算得知，与结束装货时间窗重合，即最早凌晨2:00发车，最迟上午11:00发车，否则将装货未完成或不得不在合肥收货点等待卸货。在装货时间窗内开始装货的车辆，在发车时间窗的11:00以前均可根据实际情况安排发车时间，但最迟不得晚于11:00，否则如果按照正常运输过程，将在合肥收货点等待第二天卸货。

(2) 根据案例背景，在淮北发货点有装卸作业能力约束，即最多可同时进行2辆车的装货，而合肥收货点没有卸货作业能力约束，即可同时进行多台车的卸货作业。

(3) 所需总车次计算：4 000/30=133.333≈134车次，本计算结果取整时注意，小数点后位数舍时表示会出现某车次超载，进则表示出现某车次未满载。根据国家法律，一般按进位取整计算。

(4) 每天最少车次计算：134/45=2.977≈3车次，根据运力平衡原则，每天平均至少派3辆车才可能完成此项运输任务。

(5) 运输计划表确定。结合上述装货时间窗与能力约束条件，在装货时间窗为18:00～3:00的情况下，比较简单的整点装车方案是，在18:00两台车同时装货，2:00开始第三台车装货，则3台车辆均满足相关作业时间窗要求，以此循环，就形成了3辆车整点运输计划，具体见表10-13。

表10-13 每天3车次的运输计划

车次	装货时间	发车时间	到达时间	返回时间	在途时间	说明
A	18:00	2:00	8:00	12:00	6h	
B	18:00	2:00	8:00	12:00	6h	由于整个物流运作时间为24h，故在此可明显看出只要装货作业在装货时间窗内，就形成24h循环运输过程，但由于装货有作业能力约束，故装货时间窗内的可装卸车辆数是有限的
C	2:00	10:00	16:00	20:00	6h	
A	18:00	2:00	8:00	12:00	6h	
B	18:00	2:00	8:00	12:00	6h	
C	2:00	10:00	16:00	20:00	6h	
……	……	……	……	……	……	

根据本案例中作业时间窗和装货作业能力约束可知，一辆或两辆车同时装货时间最晚的开始装货时间为19:00，否则将无法满足每天至少正常运行3辆车的运输任务。也就是说装货可变动时间最多为1个小时，在这段时间里，可以进行装货作业人员的调度工作。该装货时间窗范围内，在不追求整点装车的情况下，可形成多种装车方案，读者可尝试列出一些整点与半点的方案。

本案例另给出每天安排4与5辆车的计算，具体包括以下过程。

(1) 每天安排4辆车的情况：每天安排4辆车，则134车次只需134/4=33.5≈34天完成这笔运输业务，每天4辆车的整点运输计划见表10-14。

表 10-14　每天 4 车次的运输计划

车次	装货时间	发车时间	到达时间	返回时间	在途时间
A	18:00	2:00	8:00	12:00	6h
B	18:00	2:00	8:00	12:00	6h
C	2:00	10:00	16:00	20:00	6h
D	2:00	10:00	16:00	20:00	6h
A	18:00	2:00	8:00	12:00	6h
B	18:00	2:00	8:00	12:00	6h
……	……	……	……	……	……

(2) 每天安排 5 辆车的情况：如果每天安排 5 辆车，由于装货能力最多同时进行两辆车的装货作业，且装货时间为 8h，显然，在装货作业窗 9h 内无法完成 5 辆车的装货任务。因为当满荷安排装卸能力，前 4 辆车装完后，装货时间窗内只有 1h 时间可用，无论如何无法完成其他车辆的装货任务，就会造成在合肥收货点必须等到第二天卸货，这样的结果就会极大地降低单车运作效率，造成不必要的浪费。

故在比较合理的状况下，该物流公司可派 3~4 辆车来完成这笔业务。如果在同时期内没有其他业务量需要协调，3 辆车固定，而 1 辆车作为可调度车辆即可较好地完成此笔业务。

对于本案例的进一步分析可知，当运输车辆充足的情况下，由于客户卸货时间窗的存在，当安排车辆数超过 4 辆时，只会增加车辆在合肥收货点的卸货等待时间，并不能较好地提高该业务的完成时间，还会造成车辆的利用效率低下。从本案例各作业时间窗和作业约束能力分析可知，整个物流运作过程的瓶颈作业主要是淮北发货点的装卸作业能力。因此对于本案例而言，提高运作效率以压缩整个运作时间的最有效办法就是增加淮北的装卸作业人员或机械设备，通过机械化或自动化来提高装货作业时间窗内的装货能力。

本案例中，如果增加合肥→淮北的回程货物，在已形成的运输计划表中，是否可安排这些车辆运营，时间如何控制，分别以 3 车次和 4 车次的情况进行分析。

 案例阅读 10-9

上海大众与北京吉普的物流运作比较分析

2003 年起，上海大众与安吉天地签下了汽车零部件入厂物流合同，这是国内第一个汽车零部件入厂物流一体化合同，也开始了 Milk Run 模式在国内汽车零部件物流中的实际运作。根据合同，安吉天地为上海大众的 3 个汽车装配厂和两个发动机厂提供所有零部件入厂准时物流服务，即在大众装配厂和发动机厂生产加工线有精准的上线供料作业时间窗的要求下，提供准时的零部件入厂服务。针对上海大众的多数供应商仍自行负责外部运输的状况，安吉天地将所有供应厂家进行集成，按照地理位置、供货频率、零部件重量体积等进行综合规划，对各零部件供应企业的装货时间窗与时间顺序进行安排，采取循环取货等物流运作方式，最终实现了精确收货时间窗，进而确定基于精确装货时间窗的"高频少量"化的物流运作模式，大大降低了总成本，提高了供料的时间精度。

从 2004 年起，北京吉普汽车有限公司与中远物流有限公司签署了循环取货物流服务协议，以期降低采购成本。北京吉普的三菱车型一个配置就涉及 1 600 多个零部件，其中 700 多个零部件来自国内 70 多家供应商。根据计划，采用循环取货方式，可以节省 10% 的运输成本，而且可以降低库存以前需要保持至少半个月到20天的库存,现在只需要维持两天的库存就可以,库存面积减少了80%。

然而在随后几年的实际运作中,由于北京吉普在生产过程中经常出现突发事件,生产计划调整无序,使得所需的相关零部件均要进行调整,而这种调整进一步影响到零部件供应企业的生产计划与组货计划,从而导致循环过程中各供应商装卸作业点时间窗无法精确设置,经常出现停车等料现象,导致主机厂生产线设置的收货时间窗只得调整,这样也最终影响到主机厂的生产加工线,严重时还会出现停工待料现象。企业为了生产需要,不得不调整收货时间窗,进而导致厂内库存较高,最后也只有通过传统的干线运输方式进行供料(夏峰,2006)。

从本案例可知,企业在进行物流运作优化时,在没有了解清楚基本现状的情况下,是无法有效实施的。本案例中,上海大众与北京吉普均采用循环取货方式,当遇到生产计划临时调整、供应商地理位置分散、运距与运量不同、信息共享不充分、入厂零部件质检、交通运输条件等情况时,企业必须根据供应链上下游企业物流运作的实际能力、企业之间合作情况等现状,分析流程、优化作业各环节,通过精确设置生产与物流运作各交接平台的时间窗,特别是精准设置沿途零部件各供应商装货时间窗、收货时间窗,才能实现物流运作方案的成功实施。不然就会在实际运作中出现诸如零部件供应不及时、供应商装货时间延后与等待、无效作业时间增加等时间耗费现象,最终导致不能满足生产线时间窗要求,影响生产计划的实施,严重时会出现停工待料等现象,自然就无法实现降低成本、提高运作效率等目标。

(资料来源:根据长安大学物流与供应链研究所、高级物流学省级精品课程网资料整理)

本 章 小 结

物流运作时间控制要根据服务对象要求进行。针对不同的生产方式,物流运作的时间控制方式有所差异。

时间控制在物流运作过程管理中应用得极为广泛,而提前期与时间窗设置是物流运作时间控制的关键所在,只有掌握这些关键设置才能最终把服务时间控制科学。

提前期的概念、构成、管理思路与时间压缩途径,以及时间窗的概念、设置与应用等内容是时间控制的重要内容,通过不断创新时间压缩的途径与方法,是提高物流运作时间的关键因素之一。

时间窗是城市配送与高端客户要求的核心服务保障之一,文中的实例分析是对提前期与时间窗的在物流运作时间控制中应用的例证,通过对相关分析的学习,进而掌握时间窗设置与时间窗约束下物流运作管理的关键。

提前期(Lead Time)
订货提前期(Order Lead Time)
收货提前期(Receiving Lead Time)
供货提前期(Availability Lead Time)
时间窗(Time Window)
按库存生产(Make To Stock,MTS)

按订单生产(Make To Order，MTO)
按订单装配(Assemble To Order，ATO)
按订单设计(Engineering To Order，ETO)

综 合 练 习

一、多选题

1. 下列涉及物流运作时间控制管理策略的术语有(　　)。
   A．JIT B．排队论
   C．快速响应 D．延迟策略
   E．物料 ABC 管理法

2. 一个完整的订单周期一般包括(　　)。
   A．订单传输与录入 B．订单执行
   C．节点作业 D．补货作业(如卸货)
   E．配送交付

3. 从物流运作角度，对提前期时间进行压缩的主要思路包括(　　)。
   A．识别物流运作中的无效作业并尽可能消除
   B．利用 TOC 理论，识别瓶颈作业环节，提高瓶颈作业能力
   C．信息充分共享，消除"牛鞭效应"
   D．优化流程，提高作业效率
   E．加强现场管理

4. 时间窗根据是否允许延时，一般可分为(　　)。
   A．收货时间窗 B．发货时间窗
   C．装卸时间窗 D．硬时间窗
   E．软时间窗

5. 根据本章的学习，在一般的物流运作过程中，(　　)属于不提倡的时间压缩方法。
   A．鼓励驾驶员高速行驶
   B．提高装卸作业效率
   C．对于长途运输尽量安排夜间行车
   D．让客户耐心等待或调整收货时间窗
   E．加强提前期管理

二、判断题

1. 在物流运作过程中，客户订货提前期与供货提前期是一样的。　　　　　　( )
2. 现在用户对物流运作速度的要求越来越高，物流运作时间控制更加严格。　( )
3. 提前期管理只存在于物流过程中。　　　　　　　　　　　　　　　　　( )
4. 提前期压缩主要在企业战略管理层面，而不是在操作层面。　　　　　　( )
5. 某物流企业设定每天 18:00 到第二天 6:00 为配货装车时间，是典型的配货装车时间窗描述。　　　　　　　　　　　　　　　　　　　　　　　　　　　　　　( )

三、实际操作题

案例阅读 10-7 给出了本章引例的详细分析方法与基本求解方法,结合本章所学的提前期与时间窗等物流运作时间控制的应用思路,选择一家经营市内配送的企业进行调研,以案例阅读 9-7 分析过程为基础,针对其某一笔业务进行深入分析。

四、知识拓展题

1. 根据本文所提到的物流相关提前期称谓,通过网络或书籍查找相关内容,从物流运作角度解释其内涵,分析它们之间的区别与联系,并用图示的方式表现出来。

2. 结合本章提前期和时间窗的讨论,利用本校数据资源网站(一般在本校图书馆网站)检索"中国期刊网"近 3 年基于提前期和时间窗的物流优化类论文,查看论文写作过程中所用到的知识有哪些,与教师进行探讨,明确如何在课堂上通过教师的研究型教学,增加相关知识的储备,为今后的学年或毕业论文(设计)的写作做准备,并制订出明确的学习计划。

五、案例分析题

W 公司与奇瑞汽车的物流运作时间控制

W 公司是招商物流集团的一家分公司,公司拥有仓储、公路运输、进出口货代、快递等业务资质。其位处芜湖的分发中心占地 100 亩,一期工程投资 4 000 万元,建有 16 000m^2 现代化仓库,主要提供仓储、JIT 配送、干线运输及驻厂物流等供应链物流服务。拥有或整合有稳定的配送车辆及干线运输车辆资源,其物流管理信息系统主要采用 SAP 仓储管理模块。W 公司自有资源:16 000m^2 仓库(6 000m^2 高架),7 台林德 E 叉车,2 台永恒力高架叉车,4 台柴油叉车,7 台配送车。外协资源有:10 台配送车辆,30 台随时可调度配送车辆。

W 公司的主要客户之一为奇瑞汽车。奇瑞对 W 公司的配送要求是:当取料看板出来后的 4h 内,必须把所需零部件准时配送至奇瑞指定区位。过去 W 公司零部件配送提前期为 6h,现在要压缩到 4h 之内,公司原有的配送模式已无法满足奇瑞的要求。故 W 分公司借助集团公司的技术力量,以所要求的服务时间为依据,优化物流运作流程,通过持续优化,最后终于满足了奇瑞的零部件 JIT 配送要求。一些主要分析与流程优化包括以下内容。

优化目标:配送提前期(W 公司收到看板到奇瑞所需零部件配送至指定区位)由原来的 6h,压缩至 4h 以内。

基本思路:以流程优化为核心压缩提前期,提高快速反应能力。

1. 分析外部流程

奇瑞汽车的生产流程如图 10.7 所示。对于奇瑞生产厂而言,短期内不可能为改善物流状况而改变现有生产工序,故 W 公司只能按照要求把零部件配送至奇瑞指定的工厂区位。

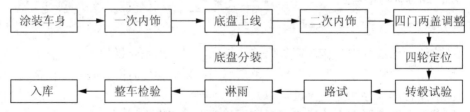

图 10.7 奇瑞汽车总装工艺布置及流程

2. 分析与W公司紧密相关的内外部物流作业流程

具体流程如图10.8所示。通过分析零部件配送所涉及的上游供应商和奇瑞需求部门之间的作业流程，确定配送作业为内循环和外循环两个主要流程。在上游供应商和奇瑞之间，奇瑞公司通过LES系统对物流商进行管理，而对于W公司而言，奇瑞所设定的配送提前期是4h，即看板拉动后的所有物流作业必须在此规定内完成，否则将面临重罚。通过流程分析与作业组合，针对看板零部件库存为0的情况，启动内循环作业流程，主要包括：看板打印(供应商)→配货(供应商)→取货→点货与验货→存储→分拣与配货→配送等环节，并根据每个环节的作业特点，配置机械化设备，规范作业动作，把作业时间压缩到最低。针对已有库存，启动外循环配送流程，主要包括拉料单/内部看板(奇瑞)→分拣与配货→配送→装配(奇瑞)等环节。

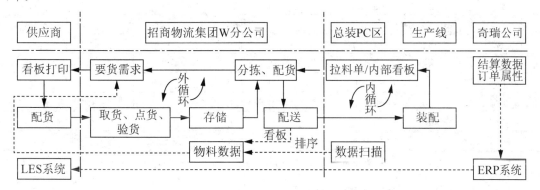

图10.8 W公司针对奇瑞的JIT物流内外部运作流程

3. 调整，对主要的收货、发货与补货流程进行标准化

具体包括以下内容。

1) 收货作业流程

(1) 输入预约单，打印收货检查单。

(2) 收货员按检查单进行点收货品并记录数量日期等信息(收货检查单、客户单据)。

(3) 根据收货检查单进行收货过账，打印上架报表及贴纸。

(4) 根据上架报表及贴纸进行上架。

(5) 根据上架报表进行上架确认，收货完成(上架报表)。

2) 发货作业流程

(1) 打印电子看板和SRM供货清单。

(2) 将供货信息导入ERP系统，打印拣货单。

(3) 根据拣货单/供货清单进行备货，贴看板。

(4) 根据供货清单质检、装车。

(5) 根据供货单进行核对，单证换单，换出门证。

(6) 根据发货单/拣货单作发货过账，在SRM发布信息，发货完成。

3) 补货作业流程

(1) ERP系统自动生成补货信息，打印补货单。

(2) 根据补货单进行补货作业。

(3) 据确认补货单，进行系统确认。

优化后的流程自2008年运行以来，完全满足提前期压缩至4h的要求。在同年1～5月的统计时期内，平均日处理订单达453份，具体数据见表10-15，W公司的JIT物流服务获得了奇瑞的极大认可。目前，W公司在奇瑞汽车零部件物流的业务不断增加，其物流服务能力也得到了极大的提高。

表 10-15　某统计期内 W 公司的 KPI 数据

送货地点	配送单数	看板数	送货车次	急件车次	急件比率	扣单数	扣单比率
一总	10 150	55 668	2 362	245	10.37%	165	1.63%
二总(BT)	9 551	35 494	1 983	198	9.98%	314	3.29%
二总(S11)	9 615	45 689	2 160	131	6.06%	138	1.44%
三总	4 319	17 778	1 200	94	7.83%	255	5.90%
一发	6 338	17 685	1 755	55	3.13%	65	1.03%
二发	4 215	10 567	1 229	84	6.83%	33	0.78%
一焊	1 548	4 367	575	31	5.39%	42	2.71%
二焊	4 889	11 764	815	96	11.78%	18	0.37%
三焊	2 094	11 757	1 096	159	14.51%	52	2.48%
SKD	355	774	195	7	3.59%	16	4.51%
变速箱	206	0	144	7	4.86%	7	3.40%
CKD	269	0	147	0	0	0	0
备件	849	0	216	0	0	0	0
合计	54 129	211 543	13 086	948	A	1 105	B

(资料来源：长安大学物流与供应链研究所提供，部分内容根据 W 公司要求进行了相应处理)

仔细阅读本案例，详细分析并回答下列问题。

1. 本案例中，如果奇瑞把时间再压缩 1 小时，W 公司该如何针对该业务进行流程优化？

2. 根据本案例与章中的案例阅读 10-7 与 10-8，试列举 3 种以上企业实践的物流高级化运作方式，并说明物流企业如何在企业客户要求不断提高的情况下提供高效的物流服务。

3. 从案例中可知，企业客户越来越强调运作速度，从物流运作时间控制角度，给出一些具体建议，并尝试应用于刚刚所列举方法的具体实施中。另外，对本案例中的急件车次有哪些有效的管理方法，如何降低扣单比率？请作出分析。

4. 用 Excel 等软件求解急件比率和扣单比率的合计值 A 和 B。并制作表 10-15 的柱状图、饼图等分析图形，分别以送货地点和配送单数、看板数、送货车次等主要指标为基础，从所占比例、关联关系等方面进行详细分析。

第11章 物流运作质量管理

【本章教学要点】

知识要点	掌握程度	相关知识	应用方向
物流服务质量	掌握	物流服务质量指标,以及与物流质量的关系	把握物流服务质量范畴 设计物流服务质量指标
物流服务质量管理	理解	物流服务质量管理内容、原则;质量管理7种工具	构建物流服务质量管理体系;运用物流服务质量控制方法
物流服务质量环	掌握	物流服务质量环及其运作要素	为构建物流服务质量管理体系提供具体内容
物流服务质量管理体系	重点掌握	物流服务质量管理体系的作用、3个关键方面,以及建立的步骤	物流质量管理体系的建立
物流质量成本管理	理解	物流质量成本的构成,成本结构优化的一般比例标准	建立物流质量成本管理体系的原则、评价的指标体系 核算的内容和方法 引入物流质量成本管理
6σ管理	掌握	6σ管理导入的条件,要做的准备工作、DMAIC模式	在物流企业引入6σ管理

质量优势——JC Penney 公司的取胜之道

美国零售业巨头 JC Penney 公司位于俄亥俄州哥伦布的配送中心，每天要处理大约 25 000 笔订单。该配送中心为 264 家地区零售店配送货物，无论客户是零售商还是消费者，配送中心均能做到 48h 之内把货物送到所需的地点。公司同时在其位于密苏里州的堪萨斯城、内华达州的雷诺和康涅狄格州的曼彻斯特的其他 3 个配送中心相配合，实现连续 24h 为全国 90% 的地区提供服务的目标。

公司管理部门认为，公司之所以能够在竞争中取得优势，主要归功于质量管理方面的 3 项创新活动：一是质量循环活动，即通过推出一系列小改革，解决工作现场存在的一些主要问题，提高工作效率、维持和改善服务水准；二是精确至上活动，即通过消除收取、提取和装运活动中存在的缺陷，提高服务的精确性；三是应用激光技术活动，以 99.9% 的精确性来跟踪 230 000 个存货单位的存货，以此提高记录精度和速度。

上述引导案例说明，有效的物流质量管理能够确保物流的正常运作，提高物流企业的市场竞争力。因此，如何对物流运作过程实施有效的质量管理，就是本章所要讨论的重点。

11.1 物流服务质量管理概述

11.1.1 物流服务质量

1. 物流服务质量的概念

物流服务质量是指物流服务的固有特性满足物流客户和其他相关要求的程度。其中，固有特性是物流服务活动本来就具有的，尤其指永久性。如通过物流活动将物品送达目的地所呈现的时空变化的特性，就是物流服务活动固有的特性，这一特性满足客户的程度就是物流服务质量。从客户消费的视角来看，物流服务质量一般包括运输服务质量、仓储服务质量、配送服务质量等。物流服务质量有时也称为物流服务水平。

2. 物流服务质量的内容

从物流服务质量的形成过程来看，物流服务质量一般包括物流服务技术质量和物流服务功能质量。

物流服务技术质量是指客户通过消费物流服务得到了什么，即物流服务的结果，如运输或配送物品的数量、里程、时间等。一般可以用某种形式度量，如货运服务可以利用运送的时间作为衡量服务质量的一个依据。由于客户对通过消费物流服务所获得的结果是非常关心的，这就使物流服务的技术质量成为客户评价物流企业服务质量的重要内容。

物流服务功能质量是指客户是如何消费物流服务的，即物流服务的过程。如运输和配送的方便性、及时性、灵活性、事故的可补救性，以及服务态度、信息沟通等均属物流服务的功能质量，功能质量的优劣取决于客户对物流服务过程的感觉评价。

物流服务的技术质量是客观存在的,而功能质量则在很大程度上是主观的,是客户对物流服务过程的主观感觉和认识,两者综合在一起才形成完整的感受,并从整体上反映物流服务质量的优劣。

3. 物流服务质量的主要指标

1) 运输服务质量指标

(1) 准时运输率 $= \dfrac{\text{准时运输次数}}{\text{运输总次数}} \times 100\%$ (11-1)

(2) 货物完好送达率 $= \dfrac{\text{完好送达次数}}{\text{总订单次数}} \times 100\%$ (11-2)

(3) 运输损失率 $= \dfrac{\text{损失赔偿金额}}{\text{运输业务收入总额}} \times 100\%$ (11-3)

(4) 运输信息及时跟踪率 $= \dfrac{\text{跟踪运输信息次数}}{\text{总订单次数}} \times 100\%$ (11-4)

2) 配送服务质量指标

(1) 延误率 $= \dfrac{\text{延误次数}}{\text{配送总次数}} \times 100\%$ (11-5)

(2) 缺货率 $= \dfrac{\text{缺货次数}}{\text{配送总次数}} \times 100\%$ (11-6)

(3) 货损货差率 $= \dfrac{\text{货损货差次数}}{\text{配送总次数}} \times 100\%$ (11-7)

式(11-7)中的货损货差主要表现为在配送规定时间所送到的物品的种类不全、数量不够或货物损坏等。

3) 仓库管理质量指标

(1) 物品收发正确率 $= \dfrac{\text{某批吞吐量} - \text{出现差错总量}}{\text{同批吞吐量}} \times 100\%$ (11-8)

(2) 物品完好率 $= \dfrac{\text{某批物品库存量} - \text{出现缺损物品量}}{\text{某批物品入库量}} \times 100\%$ (11-9)

(3) 库存物品缺损率 $= \dfrac{\text{某批物品缺损量}}{\text{该批物品总量}} \times 100\%$ (11-10)

(4) 货损货差赔偿费率 $= \dfrac{\text{货损货差赔偿费总额}}{\text{同期业务收入总额}} \times 100\%$ (11-11)

以上公式是以客户为对象,确定每批物品的质量指标,当将上面公式中的"某批""同批"和"该批"改为"期内",则是对该期间仓库工作质量的评定。

4) 客户满意程度指标

(1) 客户满意率 $= \dfrac{\text{企业物流服务总次数} - \text{客户抱怨(投诉)次数}}{\text{企业物流服务总次数}} \times 100\%$ (11-12)

(2) 按期交货率 $= \dfrac{\text{实际按期交货次数}}{\text{总交货次数}} \times 100\%$ (11-13)

(3) 交货期质量=规定的交货期－实际的交货期 (11-14)

其中，当式(11-14)"交货期质量"的值为正时为提前交货；为负时为延期交货；为 0 时为满意正点交货。

4. 物流服务质量与物流质量之间的关系

所谓物流质量是指实现物流服务的系统、运作和管理工作等诸过程满足最终客户要求的程度。它主要包括 3 方面质量：一是物流服务质量；二是物流工作质量，是指在物流各环节、各岗位具体工作保证物流服务质量的程度，如运输工作质量、仓库工作质量、包装工作质量、配送工作质量、流通加工工作质量及信息工作质量等；三是物流工程质量，是指在物流服务质量形成过程中，所使用的设施、设备、工具等全部手段和条件的保证程度。由此可见，物流服务质量是物流质量的核心内容和满足客户要求的具体体现，而物流质量也为实现物流服务质量提供可靠的保证，所以，从物流质量管理的角度看，对于物流服务运作过程的质量管理就是物流质量管理的关键。

11.1.2 物流服务质量管理

1. 物流服务质量管理的概念

物流服务质量管理是指以全面质量管理(Total Quality Management，TQM)思想为指导，运用科学的管理方法和手段，对物流服务运作过程的质量及其影响因素进行计划、组织和控制等工作的总和。它具有以下基本特点。

(1) 全对象的管理。物流服务质量管理不仅涉及物流对象——物品及相关服务质量本身，而且还涉及物流工作质量、物流工程质量，以及成本和交货期，由此可见，物流服务质量管理的对象是非常广泛的，涉及物流的各个方面，具有很强的全面性。

(2) 全过程的管理。物流服务质量管理是对物品的包装、装卸、运输、保管、搬运、配送、流通加工等过程进行全过程的质量管理。在这个过程中，必须一环不漏地进行全过程管理才能保证最终的物流服务质量达到目标质量。

(3) 全员参与的管理。由于物流服务质量管理对象的全面性、物流所涉及的过程的复杂性、综合性，所以，为了保证物流服务质量，就需要各个环节的所有部门和人员，积极参与、紧密配合、把握规律，共同完成质量管理的各项任务。

2. 物流服务质量管理的内容

物流服务质量管理的内容是对物流服务的技术质量和功能质量的管理，具体表现在物流服务标准的设立、服务内容的制定、服务结果的反馈和服务质量的评估等。

3. 物流服务质量管理的原则

(1) 以客户为中心。即物流企业应该时刻理解客户当前和未来的需求，满足客户的需求和期望。在这里客户具有两层含义：一是指物流企业外部的买主；二是指企业内部上一个物流环节把下一个物流环节作为自己的客户。

(2) 领导作用。物流企业领导应建立本组织统一的宗旨及方向，创造并保持使员工能充分参与并实现组织目标的内部环境。为此，领导就要力求做到考虑所有相关方的需求和期望，为物流企业的未来描绘清晰的蓝图，制定富有挑战性的战略目标，在物流企业内部营造"一切为了客户满意"的氛围，建立相应的管理文化，为员工发挥积极性提供保障和机制，参与物流服务质量持续改进，有效的发挥领导作用。

(3) 全员参与。物流服务质量管理的特点决定了物流服务质量管理必须要坚持全员参与的原则。为此，要力求做到让物流企业每个员工了解自身贡献的重要性及其在组织中的角色，创造宽松的环境，加强内部沟通，让员工以主人翁的责任感去解决各种问题，并且根据他们各自的岗位目标客观公正地评价员工的业绩，使员工有机会增强自身的能力、知识、技能和经验，不断提高员工的参与能力。

(4) 过程方法。将物流服务活动和相关的资源作为过程进行管理，可以更高效地得到期望的结果。因为过程具有分合性，即任何一个过程，都可以分为若干更小的过程；而若干个性质相似的过程，又可以组成一个大过程，利用过程的分合性，物流企业易于识别过程、明确关键过程，并且将资源尽量用于关键过程，同时，还要简化过程、按优先次序排列过程、改进和控制过程等。

(5) 管理的系统方法。将相互联系的过程作为系统加以识别、理解和管理，有助于物流企业提高实现目标的有效性和效率。为此，要做到：①建立一个管理体系，并以最有效的方法实现组织的目标；②了解物流企业管理体系内各个过程之间的相互依赖关系；③理解为了实现物流企业组织目标所需承担的责任，减少职能交叉造成的障碍；④认清物流企业的能力，在行动前确定资源的局限性；⑤设定目标并确定管理体系中的特定活动；⑥通过测量和评估持续改进管理体系。

(6) 持续改进。持续改进总体业绩应当是物流企业的一个永恒目标。为了实现这个永恒目标，要做到：①在物流企业内，从员工到职能小组、职能部门直至整个组织，都需要全面开展持续改进的活动；②为员工提供有关持续改进方法和手段的培训；③确定目标以指导、测量、追踪持续改进；④识别并通报改进的情况。

(7) 以事实为决策的依据。有效决策建立在对信息和资料进行合理和直观的分析的基础上。为了给决策提供可靠的信息和资料，物流企业就需要做到：①明确规定收集信息的种类、渠道和责任，确保数据和信息足够精确和可靠；②让数据和信息的需要者能够及时得到数据和信息；③使用正确的方法分析数据；④基于事实分析，权衡经验与直觉，作出决策并采取措施。

(8) 互利的供需方关系。上下游企业的物流过程是相互依存的，互利的关系可增强双方创造价值的能力。为了实现供需方互利的关系，物流企业就要权衡双方短期和长期利益，确定与供方的关系，识别和选择关键供应商，并且与关键供应商共享专有技术和资源，进而与供应商建立清晰与开放的沟通渠道，开展联合改进活动，优势互补，达到双赢。

案例阅读 11-1

神龙公司提升整车物流服务质量的经验

神龙汽车有限公司是我国最早规划建设的3大轿车基地之一。公司拥有东风雪铁龙、东风标致两大品牌的7大车型系列，2005年神龙公司整车物流质量得到大幅提升——整车网点交付的质损率控制在较低水平，能够取得这样的成绩主要得益于公司所实行的一系列有效的物流服务质量管理工作。

(1) 树立全过程质量控制的观念。按物流运作流程，整车下线后，从入库、储存、出库，再到运输(包括在分库进行的二次运输)，最后交付网点，其中仅整车运输就涉及运输商、商务部、生产部分库、营销网点等部门，这势必要求对整车的整个物流全过程实行物流质量的控制。

(2) 抓住关键环节。整车入库是生产环节和整车商品化环节的接口，因此，首先要严把入库关。生产部整车储运分部对入库车实行100%外观和缺件检查，拒绝有A类外观质损和缺件的新车入库。

(3) 实行动态监控。每周一公司都要组织质量部等相关部门在质量厂房召开质量分析会，对质量问题进行集中展示和分析。

(4) 强化制度。为规范商品车入库、出库、网点接收的行为，统一质量标准，使各方以相同的手段和方法来评价、记录商品车质损，公司制定并生效了《整车物流中商品车交接检验程序》和《整车物流中商品车交接检验标准》，对商品车质量验收、车辆维修及维修费用索赔进行了文件化规定。

(5) 加强对运输设备的监管。为提高运输商的运输质量和管理水平，公司生产部每年年初都对运输商的车辆进行集中审核和确认，淘汰老旧车，发放准运证，减少了由于运输造成的质量事故；公司生产部和质量部还组织了运输商、商务部、分库、营销网点的培训和运行检查，加大对运输商和分库的监督和考核，有力控制住了商品车在途运输质量，控制了质损率。

此外，生产部还配合组织信息部开发全新的整车储运管理系统，通过该系统，可以实现全国商品车资源、运输资源、质量维修的统一管理，使公司的整车物流管理水平达到新的高度。

上述措施使公司商品车在储运的全过程都得到了精心呵护，确保了整车物流服务质量得到稳步提升。

(资料来源：根据冯德．神龙公司大力提升整车物流质量．现代物流报，2005-10-20(006)摘编整理)

11.1.3 质量管理新7种工具简介

质量管理新7种工具：关联图法、亲和图法(KJ法)、系统图法、过程决策程序图法、矩阵图法、矩阵数据分析法、箭头图法。这些方法是由日本科学技术联盟"质量管理研究会"经过多年的研究与实践于1977年提出的，并且得到广泛的推广，对于物流企业的质量管理也具有推广应用价值。

1. 关联图法

事物之间存在着大量的因果关系，因素A、B、C、D、E之间就存在着一定的因果关系，其中因素B受因素A、C、D的影响，但它又影响着E，而因素E又影响着因素C……。在这种情况下，理清因素之间的因果关系；从全盘加以考虑，就容易找出解决问题的办法。把若干存在问题及其因素间的因果关系用箭头连接起来，用以作为解决问题手段的方法称为关联图法(图11.1)。关联图主要用于质量管理方针的制定和展开、制订质量管理改进活动计划、改善管理工作等。

应用步骤如下：①提出认为与问题有关的所有因素；②用简单明确的语言表达各因素；③用箭头把因果关系有逻辑地连接起来；④根据图形进行分析讨论，检查是否有遗漏或表达不够确切的地方，复核和认可上述各个因素之间的关系；⑤分析研究，提出重点因素，拟订措施计划。

2. KJ法

KJ法又称A型图解法、亲和图法，以其发明者川喜田二郎命名。KJ法是将未知的问题、未曾接触过领域的问题的相关事实、意见或设想之类的语言文字资料收集起来，并利用其内在的相互关系作成归类合并图，以便从复杂的现象中整理出思路，抓住实质，找出解决问题的途径的一种方法。

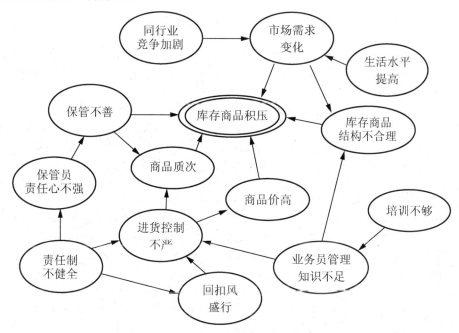

图 11.1　某企业针对库存积压问题的关联图

(资料来源：李金华. 新会计方法操作指南. 北京：中国审计出版社，1996：163)

把人们的不同意见、想法和经验，不加取舍与选择地统统收集起来，并利用这些资料间的相互关系予以归类整理，有利于打破现状，进行创造性思维，从而采取协同行动，求得问题的解决方法。

KJ法主要用于认识事实、形成构思、打破现状、彻底更新、筹划组织工作、贯彻质量方针。KJ法的作图包括以下程序。

(1) 确定主题，如澄清事实、形成构思、变革现状、创立新体系等方面的课题等。

(2) 收集文字资料，常用 3 种：一是直接观察法，即到现场去看、听、摸，吸取感性认识，从中得到某种启发，立即记下来；二是面谈阅览法，即通过与有关人谈话、开会、访问，查阅文献或采用"头脑风暴"法等来收集资料；三是个人思考法，即通过个人自我回忆，总结经验来获得资料。

(3) 语言资料卡片化。

(4) 汇总卡片和编号，即将内容相近的归在一类，整理出思路，并且按顺序排列，进行编号。

(5) 绘制图解，可分为两个阶段：一是"关键配置"，即把各类卡片放在一张白纸上，按它们之间联系进行配置；二是用箭头、线条和其符号进行图上作业，箭头表示事物间的因果关系、产生顺序，以便理出思路，形成解决问题途径的总体构思。

(6) 口头发表，即按图进行口头讲解，写成文字报告。

案例阅读 11-2

日本某公司使用 KJ 法

日本某公司通信科科长偶尔直接或间接地听到科员对通信工作中的一些问题发牢骚,他想要听取科员的意见和要求,但因倒班的人员多,工作繁忙,不大可能召开座谈会。因此,该科长决定用 KJ 法找到科员不满的方案。

第一步,他注意听科员间的谈话,并把有关工作中问题的片言只语分别记到卡片上,每个卡片记一条。例如,"有时没有电报用纸""有时未交接遗留工作""如果将电传机换个地方……""接收机的声音嘈杂""查找资料太麻烦""改变一下夜班值班人员的组合如何""打字机台的滑动不良"……

第二步,将这些卡片中同类内容的卡片编成组。例如,"其他公司有的已经给接收机安上了罩""因为接收机的声音嘈杂,所以如果将电传机换个地方……""有人捂着一个耳朵打电话"……上面的卡片组暗示要求本公司"给接收机安上罩"。从下面的卡片组中可以了解到要求制定更简单明了的交接班方法:"在某号收纳盒内尚有未处理的收报稿""将加急发报稿误作普通报稿纸处理""接班时自以为清楚了,可是过后又糊涂了,为了作出处理,有时还得打电话再次询问"……

第三步,将各组卡片暗示出来的对策加以归纳集中,就能进一步抓住更潜在的关键性问题。例如,"因为每个季节业务高峰的时间区域都不一样,所以弄明白了需要修改倒班制度",或者是"根据季节业务高峰的时间区域改变交接班时间",或者是"考虑电车客流量高峰的时间确定交接班时间"。

科长拟定了一系列具体措施,又进一步征求乐于改进的科员的意见,再次做了修改之后,最后提出具体改进措施加以试行,结果科员们皆大欢喜。

3. 系统图法

系统图法是把为了达到目的所必需的方法系统地展开,并绘制成系统图以便纵观全局、明确重点,寻求实现目标的最佳措施和手段的方法,如图 11.2 所示。它主要用于新产品研制过程中设计质量的展开,制订质量保证计划、健全质量管理体系,对质量保证活动进行展开,对解决企业有关质量、成本、交货期等问题的创意进行展开等。

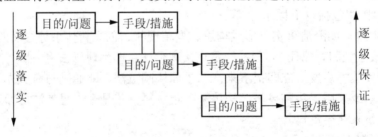

图 11.2 系统图法示例

系统图法应用的步骤如下:①确定具体的目的、目标或问题,把最终要达到的目的、目标或所要解决的质量问题以简洁、易懂的语言明确记录下来,放在明显的位置;②为达到目的、目标或解决问题,提出手段和措施;③评价手段和措施是否得当并进行取舍;④使目标(问题)与手段(措施)间互相连接、系统化,形成系统图;⑤对系统图内容逐级检查,确认目标能否充分地实现或问题被有效地解决,以保证最终目标、目的能够实现,问题能够得到解决;⑥制订实施计划,即把系统图最低水平的手段/措施更加具体化,明确具体的实施内容、日程、负责人等。

4. 过程决策程序图法

过程决策程序图法(PDPC法)是为了完成某个任务或达到某个目标，在制订行动计划或进行方案设计时预测可能出现的障碍和结果并相应的提出多种应变计划的一种方法，其图解如图11.3所示。其中，如果 A_0 点表示不合格品率很高，Z 点表示不合格品率所降低到的理想状态，$A_1 \cdots A_P$，$B_1 \cdots B_s$，$C_1 \cdots C_r$，$D_1 \cdots D_e$ 分别表示到 Z 的不同手段系列，这些手段系列也会随着情况的变化而进行调整。该方法主要用于预测和防止系统重大事故的出现而制定相应的措施，以及制订目标管理中的实施计划等方面。

PDPC法的作图程序如下：①确定课题，然后召集有关人员讨论问题所在；②从讨论中归纳出在实施过程中各种可能出现的问题，并一一记录下来；③确定每一个问题的对策或具体方案；④把方案按照其紧迫程度、难易情况、可能性、工时、费用等分类，确定各方案的优先程序及有关途径，用箭头向理想状态连接；⑤在实施过程中，根据情况研究修正路线；⑥落实实施负责人及实施期限；⑦在实施过程中收集信息，随时修正。

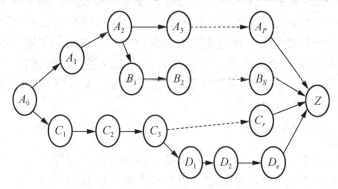

图 11.3　PDPC法的概念图

5. 矩阵图法

矩阵图法是在复杂的质量问题中，找出成对的质量因素，分别排列成行和列，在其交点处表示其关系程度，据此可找出存在哪些问题和问题的形态，从而找到解决问题的思路和方法，矩阵图法的形式如图11.4所示。其主要类型有T型、Y型、X型和C型。矩阵图法主要用于确定质量保证体系的关键环节，分析产生质量问题的主要原因，确定新产品开发和老产品改进的关键，系统地核实产品质量与各项操作及管理活动的关系，便于对工作质量进行全面管理等。

		R				
		R_1	R_2	...	R_i	...	R_m
L 行	L_1						
	L_2						
	...						
	L_i				●← 关键点		
	...						
	L_n						

图 11.4　矩阵图法的示意图

矩阵图的作图步骤如下：①列出质量因素；②把成对因素排列成行与列，表示其对应关系；③选择合适的矩阵图类型；④在成对因素交点处表示其关联程度，一般由经验进行定性判断，可分为密切、较密切、一般(或可能有关系)，并用不同的符号表示出来；⑤根据关系程度，确定必须控制的关键因素；⑥针对重点因素作对策表。

6. 矩阵数据分析法

矩阵数据分析法就是指当矩阵图中各要素间的关系可以定量表示时，通过数量化方法和主成分分析法，对这些数据进行分析整理，并找出解决问题的途径的方法。其中"主成分分析法"是将一些具有错综复杂关系的多变量归结为少数几个综合变量(主成分)的多元统计分析方法，矩阵数据分析法主要用于分析各种构成因素复杂、由大量数据组成的质量问题，如通过对市场调查数据进行分析，掌握客户所要求的质量，再如对复杂工序质量进行分析等。

矩阵数据分析法的实施步骤如下：①调查、收集足够数据，列出数据表；②计算各组数据的均值、方差(或标准差)和进行数据标准化；③列出标准化数据矩阵；④求出相关系数，列出相关矩阵(是对称矩阵，且对角线上元素为1)；⑤求出相关矩阵的特征根与特征向量[这里，特征根表示主成分的数值，数值越大，代表性越强；特征向量表示各观测值(数据)与主成分的关系，可以呈现某种规律性]；⑥求出各个主成分；⑦求各主成分的方差贡献率，分析计算结果，找出改进方向。

7. 箭头图法

箭头图法也叫网络图或网络分析技术，是一种制订最佳日程计划，高效率管理进度的方法。在物流服务质量管理中，时间管理也是一个重要的管理项目，通过运用箭头图法，可以对物流运作时间进行统筹安排、合理调度，以便缩短时间、节约资源、更好地满足客户的需要。由于网络图在其他课程中已有详细介绍，因此本书略。

11.2 物流服务质量管理体系

11.2.1 物流服务质量管理体系概述

1. 物流服务质量管理体系的概念

所谓物流服务质量管理体系，是指物流企业中所有与物流服务质量有关的要素形成的管理体系，为确保物流质量满足客户需求这一共同目标的实现，而构成的物流服务质量管理工作的有机整体。以 ISO 9001—2008《质量管理体系要求》为指导，参照 ISO 9004-2《质量管理和质量体系要素第 2 部分：服务指南》中的有关内容，结合物流企业的特点可知，物流服务质量管理体系的要素具体包括物流企业服务质量形成过程中所涉及的物流市场开发、物流服务设计、物流服务提供、物流服务绩效分析和改进等。通过这些要素的有效联系，形成体系，加以管理，使其充分发挥应有作用，确保物流企业质量目标的实现。

2. 物流服务质量管理体系的运作要素

在物流服务质量环(图 11.5)中所包括的运作要素及其内容如下所述。

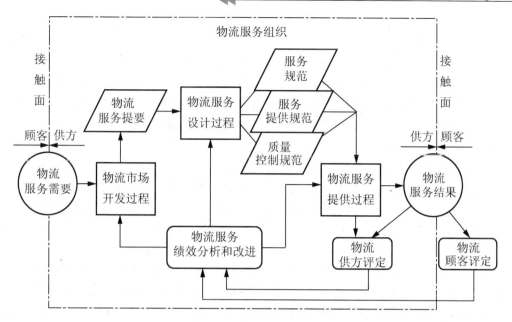

图 11.5 物流服务质量环

注：○ 表示物流服务需要/结果；◇ 表示服务过程文件；□ 表示服务过程；○ 表示服务测评。

(1) 物流市场开发过程。物流企业通过设置客户意见簿、召开客户座谈会等方式，了解客户对物流服务现实需要和潜在需要，征询客户需要哪些额外服务，希望得到哪些目前还没有提供的服务，订单传送的方式方法是否需要进一步改进，哪些物流服务对客户最为重要，目前的订货速度是否可接受，是否愿意为了得到较高水平的服务支付较多的费用等问题，一旦做出开发某项物流服务的决定，就应把物流服务市场调研的结果及已经审核批准开发的物流服务项目的内容等纳入到物流服务提要中，形成正式质量文件，作为物流服务设计的依据。

(2) 物流服务设计过程。其任务是按照物流服务提要中的内容和要求，设计物流服务规范、服务管理规范和服务质量控制，明确开发设计预定服务项目的时间表，系统地规定所提供物流服务的特性、内容、要求及验收标准，并结合各物流服务岗位的具体情况，设定不同岗位的服务职责、上岗条件、服务程序、服务内容和质量要求。

(3) 物流服务提供过程。它是指将物流服务从服务提供者传递到服务消费者的流程。一般可分为采购—运输—装卸—搬运—储存—盘点—订单处理—拣货—补货—出货—运输配送等阶段。在物流服务提供过程中，企业应严格按照物流服务规范、物流服务提供规范及物流服务质量控制规范进行运作，采取行政、经济、教育等各种手段确保各类规范的实施，同时，通过物流企业自身和客户对物流服务提供过程的评定，及时发现问题、分析原因、采取措施加以纠正，使物流服务提供过程始终处于受控状态。

(4) 物流服务绩效分析和改进。这一运作要素主要是通过对物流服务提供的全部作业过程进行数据的收集和分析，寻求改进物流服务质量的机会，提出改进建议，提高物流服务质量水平。

3. 物流服务质量管理体系的作用

(1) 确保物流服务质量能够满足客户需求。物流服务质量的产生、形成、实现涉及的工作是非常多的，只有通过建立物流服务质量管理体系，才能从满足客户需求这个整体目标出发，使各相关部门、各层次、各环节及各类人员的质量目标、职责权限、质量职能和工作程序等规范、明确，以利于各部门、环节协调配合、减少质量异常波动、保证质量稳定地满足客户需求。

(2) 构建企业物流服务质量保证能力，突显企业质量竞争实力。现代物流企业的质量竞争，不仅仅是看物流服务质量本身的水平，而且还要看物流企业是否可以长期、稳定地提供优质的服务质量，这就需要企业按照客户的要求，提供相应的物流质量管理体系的证据、实施体系的文件和质量记录等，以此证实其物流服务质量管理体系能够长期、稳定、有效地保证物流服务质量，从而使物流企业与客户之间建立信心和信任关系。

(3) 不断提高物流服务质量水平。物流企业建立服务质量管理体系的重要借鉴标准是 ISO 9001—2008《质量管理体系要求》，ISO 9004-2《质量管理和质量体系要素第 2 部分：服务指南》，而这些标准都是世界各国质量管理先进经验的总结，借鉴此标准建立物流服务质量管理体系，将有利于物流企业学习先进的质量管理经验，规范和整合物流企业各个方面的质量管理活动，提升员工的素质，不断提高物流企业的质量管理水平，与国际质量管理接轨。

11.2.2　物流服务质量管理体系的建立

1. 物流服务质量管理体系的3个关键方面

构建以客户为核心的物流服务质量管理体系的 3 个关键方面，即管理职责、人员和物质资源，以及质量体系结构(图 11.6)。在物流服务质量管理体系中只有将 3 个关键方面有效地协调配合，才能保证客户满意。

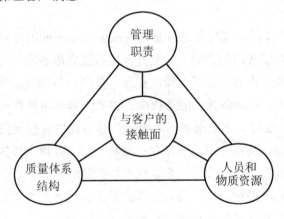

图 11.6　物流服务质量管理体系的 3 个关键方面

(1) 管理职责。它是指管理者负有制定使客户满意的服务质量方针和目标、规定质量职责和权限、开展管理者评审的职责。其中，制定物流企业的服务质量方针和目标最为重要，其他两项职责都是为实现和实施服务质量方针和目标而服务的，是建立和完善企业物流服务质量管理体系的有效手段。

(2) 人员和物质资源。人是物流服务质量管理中最为重要的要素，因为在物流服务过程中，物流企业中的每个人的行为和业绩都会直接或间接地影响到整体物流服务质量，所以对人的激励、沟通联络、业务培训等就成为构建物流服务质量管理体系的关键方面。此外，物流服务质量管理的实施还需要物质资源作保障，如提供物流服务所需的车辆、相关设备和信息系统、场地，质量评定的设施、仪器仪表和计算机软件、运作和技术文件等资源。

(3) 质量体系结构。质量体系结构是实现物流服务质量管理体系的基本框架，包括物流服务质量环、质量文件和记录、内部质量审核 3 项内容，具体表现为质量手册、程序、作业指导书和质量记录等文件形式。一个有效的物流服务质量管理体系，应该使物流服务质量的管理变得简单、易懂、易于操作。

2. 建立物流服务质量管理体系的步骤

由于物流服务质量管理体系的建立必须把领导者的职责、人员和物质资源、质量体系结构三者协调一致，所以在建立物流服务质量管理体系时，须按照以下步骤进行。

(1) 领导决策。建立物流服务质量管理体系是涉及物流企业的一项全面性工作，只有物流企业高层管理者下定决心、亲自领导，主持制定企业的质量方针和质量目标，明确各部门和各级的质量责任，进行管理评审，才能确保企业的服务质量管理体系顺利建成和有效运转。

(2) 教育培训。通过培训使企业全体职工明确建立物流服务质量管理体系的目的、作用、特点和要求，掌握物流服务质量管理方面的相关知识和方法等，使物流服务质量管理体系建立在广泛的群众基础上。

(3) 分析物流服务质量环。在掌握物流企业内外情况的基础上，分析和选择对物流服务和物流服务提供过程产生影响的具体作业要素，如运输、储存、配送等作为构建物流服务质量管理体系的重点，把各项质量活动分解落实到各个部门和个人。

(4) 编写物流服务质量管理体系文件。通过把物流服务质量管理体系所涉及的各种具体的质量活动文件化，以此作为建立有效运行物流服务质量管理体系的依据。

(5) 物流服务质量管理体系的实施。主要是组织物流企业全体员工认真学习、坚决执行物流服务质量管理体系文件，使影响物流服务质量的各种因素都处于受控状态，从而保证企业提供的物流服务能使客户满意。

(6) 物流服务质量管理体系的内部审核。物流企业通过检查各部门和人员对体系文件的贯彻执行情况，以便验证体系的实施情况和有效性，发现问题、分析原因、提出相应的纠正措施。

(7) 物流服务质量管理体系的管理评审。它是物流企业最高管理者为确定物流服务质量管理体系达到规定目标的适宜性、充分性和有效性，而对物流服务质量管理体系所进行的系统的评价，在此基础上提出对现有物流服务质量管理体系及其过程改进的要求，根据客户要求的变化，调整物流服务或过程的某些关键特性，作出改进决定，针对物流企业内、外部环境的变化，制订适宜的资源配置计划。

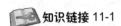 知识链接 11-1

质量认证及其类型

质量认证也叫合格评定，是国际上通行的管理产品质量的有效方法。质量认证按认证的对象分为产品质量认证和质量体系认证两类，其中，质量管理体系认证，是依据国际通用的质量和质量管理标准，经国家授权的独立认证机构对组织的质量体系进行审核，通过注册及颁发证书来证明组织的质量体系和质量保证能力符合要求。质量体系认证通常以 ISO 9000 族标准为依据，也就是经常提到的 ISO 9000 质量管理体系认证。

通过外部专业的质量认证咨询机构的咨询建立质量管理体系，已经成为许多企业构建质量管理体系的重要方法。企业内部质量审核员，即内审员是指取得了内部质量管理体系审核的一种资格，由既精通 ISO 9000 国际标准又熟悉本企业管理状况的人员担任。

11.2.3 物流服务过程的质量控制重点

在物流服务质量管理体系的运行过程中，为了确保物流服务质量的产生、形成和实现，满足客户的需要，需要对物流市场开发过程、物流服务设计过程、物流服务提供过程进行有效地控制。

(1) 物流市场开发过程的质量控制重点。物流市场开发过程的质量控制重点是物流服务市场的分析和物流服务产品的定位，以及在此基础上形成的物流企业可接受并且有能力实现的物流服务内容和服务要求，即物流服务提要。

(2) 物流服务设计过程的质量控制重点。物流服务设计过程的质量控制重点是确定物流服务方案、编制物流服务规范，为确保物流服务规范符合物流服务提要的要求和客户的需要，开展对物流服务规范的评审和确认活动。

(3) 物流服务提供过程的质量控制重点。物流服务提供过程的质量控制重点是以物流服务运作现场控制为主，在物流服务准备阶段进行"事先控制"，尽可能消除可能造成物流服务质量问题的隐患；在物流服务提供过程中进行"事中控制"，实施监测，发现问题及时处理，防止质量问题蔓延；在物流服务提供结束后进行"事后控制"，对已发生的物流服务质量问题分析原因，采取补救措施，防止问题再次发生。

为了保证实施上述服务过程的质量控制，还需要具有相应的质量控制规范。质量控制规范的设计，包括：找到对客户需求影响较大的关键活动作为质量控制点，通过对关键活动的分析，选出一些可以测量和控制的质量特性，针对这些质量特性规定评价的方法，最后，建立在规定界限内影响或控制质量特性的手段，以便有效地控制服务过程的质量。

 案例阅读 11-3

A 运输公司质量管理体系

A 运输公司的业务范围：铁路整车、集装箱货物的到达和发送的代理及配送。即包括用铁路发往昆明、上海、杭州地区的门到门全程服务；集装箱货物的到港配送；仓储业务。其质量组织结构如图 11.7 所示，该公司按照 ISO 9001《质量管理体系要求》，构建的质量管理体系主要包括以下内容。

1. 管理职责

主要明确了最高管理者的作用，具体包括以下几点。

(1) 管理承诺。总经理应通过相关活动，对建立、实施质量管理体系并持续改进其有效性的承诺提供证据：如采取各种方式(如会议、宣传、培训等)向公司全体成员特别是管理人员传达满足客户和法律法规要求的重要性；制定公司的质量方针；将质量目标分解到各职能部门、岗位；每年主持管理评审，以确保质量管理体系的持续适宜性、充分性和有效性；提供必需的人力、物力、资金和信息等资源，确保质量管理体系正常运行所需。

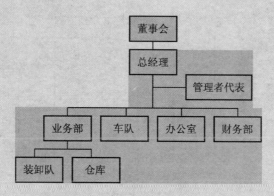

图 11.7　A 运输公司组织结构

(2) 以客户为关注焦点。正确和充分理解客户当前及未来需求，采取具体、有效的措施予以实现；与客户保持良好的沟通，定期监测客户对本公司服务的满意状况，发现不足，寻求改进。

(3) 制定质量方针、质量目标，进行质量管理体系策划。

(4) 职责和权限。包括明确总经理、办公室、车队、业务部、装卸队、仓库的职责和权限，并且为了确保质量管理体系的有效实施，总经理应在本公司管理层中指定一名人员为质量管理者代表，负责质量管理体系的建立、实施、保持和改进。

(5) 内部沟通。为保证质量管理体系能有效运作，本公司通过会议、文件、报表等各种方式传达公司的质量信息，促进组织内各部门、各层次之间信息交流，增进理解和信任，达成共识，全员参与，确保质量管理体系的有效性。无论采取何种方式进行沟通，应确保沟通信息准确、沟通及时、有效、沟通渠道畅通无阻。

(6) 管理评审。管理评审由总经理主持，各部门根据本部门在质量管理体系所负的职责，结合一段时间以来质量管理体系的运行情况，整理并制定本部门的管理评审报告，作为管理评审的输入。为确保管理评审有序、顺利进行，制定了《管理评审控制程序》对管理评审的输入、输出及评审的方法和要求等做出了具体的规定。

2. 运输服务实现

(1) 运输服务实现的策划。运输服务实现的策划应确定"运输服务的质量目标和要求，所需服务过程、资源(如设备、仪器等)、文件(质量手册、程序文件及相应的规程或标准)，服务完成所确定目标和要求所需的验证、试验或检查等有关活动或接收准则，以及证实服务过程及服务结果满足要求所需的证据等"。以上所确定的过程、资源、文件应以满足所策划的质量目标为依据，并根据目标的变化进行及时地变更。本公司"整车运输服务实现流程""零担货物运输实现流程"如图 11.8 和图 11.9 所示。

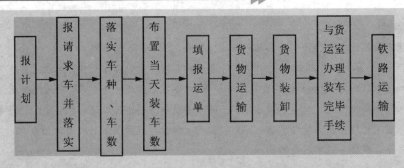

图 11.8　整车运输服务实现流程

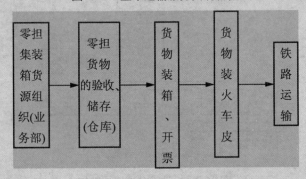

图 11.9　零担货物运输实现流程

(2) 与客户有关的过程。包括：与服务有关要求的确定；与服务有关要求的评审；客户沟通。

(3) 设计和开发。为满足客户不断发展的要求，以及增强本公司服务的竞争力，本公司业务部应积极探索和学习货物运输市场开发动态，开发出更具竞争力的新的运输服务项目以满足或超越客户的要求。

(4) 采购。为确保供应商及采购产品符合要求，车队应根据供应商及采购产品对随后产品实现或最终产品的影响程度进行相应的控制。

(5) 运输服务提供。包括：运输服务提供的控制；运输服务提供过程的确认；标识和可追溯性；客户财产；运输服务和采购产品防护；监视和测量装置的控制。

(资料来源：根据 A 公司质量认证资料整理)

11.3　物流质量成本

11.3.1　物流质量成本核算

1. 物流质量成本的概念

物流质量成本是指为了确保客户满意的物流服务质量而发生的费用，以及没有达到客户满意的物流服务质量所造成的损失，是企业物流总成本的一部分。它具有 3 个本质特性：一是变动性，即物流质量成本是随着物流质量水平的变化而变化的，人们可以从分析其动态变化的趋势中寻求最佳物流质量水平；二是预见性，即它不局限于已经发生的经济活动的质量成本，而是着重于分析和预测可能或应当发生的经济活动的质量成本，以便进行决策；三是假定性，即物流质量成本的许多项目无法像供应、生产、销售等职能成本那样可以精确计算，只能是对成本的估计，这使得它可以对某种特定的问题提出各种方案，以供企业领导决策选择。

2. 物流质量成本的构成

根据国家标准《质量成本管理导则》，结合物流服务质量的特点，物流质量成本由以下5个方面构成。

(1) 预防成本，是指为了预防故障所支付的费用。主要包括：①物流质量培训费，是为了达到物流质量要求或改进物流服务质量的目的，提高员工的质量意识和物流质量管理的业务水平，进行培训所支出的费用；②物流质量管理活动费，是为了推行物流质量管理工作所支付的费用，如涉及物流质量管理的咨询诊断费、奖励费、信息收集费、物流质量管理部门的办公费，以及为制定质量政策、计划、目标、编制质量手册和相关文件等一系列活动所支付的费用等；③物流质量改进措施费，是为了保证或改进物流质量所支付的费用，如改变物流服务策略设计、调整工艺、开展工序控制等产生的属于成本开支范围的费用；④物流质量评审费，是物流质量改进的评审费；⑤工资及附加费，是物流质量管理专业人员的工资及其附加费用。

(2) 鉴定成本，是指为了确定物流质量是否达到规定的要求或符合客户的需要而进行的试验、检验和检查的费用。主要包括：①进货检验、工序检验、成品检验费用；②试验材料等费用；③检测设备的维护、校准、修理和折旧费；④专职检验、计量人员的工资及附加费。

(3) 内部损失成本，是指在物流作业过程中，由于自身的缺陷而造成的损失及处理故障所发生的一切费用总和。主要包括：①报废损失费，是无法修复或经济上不值得修复的商品所造成的损失费用或无法弥补的服务所造成的损失；②返修费，是为了修复不合格商品和服务使其达到质量要求所支付的费用，如所消耗的材料、人工费用等；③停工损失费，是因质量原因造成的停工所损失的费用；④质量事故处理费，是对质量问题进行分析研究所发生的直接费用，如重新筛选或重复检验等所支付的费用；⑤质量降级损失费，是因产品外表或局部达不到规定的质量等级而降级所造成的损失。

(4) 外部损失成本，是指向客户提供物流服务之后，客户在使用过程中由于物流服务的缺陷或故障所引起的一切费用的总和。主要包括：①索赔费，是因物流服务质量未达到标准，对客户提出的申诉进行赔偿、处理所支付的费用；②退货损失费，是因物流服务质量未能达到标准造成客户退货、换货所损失的费用；③降价损失费，是因物流服务质量未能达到标准而降价销售所损失的费用；④保修费，是根据合同规定在保修期内为客户提供修理服务，或者进行物流服务的弥补所发生的费用。

(5) 外部质量保证成本，一般是指在合同环境下，根据客户的要求为提供客观证据所支付的有关费用。主要包括：①物流质量保证措施费，是根据客户的特殊要求而增加的物流质量管理费，如为特殊附加的质量保证措施、程序、数据等所支付的专项措施费和提供证据的费用；②物流质量评定费，是根据客户的特殊要求进行的物流质量认证所支付的费用等。

3. 物流质量成本的核算

质量成本核算是指按规定的要求对构成物流质量成本的各项费用进行全面、系统、准确记录、查对、计算、统计汇集的工作。它是物流质量成本管理的基础和中心环节，是构成基础性质量成本管理的重要内容。

在进行物流质量管理成本核算时，应设置一级科目，即"质量成本"；二级科目，即预防成本、鉴定成本、内部损失成本、外部损失成本和外部质量保证成本；三级科目，就是二级各个项目下的具体内容，由此对应还要设置物流质量成本汇总表、物流质量成本预防费用明细表、物流质量成本鉴定费用明细表、物流质量成本内部损失费用明细表、物流质量成本外部损失费用明细表、物流质量成本外部保证费用明细表。

1) 物流质量成本核算的实施原则

(1) 物流质量成本的核算应按物流质量成本的各级科目进行。显见物流质量成本，是指根据国家现行成本核算制度列入成本开支范围的质量费用，以及由专用基金开支的费用，可以按会计科目进行核算。隐含物流质量成本，即未列入国家现行成本核算制度规定的成本开支范围，也未列入专用基金，通常不是实际支出的费用，而是反映实际收益的减少，如产品降级、降价、停工损失等，可以按统计项目进行核算，物流质量成本是显见物流质量成本和隐含物流质量成本之和。

(2) 物流质量成本的核算周期应根据物流企业的具体情况(如物流运营特点、物流服务特点)确定，通常与相应的物流服务成本核算周期相一致。

(3) 物流质量成本核算责任归口要便于统计核算与明确责任。根据物流质量成本科目的具体内容、费用开支范围和费用发生的区域，将其归口到有关部门，建立核算网点，明确传递程序，进行责任归口管理。

2) 物流质量成本核算的组织与分工

物流质量成本核算属管理会计范畴，一般由物流企业总会计师负责，归口物流质量管理部门和财务部门共同进行，在不违背现行成本核算制度的前提下，采用会计核算为主、统计核算为辅的办法，与现行成本核算制度的规定相互协调配套。

3) 物流质量成本核算的方法

(1) 统计核算方法。采用货币、实物量、工时等多种计量单位，运用一系列的统计指标和统计图表，运用统计调查的方法取得资料，并通过对统计数据进行分组、整理，获得所要求的各种信息，以揭示质量经济性的基本规律为目的。

(2) 会计核算方法。采用货币作为统一度量；采用设置账户、复试记账、填制凭证、登记账簿、成本计算和分析、编制会计报表等一系列专门方法，对物流质量管理全过程进行连续、系统、全面、综合的记录和反映；严格地以审核无误的凭证为依据，物流质量成本资料必须准确、完整，整个核算过程与现行成本核算相类似。

(3) 会计与统计相结合的核算方法。即根据质量成本数据的来源不同，而采取灵活的处理方法。其特点是，采用货币、实物量、工时等多种计量手段；采取统计调查、会计记账等方法收集数据；方式灵活机动，资料力求完整。

4. 物流质量成本的分析和控制

1) 物流质量成本分析的内容

(1) 物流质量成本总额分析。通过分析找出物流质量成本总额变化的原因和趋势，掌握企业物流质量整体的情况。

(2) 物流质量成本构成分析。通过分析了解各个物流质量成本项目构成是否合理，以便寻求使物流质量成本项目结构合理化、降低物流质量成本的途径，探索适宜的物流质量成本水平。

(3) 物流质量成本与企业经济指标的比较分析。例如，通过物流质量成本相对于企业销售收入、产值、利润等指标比较分析，了解物流质量成本对企业经营状况的影响程度，评价物流质量管理水平等。

(4) 故障成本分析。主要是通过故障成本总额、外部故障成本、预防成本与销售收入总额的比较分析，了解由于故障成本所带给企业的经济损失情况及其占企业销售收入的比重，为物流企业改进物流质量管理提供决策依据。

2) 物流质量成本分析方法

(1) 指标分析法。指标分析法是把物流质量成本分析的有关内容作数量计算，主要计算增减值和增减率两大类数值。假定，设 C 为物流质量成本总额在计划与基期的差额，P 为 C 的增减率，则

$$C = 基期物流质量成本总额 - 计划期物流质量成本总额 \tag{11-15}$$

$$P = \frac{C}{基期物流质量成本总额} \times 100\% \tag{11-16}$$

利用上述公式也可分别计算出预防成本、鉴定成本、内部故障成本、外部故障成本各自的增减值和增减率。

(2) 物流质量成本趋势分析。趋势分析的目的就是为了掌握物流企业质量成本在一定时期内的变化趋势。具体分为短期趋势分析和长期趋势分析，其中，分析一年内各月的变换情况属于短期分析，5 年以上的属于长期分析。趋势分析可用两种形式：一是表格法，以具体的数值表达，准确明了；二是作图法，以曲线表达，直观清晰。

(3) 灵敏度分析。是指物流质量成本 4 大项目的投入与产出在一定时间内的变化效果或特定的物流质量改进效果，用灵敏度 a 表示为

$$a = \frac{计划期内外成本故障之和 - 基期相应值}{计划期预防与鉴定成本之和 - 基期相应值} \tag{11-17}$$

(4) 排列图分析。采用排列图分析，不仅可以找出主要矛盾，而且可以层层深入，逐步展开，直至最后可以采取措施为止。其过程如图 11.10 所示。

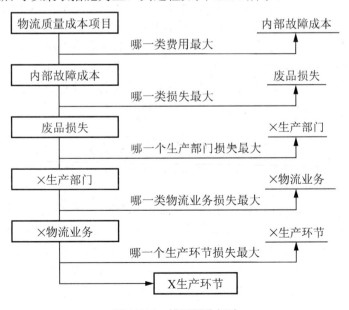

图 11.10 排列图分析法

3) 物流质量成本分析报告

物流质量成本分析报告是在物流质量成本分析的基础上写成的书面文件，也是物流企业质量成本分析活动的总结性文件，供领导及其有关部门决策使用。

物流质量成本分析报告的主要内容包括：物流质量成本发生额的汇总数据，物流质量成本构成及其趋势分析，报告期物流质量成本计划指标执行情况以及与基期和前期的对比分析，典型事件的分析等，在分析的基础上，指出报告期内影响物流质量成本的关键因素，明确主攻方向，提出改进措施，对物流质量管理体系的有效性作出定性或定量的评价，并且提出下一期物流质量成本管理的重点和目标。

4) 物流质量成本控制

物流质量成本控制具有 3 层含义：一是在物流质量成本核算和分析的基础上，确定物流质量成本目标，并对物流质量成本目标本身实施控制；二是对物流质量成本目标完成情况进行过程控制和监督；三是在过程控制的基础上着眼未来，自始至终以改进工作为手段，以提高物流质量、实现物流质量成本优化为目标，发现物流质量形成过程中一切低质量、高消耗问题的根源。

5. 物流质量成本的预测与计划

1) 物流质量成本的预测

(1) 物流质量成本预测的目的。主要有 3 个方面，一是为物流企业提高物流质量、挖掘降低物流质量成本的潜力指明方向，同时为物流企业在计划期编制物流质量成本的改进措施计划提供可靠依据；二是利用历史的统计资料和大量观察数据，对一定时期的物流质量成本水平和目标进行分析、测算，以制订出具体的物流质量成本计划；三是为物流企业各单位有效进行生产和经营管理活动明确要求和进行控制。

(2) 物流质量成本预测的资料来源。主要来自 5 个方面：一是客户对物流质量和服务的要求；二是竞争对手物流质量成本方面的资料；三是物流企业内部所涉及物流质量成本方面的技术、设备、工艺、市场开发等方面的资料；四是物流质量改进措施的经济效益和效果方面的资料；五是涉及物流质量成本方面的国家宏观政策资料等。

(3) 物流质量成本预测的方法。进行物流质量成本预测的方法主要有经验判断法、计算分析法和比例测算法。其中，经验判断法主要是凭借有丰富工作经验的物流质量管理人员、财会人员、技术人员等对未来物流质量成本做出预测；计算分析法是以历史数据为基础，应用数理统计的方法对物流质量成本作出预测。

2) 物流质量成本计划

(1) 物流质量成本计划编制的基本流程。物流质量成本计划的编制通常由财务部门直接进行，或者由生产单位和职能部门分别编制，交由财务部门汇审和归总后，提交计划部门下达。

(2) 物流质量成本计划的内容。主要包括数据部分和文字部分两大类，其中，数据部分的内容包括：①主要物流业务单位质量成本计划；②全部物流业务质量成本计划，即计划期内可比物流业务及不可比物流业务的单位质量成本、总质量成本及可比物流业务质量成本降低额计划；③物流质量费用计划；④物流质量成本构成比例计划，即计划期内物流质量成本各部分的结构比例及与各种基数(如销售收入、利润及物流业务总成本等)相比的比例情况；⑤物流质量改进措施计划，是实现物流质量成本计划的保证。文字部分的内容包括：①物流企业各职能部门在计划期所承担的物流质量成本控制的责任和工作任务；②各职能部门物流质量成本控制的重点；③开展物流质量成本分析，实施物流质量成本改进计划的工作程序等说明。

11.3.2 物流质量成本管理体系的建立

1. 建立物流质量成本管理体系的原则

(1) 目的性原则。根本目的是在满足客户需求的前提下，最大限度地提高物流企业的经济效益。

(2) 科学性原则。指物流质量成本管理指标应有明确的定义和科学的依据。

(3) 协调性原则。指物流质量成本指标应与其他技术经济指标相互协调、相互促进、相互补充。

(4) 全面性原则。指物流质量成本管理指标既要包括评价指标又要包括考核指标，并且贯穿于生产经营全过程。

(5) 系统性原则。指物流质量成本管理指标体系的各指标之间相互依存、相互制约的关系。

(6) 有效性原则。指物流质量成本管理指标体系应具有一定的使用性和可操作性。

2. 物流质量成本管理体系指标的构成

1) 物流质量成本评价指标体系

物流质量成本评价指标体系按其作用和要求又可大致划分为质量成本结构指标、质量成本相关指标和质量成本目标指标 3 大类，如图 11.11 所示。

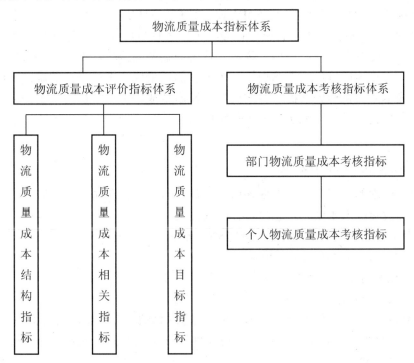

图 11.11 物流质量成本指标体系

(1) 物流质量成本结构指标。是用于分析物流质量成本构成项目的比例关系，以便探求最适宜的质量水平指标。物流质量成本结构指标大体可分为两大类：第一类是预防成本、鉴定成本、内部损失成本、外部损失成本、外部质量保证成本各二级科目占物流质量成本总额的比率；第二类是二级科目中的三级科目占相应二级科目的比率，如返修费占内部损失成本的比率等。

(2) 物流质量成本相关指标。是在一定时间内的物流质量成本总额或内部与外部损失成本总额，同企业其他与其相关的经济指标，如销售收入总额、工业总产值、物流业务成本总额、工业净产值相比较而形成的比率。

(3) 物流质量成本目标指标。是在一定时期内物流质量成本总额及物流质量成本 4 个构成项目的基期值与报告期值之差的增减值或增减率。

物流质量成本目标指标以基期与报告期进行比较，较直观地反映物流质量成本总额和物流质量成本 4 个构成项目的变化。通过对变化原因的分析研究，可以找出导致指标变化的主要因素，以便及时采取措施，降低物流质量成本。这类指标可作为物流企业对所属部门考核时用。

2) 物流质量成本考核指标体系

物流质量成本考核指标是指物流企业用于考核企业、职能部门及其个人的物流质量成本管理效果、衡量工作效率所选用的指标，通常这些指标是依据物流质量成本计划、物流质量成本控制目标以及物流质量成本评价指标来确定的，也可以选定那些考核工作质量的指标，如返修损失率等。

物流企业在确定质量成本考核指标时，首先应充分考虑各职能部门的特点，按其工作性质及控制重点的不同而确定不同的考核指标；其次，应注意考核指标的可比性，也就是既要有利于物流企业与历史同期水平相比较，又有利于与同行业先进水平以及本企业历史最好水平进行比较，对企业内部各部门以及个人的考核也应建立在同一水平上，以便比较，从而使得奖惩制度有据可依；最后，物流企业各职能部门应将本部门的质量成本考核指标分解，制定个人物流质量成本考核指标。个人物流质量成本考核指标的确定，应以保证部门物流质量成本考核指标为前提，各部门的物流质量成本考核指标的确定，应保证物流企业质量成本计划的完成和物流质量成本目标的实现。从而做到：从上至下逐级落实；从下至上逐级保证。

3. 物流质量成本的合理构成

物流质量成本的合理构成，根据国内外统计资料分析，预防成本、鉴定成本、内部故障成本和外部故障成本 4 项之间通常具有比例关系。

(1) 内部故障成本占质量成本总额的 25%～40%。

(2) 外部故障成本占到 20%～40%。

(3) 鉴定成本占 10%～50%。

(4) 预防成本仅占 0.5%～5%。

(5) 在简单的、低公差的工业部门，质量成本的总额一般不超过销售总额的 2%。

(6) 在异常情况下，如高精密度、高可靠性、高复杂性的情况下，质量成本总额可能超过销售总额的 25%。

(7) 如果把内部损失成本与外部损失成本统统视为质量损失成本，那么在消费品工业中，质量损失成本一般是几倍于鉴定成本。

(8) 预防成本一般不到全部质量成本的 10%，普遍认为接近 10%较好。

(9) 质量损失成本的较理想比例是占质量成本总额的 50%左右。

比例关系随企业产品的差别和质量管理方针的差异而有所不同。对于生产精度高，或产品可靠性要求高的企业，预防成本和鉴定成本之和可能会大于 50%。

11.3.3 物流质量成本管理体系的实施

1. 实施的步骤

(1) 做好培训教育。对物流质量成本管理有关的人员，如财务人员、质量管理人员等进行物流质量成本管理业务知识的培训，提高认识，形成骨干队伍。

(2) 建立物流质量成本管理体系以及相应的组织结构，明确职责，为实施物流质量成本管理提供组织保证。

(3) 结合本企业、本部门的实际情况制定物流质量成本管理办法，使物流质量成本管理有章可循。

(4) 根据物流质量成本目标制定物流质量成本计划。

(5) 定期对物流质量成本的各项费用进行核算和分析。

(6) 定期对物流质量成本进行考核。依据物流质量成本计划和物流质量成本指标，对企业、部门的完成情况进行考核。具体考核办法应结合实际自行制定，作为物流质量成本管理办法的内容。

(7) 根据物流质量成本分析编写物流质量成本报告，为质量改进提供依据。

(8) 根据物流质量成本报告，结合具体情况，确定物流质量成本改进目标及相应的改进措施，并组织落实。

(9) 对物流质量成本管理实施结果进行考核、奖惩、总结、分析、改进、提高。

2. 实施需要掌握的 3 个要点

(1) 物流质量成本核算是基础。即弄清物流企业及其内部各部门物流质量费用支出的情况，做好原始数据收集、统计、核算等工作，是开展物流质量成本管理的基础工作。

(2) 物流质量成本的分析和控制是重点。即有了物流质量成本核算的数据，就要紧紧掌握物流质量成本分析和控制环节，把握物流质量成本的动态变化，使其始终处于受控状态，同时不断促进物流质量成本的优化，才能确保物流质量成本管理体系有效地运转，取得良好的效果。

(3) 物流质量成本考核是关键。由管理学原理可知，闭环管理是提高管理有效性的重要方法。物流质量成本实行闭环管理的关键是做好质量成本考核工作。开展物流质量成本管理后，就可能掌握企业物流质量成本的实际情况和逐步摸索合理的指标，为预测、计划和考核提供依据。对实际成本进行考核，并与员工的经济利益挂钩，使考核工作融到实处，促进员工解决物流质量成本管理中发现的问题，提高物流质量成本管理的有效性。

11.4 物流运作质量 6σ 管理

11.4.1 6σ 管理综述

1. 6σ 管理的含义

在质量管理中，σ 表示质量特性值相对于目标值的偏离程度。6σ 是距目标值 6 个标准差的简称，在 6σ 水平下，质量特性的合格率达到 99.999 66%，缺陷率仅为百万分之 3.4(3.4×10^{-6})，几近达到无缺陷的程度。在现实中，缺陷率表示在一件事重复发生 100 万次的情况下，缺陷和失误发生的次数。其中"一件事"可以是产品、工作、生产流程、时间段等，"缺陷或失误"则是指不能满足客户要求的任何事件。例如，零部件的短缺、文件的打字错误、交货的延误、未按服务规程工作等。缺陷率的这一表述，使它在企业中具有了普遍适用性。

2. 6σ 管理的内容

所谓 6σ 管理，是指在追求 6σ 目标的过程中，通过减少缺陷和差错，提高客户满意程度、降低企业经营成本、增加企业利润的一种系统管理方法，其核心内容主要包括以下几个方面。

(1) 以客户满意为中心，追求卓越。6σ 目标的设置，为企业在满足客户需求方面提出了非常高的要求，而 6σ 管理通过运用突破性的方法，力求达到 6σ 目标：极大地提高客户的满意度。

(2) 用数据和事实说话。对于 6σ 管理而言，6σ 概念本身就提供一个简单而普遍适用的量化指标——每百万次的缺陷数，6σ 管理利用这一指标把所有对客户重要的关键流程和主要影响因素纳入测量分析对象中，并形成测量分析体系。借助这一测量分析体系，跟踪改进过程、掌握改进潜力、了解改进效果，必要时及时报警。可见，6σ 管理注重基于数据与事实的统计方法和工具的运用，由此为决策提供了可靠的依据。

(3) 聚焦于业务流程改进。6σ 管理作为一种突破性的提高质量水平的方法，非常重视对流程的再造和创新。它正如美国 Pivotal 资源有限公司总裁彼得·S·潘德所指出的那样："在 6σ 管理法里，业务流程就是采取行动的地方。不管是涉及产品和服务、评估绩效，还是提高效率和客户满意度，甚至是运作整个业务，6σ 管理法都把业务流程作为成功的关键之处。"

(4) 有预见的积极管理。有预见的积极管理意味着员工养成 4 方面的业务管理习惯：一是设定挑战性的目标与经常回顾目标；二是明晰工作优先次序；三是注重事先预防问题而不是事后"救火"；四是质疑为什么要这样做，而不是不加分析地维持现状。6σ 管理正是通过这种预见性的、积极主动式的管理推动企业改革，使企业朝着更有创造力、更有效率的方向转变。

(5) 无边界的合作。6σ管理强调建立跨职能、跨层级乃至跨组织的工作团队，改善企业内部的协助，并且与供应商、客户密切合作，有效地推动企业的质量改进活动，达到共同为客户创造价值的目的。

(6) 追求完美，容忍失误。在6σ管理中，企业设置6σ的质量目标并且力争实现的过程，实际上是追求质量完美的过程，在此过程中难免会失败，这就要求企业能够营造鼓励创新、容忍失败的文化氛围，使企业能以完美的产品和服务满足客户的需要。

案例阅读 11-4

6σ质量管理

20世纪70年代中期，美国摩托罗拉公司因经营不善，不得不将其电视机业务卖给了日本公司，然而，使他们感到惊讶的是，日本松下公司在购买了摩托罗拉的一家电视机制造厂之后，通过适当的质量改进，尽管使用的是同样的人员、技术和设计，却将制造过程的缺陷率从原来摩托罗拉公司的15%降到了4%，这一惊人的改进，使摩托罗拉公司深刻认识到与日本竞争对手最为关键的差距是产品质量问题。

1981年，美国摩托罗拉公司总裁鲍勃·盖尔文提出要用5年的时间把不良率降低为原来的1/10，并且把公司每年销售利润的5%~10%(有时甚至高达20%)用于改善质量，到1986年，摩托罗拉通过投资22万美元节省了640万美元，使其业绩和客户满意度均得到了大幅度提高，尽管如此，在产品质量水平方面还是与日本的优秀企业存在较大差距，这时，摩托罗拉公司的工程师麦克尔·哈里(Mikel J. Harry)博士依据戴明的"过程波动是产生不良的来源，提高质量需要用科学的方法降低缺陷"的思想，探索出一套减少过程波动、提高产品质量的方法，即6σ方法，此方法受到了当时摩托罗拉公司的CEO鲍博·盖尔文(Bob Galvin)的重视和支持，并且在全公司推行了6σ管理方法，使摩托罗拉公司取得了惊人的质量进步和巨大的经济效益：从1987年到1994年间，由于推行6σ管理，摩托罗拉公司的质量缺陷减少了99.7%，因质量缺陷造成的损失减少了84%，节约资金110亿美元，股票价值上涨了4倍，并于1998年获得美国波多里奇国家质量管理奖。1992年，美国信号公司推行6σ管理方法，使公司的收益从1991年的3.42亿美元增长到1997年的11.7亿美元，公司的股票价值增长了8倍，其他一些公司如美国的通用电气公司、ABB公司、杜邦公司、西特银行、联邦快递等，在运用6σ管理方法中都取得了引人瞩目的成效。尤其是美国通用电气公司(GE)，1995年，作为当时通用电气公司CEO的杰克·韦尔奇(Jack Welch)在全公司推行6σ管理方法，此后公司所产生的效益每年呈加速度递增，每年节约的成本分别为1997年3亿美元、1998年7.5亿美元、1999年15亿美元。利润率从1995年的13.6%上升到1999年的16.7%，1996—2000年6σ管理所创造的收益为30亿美元，2001年更是超过50亿美元，杰克·韦尔奇认为："6σ是GE公司历史上最重要、最有价值、最赢利的事业。我们的目标是成为一个6σ公司，这将意味着公司的产品、服务、交易零缺陷。"通用电气公司所起到的示范作用无疑对推广6σ管理起到了巨大的推动作用。

我国通过几十年来持续开展各种有关质量管理方面的活动，使企业质量管理水平有了很大的提高，但是与6σ的质量目标相比还有很大的差距，企业质量管理的平均水平为2σ~3σ，大多数中型企业的质量管理水平甚至还低于2σ，面对这种现状，随着6σ管理理论在国内的引进与宣传，2002年经有关政府部门批准，中国质量协会成立了全国6σ管理推进工作委员会，它无疑对6σ管理的统筹规划、宣传推广、组织指导、有序进行起到了关键性的作用，经过多年的理论宣传和付诸实践，6σ管理在国内许多企业已初见成效，如中航一集团、宝钢、太钢、TCL、联想、中远、江铃、华为等，但是，要在全国推广，尤其是在物流企业中的推广，还需加大宣传力度，使更多人了解和接受6σ管理，真正认识到物流企业推行6σ管理的必要性和可行性，将物流质量提高到一个新的水平。

11.4.2　6σ管理的导入

1. 导入6σ管理的条件

（1）坚实的管理基础。6σ管理强调量化管理，而有效的量化管理应该具备良好的数据采集系统，规范和详细的业务流程，明确的关键质量特性指标，基本的统计工具和方法，好用的数据分类、分析和加工处理的应用软件技术，具有较高质量意识和一定统计知识的员工等。这些都体现出企业在导入6σ管理时，需要有一个良好的管理体系来支撑。

（2）领导者的大力支持。从国外成功推广6σ管理的经验来看，企业最高管理者的高度重视与亲自参与对6σ管理的实施非常重要，因为6σ管理的长远目标对于任何一个企业来说都是前所未有的挑战，它涉及全体员工的理念变革和流程的突破性改善，所以，最高领导者身体力行、公开倡议和承诺，为6σ管理提供适宜的资源和培训，才能保证6σ管理的有效实施。

（3）专兼结合的骨干队伍。纵观摩托罗拉公司、美国通用电气公司成功实施6σ管理的经验，除了有企业最高领导者的承诺、大力支持之外，最关键的是一批在企业内各个层次带头实施和推广6σ管理的专职与兼职骨干人员，即由勇士、大黑带、黑带、绿带等所构成的6σ专业人员体系。通过体系中这些人员在企业内不同层次、不同部门贯彻落实、推广6σ管理，才能保证把6σ管理的理念、方法等辐射到整个企业。

（4）良好的企业文化。6σ管理是一种突破性的管理方法，它的引入需要企业文化具有不断学习、不断创新的价值观，企业本身应该属于能力较强的学习型组织，通过培训、学习、沟通，保证6σ管理的实施。

2. 导入6σ管理的准备工作

（1）企业现状调查。①调查企业的整体绩效，绩效较差的是哪些领域，以及导入6σ管理所需的时间、成本和收益等，从而判断企业是否需要或是否适合导入6σ管理；②调查企业资源的配置状况、组织的人员素质、企业文化、财政状况等，从而对企业导入6σ管理的条件及其资金保证情况进行评估；③调查客户的需求，据此评估客户对企业产品和服务质量的感觉和满意度，以及企业的质量结构，为以后的流程改进指明方向。

（2）制定恰当的企业战略。像任何一项新的管理方法的引入一样，6σ管理的导入也会有阻力和障碍。若要有效地克服阻力，使6σ管理能够顺利地导入并快速产生效果，高层管理者必须制定恰当的企业战略，建立实施6σ管理的愿景，明确6σ项目与企业经营目标，从上到下形成共识、统一的思想和明确的方向。

（3）组建6σ管理团队。6σ管理的实施必须组建一支有力的6σ管理团队，形成一个完整的6σ组织结构体系，这是实现6σ目标的根本保证。图11.12为6σ管理组织结构示意图，表11-1为6σ管理团队不同层次的主要职责。

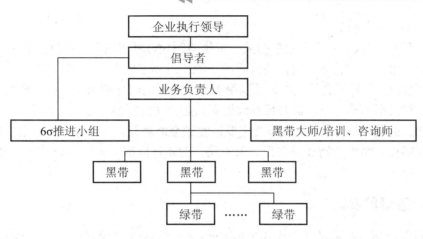

图 11.12 6σ 管理组织结构示意

表 11-1 6σ 管理团队不同层次的主要职责

6σ 团队构成层次	职　责
公司执行领导	建立企业的 6σ 管理愿景；确定战略目标以及业绩的度量系统；确定企业的经营重点；在企业中建立促进应用 6σ 管理方法与工具的环境
倡导者	负责 6σ 管理在企业中的部署，如人员培训、制定 6σ 项目选择标准并批准项目、建立报告系统、提供实施资源等；向执行领导报告 6σ 管理的进展；负责 6σ 管理实施中的沟通与协调
大黑带	为倡导者提供 6σ 管理咨询，为黑带提供项目指导与技术支持。培训黑带和绿带，确保他们掌握适用的工具和方法；为黑带和绿带的 6σ 项目提供指导；协调和指导跨职能的 6σ 项目
黑带	领导 6σ 项目团队，实施并完成 6σ 项目；向团队成员提供适用的工具与方法的培训；识别过程改进机会并选择最有效的工具和技术实现改进；向团队传达 6σ 管理理念，建立对 6σ 管理的共识；向倡导者和管理层报告 6σ 项目的进展，将通过项目实施获得的知识传递给组织和其他黑带；为绿带提供项目指导
绿带	6σ 绿带是组织中经过 6σ 管理方法与工具培训的、结合自己的本职工作完成 6σ 项目的人员。一般来说，他们是黑带领导的项目团队的成员，或结合自己的工作开展涉及范围较小的 6σ 项目

(4) 选择合适的初始改进项目。一个企业最初开始进行 6σ 管理的时候，选择适当的项目进行改造是十分关键的，因为初始改进项目具有示范效应，如果改进项目运作顺利，那么改进的努力可以在整个企业更广泛的领域实施。一个合适的初始改进项目主要包括 4 个特征：一是对企业的总体战略目标的实现有重要的影响；二是相关成本很高，一般而言，项目周期越长成本也就越高；三是该项目对客户很重要；四是项目应该具备一定的竞争力或者是存在的缺陷能够被改进。

(5) 选择恰当的导入方式。

① 全面导入方式。由企业最高管理层强力推进，6σ 管理被放在所有工作的首位，6σ 培训在企业内全面展开。优点：可以向组织展示清晰的 6σ 改进方向；回报大，并且可在 6~8 个月内产生；容易获得外部资源有针对性的帮助；对组织影响大。缺点：在开始前首先要得到高层领导的承诺；需要形成较强的对 6σ 管理的领导力，否则容易失败；资源投

入大；组织不易下此决心。

② 局部导入方式。即在企业中的某一单位的领导带领下先在其单位开展6σ管理。优点：仅需要有限的管理关注；仅需要有限的资源；可以首先在一个部门开始；容易起步。缺点：难以得到高层管理者的关注；难以得到专门人员的辅导和帮助；由于投入的黑带少，回报很小；对组织的影响小；需要很好地把握向全公司的扩展。

值得注意的是，局部导入方式最终也要过渡到全面展开，只有这样才能充分显示6σ改进的意义和回报。至于开始选择哪种导入方式，主要是根据企业自身的情况和领导团队的承诺程度而定。

11.4.3 6σ管理的实施

6σ管理的实施主要通过两种模式来实现的：一是DMAIC模式，即界定(Define)、测量(Measure)、分析(Analyze)、改进(Improve)、控制(Control)，该模式主要是通过对现有流程进行改进来逼近6σ目标；二是DFSS模式，即6σ设计(Design For Six Sigma)的简称，该模式主要是立足于从一开始就把产品或流程设计好，从而避免产品或流程的先天不足，考虑到DMAIC模式是企业实施6σ管理最为常用的模式，所以本部分主要介绍DMAIC模式在6σ管理实施中的应用。

1. 6σ管理项目的界定(D)

(1) 明确客户要求。根据帕累托定律，企业的80%的利润来自20%的客户，这20%的客户就是企业的关键客户，企业需要通过访问、面谈等调研方法，了解他们的需求和满意度等。

(2) 界定改进流程范围。可运用头脑风暴等方法，针对未能满足客户要求的问题，初步界定导致问题发生的原因是在产品使用过程、制造过程，还是在产品设计过程，以此选择适当的流程范围作为6σ的改进项目。

(3) 确定项目目标。即实施6σ改进项目之后预期能够实现的目标，它包括生产率、质量水平、财务效益等具体指标，所设定的目标应该明确，并具有可测量性。

(4) 制定项目进度计划表。项目进度计划表列明了具体的项目实施日期及每一日期所需完成的量化指标。为了优化进度可采用网络计划技术方法，同时考虑到在实施过程中，实际情况不一定会按照预期计划那样顺利进行，因此，为了能够确保项目目标的实现，可运用过程决策程序图(PDPC)方法，通过对计划进展和可预测的不同结果的评估，决定采取相应的不同过程，修正计划，把结果尽量引向令人满意的方向，更好地实现项目确定的目标。

2. 6σ管理项目的测量(M)

(1) 描述过程。主要是在SIPOC流程图(图11.13)的基础上绘制过程流程图，以说明产品(服务)形成的全过程，为了了解过程中所有可能造成波动的原因，应把所有人力资源、文件、程序方法、设备、零部件和测量仪器都包括在过程说明中，然后对其进行分析、以明确连续过程的每个阶段、过程中的上下环节之间的关系、问题点和区域、不必要的环节和复杂的程序、可以简化的地方等。

图 11.13 SIPOC 流程图

(2) 验证测量系统。测量系统是指测量与特定特性有关的作业、方法、步骤、量具、设备、软件、人员的集合。验证测量系统就是通过对测量系统的分辨率、准确度、精确度等的分析和验证，确保测量系统完整有效、精确可靠。

(3) 测量过程能力。过程是提高质量的根本单位，因为所有质量工作都是通过过程来完成的。为了掌握过程保证质量的能力，需要定量测量过程能力，通常是用过程能力指数 Cp 和 Cpk 来度量的。

(4) 边测量边收集数据。主要包括两个方面：一是收集已有的数据，如生产过程中的返工的记录数据，成品返修数据、客户投诉等信息，再如服务业，收集它的关键过程、关键点已有的数据；二是边测量边收集数据，这种动态的收集数据方法更为重要。

在此阶段一般采用分层法、调查表法、排列图、相关图、直方图、资料收集法(卡片法)等统计方法。

3. 6σ 管理项目的分析(A)

分析阶段主要是对测量阶段收集到的数据进行整理和分析，查找产生问题的原因，尤其是寻找关键原因，为改进阶段提供依据。

(1) 分析数据，查找原因。进行数据分析，即对测量阶段收集到的大量数据进行认真细致的分析，在此基础上查找并且验证产生问题的原因。

(2) 确定关键原因。在实际工作中，由于导致问题产生的原因往往不止一个，而是多个，因此有必要采用一定的方法，找出导致问题的关键原因，即少数的关键因素，为改进阶段提供一个切入点。

在此阶段采用的方法有头脑风暴法、因果图法、直方图法、关联图法、相关图法等，通过这些工具的使用，找出关键原因，为下一阶段的改进工作做好准备。

4. 6σ 管理项目的改进(I)

改进阶段的主要任务就是在界定、测量和分析阶段工作的基础上，寻找能使企业获得最大限度回报的改进方案。

(1) 提出改进方案。需要充分发挥项目团队成员的主观能动性，针对上一阶段的关键因素，采用头脑风暴等方法激发成员的创造性思维，尽可能形成多个可行性改进方案。

(2) 选择改进方案。通过对多个改进方案的讨论、比较、评估，最后根据实际情况选出一个能够实现预期目标的最佳方案，并详细编写解决方案说明书，用正式报告的形式将选定的最终方案描述出来，经倡导者同意、企业领导层认可，作为最终的实施方案。

(3) 实施与评价改进方案。改进方案的实施意味着要改变员工的行为方式，甚至是原来的想法和理念，因此选定一个合适的规模和范围对方案的实施进行试验，在试验成功并取得经验的基础上，再全面铺开，以保证改进方案稳妥实施。在实施方案后，要对实施结果进行全方位的评价，以确定收益有多大，并对结果进行总结，对一些疏忽的地方进行修正。

在改进阶段常用的工具有正交试验设计(DOE)、质量功能展开(QFD)等，运用这些工具将有助于认真实施相关的改进措施，随时进行监控，及时发现问题并进行解决和处理，以保证改进工作的顺利实施。

5. 6σ管理项目的控制(C)

为了能够长久地保持改进阶段所取得的成果，持续地实现改进，就需要建立有效的控制体系，防止流程恢复到原来的状态。

(1) 制定控制标准。主要是精心挑选一些评估量作为绩效水平的衡量指标控制标准，一般是一些反映客户需求的关键质量特性值。通过对这些评估量的定期测量以便追踪过程和改进方案的实施情况。

(2) 明确管理职责。主要是要明确流程负责人的管理职责，他们对流程的控制起着非常重要的作用，其目的就是使流程绩效长期持续稳定，他们的主要职责是维持流程文件记录、评估和监控流程绩效、确认失控现象、采取纠正措施、启动和支持改进、最大化流程绩效、同其他管理人员进行协调和沟通。

(3) 实施监控。运用流程计分卡、控制图、客户报告表等方法对流程进行实时监控，避免绩效反弹或缺陷复发，将改进的成果保持下去，以便在此基础上逐步达到6σ的管理目标。

本 章 小 结

物流服务质量需要设定专项质量特性值指标进行测定。物流服务质量涉及物流服务设施、设备和方法，即物流工程质量涉及物流质量保障体系及其运作，涉及人员素质及其工作质量。因此，需要提供优质的物流工作质量来保障物流工程质量，通过提高物流工程质量和物流工作质量保障和提高物流服务质量。

要把握物流服务质量与物流运作质量的关系。在物流运作过程中需要进行物流服务质量分析，采用新7种质量管理工具应结合物流运作过程实际问题进行，通过物流服务质量服务过程循环提高物流服务质量。

建立物流服务质量环十分必要，并以此为据给出了构建物流服务质量管理体系的关键方面和步骤。

物流质量成本的构成分为两部分，需要针对物流质量成本构成进行优化。通过对6σ管理的新理念和新方法的介绍，拓宽了物流服务质量管理新思路。

物流服务质量(Logistics Service Quality)
物流质量(Logistics Quality)
货损率(Cargo Damage Rate)
货差率(Rate of Shortage of Goods, Rate of Shortlanded and Overlanded Cargo)
质量管理新7种工具(The New Seven Kinds of Tools For Quality Management)

物流质量成本(Logistics Cost of Quality)
内部故障成本(Internal Failure Costs)
外部故障成本(External Failure Costs)
准时交货率(On-Time Delivery Rate)
物流服务质量环(Logistics Service Quality Ring)
物流服务质量管理体系(Logistics Service Quality Management System)
物流质量成本(Logistics Cost of Quality)
6σ管理(6σ Management)
DMAIC 模式(DMAIC Method)
DFSS 模式(DFSS Method)

综 合 练 习

一、多选题

1. 物流服务质量控制的重点是( )。
    A．物流服务提供过程　　　　　　B．物流市场开发过程
    C．物流服务评价过程　　　　　　D．物流服务绩效分析和改进
    E．物流服务设计过程
2. 物流服务质量管理体系由( )构成。
    A．物流服务实现　　　　　　　　B．人员和物质资源
    C．质量体系结构　　　　　　　　D．质量控制
    E．管理职责
3. 在物流质量成本管理中，属于物流质量成本分析的内容有( )。
    A．故障成本分析
    B．物流质量成本构成分析
    C．预防成本分析
    D．物流质量成本与企业经济指标的比较分析
    E．物流质量成本总额分析
4. 物流质量成本评价指标休系包括( )。
    A．个人物流质量成本指标　　　　B．物流质量成本相关指标
    C．物流质量成本结构指标　　　　D．物流质量成本目标指标
    E．部门物流质量成本指标
5. 具体实施和完成 6σ 项目的是( )。
    A．大黑带　　　　　　　　　　　B．倡导者
    C．黑带　　　　　　　　　　　　D．公司执行领导
    E．绿带

二、判断题

1. 物流服务质量包括物流服务的过程和结果的质量。（ ）
2. 对于物流企业而言，物流质量就是物流服务质量。（ ）
3. 物流质量成本越低越好。（ ）
4. 通过 6σ 的管理使质量水平有突破性的提高，关键是对流程的再造和创新。（ ）

三、简答题

1. 简述建立物流服务质量体系的步骤。
2. 质量管理新 7 种工具的含义及其适用范围是什么？
3. 物流服务质量管理应该遵循哪些原则？
4. 物流质量成本由哪几部分构成？
5. 6σ 管理的主要内容有哪些？

四、案例分析题

日日顺物流打造融合"四网"平台，提升服务质量水平

作为海尔集团旗下的日日顺物流，依托海尔集团先进的管理理念及强大的资源网络，以物流网、配送网、服务网、信息网四网核心竞争力为基础，以信息化系统作为支撑，打造虚实融合最后一公里物流服务开放平台，为客户提供"按约送达、送装同步化"服务。"四网"各自包括以下基本内容。

(1) 即需即送的物流网，是通过三级网络布局，在全国建立了 92 个辐射带动力强的区域物流中心，覆盖县 98%以上，可以直配乡镇，实现全国物流服务全网络覆盖，可以支持"上网络、进社区、到乡村、入门户"的多元化物流配送模式，建立起虚实网融合、与用户零距离的物流网，可满足渠道下沉个性化服务需求。

(2) 直配到村的配送网，是在全国开辟了 3 300 多条循环班车专线，建立满足用户多种购买方式的多元化配送模式。为实现高效运转，日日顺物流先后规划了码头管理、仓库按单备货、冷热区定置管理、条码库龄及先进先出等管理办法，使配送效率由原先的一日一配，提升至区域内实现一日两配、一日三配，不仅提升了车辆资源的周转效率，同时也降低了配送资源成本，满足了市场经济快速增长及客户的需求。

(3) 送装同步的服务网，是将物流网与服务网创新融合，推进物流服务一体化，创新"按约送达、送装同步"的差异化解决方案。为了实现"按约送达"，日日顺物流提出来了定单、定人、定车、定点、定线、定时和定户的"七定"配送模式。具体来说就是客户下单后，订单信息会同步在物流系统中显示，物流实时接单。根据客户订单量、地理分布划分区域内配送路线，专人负责全流程客户订单信息的在途监控。然后再根据订单需求配车，系统实时显示车辆位置，进行合理化配载。此时，配送订单生成并通过信息系统同步传送到仓库。仓库事前备货，车辆根据配送订单信息，准时到达并装车。接下来，按线路、产品及用户地址进行装车，司机提前与用户预约送货时间，按约送达。最后，实现送装同步、货票同步，达到"24 小时按约送达"的配送水平，满足客户全流程即需即送的个性化需求。

(4) 社会化物流公共信息网，是运用先进的物流技术，建立多元化开放智慧物流平台，将客户、用户、物流商、企业的信息实时共享，实现在线供需互动、在线资源可视，以及服务的每一台产品、每一笔订单的全流程可视化追踪，提升各类信息资源的共享和利用效率。同时，通过信息共享与资源优化配置，从用户需求的科学管理，到货物的科学配载、最优线路的规划、用户信息化签收等一系列创新实现企业内外部信息实时共享。这样做，一方面，提升了物流服务速度，实现了区域内 24~48 小时按约送达；另一方面，有效提升物流社会化资源利用率并达到 30%以上，从一日一配提升至一日两配、三配。同时高效智能化物

流平台对于推动绿色物流及提高物流资源有效利用率起到积极的作用。

日日顺物流打造的最后一公里物流服务平台以其独特创新的模式和差异化的服务引领了物流行业的服务标准，成为大件家居物流服务企业的标杆，创造了可观的经济效益、社会效益和环境效益。"24小时按约送达，送装同步"差异化解决方案的实施，获得了用户的认可，创造了良好的用户口碑。据统计，用户网上物流服务评价高于同行业50%，创造用户多次购买占总订单量的25%，用户订单环比增长46%。同时，也减少了车辆上门送货的行驶次数，大大降低了碳排放，减少了环境污染。

在大家电网购领域，应用日日顺物流平台的海尔商城已经成为不少客户网购的首选。客户重复购买和口碑传播使得前端销售量大增。日日顺物流强大的配送服务能力也迅速吸引了一些国内外知名品牌商的目光，在家电行业、家具行业、卫浴行业，以及其他互补性行业客户纷纷与日日顺物流建立了合作关系。

(资料来源：陈阳. 日日顺物流：虚实融合解决"最后一公里"难题. 现代物流报电子版，2014年7月8日. 摘编)

仔细阅读本案例，详细分析并回答下列问题。

1. 日日顺物流采取的举措在哪些方面有利于提高物流质量？
2. 日日顺物流的经验对于其他物流企业的物流质量管理是否适用？为什么？

第12章 物流运作成本控制

【本章教学要点】

知识要点	掌握程度	相关知识	应用方向
物流成本	掌握	物流成本概念、构成	物流成本识别、归集、分析与控制
影响物流成本的因素	重点掌握	产品因素、物流服务、物流运作方式、核算方式	物流成本识别、分析与控制
物流成本控制	重点掌握	物流成本控制的含义、内容、程序、方法	物流成本分析与控制
收益管理	了解	收益管理历史、内涵	物流收益管理方法
物流收益管理	重点掌握	特征、措施	物流收益管理

施耐德电气的成本控制经验

施耐德电气公司于 1979 年进入中国市场,是最早进入中国的世界 500 强企业之一。施耐德电气在中国的成功运作与强大的物流网络平台、先进的物流管理模式、丰富的物流管理经验密不可分。施耐德电气认为,由于竞争压力的加大和经济的全球化和区域化,企业不得不专心于自己的核心业务,专注于自己成本的降低和运营效率的提高,集中于核心竞争力,将非核心的部分外包。对于制造企业价值链而言,物流通常是仅次于制造过程中的材料费,是成本最高的一项活动,大多数企业惊异于物流成本占总成本的比例如此之高,因此降低物流成本在促进企业取得和保持竞争优势方面扮演了重要的角色。

在中国,施耐德电气将国际运输外包给仕嘉、泛亚班拿、德迅 3 家运输商,将国内公路运输从过去的 20 多家运输商整合到现在的 CEVA、CAAC、大金、京铁快运、中国邮政、嘉里大通、马士基等 13 家运输商。施耐德电气在做仓储外包时,采取战略联盟型物流运作模式。施耐德电气北京中压厂把仓储和运输外包给了 CAAC 公司,施耐德电气上海配电厂把仓储外包给了天地(TNT)公司,施耐德上海国际采购部把仓储运输外包给辛克物流。

物流运作成本控制是物流运作管理的重要内容之一,通过对物流运作成本的准确把握,综合平衡物流运作各要素之间的效益背反关系,加强对物流活动过程中费用支出的控制,科学合理地组织物流活动,不仅有利于降低物流运作中的物化劳动和活劳动的消耗,更有利于提高企业运行效率和市场竞争力。

12.1 物流成本概述

12.1.1 物流成本的内涵

案例阅读 12-1

可口可乐成本中的"秘密"

在超市里花 6 元钱买一瓶 2.25L 的可口可乐时,这 6 元钱里包含了人工成本、原材料成本及物流成本,最后才是一瓶可口可乐的利润。其实,这瓶可口可乐的制造成本(也就是把人工和原材料的费用加在一起)只不过 4 元左右,利润不过几毛钱,而相比之下,物流的成本却超过了 1 元钱。一瓶可乐在仓储、运输上消耗的费用能够占到销售价格的 20%~30%。

事实上,物流成本已经成为企业生产成本中不可忽视的一笔消耗。在市场竞争日益激烈的今天,原材料和劳动力价格利润空间日益狭小,劳动生产率的潜力空间也有限,加工制造领域的利润趋薄,靠降低原材料消耗、劳动力成本或大力提高制造环节的劳动生产率来获取更大的利润已较为困难。因而,商品生产和流通中的物流环节成为继劳动力、自然资源之后的"第三利润源泉",而保证这一利润源泉实现的关键是降低物流成本。

1. 物流成本的概念

物流成本是指伴随着企业的物流活动而发生的各种费用,是物流活动中所消耗的物化劳动和活劳动的货币表现。具体地说，它是产品在实物运动过程中，如包装、搬运装卸、运输、储存、流通加工等各个活动中所支出的人力、物力和财力的总和。

2. 物流成本的构成

物流成本的范围很广，贯穿于企业经营活动的全过程，包括从原材料供应开始一直到将商品送达到消费者手中所发生的全部物流费用。

按物流的功能不同，物流成本可包括以下几种。

(1) 运输成本。主要包括人工费用，如运输人员工资、福利、奖金、津贴和补贴等；营运费用，如营运车辆燃料费、折旧、维修费、保险费、公路运输管理费等；其他费用，如差旅费、事故损失、相关税金等。

(2) 仓储成本。主要包括建造、购买或租赁仓库设施设备的成本和各类仓储作业带来的成本，如出入库作业、理货作业、场所管理作业、分区分拣作业中的人工成本和相关机器设备费用。

(3) 流通加工成本。主要有流通加工设备费用、流通加工材料费用、流通加工劳务费用及其他(如在流通加工中耗用的电力、燃料、油料等)费用。

(4) 包装成本。包括包装材料费用、包装机械费用、包装技术费用、包装人工费用等。

(5) 装卸与搬运成本。主要包括人工费用、资产折旧费、维修费、能源消耗费及其他相关费用。

(6) 物流信息和管理费用。包括企业为物流管理所发生的差旅费、会议费、交际费、管理信息系统费及其他杂费。

物流成本从其所处的领域看，可分为流通企业物流成本、制造企业物流成本和物流企业物流成本。

1) 流通企业物流成本

流通企业物流是指商品流通企业和专门从事实物流通企业的物流，流通企业物流按企业经营类型划分，可分为批发企业物流、零售企业物流、连锁经营企业物流等形式。流通企业物流成本是指在组织商品的购进、运输、仓储、销售等一系列活动中所消耗的人力、物力、财力的货币表现。具体由以下费用构成。

(1) 人工费用：与物流活动相关的职工的工资、奖金、津贴及福利费等。

(2) 运营费：物流运营中的能源消耗、运杂费、折旧费、办公费、差旅费、保险费等。

(3) 财务费：经营活动中发生的存货资金使用成本支出，如利息、手续费等。

(4) 其他费用：与物流相关的税金、资产耗费、信息费等。

2) 制造企业物流成本

制造企业物流是以购进制造所需要的原材料、零部件、燃料、设备等为始点，经过劳动加工，形成新的产品，到最后供应给社会需要部门为止的全过程。制造企业物流成本是指企业在生产工艺的物流活动中所消耗的人力、物力、财力的货币表现。具体包括以下构成。

(1) 人工费用：供应、仓储、搬运和销售环节的职工工资、奖金、津贴，以及福利费等。

(2) 采购过程的物流费用：生产材料采购的运杂费、保险费、合理损耗成本等。

(3) 销售过程的物流费用：如运费、信息费、外包物流费用等。

(4) 仓储保管费：如原材料和产成品仓库的维护费、搬运费、合理损耗等。

(5) 运营费：有关设备和仓库的折旧费、维修费、保养费；物流运营中的能源消耗、办公费、差旅费、保险费、劳动保护费等。

(6) 财务费：经营活动中发生的存货资金使用成本支出，如利息、手续费等。

(7) 其他费用：回收废品发生的物流成本等。

3) 物流企业物流成本

物流企业是为货主提供专业物流服务，它包括一体化的第三方物流服务企业，也包括提供功能性物流服务的企业，如仓储公司、运输公司、货代公司等。物流企业的整个运营成本和费用就是货主企业的物流成本的转移。

12.1.2 影响物流成本的因素

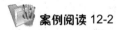
案例阅读 12-2

斯美特物流成本的控制

> 产品体积和形态对物流成本有着直接的影响，如方便面规格和包数的不同，直接影响了纸箱成本的核算，改变了生产的批量，同时对运输工具也提出了较大的要求，进而影响到物流成本控制。因此，斯美特在设计产品的形态和体积的时候，还必须考虑如何降低纸箱的成本，如何扩大生产批量，如何减小运输成本等后续影响。
> 产品批量的合理化。当把数个产品集合成一个批量保管或发货时，就要考虑到物流过程中比较优化的容器容量。例如，长春斯美特根据产品的批量化要求，设计出适合公司要求的托盘（1.2m×1.2m），组织了适合公司要求的集装货车（7.2m、9.6m的高栏车和12m集装箱车等）。

(资料来源：华人物流网)

影响物流成本的因素很多，主要涉及以下几个方面：产品、物流服务、物流运作方式，以及核算方式等。

1. 产品

产品是企业的物流对象，因此，企业的产品是影响物流成本的首要因素。不同企业的产品，在种类、属性、重量、体积、价值和物理、化学性质方面都可能不同，这些对企业的物流活动如仓储、运输、物料搬运的成本均会产生不同的影响。

(1) 产品价值。产品价值的高低会直接影响物流成本的大小。随着产品价值的增加，每一物流活动的成本都会增加，运费在一定程度上反应货物移动的风险。一般来讲，产品的价值越大，对其所需要使用的运输工具要求越高，仓储和库存成本也随着产品价值的增加而增加。高价值意味着存货中的高成本，以及包装成本的增加。

(2) 产品密度。产品密度对物流成本也是有影响的，因为产品的密度是由它的重量和体积决定的。而产品的运输成本、仓储成本一般以重量或以体积作为计量单位来计算，所以产品密度对物流成本有直接的影响。产品密度越大，相同运输单位所装的货物越多，运输成本就越低。同理，仓库中一定空间领域存放的货物也越多，库存成本就会越低。

(3) 产品风险性。产品的风险性是指产品本身存在的易燃性、易损性、易腐性和易于被盗等方面的特性。产品的风险性会对物流活动有特定的限制，从而引起物流成本的上升。如精密度高的产品，对保管和养护条件要求较高，这无疑对物流的各个环节如运输、搬运、仓储等，都提出很高的要求从而引起物流成本核算的增加。再如新鲜的水果、鲜花需要冷藏储存和运输，通常需用使用费用高昂的航空运输。而产品价值高的产品在运输仓储时的防盗措施必不可少。总之，由于产品的风险性而在物流过程中引起特殊防护作业，会增加企业的物流成本。

(4) 特殊搬运。有些物品对搬运提出了特殊的要求。如对长大物品的搬运，需要特殊的装载工具；有些物品在搬运过程中需要加热或制冷等，这些都会增加物流成本。

2. 物流服务水平

物流服务水平对企业物流成本也是有影响的。随着市场竞争的加剧，物流服务水平越来越成为企业创造持久竞争优势的有效手段，更高的物流服务水平会增加收入，但同时也会提高物流成本。例如，为改进客户服务水平，通常使用"溢价"运输，这对总成本的影响是双方面的：运输成本曲线将向上移动以反映更高的运输费用；库存费用曲线将向下移动以反映由于较低的临时库存而导致平均库存的减少。在一般情况下，这些成本变化后的净值是总成本的增加，但如果改进服务能增加收入，则这样的成本调整(增加)通常可视为是合理的。当然，决不能为提供更令人"满意"的服务而导致物流成本的急剧增加，而且其增加大于长期销售收入增长所创造的利润。

3. 物流运作方式

企业的物流运作方式分自营物流和外包物流两种。随着市场竞争的加剧，企业的物流运作方式从最初的所有物流业务全部自营，逐渐发展为部分物流业务的外包直至全部外包。其重要原因就是希望通过外包寻求企业物流成本的降低。

4. 核算方式

各企业不同的会计记账需要导致了对于物流成本目前存在着很多不同的核算方式，从而使各企业的物流成本除了"量"的差异外，还存在着"质"的差异。

我国尚未建立起企业物流成本的核算标准。在日本，虽然对物流成本的核算已经有了一套成型的标准，但该标准并不是形成了物流成本方面的统一标准，而且提供了 3 种不同类别的核算方式的标准，从不同角度对物流成本进行归集和对比，以指导和适应不同企业对于物流成本核算的要求。

当然，影响企业物流成本的因素除了以上几个大方面外，还有一些其他因素，比如企业信息化程度等，但以上所述的这几大因素是考察一个企业物流成本时必须注意的重要方面，只有对这些方面有所掌握，才有可能抓住物流成本管理的主要方面，保证有效开展物流成本管理工作。

12.1.3 物流成本管理的必要性和重要性

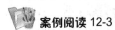
案例阅读 12-3

物流成本管理绩效

到 2012 年，浙江省物流业对经济总体贡献率将达 13%以上，物流总产值达 3 600 亿元，物流成本占 GDP 的比重从现在的 16.3%下降到 12%，可累计减少物流成本支出约 1 200 亿元。

(资料来源：2009—2012 年浙江省物流业投资分析及前景预测报告)

物流成本管理在物流管理中具有重要的位置，"物流是经济的黑暗大陆"，"物流是第三利润源"及"物流成本冰山说"等观点都说明了物流成本问题是物流管理初期人们关心的主要问题。所谓"物流是第三利润源"，是指通过物流合理化降低物流成本，成为继降低劳动力资源和物质资源消耗(另一种观点是降低制造成本和扩大销售)之后企业获取利润的第三种途径。正是由于在物流领域存在着广阔的降低成本的空间，物流问题才引起企业经营管理者的重视，企业物流管理可以说是从对物流成本的关心开始的。

物流成本管理是物流管理的重要内容，降低物流成本与提高物流服务水平构成企业物流管理最基本的课题。物流成本管理的意义在于，通过对物流成本的有效把握，利用物流要素之间的效益背反关系，科学、合理地组织物流活动，加强对物流活动过程中费用支出的有效控制，降低物流活动中的物化劳动和活劳动的消耗，从而达到降低物流总成本，提高企业和社会经济效益的目的。

从宏观的角度看，降低物流成本会给行业和社会带来以下3个方面的经济效益。

(1) 如果全行业的物流效率普遍提高，物流费用平均水平降低到一个新的水平，那么该行业在国际市场上的竞争力将会增强。对于一个地区的行业来说，则可以提高其在全国市场的竞争力。

(2) 全行业物流成本的普遍下降，将导致物价相对下降，这有利于保持物价的稳定，相对提高国民的购买力。

(3) 物流成本的下降，意味着给整个社会创造了同等数量的财富，在物流领域所消耗的物化劳动和活劳动得到节约，从而用尽可能少的资源投入和消耗，创造出尽可能多的物质财富，进而推动循环经济的发展和资源节约型社会的创建。

从微观的角度看，降低物流成本也会给企业带来3个方面的经济效益。

(1) 在其他条件不变的情况下，降低物流成本意味着扩大了企业的利润空间，提高了利润水平。

(2) 物流成本的降低，意味着增强了企业的产品价格竞争优势，企业可以利用相对低廉的价格出售自己的产品，从而提高产品的市场竞争力，扩大销售，并以此为企业带来更多的利润。

(3) 物流成本的下降，意味着企业可以用更少的资源投入和消耗，创造出更多的物质财富，进而推动资源节约型企业的创建。

12.2 物流成本控制

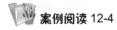
案例阅读 12-4

安利降低物流成本的秘诀：全方位物流战略的运用

同样面临物流信息奇缺、物流基建落后、第三方物流公司资质参差不齐的实际情况，国内同行物流成本居高不下，而安利(中国)的储运成本仅占全部经营成本的4.6%左右。

安利采用了适应中国国情的"安利团队+第三方物流商"的全方位运作模式。核心业务如库存控制等由安利统筹管理，实施信息资源最大范围的共享，使企业价值链发挥最大的效益。而非核心环节

> 则通过外包形式完成。如以广州为中心的珠三角地区主要由安利的车队运输，其他绝大部分货物运输都是由第三方物流公司来承担。另外，全国几乎所有的仓库均为外租第三方物流公司的仓库，而核心业务，如库存设计、调配指令及储运中心的主体设施与运作则主要由安利本身的团队统筹管理。

12.2.1 物流成本控制的含义

物流成本控制是指在物流成本的形成过程中，对物流成本的各项影响因素，按照事先拟订的标准进行计划、指导、限制和监督，发现偏差及时采取改进措施予以纠正，从而使物流过程中的各项资源的耗费和费用开支限制在标准规定的范围内，促进企业不断降低物流成本，提高经济效益。

物流成本控制有狭义和广义两种理解。狭义的物流成本控制，就是在企业的物流活动中，对日常的物流成本支出采取各种方法进行严格的控制和管理，使物流成本减少到最低限度，以达到预期的物流成本目标。广义的物流成本控制包括事前、事中和事后对物流成本进行预测计划、计算、分析的全过程，也就是物流成本管理，实质上都是对物流成本的控制。从总体来说，物流成本的控制由局部控制和综合控制两部分组成。

1. 物流成本的局部控制

物流成本的局部控制是在企业的物流活动中，针对物流的一个或某些局部环节的支出所采取的策略和控制，以达成预期的物流成本目标。其有以下几方面基本内容。

(1) 运输费用的控制。货物运输费用是运输物料、商品所消耗作业的费用。运输费用占物流总成本的比重较大，运输费用控制的关键点主要在运输方式、运输价格、运输时间、运输的准确性、运输的安全可靠性及运输批量水平等方面。

(2) 装卸搬运费用的控制。装卸搬运费用是物品在装卸搬运过程中所支出费用的总和。装卸搬运活动是衔接物流各环节活动正常进行的关键，渗透到物流的各个领域。控制的关键点在于管理好储存物料与商品，减少装卸搬运过程中商品的损耗率、装卸时间、装卸搬运次数等。

(3) 储存费用的控制。储存费用是指货物在储存过程中所需要的费用。控制的关键点在于简化出入库手续、仓库的有效利用和缩短储存时间等。

(4) 包装费用的控制。包装起保护商品、方便储运、促进销售的作用。控制的关键点是包装的标准化率和运输时包装材料的耗费。

(5) 流通加工费用的控制。商品进入流通领域以后，按照客户的要求进行一定的加工活动，称为流通加工，由此而支付的费用为流通加工费用。不同企业的流通加工费用是有所不同的。关键应选择反映流通加工特征的经济指标，如流通加工的速度，观察、测算这些指标，对标准值与观察值的差异，必要时进行适当的控制。

2. 物流成本的综合控制

物流成本和其他成本相比有许多不同之处，但是最突出的两点是物流冰山现象和效益背反(交替损益)现象。物流冰山现象是指在企业中，绝大多数物流发生的费用混杂在其他费用之中，能够单独列出会计项目的只是其中很小一部分，这一部分是可见的，常常被人们误解为它就是物流费用的全貌，其实只不过是浮在水面上的、能被人所见的冰山一角而已；交替损益现象是指物流成本的发生源很多，其成本发生的领域往往在企业里面属于不同部门管理的领域，因此，这种部门的分割，就使得相关物流活动无法进行协调和优化，出现此长彼消、此损彼益的现象，对物流成本的控制不能片面追求局部要素的优化，而是寻求物流的总体最优化。

企业物流成本综合控制的主体是企业的物流管理组织和机构，客体是企业经济活动中发生的整体物流费用。物流成本的综合控制包括事前、事中和事后对物流成本进行预算制定、执行监督、信息反馈、偏差纠正等全过程的系统控制，以达到预期管理控制目标。综合控制有别于局部控制，具有系统性、综合性、战略性的特点，有较高的控制效率。综合控制的目标是局部控制的集成，是实现企业物流成本最小化的基本条件和保证。

在企业的财务会计中，向企业外部支付的物流费用能够从账面上反映出来，而企业内部消耗的物流费用一般是计入制造费用而难于单独反映，这一部分的物流费用比人们想象的要大得多。因此，物流成本的控制不仅针对向外支付的物流费用，还要控制企业内部的物流费用。具体而言，对物流成本的计算，除了以上提到的运输、包装等传统物流费用外，还包括流通过程中的基础设施建设、商品在库维持、企业物流信息系统的投资等一系列费用。对物流费用的管理不光从物流本身的效率来考虑，费用、质量、价格、销量之间存在联动关系，使费用控制无法单独着眼于费用本身。综合考虑到物流费用与它所提供的服务，及物流投入给企业带来的相对竞争优势等因素来分析，即理解和确定企业物流成本控制目标要将成本控制放在一个更广阔的背景中来考察，考虑在真正意义上控制物流总成本。

12.2.2 物流成本控制的内容

一般情况下，物流成本控制可按成本发生的时间先后划分为事前控制、事中控制和事后控制 3 类，也即成本控制过程中的设计阶段、执行阶段和考核阶段。一般所说的物流成本控制，仅指事中控制，即在物流过程中，从物流过程开始到结束对物流成本形成和偏离物流成本指标的差异所进行的日常控制。现代物流成本控制不仅要求企业注重日常物流成本控制，还必须重视事前及事后的物流成本控制。

1. 物流成本事前控制

物流成本事前控制是指在物流活动或提供物流作业前对影响物流成本的经济活动进行事前的规划、审核，确定目标物流成本，它是物流成本的前馈控制。物流成本事前控制通常采用目标成本法，它是指经过物流成本预测和决策，确定目标成本，并将目标成本分解，结合责任制，层层控制。物流成本事前控制主要涉及物流系统的设计。

2. 物流成本事中控制

物流成本事中控制是在物流成本形成过程中，随时对实际发生的物流成本与目标物流成本进行对比，及时发现差异并采取相应措施予以纠正，以保证物流成本目标的实现，它是物流成本的过程控制。

物流成本的事中控制通常采用标准成本法，是对物流活动过程中发生的各项费用按预订的成本标准，如设备耗费、人工耗费、劳动工具耗费和其他费用支出等，进行严格审核和监督，通过计算差异、分析差异和及时的信息反馈来纠正差异。

3. 物流成本事后控制

物流成本事后控制是在物流成本形成之后，对实际物流成本的核算、分析和考核。它是物流成本的反馈控制。物流成本事后控制通过实际物流成本和一定标准的比较，确定物流成本的节约或浪费，并进行深入分析，查明物流成本节约或超支的主、客观原因，确定其责任归属，对物流成本责任单位进行相应的考核和奖惩。通过物流成本分析，为日后的物流成本控制提出积极改进意见和措施，进一步修订物流成本控制标准，改进各项物流成本控制制度，以达到降低物流成本的目的。

物流成本控制是加强物流成本管理的一项重要手段，经过一系列的成本控制可以有效分析物流成本居高不下的原因，并找到相应的对策，促使企业不断提高物流管理水平，提高企业的经济效益。

12.2.3 物流成本控制的程序

1. 确定物流成本控制对象

物流成本控制的前提是确定物流成本控制对象，使得费用控制有据可依，每个企业可根据本企业的性质和管理的需要来确定物流成本控制对象。一旦选定，就不要轻易改变，以保持前后各期的一致性和可比性。

2. 制定成本标准

设定物流成本控制的标准，是物流成本管理控制过程的首要环节。建立适当的物流成本控制标准，可以为以后的差异分析、业绩考核及纠正差异提供良好的基础。物流成本标准应包括物流成本计划中规定的各项指标，但物流成本计划中的一些指标通常都比较综合，不能满足具体控制的要求，这就必须规定一系列具体的标准。

成本标准的制定有以下几种类型。

(1) 按成本项目制定标准。企业内部物流成本项目按其与物品流转额的关系，可分为固定成本和变动成本。对于固定成本项目，可以以本企业历年来成本水平或其他企业的成本水平为依据，再结合本企业现在的状况和条件，确定合理的标准。对于可变项目，则侧重于考虑近期及长远条件和环境的变化制定标准。

(2) 按物流功能制定成本标准。不论是运输、保管还是包装、装卸成本，其水平高低均取决于物流技术条件、基础设施水平，因此在制定物流成本标准时应结合企业的生产任务、流转数量及其他相关因素进行考虑。

(3) 按物流过程制定成本标准。按物流过程制定成本标准，是一种综合性的技术，要求全面考虑物流的每一过程。既要以历史水平为依据，同时又要考虑企业内外部因素的变化。

在采用这些方法确定物流成本控制标准时，一定要进行充分的调查研究和科学计算，同时还要正确处理物流成本指标与其他技术经济指标(如质量、生产效率等)的关系，从完成企业的总体目标出发，进行综合平衡，防止片面性，必要时还应进行多种方案的择优选用。

3. 监督物流成本的形成

监管物流成本就是根据控制标准，对物流成本形成的各个项目，经常地进行检查、评比和监督。不仅要检查指标本身的执行情况，而且要检查和监督影响指标的各项条件，如物流设施、设备、工具及工人技术水平和工作环境等。所以，物流成本日常控制要与企业整体作业控制等结合起来进行。物流成本日常控制的主要方面有：物流相关直接费用的日常控制、物流相关工资费用的日常控制和物流相关间接费用的日常控制。上述各种与物流相关联的费用的日常控制，不仅要有专人负责和监督，而且要使费用发生的执行者实行自我控制，还应当在责任制中加以规定，这样才能调动全体职工的积极性，使成本的日常控制有群众基础。

4. 及时揭示并纠正不利偏差

揭示物流成本差异即核算确定实际物流成本脱离标准的差异，分析差异的成因，明确责任的归属。针对物流成本差异发生的原因，分析情况，分清轻重缓急，提出改进措施，加以贯彻执行。

12.2.4 物流成本控制的方法

1. 物流成本综合控制方法

1) 目标成本法

目标成本管理最早产生于美国，后来传入了日本、西欧等地，并得到了广泛应用，目标成本法是战略成本管理所用的新工具之一。所谓目标成本法，是为了更有效地实现物流成本控制的目标，使客户需求得到最大限度的满足，从战略的高度来分析，与战略目标相结合，使成本控制与企业经营管理全过程的资源消耗和资源配置协调起来而产生的成本控制方法。

物流目标成本指根据预计可以实现的物流营业收入扣除目标利润计算出来的成本。它是目标管理思想在成本管理工作中应用的产物。计算公式为

$$目标成本=目标售价-目标利润$$

目标成本的确定一般包括制定目标售价、确定目标利润和确定目标成本3个步骤。

(1) 制定目标售价。目标售价的制定可采用消费者需求研究法和竞争者分析研究法。

(2) 确定目标利润。每种产品可能因不同市场需求、售价政策、成本结构、所需投入资本、品质等因素不同，其利润目标也会有所不同。

确定目标利润可采用目标利润率法，其计算公式为

$$目标利润=预计服务收入\times 同类企业平均营业利润率 \tag{12-1}$$

或

$$目标利润=本企业净资产\times 同类企业平均净资产利润率$$

或

$$目标利润=本企业总资产\times 同类企业平均资产利润率$$

(3) 确定目标成本。目标成本为目标售价减去目标利润，按上述方法计算出的目标成本，只是初步设想，它提供了一个分析问题的合乎需要的起点。这不一定完全符合实际，还需要对其进行可行性分析。

目标成本的可行性分析，是指对初步测算得出的目标成本是否切实可行作出分析和判断。分析时，主要是根据本企业实际成本的变化趋势和同类企业的成本水平，充分考虑本企业成本节约的潜力，对某一时期的成本总水平作出预计，看其与目标成本的水平是否大

体一致。经过测算，如果预计目标成本是可行的，则将其分解，下达有关部门和单位；如果经反复测算、挖潜，仍不能达到目标成本，就要考虑放弃该产品并设法安排剩余的生产能力；如果从全局看，不宜停产该产品，也要限定产量，并确定亏损限额。

2) 责任成本法

责任成本是以具体的责任单位为对象，以其承担的责任为范围所归集的成本，也就是特定责任中心的全部可控成本。在成本管理上其成本管理业绩可以单独考核的单位都可以划分为责任单位。可以按照物流作业中心、物流功能等划分物流成本责任单位，责任单位能对责任成本进行预测、计量和控制。按照责任单位之间的关系，可以分为横向和纵向责任单位。采用责任成本法，对于合理确定与划分各物流部门的责任成本，明确各物流部门的成本控制责任范围，进而从总体上有效地控制物流成本有着重要的意义。

(1) 计算责任成本的关键是判别每一项成本费用支出的责任归属。假如某责任中心通过自己的行动能有效地影响一项成本，那么该中心就要为这项成本负责；假如某责任中心有权决定是否使用某种资产或劳务，它就应对这些资产和劳务的成本负责；假如某管理人员虽然不直接决定某项成本，但是上级要求他参与有关事项，从而对该项成本的支出施加重要影响，则他对该成本也要承担责任。

(2) 一般是依次按下列 5 个步骤来处理。①直接计入责任中心；②按责任基础分配；③按受益基础分配；④归入某一个特定的责任中心；⑤不能归属于任何责任中心的固定成本，不进行分摊。

(3) 责任成本的计算方法。为了明确各单位责任的执行情况，必须对其定期进行责任成本的计算与考核，以便对各责任单位的工作做出正确的评价。责任成本的计算方法包括直接计算法和间接计算法。

(4) 责任成本对单位业绩的评价与考核。在实际工作中，对责任单位的责任成本评价与考核的依据是责任预算和业绩报告。对责任单位业绩的考核涉及成本控制报告、差异调查和奖惩等问题。考核的目的是纠正偏差，改进工作。

3) 标准成本法

标准成本法是在泰勒的生产过程标准化思想影响下，于 20 世纪 20 年代在美国产生的，是泰勒科学思想在成本管理中的具体体现。刚开始时它只是一种比较简单的统计分析方法，经过不断发展和完善，成为在理论上较为完善，在实际中行之有效的成本控制系统，现在已经相当普遍地为企业所采用。

标准成本法，也称标准成本会计，是指以预先制定的标准成本为基础，用标准成本与实际成本进行比较，核算和分析成本差异的一种产品成本计算方法，也是加强成本控制、评价经济业绩的一种成本控制制度。它的核心是按标准成本记录和反映产品成本的形成过程和结果，并借以实现对成本的控制。标准成本法要通过计算实际成本与标准成本之差，进而分析成本变动原因，并作为成本控制的依据。

(1) 标准成本的制定。标准成本由产品的直接材料、直接人工和间接费用 3 个部分组成，通常把直接材料、直接人工和间接费用三大项目按其形态划分为变动成本与固定成本，以此作为制定标准的基础。尽管这三大项目的具体性质各有不同，但在制定标准成本时，无论哪一个成本项目，都需要分别确定其用量标准和价格标准，两者相乘后得出成本标准。

用量标准包括单位产品材料消耗量、单位产品直接人工工时等，主要由生产技术部门主持制定，吸收执行标准的部门和职工参加。

价格标准包括原材料单价、小时工资率、小时间接费用分配率等，由会计部门和有关其他部门共同研究确定。

① 直接材料的标准成本。在单位产品标准成本中，直接材料的标准成本是生产单位产品所需各种直接材料的标准用量同这些材料在正常情况下价格的乘积之和。直接材料的标准用量，是指在现有物流运作条件和经营管理水平下，生产单位产品所需的材料数量。其中包括必不可少的消耗及各种难以避免的损失等。直接材料的标准用量是用统计方法、工业工程法或其他技术分析方法来确定的。

价格标准指事先确定的购买材料、燃料和动力应付的标准价格，包括发票价格、运费、检验和正常损耗等成本，它是取得材料的完全成本。

② 直接人工的标准成本。直接人工的标准成本是单位产品所需消耗的各种人工的标准工时数同其相应的标准小时工资率的乘积之和。其中的标准工时数指在现有物流运作条件和经营管理水平下，生产单位产品所需要的工作时间，包括对产品的直接加工所费工时、必要的间歇和停工时间所费工时等。

工资率标准，也就是每一标准工时应分配的工资。需要注意的是，工资率标准应按现行工资制度所规定的工资水平计算确定。如果采用计件工资制，标准工资率是预定的每件产品支付的工资除以标准工时；如果采用月工资制，需要根据月工资总额和可用工时总量来计算标准工资率。

③ 间接费用的标准成本。间接费用的标准成本是单位产品标准工时数与事先确定的标准分配率的乘积。制定间接费用的标准成本时，标准工时数指在现有物流运作条件和经营管理水平下生产单位产品所需的直接人工小时数(或机器小时数)。

(2) 成本差异分析计算。成本差异是指实际成本与标准成本之间的差额。实际成本超过标准成本所形成的差异叫做不利差异、逆差或超支；实际成本低于标准成本所形成的差异叫做有利差异、顺差或节约。在成本控制过程中，应奖励有利差异，惩罚不利差异。

2. 物流成本局部控制方法

1) 运输成本控制

货物运输费用占物流总成本的比重较大，是影响物流成本的重要因素。运输成本的控制目的，是使总的运输成本最低，但又不影响运输的可靠性、安全性和快捷性。控制方式通常是加强运输的服务方式与运输价格的权衡，从而选择最佳的运输服务方式，使运输价格最低、时间最短、费用最低，是采购途耗的最省化。可通过以下方法进行运输成本控制。

(1) 合理选择运输方式和运输工具。各种运输方式都有各自的使用范围和不同的技术经济特征，选择时应进行比较和综合分析。运输工具的经济性与迅速性、安全性、便利性之间存在着相互制约的关系。在目前多种运输工具并存的情况下，在控制运输成本时，应根据不同商品的性质、数量等，选择不同类型、额定吨位及对温度、湿度等有要求的运输工具。

(2) 提高运输工具的实载率。一是通过合理配载、循环取货等形式尽量减少空车行程，提高行程利用率。二是通过三维模拟软件实现货物装载优化，充分利用运输工具的额定能力。这类软件能以图像方式模拟各种货物在运输工具上的装载方式，通过计算各种货物的最佳装载位置以及运输工具在多次装载前后的重量、重心位置等，进行系统优化以获得较高的装载率，从而达到增加运量、提高安全系数和节省燃油的目的。

（3）合理规划运输网络。一是路线选择。路线对于运输成本会产生重大影响。通过路线选择或路径选择实现运输成本最小化的运筹学决策算法有许多种，这些算法通常通过计算机软件建模求解，只需要输入运费、距离、各地需求量等参数，就可以在各种约束条件下，比如要求时间最快，或者成本最低等，计算出线路设计的最优解，以达到降低运输成本的目的。二是节点规划。通过对运输量、运输费用等因素综合衡量，利用一些实用的模型和分析技术，例如最优化的线性和非线性规划、仿真技术、遗传算法等，对物流中心等节点进行合理设置，从而达到控制运输成本的目标。

2）仓储成本控制

在物流活动中，仓储的任务是对供应和需求之间在时间上的差异进行调整。仓储成本控制的目标，就是要实行货物的合理库存，不断提高保管质量，加快货物周转，发挥物流系统的整体功能。仓储成本管理的一个重要方面，是要研究保管的货物种类和数量是否适当。高价商品长期留在仓库中，就会积压资金。若是银行贷款，还要负担利息支出。而过分地减少储存量，虽对减少利息负担有利，但对客户的订货来说又有脱销的危险，这也会失去盈利的机会。

（1）进行合理的仓库结构与空间布局决策，提高仓库的利用率，对仓库设施进行有效整合与改造，使之充分利用起来，实行作业标准化，关闭闲置仓库，采用直接从厂家到客户的付运方式，重新规划仓库与选择运输路线，采用效率较高的仓管系统，考虑采用托盘操作或租用托盘等这些措施提高效率，减少存货和仓储费用。

（2）实行分类管理，将仓库中的物品，按不同品种、不同特性、不同价值分成不同等级，实行有重点的管理。如果管理者对所有库存物资均匀地使用精力，必然会使其有限的精力过于分散，只能进行粗放式的库存管理，使管理效率低下。因此，在库存控制中，应遵循重点管理的原则，把管理的重心放在重点物资上，以提高管理的效率。

（3）合理控制库存水平。企业应该根据历史资料对市场进行认真分析，然后选择恰当的库存订货模型，决定本企业的库存水平及订货批量与批次，将库存控制在最低点上；尽量与供应商、客户结成战略联盟，形成风险共担、利益平分、信息共享的合作机制，在保证各方利益的前提下，实行供应商管理库存的策略，同时，可以了解客户的需求情况，及时调整库存量及发送货物的品种、数量、时间。日本丰田公司提出的只生产所需要的零件、只收生产所需要的数量、只在正好需要的时间送到生产车间的准时生产方式(JIT)值得借鉴。

（4）采用仓储管理信息系统。仓储管理信息系统可以对物料的信息进行实时监控，这些信息给管理者提供了有效的分析数据，有利于管理者更精确地实施仓储控制，从而提高仓储效率、降低仓储成本。

3）物流行政管理成本控制

物流行政管理成本是指进行物流的计算、协调、控制等所发生的费用。它既包括作业现场(配送中心、仓库、物流网点等)的管理费用，也包括物流管理部门的管理费用。在物流成本中，管理成本是最难以控制和统计的，主要原因是企业物流总成本管理的概念比较淡薄，往往只关心直接的仓储和运输成本，而对物流管理成本不予重视。

（1）有效整合物流职能。随着价格竞争激化，使得客户不仅对价格提出较高的要求，还要求企业能有效地缩短商品周转时间，真正做到快速、及时、准确、高效地管理。要实现上述目标，仅本企业的物流体制具有效率化是不够的，它需要企业协调与其他企业(如上游配套件供应商等)、客户以及运输业者(第三方物流商)之间的关系，实现整个供应链管理的效率化。

(2) 建立现代物流信息系统。借助于现代信息系统的构筑，一方面使各种物流作业或业务处理能准确、迅速地进行；另一方面，能由此建立起一体化的物流运营管理系统。

(3) 建立物流成本构成模式与物流管理会计制度。从原来财务成本费用中剥离出属于物流成本范畴的内容，准确判断和计算企业现有物流成本及其构成情况。分析和比较物流成本与制造成本、物流费用与其他费用之间的关系，建立科学的物流管理会计制度，使物流成本管理与财务会计在系统上联结起来，切实掌握物流系统的成本。分领域全面清理物流系统的资源配置，建立物流成本数据库，确立物流成本科学的比较依据。

12.2.5 物流成本管理和控制中应注意的问题

在物流成本管理和控制上今后应当注意以下一些问题。

(1) 必须将物流成本明确化，并设置恰当的计算基准，但更为重要的是明确计算物流成本的目的。如不明确计算目的，计算物流成本也没有什么用处，应找出最适合目标的计算方式。

(2) 日本企业过去大多只是简单地认为物流成本下降就会带来效益。因此，企业领导一味要求降低成本。过去，认为物流是一种没有效益的活动，因而总是认为必须使之合理化以降低成本，这种观点是有问题的。不应该把物流只看做是需要支付的费用，而应把它当作资源加以有效地利用。也就是将物流成本看做是一种生产要素，应当利用物流成本资源促进销售，争取客户。为确保收益，必要时可以考虑加大物流成本，争取销售目标的实现。

(3) 应当从与物流服务的关系着眼考虑物流成本。不考虑物流成本与物流效益的联动关系，只是一味强调降低成本是毫无意义的。因此，应该充分地考虑物流服务水平，然后在一定的服务水平的前提下考虑如何降低成本。

(4) 物流成本要在销售和生产之后进行计算，有些成本是物流部门无法管理的。也就是说，物流成本，包含着物流部门能够管理和不能管理的两种成本。物流部门无法管理的这种成本，也大多由物流部门负责，这对其管理部门来说，是有问题的。

(5) 同样，物流预算是在生产计划和销售计划的基础上作出的，生产、销售出了问题，一般会直接使物流的预算和实际出现差异。当预算出现差异时，应当想办法指明是物流的责任，还是生产或销售的责任。

(6) 为降低物流成本，一般都建立物流成本委员会进行研究，多数企业的物流成本委员会清一色地由物流部门成员组成，这种组成使降低物流成本受到限制。因物流大多是由生产和销售的结果产生的，委员会应当有销售和生产部门的成员参加，以便通盘考虑生产和销售方面的因素。无论是在经营、管理和业务哪个层次设立的物流成本委员会，都应当有销售和生产部门的人员参加。

(7) 在基层，销售部门常常打乱物流部门的规定搞紧急运输或例外运输。关于这个问题，物流部门应在事前让销售部门清楚地了解，按标准物流服务水平运输费用是多少，超过标准其费用又该是多少，如果不这样做，物流服务水平的规定将成为废纸。物流部门应努力向各部门、各阶层随时提供与交货条件、商品搭配情况有关的运输费用等准确的物流成本信息。今后必须分别在销售部门推销员中建立物流成本责任制。

(8) 在物流管理方面，日本企业已经达到掌握实际情况来进行成本核算、成本管理的阶段，但多数企业还未达到评估物流绩效、分析物流盈亏的阶段，今后企业应积极进行成果评估和物流盈亏的分析。

最后，应该指出的是，过去企业只是把目光局限在如何掌握物流成本上。掌握物流成本确实非常重要，但今后应当把重点转移到如何运用物流成本上来。

12.3 物流服务收益管理

12.3.1 收益管理概述

收益管理是一种谋求收入最大化的新经营管理技术。它诞生于 20 世纪 80 年代，最早由民航业开发。

1. 收益管理的历史

20 世纪 70 年代末，美国放松了航空管制后，各航空公司在 20 世纪 80 年代展开了激烈的价格战，价格战使各航空公司遭受了巨大的损失。业界有识之士对票价大战进行了研究后，运用收益管理的思想开发了软件，进行各种价格水平下的关于航班和待售机票数量统计的工作，根据历史的和现时的数据提前预测出每个航班每个价格水平下的潜在需求，计算每个价格水平下的可售座位数，每日更新整理后传送给全球分销系统，这就是最初的收益管理系统。收益管理系统的出现标志着收益管理作为一种理念和系统的管理方法的形成。美国西南航空公司由于较早地使用了收益管理系统进行收益管理，使其成为唯一的从 1973 年起每年都能赢利的美国航空公司。而且从 1990 年起，在美国航空业出现了全行业的亏损的情况下，该公司的股票价格却上涨了 300%。此后，英国、荷兰、德国、加拿大等国家的航空公司先后使用了收益管理系统，实行收益管理，结果平均年收入增长都达到了 3%~5%。现在，几乎所有的欧美航空公司都已经使用了收益管理系统，收益管理已成为航空公司的制胜法宝。

2. 收益管理的内涵

收益管理把科学的预测技术和优化技术与现代计算机技术完美地结合在一起，将市场细分、定价等营销理论深入应用到了非常精细的水平，从而形成了一套系统的理念和管理方法。有关收益管理的定义很多，有代表性的几种如下。

收益管理是在合适的时间，合适的地点，以合适的价格将产品销售给合适的客户 (Rimes，1989)。收益管理是引诱或者强迫客户向企业支付尽可能高的价格 (Paul Davis，1994)。收益管理与收益最大化相关，通过管理产品的价格，考虑预测的需求模式，实现收益最大化 (Jauncey 等，1995)。收益管理是一种使收益最大化的工具，目的在于通过以最优的价格把产品出售给经过细分的各种不同类型的客户以提高净收益 (Donaghy 等，1997)。以上 4 种定义的侧重点不同，Rimes 的定义可以说是广义收益管理的概念，强调了收益管理的条件和做法。

综合上述观点，可知收益管理主要是通过需求分析，以最优的价格把产品或服务销售给最合适的客户，从而使收益最大化的管理工具。其核心是价格细分，就是根据客户不同的需求特征和价格弹性向客户执行不同的价格标准。这种价格细分通过价格剥离将那些愿意并且能够消费得起的客户和为了使价格低一点而愿意改变自己消费方式的客户区分开，最大限度地开发市场，提高效益，实现收益最大化。

收益管理的核心观念主要有以下几点。

(1) 在平衡供给和需求时主要考虑的是价格而不是成本。

(2) 将产品销售定位于微观市场。收益管理对市场进行非常精细的细分，并采用多层次的价格体系以满足每个细分市场的价格敏感性。

(3) 用以市场为基础定价代替以成本为基础定价。

(4) 为最有价值的客户保留产品。把产品的需求放在不同的微观市场上加以理解，并将产品销售给最有价值的客户，以获得最大收益。

(5) 通过在各个细分市场中预测需求来掌握消费者行为的微小变化情况，并以此作出决策。

12.3.2 物流服务供应商的收益管理

1. 物流服务供应商收益管理的应用特征

物流服务供应商提供的产品是物流服务，主要是按照客户要求，实现货物的空间和时间转移，以及该过程中伴随的服务，它具备收益管理的一些特征。

(1) 服务的不可储存性。服务的不可储存性是由其服务产品的不可感知性及服务的生产与消费同时不可分割性决定的，使得服务产品不可能像有形的消费品和工业品一样被储存起来，以备未来出售；而且在大多数情况下，消费者也不能将服务携带回家安放。当然，提供服务的各种设备可能会提前准备好，但生产出来的服务如不当时消费掉，就会造成损失(如车船的空位等)。不过，这种损失不像有形产品损失那样明显，它仅表现为机会的丧失和折旧的发生。物流服务提供方一方面向客户提供产品运输、仓储、配送等服务，另一方面向客户提供更为重要的增值服务和信息服务等，这些物流服务都具有一定的非实体性和不可储存性的特点。

(2) 服务的高固定成本，低变动成本。物流服务成本中固定成本相对较大，对物流设施、设备等初始投资巨大。物流服务的变动成本，如劳动成本、燃料费用和维修保养费等所占比例相对较小。

(3) 市场的可分性。在物流市场中，客户对物流服务的需求，无论是产品的质量和数量上，还是产品的特性和要求上都各不相同。虽然客户从根本要求上都是为了完成物品从供应地向接收地的实体流动过程，但是在物流活动或物流作业的具体运作活动中却存在着很大的差异，这就为物流市场的细分提供了客观依据。

根据物流市场的特点，物流服务供应商可按照客户行业、地理区域、物品属性、客户规模、时间长短、服务方式和利润回报等对物流市场进行细分。

(4) 服务的预售性。物流服务供应商的业务往往是通过客户提前预订服务来进行的。物流服务供应商由此可以较准确地预知未来物流设备的使用情况，预测和控制需求，及时调整服务价格，以实现物流商设备的高使用率和高收益。

(5) 需求的波动性大。物流业务的需求随季节的不同而不同，需求的波动较明显。物流服务供应商可以通过对历史数据的分析和日常经验的总结，判断预测每一时段物流业务的需求情况，从而采取不同的价格策略。

(6) 相对固定的服务能力。固定服务能力或容量是指一旦服务系统建成，系统内部要改变这种能力或容量是极其困难的，只有通过获取外部资源来弥补，这又使企业付出巨大的成本代价。在企业生产或服务能力短期无法变动的情况下，如何高效地利用现有资源实现收益最大化，是解决企业赢利能力的首要条件。一个物流企业建成之后，其运输工具的运载量，仓库的可容纳量等都是相对固定的，在短时期内无法根据供求情况改变自己的生产能力，也可以说在短期内增加生产能力是不可能的，或者成本十分昂贵。

2. 物流服务供应商收益管理的主要措施

(1) 以收益为中心的服务结构调整。在收益管理理念和管理方法的指导下，物流服务供应商应该根据收益管理特征之一的"以收益为中心"进行服务结构调整。物流服务供应商必须通过市场调查，确定市场上需要什么样的服务，在市场价格一定的情况下，对本企业所能提供的服务，逐一进行成本-利润分析(即进行收益分析)，最终确定提供哪些服务来满足市场需求，才能达到收益最大化。

(2) 多层次的价格体系。从收入总量的比较可以看出，多层次价格将比单一价格带来更多的收益。物流服务供应商应该根据市场供给-需求状况和自身产品的实际市场状况，制定出多层次的价格体系，来满足不同需求状况的用户。从收益管理的角度来看，就是通过对不同时期、不同条件的用户需求进行预测，并在预测的基础上利用价格来调节需求，用低价格来提高淡季的需求，用高价来抑制旺季的需求。物流服务供应商实行多层次的价格体系能带来3点明显的好处：①调节市场供给-需求状况；②满足不同层次用户的需求，抢占市场份额；③使企业收益达到最大化。

(3) 市场细分。收益管理的一个重要特征就是对市场的细分极其具体、精确。多层次的价格体系是建立在充分细分市场的基础上的。同时，对市场进行精确细分还是实现收益管理"精确的营销"这一核心特征的前提。对于物流服务供应商，收益管理对市场的细分主要有以下几种方式。

① 按客户所属的行业性质可将物流市场分为农业市场、制造业市场、商贸业市场等。以客户所属行业来细分物流市场就是按照客户所在的不同行业来细分市场。由于客户所在行业不同，其产品构成也存在很大差异，客户对物流需求也各不相同，但同一行业市场内的客户对物流需求具有一定的相似性。其差异主要体现在各个行业要根据各自的特点去组织物流活动；其相似性主要体现在每个行业实现物流功能的具体操作活动上。

② 从地理区域考虑可将物流市场分为区域物流市场、跨区域物流市场和国际物流市场。以地理区域来细分物流市场，就是根据客户所需物流的地理区域的不同来细分。由于物流活动所处的地理区域不同，而不同区域的经济规模、地理环境、需求程度和要求等差异非常大，使物流活动中的物流成本、物流技术、物流管理、物流信息等方面会存在较大的差异，而且不同区域的客户对物质资料的需求也会各有特色，这就使得物流企业必须根据不同区域的物流需求确定出不同的营销手段，以取得最佳经济效益。

③ 按物品属性可将物流市场细分为投资品市场和消费品市场。以物品属性来细分物流市场，就是根据客户所需物流活动中的物品属性或特征来细分市场。由于物品属性的差异，物流企业在实施物流活动中，物流作业的差别会很大，物品属性差别对物流诸功能的要求会体现在整个物流活动中，而且物流质量和经济效益也同物品属性有很大的联系。

④ 从客户规模角度可将物流市场细分为大客户市场、中等客户市场和小客户市场。以客户规模来细分物流市场，就是按照客户对物流需求规模的大小来细分市场。由于物流需求客户的规模大小不同，需要提供的服务也存在着很大差异。

⑤ 从时间性方面可将客户细分为长期客户、中期客户和短期客户。以时间性来细分物流市场，就是根据物流企业与客户之间的合作时间长短来细分物流市场。

⑥ 以服务方式为标准可将物流市场分为单一型物流服务方式和综合型物流服务方式。以服务方式来细分物流市场，就是根据客户所需物流诸功能的实施和管理的要求不同而加以细分市场。由于客户产生物流需求时对物流诸功能服务的要求会存在着很大的不同，而物流功能需求的多少与物流成本及效益等会有很大的联系，因此物流企业想以最佳的服务奉献给物流市场，就必须以不同的服务方式服务于不同物流服务需求的客户，以取得最好的社会效益。

⑦ 从所赚取利润程度可将物流市场细分为高利润产品(服务)市场和低利润产品(服务)市场。

物流服务供应商应该综合运用各种市场细分方法，将市场细分得更细微、更精确，以便识别不同细分市场的不同特点和不同需求。根据收益最大化的原则，在各个细分市场采取相应的产品结构策略、价格策略和销售策略。

本 章 小 结

物流成本是指伴随着企业的物流活动而发生的各种费用，是物流活动中所消耗的物化劳动和活劳动的货币表现，产品、物流服务、物流运作方式、核算方式等因素影响物流成本的控制。

物流成本控制分为综合控制和局部控制。综合控制方法主要有目标成本法、责任成本法、标准成本法；局部控制方法主要包括运输成本控制、仓储成本控制和物流行政管理成本控制方法。

物流成本绝对控制与相对控制有不同应用领域，在物流增值服务中的相对控制会有积极的作用。

物流服务具备收益管理工具应用的特征，通过收益管理理念和管理方法使物流服务供应商实现满足客户需求前提的收益最大化。

物流成本(Logistics Cost)
目标成本(Object Cost)

责任成本(Responsibility Cost)
冰山现象(Iceberg Phenomenon)
物流成本控制(Logistics Cost Control)
绝对成本控制(Absolute Cost Control)
相对成本控制(Relative Cost Control)
收益管理(Revenue Management)

综合练习

一、多选题

1. 影响物流成本的首要因素是(　　)。
   A. 产品因素　　　　　　　　B. 物流服务
   C. 物流运作方式　　　　　　D. 核算方式
2. 在企业的财务会计中,(　　)一般是计入制造费用而难以单独反映,这一部分的物流费用比人们想象的要大得多。
   A. 向企业外部支付的物流费用　　B. 企业内部消耗的物流费用
   C. 委托的物流费用　　　　　　　D. 自家物流费
3. 从其所处的领域看,物流成本可分为(　　)。
   A. 商品流通企业物流成本　　B. 社会物流成本
   C. 制造企业物流成本　　　　D. 物流企业物流成本
   E. 宏观物流成本
4. 流通企业物流成本的基本构成有(　　)。
   A. 企业员工工资及福利费　　B. 能源消耗　　　C. 差旅费
   D. 支付的贷款利息　　　　　E. 经营过程中的各种管理成本
5. 物流成本控制的内容包括(　　)。
   A. 物流成本综合控制　　B. 物流成本事中控制
   C. 物流成本事前控制　　D. 物流成本事后控制
   E. 物流成本局部控制

二、判断题

1. 产品密度越大,相同运输单位所装的货物越多,运输成本就越高。　　(　　)
2. 物流成本控制是物流管理的重要内容。　　(　　)
3. 对物流成本的控制不能片面追求局部要素的优化,而是寻求物流的总体最优化。
   　　(　　)
4. 标准成本法指根据预计可以实现的物流营业收入扣除目标利润的一种成本计算方法。　　(　　)
5. 物流成本的事中控制通常采用目标成本法。　　(　　)

三、案例分析题

钢铁企业如何降低物流成本

近几年全球的钢铁市场产量与消费量都呈现出上升趋势,而钢铁原料及产品的国际贸易也越来越频繁,越来越重要,因而,钢铁物流开始在世界范围内得到了比以往更多的关注,成为降低成本、保证效益的一个重要管理手段。而钢铁企业产品成本的50%～70%由原燃料采购费和运输费组成,因而导致进厂钢铁物流成本大幅涨价,造成利润空间被相关的费用所占据,如何降低钢铁物流成本成为钢铁企业亟待解决的关键问题之一。

钢铁企业的物流一般经过以下几个步骤:采购、运输、装卸、仓储及配送等,同时为保证原燃料在整个流动过程中数量、质量稳定,增加了相关的计量、质检等管理手段。根据管理权限及物流流程,可将成本划分为:决策成本、原燃料采购成本、运输成本、仓储成本、企业管理成本。

1. 建立稳定的原燃料供应系统

我国铁矿资源探明量达475亿吨,仅次于俄罗斯和巴西,排在世界第3位,但富矿少、贫矿多,大于50%的铁矿石只占5.7%,造成国内铁矿资源供应严重不足,为保证企业的正常生产,钢铁企业大量从国外进口富矿粉和精矿。

近年,原料价格猛涨导致了钢铁成本的大幅上涨,怎样保证原料的正常供应又能获得合理的价格,主要方法是:①与境内外原燃料供应商进行合作或合资,建立长期、牢固的原燃料生产供应基地,同时可取得相对低的价格,有效降低原料的采购成本,如韩国浦项与BHP-Billiton矿业公司合作铁矿项目,使其矿石成本较以前低了10%;②与国内其他钢铁企业联合在国外投资矿山,如武钢、马钢、沙钢、唐钢联合与BHP公司合作开采矿山,使矿石的采购价格下降一半左右。

2. 改善物流运输管理

在钢铁企业中,如何降低物流的运输成本一直是困扰各企业问题,运输成本包括运输费用、装卸费用等。可以从以下几个方面考虑。

(1) 与运输公司签订长期的运输合同。因为大多数钢铁企业物流的运输过程都是由运输公司承担,与运输公司合作,签订长期的运输合同,有利于享受总体上的运输价格优惠。如宝钢与中远结盟成为"战略合作伙伴关系",与日本三井商船签订3～5年的中长期合同,均有效地降低了运输费用。

(2) 扩大运输规模。当达到一定的规模的时候,可以采取大吨位的运输工具,从整体上降低运输费用。如在国外采购矿石后,若采购数量增大,可租用10万吨级以上运矿船,使海运费比5万吨级运矿船每吨单程运费节省4美元以上。当企业一次不需如此吨位时,可几家企业协作运输。

(3) 尽量减少原燃料的周转次数。因为原料每周转一次,将增加装卸费用和相关的仓储管理费用。目前新建钢铁企业选择海边城市就有这方面的考虑。对于老的钢铁企业,可采取江海联运的方式,将原燃料运到离企业最近的堆场后再转运到厂内,如武钢大量用江海直达型运输船只运送矿石。

(4) 尽量降低车辆的空载率,提高车辆的利用率。目前我国钢铁企业在物流运输方面现代化水平较低,很多新技术还没有运用到运输方面(如条码技术、射频技术等),将这些技术运用在运输方面,可以提高车辆的利用率,降低车辆的空载率。

3. 合理安排仓储

必要的仓储能有效保证企业的连续生产,但过量的仓储不仅大量占用周转资金,同时要付出额外的仓储费用。另外,由于配矿结构的变化,大量采购后使得部分积压的原料长期得不到使用。钢铁企业的最小库存量可用 $S_{min} = D \times L \times Hs$ (D 为反应时间,L 为日消耗量,Hs 为安全系数)公式表达。此时资金最少,反映到原燃料的相关价格最低。同时因使用料场的储位相对较少,减少了仓储管理费用。

对于因配矿结构发生变化而引起的原料积压，应采取必要的处理措施。一方面，在停止采购之后将相关的原燃料用完；另一方面，可将积压的原燃料低配比地参与生产过程，既保证了使用质量同时又盘活了资金。

4. 加强原料管理，减少不必要损失

对于钢铁企业来说，原料从采购到生产一线，经过长途运输，存在一定的途耗，少数运输企业利用它来弄虚作假。采取的对策有：首先，采取必要的检验手段，特别应检测运矿船、火车皮、货车的中下部，因为原燃料造假主要采取"装底卖面"行为；其次，加强计量方面的管理，对运输造成的途耗需进行分析，超过合理范围的，应给予惩处；最后，加强钢铁企业职员的技能及思想教育，也是原燃料数量和品质的保障。

5. 开发物流信息决策网，使企业信息流畅通无阻

由于钢铁企业涉及面广，原燃料的采购、运输、仓储、配比使用环环相扣，如果不能准确地掌握物流信息，就不能很好地进行决策，不能有效、低成本地运用相关资源，造成整个企业的生产成本增加。因此，开发钢铁企业信息网，实现信息化管理势在必行。

如韩国浦项自行研制开发了世界上第一套船舶运输管理系统。这套系统可以将生产计划、原材料需求计划、船只安排计划通过网络联系在一起，通过生产计划确定原材料需求并及时通知供应商，同时还能随时监测运输船只所在地以及装卸货情况和未来的运输方向，从而快速安排装卸货物。在中国，宝钢的信息化走在国内钢铁企业的前列，武钢投资2亿元兴建的整体产销资讯系统也已投入运营。

(资料来源：根据长安大学物流与供应链研究所、中国大物流网等资料提炼)

仔细阅读本案例，详细分析并回答下列问题。
1. 根据案例内容，分析钢铁企业在物流成本方面所采取的措施。
2. 结合所学知识，谈谈在物流成本控制方面还有哪些措施。

参 考 文 献

[1] 董千里. 高级物流学[M]. 3 版. 北京：人民交通出版社，2015.
[2] 董千里. 功能型物流(图解操作版)[M]. 大连：东北财经大学出版社，2009.
[3] 华中生. 物流服务运作管理[M]. 北京：清华大学出版社，2009.
[4] 田源，李伊松，易华. 物流运作管理[M]. 北京：清华大学出版社，北京交通大学出版社，2007.
[5] 董千里. 供应链管理[M] 大连：东北财经大学出版社，2009.
[6] 董千里. 物流工程学[M]. 2 版. 北京：人民交通出版社，2008.
[7] 董千里. 物流集成场：国际陆港理论与实践[M]. 北京：社会科学文献出版社，2012.
[8] 董千里，鄢飞. 物流集成理论及实现机制[M]. 北京：社会科学文献出版社，2011.
[9] 董千里，陈树公. 物流市场营销学[M]. 2 版. 北京：电子工业出版社，2010.
[10] 董千里. 物流企业运作与实务[M]. 北京：人民交通出版社，2005.
[11] 陆雨. 电子商务物流[M]. 成都：西南财经大学出版社. 2008.
[12] 董千里. 物流工程[M]. 大连：东北财经大学出版社，2007.
[13] 董铁. 物流电子商务[M]. 北京：清华大学出版社，2006.
[14] 董千里，董展. 制造业与物流业联动发展模式的识别与应用研究：集成场视角的案例研究[J].物流技术，2013，32(12).
[15] 董千里，董展. 制造业与物流业联动集成场中的联接键形成与运行研究[J]. 物流技术，2013，32, (11).
[16] 郑玥祥. 金融机构发展物流金融的思路和对策[J]. 经济与管理，2006, 9.
[17] 卞桂英，刘金波. 金融支持物流业发展的思考[J]. 研究与探讨，2007, 6.
[18] [美]乔普拉，迈因德尔. 供应链管理：战略、计划和运作[M]. 5 版. 北京：中国人民大学出版社，2013.
[19] 董千里. 供应链管理[M]. 北京：人民交通出版社，2002.
[20] 董千里. 物流市场营销学[M]. 北京：电子工业出版社，2005.
[21] 谭炜，马士华. 第三方物流企业运作模式分类与特征研究[J]. 物流技术，2005 (5).
[22] 王靖. 煤炭企业第三方物流模式探讨[J]. 中外物流，2006, 7.
[23] 田宇. 虚拟企业物流运作模式研究[J]. 中山大学学报. 2006, 6.
[24] 马增荣. 汽车零部件物流发展概括与趋势[J]. *Technology & Enterprise Update*，2007 (7).
[25] 代文锋. 第三方物流与第四方物流的关系研究[J]. 电子商务，2008, 3.
[26] 董千里，董展. 集成体主导的基核区位分布与两业联动发展关系研究[J]. 物流技术，2013(10).
[27] 郝凝兰. 大型企业的选择——自营物流[J]. 市场周刊，2008，8.
[28] [澳]斯蒂芬·陈. 电子商务战略管理[M]. 北京：北京大学出版社，2006.
[29] 高群钦，陆克久. 我国汽车物流的发展现状与研究对策[J]. 交通运输，2009 (2).
[30] 《物流技术与应用》编辑部. 中外物流运作案例集[M]. 北京：中国物资出版社，2006.
[31] 王之泰. 物流工程研究[M] 北京：首都经济贸易大学出版社，2009.
[32] 中国汽车市场年鉴编辑部. 中国汽车市场年鉴[M]. 北京：中国商业出版社，2009.
[33] 周正嵩，姚冠新，姚文. 汽车零部件物流运输系统设计[J]. 交通企业管理，2005, 1.
[34] 张文龙. 完善汽车物流需打破现有模式[J]. 市场观察，2008，11.
[35] 刘萍. 电子商务物流[M]. 北京：电子工业出版社，2010.
[36] 王洪鑫，孙承志. 基于延迟策略的汽车销售物流运作模式研究[J]. 供应链，2008, 9.
[37] 曹烨，郑双双. 基于分类管理的汽车制造业供应商评价与选择方法[J]. 车界论坛，2007，1.
[38] 傅岚. 国内医药连锁业供应链与物流服务模式的战略匹配[J]. 中国仓储与运输杂志，2007，212.

北大版·物流专业规划教材

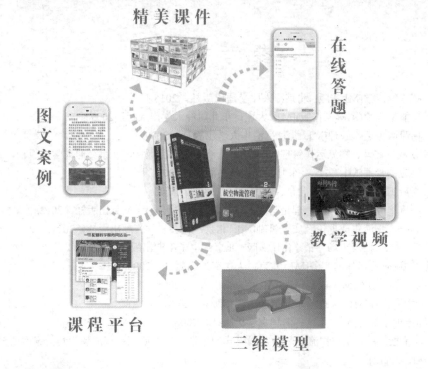

本科物流

高职物流

扫码进入电子书架查看更多专业教材，如需申请样书、获取配套教学资源或在使用过程中遇到任何问题，请添加客服咨询。